理财规划原理

王春花　主编
吴　琼　吴云勇　副主编

清华大学出版社
北京

内容简介

本书从理财规划基础知识入手，以培养学生的理财规划能力为宗旨，以学生的发展为中心，以学生的就业为导向。本书共设置七章内容：第一章，理财规划基础，包括理财规划概述，理财规划的内容、工具与流程，理财规划职业的发展，理财规划师的职业道德；第二章，宏观经济基础，包括宏观经济基础的意义和内容，总需求和总供给，宏观经济政策，经济周期，产业政策和行业分析；第三章，会计与财务管理基础，包括会计基础、财务管理基础，个人或家庭会计及财务管理；第四章，金融基础，包括货币、信用、利率和汇率，金融市场、金融机构、金融工具和金融监管，国际金融；第五章，税收基础，包括税收的基础知识，与个人或家庭理财有关的税收政策；第六章，法律基础，包括民事法律基础，商事法律基础，民事诉讼、仲裁基础；第七章，理财规划的工作流程，包括建立客户关系，收集客户信息，财务分析和评价，制订理财规划方案，实施理财规划方案，持续提供理财服务。

本书可以作为应用型本科院校财经类专业理财规划课程教材，也可以供理财规划师执业能力等级认证和希望从事理财规划师职业的相关人员作为参考用书。

图书在版编目(CIP)数据

理财规划原理/王春花主编. —北京：清华大学出版社，2020.7
ISBN 978-7-302-54521-7

Ⅰ.①理…　Ⅱ.①王…　Ⅲ.①投资—高等学校—教材　Ⅳ.①F830.59

中国版本图书馆 CIP 数据核字(2019)第 290515 号

责任编辑：吴梦佳
封面设计：常雪影
责任校对：李　梅
责任印制：杨　艳

出版发行：清华大学出版社
　　网　　址：http://www.tup.com.cn，http://www.wqbook.com
　　地　　址：北京清华大学学研大厦 A 座　　**邮　　编**：100084
　　社 总 机：010-62770175　　**邮　　购**：010-62786544
　　投稿与读者服务：010-62776969，c-service@tup.tsinghua.edu.cn
　　质量反馈：010-62772015，zhiliang@tup.tsinghua.edu.cn
　　课件下载：http://www.tup.com.cn，010-83470410
印 装 者：北京鑫丰华彩印有限公司
经　　销：全国新华书店
开　　本：185mm×260mm　　**印　　张**：18.5　　**字　　数**：425 千字
版　　次：2020 年 7 月第 1 版　　**印　　次**：2020 年 7 月第1 次印刷
定　　价：49.00 元

产品编号：086075-01

前言

随着改革开放、金融变革、经济腾飞，我国已经跃然成为世界第二大经济强国。国民收入水平逐年提高，个人或家庭的财富逐年增长使得人们对财富管理、资产配置的意识逐渐增强，人们都在追求利用自己的闲置资金实现财富的最大增值。理财市场也在迅速发展，行业的发展急需人才的补充。在这样的背景下，社会对相关专业人才的需求不断增加，各个金融机构也需要更多的理财规划人员。

为了适应21世纪应用型人才培养的目标要求，满足高等学校经济管理和金融专业的教学需要以及目前社会对理财规划师的需求，本着"以人为本、学以致用"的教育理念，我们组织编写了本书，以期帮助学生树立良好的理财意识、形成基本的理财思维、强化综合的运用能力，也希望能够为理财行业发展输送更多的应用型人才。

本书内容通俗易懂，在内容选择上注重知识的系统性、逻辑性、实用性，力求新颖，尽量容纳理财规划原理的最新成果。本书在讲究理论性的同时突出实例分析，帮助学生充分理解掌握相关知识，力求达到举一反三、触类旁通的目的。本书每章开始都有与本章知识紧密相连的引导案例，既贴近现实，又是人们关注的问题，这不仅能拓展学生的视野，还能激发学生的社会责任感，同时可增加学生的学习兴趣。

本书具有以下五大特色。

一是注重能力培养。以学生为主体，让学生看了就会，学了就能用；以教师为主导，"授人以渔"；以实例为载体，将理财规划原理与实践应用充分结合。

二是精编案例。案例短小精悍，能佐证知识内容；案例内容新颖，表达当前信息；案例贯穿每一章节，注重知识应用的连续性。

三是使用大量的图表。把大量的理论知识通过图表的形式展现给学生，使学生可以一目了然地掌握相关的理论知识。

四是与考证相融合。本书以《理财规划师专业能力》为蓝本，总结出国内外个人理财或家庭理财类教材中的精华，融合历年理财规划师考试真题，并将其进行合理的优化重组，可以作为学生参加理财规划师执业能力等级认证的参考用书。此外，也可供理财行业人员作为参考用书。

五是专业知识的扩展。本书将专业课程中与理财规划密切相关的重点内容进行梳理、总结、串联，适合应用型本科院校财经类专业学生作为教材使用。

本书并不是对各专业课程的简单总结，而是在总结专业课程的基础上加入了理财规划的相应内容，将专业课程与理财规划有机地融合，注重学生应用能力的培养。

本书由王春花、吴琼、吴云勇编写，具体编写分工如下：第一章、第三章和第七章由王春花编写；第二章和第四章由吴云勇编写；第五章和第六章由吴琼编写。全书由王春花总纂。

尽管我们做了很多努力，但由于所收集的资料、信息等有限，书中难免有不足之处，希望读者提出宝贵的指导意见，以求本书更加完善！

编　者

2020 年 3 月

目录

第一章

理财规划基础

学习目标

通过学习本章，理解什么是理财及理财规划、理财对于人生的意义；制订与不同的生命周期阶段相对应的理财规划方案；了解理财规划的目标和原则，在此基础上掌握理财规划的内容、工具和流程，并认识理财规划师这个职业及所应遵循的职业道德；同时，要了解理财规划职业的发展概况和未来前景。

引导案例

教师给学生们出了一道关于财富的选择题：如果今天一次性让你拥有100万元或者从今天开始第一天给你1元，连续30天，每天都给你前一天两倍的金额，你将怎样选择？看完题目，学生们都开始计算起来，第一天1元，第二天2元，第三天4元……最远的算到第13天，金额为4096元。看着金额，学生们纷纷选择今天拥有100万元，都认为这是最理想的状态。而此时，教师告诉学生们如果大家选择后者，到第30天时，就能拥有财富5亿元。所有人都不敢相信，30天以后怎么可能增加到5亿元呢？于是学生们纷纷开始推算，结果出乎所有人的预料。

我们不能轻视1元钱的力量，通过一定的积累，也能变成大财。古有水滴石穿，同样的道理可用在理财上，每个人都希望过富裕的生活，也有很多人通过自己的理财积累一定的财富，富人并不都是大额理财而成的，他们也是一步一步迈上顶端的。

第一节　理财规划概述

一、理财与人生

理财是对财务(财产和债务)进行管理，实现财务的保值、增值。理财分为公司理财、机构理财、个人理财和家庭理财等。本书主要讨论个人理财和家庭理财。

“理财”一词，在我国最早可以追溯到《易经·系辞》：“理财正辞、禁民为非曰义。”一般认为，我国以家庭或个人致富为基本目标的古代私人理财思想萌芽于春秋时期，初步形成于战国时期，到西汉中期臻于成熟，其标志是司马迁所著《史记》的问世。其中的《货殖列传》篇蕴含着中国古代私人理财思想，是中国私人理财发展史上的一个重要里程碑。现代意义上的理财规划思想是在人类进入“金融经济”时代产生的，并在近年来得以迅速发展。

人类的生存、生活及其他活动离不开物质基础，与理财密切相关。人的一生，在一定意义上是一个不断满足自身各种物质需求和精神需求，追求整个生命阶段效用最大化的过程。在此过程中，财产的获取、保护和运用是一个无法回避的问题，因而个人对财产的管理不可或缺。

对食物、水、住房等的需求是人最基本的生理需求，但这些需求也在不断发生变化。人们对生理需求的要求不仅仅是吃饱穿暖，还要吃得健康、穿着得体；在住房方面，人们不仅仅需要住房，还对地理位置、小区环境、容积率提出要求。每个人的人生目标都不仅仅是为了满足由生到死的基本生活需求，人们还要追求更高品质的生活，因而需要通过理财使有限的财务资源发挥最大的效用，满足我们的需求。

在人的一生中，人们希望能够满足各个层次的需求：人们在满足温饱的前提下，追求的是安全无虞；当基本的生活条件获得满足之后，则要求得到社会的尊重，并进一步追求人生的最终目标——自我实现。而这一切，无不与理财密切相关。理财的目的，就在于追求更加丰富多彩的人生；个人理财就是有效地安排个人有限的财务资源，实现其一生生命满足感的最大化。

二、理财规划的内涵

理财是指个人或专业人士及机构根据生命周期理论，依据个人(家庭)财务及非财务状况，运用规范的、科学的方法并遵循一定和特定程序制订的切合实际、可操作的某一方面或某一系列相互协调的规划方案，最终实现个人(家庭)终生的财务安全与财务自由。

理财规划是根据客户财务与非财务状况，运用规范的方法并遵循一定程序为客户制订切合实际、可操作的某一方面或某一系列相互协调的规划方案，包括现金规划、消费支出规划、教育规划、风险管理与保险规划、税收筹划、投资规划、退休养老规划、财产分配与传承规划等。个人理财规划基于人的生命周期，是一个长期的过程，一个努力达到终生的财务安全、自主、自由和自在的过程。同时，理财规划又是一项综合服务，它由专业理财人员通过明确个人客户的理财目标，分析客户的生活、财务状况，从而帮助客户制订出可行的理财规划方案。

理财规划的定义强调以下几点。

(1) 理财规划是全方位的综合性服务，而不是简单的金融产品销售。它不局限于提供某种单一的金融产品，而是针对客户不同阶段的各种理财目标进行的全方位、多层次、个性化的财务服务。

(2) 理财规划强调个性化。每个客户都有自己独特的财务与非财务状况，并且往往差异巨大，这就决定了理财规划服务不可能有一成不变的模式，而是因客户具体情况而异。

(3) 尽管理财规划经常以短期规划方案的形式表现，但就生命周期而言，理财规划是一项长期规划，它贯穿人的一生，而不是针对某一阶段的规划。

(4) 理财规划通常由专业人士提供。

三、理财规划的目标

(一) 理财规划的总体目标

个人及家庭理财规划主要解决的是在个人及家庭财务资源约束的情况下,在财务方面实现个人及家庭生活目标的问题,即理财目标的实现。从一般角度而言,理财规划的目标可分为两个层次:实现财务安全和追求财务自由。

实现财务安全是个人理财规划要解决的首要问题,只有实现财务安全,才能达到人生各阶段收入支出的基本平衡。所谓财务安全,是指个人或家庭对自己的财务现状有充分的信心,认为现有的财富足以应对未来的财务支出和其他生活目标的实现,不会出现大的财务危机。一般来说,衡量一个人或家庭的财务安全,主要有以下几个指标:①是否有稳定、充足的收入;②个人是否有发展的潜力;③是否有充足的现金准备;④是否有适当的住房;⑤是否购买了适当的财产保险和人身保险;⑥是否有适当、收益稳定的投资;⑦是否享受社会保障;⑧是否有额外的养老保障计划。

理财规划是理性的价值观和科学的理财规划方案的综合体现。同时,理财规划又是动态的,不是一成不变的,通过不断调整计划来实现人生理财目标的过程,也就是追求财务自由的过程。所谓财务自由,是指个人或家庭的收入主要来源于主动投资而不是被动工作。财务自由主要体现在投资收入可以完全覆盖个人或家庭发生的各项支出,个人从被迫工作的压力中解放出来,已有财富成为创造更多财富的工具。

为了进一步了解财务安全、财务自由和客户个人家庭收入之间的关系,可将收入划分为投资收入、工薪类收入,将个人(家庭)发生的各项支出统一叫作"支出"。实际生活中,伴随着子女的出生、成长、独立生活,个人(家庭)支出趋势应该是随时间先增长后下降的,投资收入、工薪类收入也不会是简单增长或一成不变。但是,为了把问题简单化,假定:①工薪类收入与个人(家庭)支出是固定不变的;②工薪类收入不能满足支出总额;③投资收入随时间增长。这样,可以用图 1-1 来表示三者之间的关系。其中,L 代表工薪类收入线;C 代表支出线;I 代表投资收入;T 代表总收入,是投资收入与工薪类收入的总和。

从图 1-1 可以看出来,在 A 点以前,支出超过总收入,个人可能要靠借贷度日,这时还谈不上财务安全,更不用说财务自由了;当支出在总收入以下但在投资收入以上(AB 之间)时,总收入完全能弥补支出,这时达到了财务安全但没有达到财务自由;只有当投资收入覆盖了全部支出(从 B 点以后)时,才是达到了财务自由。当达到财务自由时,个人不再为赚取生活费用而工作,投资收入将成为个人家庭收入的主要来源。

(二) 理财规划的具体目标

1. 必要的资产流动性

为了满足日常开支、预防突发事件,个人有必要持有流动性较强的资产,以保证有足

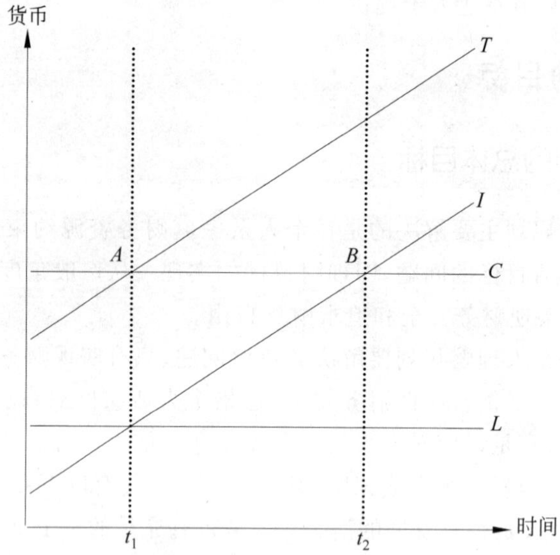

图 1-1　总收入、工薪类收入、投资收入与支出

够的资金来支付短期内计划中和计划外的费用。但个人又不能无限地持有现金类资产，因为过强的流动性会降低资产的收益能力。长期以来，人们持有现金类资产的比重普遍偏高，这充分说明我国公众尚未形成有效的现金管理理念。理财规划师在进行理财规划时，既要保证客户资金的流动性，又要考虑现金的持有成本，通过现金规划使短期需求可用手头现金来满足，预期的现金支出通过各种储蓄或短期投资工具来满足。

2. 合理的消费支出

个人理财的首要目的并非个人理财价值最大化，而是使个人财务状况稳健合理。在实际生活中，减少个人开支有时比寻求高投资收益更容易达成理财目标。个人(家庭)大额消费支出如购房、购车往往对家庭生活影响较大，甚至成为家庭一定时期内最沉重的负担，有人还因此沦为债务负担沉重的"房奴"，巨大的还贷压力严重影响了家庭生活质量，这与缺乏有效的消费支出规划不无关系。

3. 实现教育期望

随着市场对优质人力资源的需求增大，接受良好的教育成为提高自身本领和适应市场变化的重要条件，因此，人们对接受教育程度的要求越来越高。近年来，教育费用持续上升，教育开支占家庭总支出的比重越来越大。同时，教育规划本身又缺乏时间和费用弹性，因此，人们理应及早对教育费用进行规划。通过合理的财务计划，理财规划师可以确保客户将来有能力合理支付自身及其子女的教育费用，充分达到个人(家庭)的教育期望。

4. 完备的风险保障

在人的一生中，风险无处不在，一个人在日常生活中经常会遇到一些意料不到的问题，如生病、伤残、亲人离世、天灾、失窃、失业等，这些意外事件都不同程度地影响着个人(家庭)的生活。为抵御这些不测与灾害，必须进行科学的理财规划。理财规划师通过风险管理与保险规划做出适当的财务安排，将意外事件带来的损失降到最低限度，使客户更好地规避风险。同时,在进行理财规划的过程中,还应注重对非保险类的风险进行管理,以更好地保护我们的生活。

5. 积累财富

个人财富的增加可以通过减少支出而相对增加,但个人财富的绝对增加最终要通过增加收入来实现。工薪类收入毕竟有限,投资则完全具有主动争取更高收益的特质。正确的财富积累方式,是根据理财目标、个人可投资额以及风险承受能力进行资产配置,确定有效的投资方案,使投资收入占家庭总收入的比重逐渐提高,带给个人或家庭的财富越来越多,并逐步成为个人或家庭收入的主要来源,最终达到财务自由。

6. 合理的纳税安排

"税"和每个人的生活息息相关,而纳税是每个公民的法定义务,但纳税人往往希望将自己的税负降到最低。合理的纳税安排是指纳税人在法律允许的范围内,通过对纳税主体的经营、投资等经济活动的事先筹划和安排,充分利用政策优惠和差别待遇,适当少或延缓税负支出,达到整体税后收入最大化。

7. 安享晚年

随着人口老龄化的加剧,对社会保障覆盖面、家庭养老模式和养老金支付能力都提出了挑战,所以有必要在青壮年时期进行财务规划,使人们到晚年能过上"老有所养,老有所终,老有所乐"的有尊严、自立的老年生活。

8. 有效的财产分配与传承

通过理财规划可以对相关财产事先约定,规避家庭财务风险,减少财产分配过程中的支出,协助客户对财产进行合理分配,满足家庭成员在家庭发展的不同阶段产生的各种需要,避免财产分配过程中可能发生的纠纷,促进家庭关系的和谐。伴随个人和家庭财富的积累,个人财产如何传承备受关注,理财规划师要选择适当的遗产管理工具和制订遗产分配方案,确保在客户去世或丧失行为能力时其个人意志能够得以实现,使家庭财产代代相传。

四、理财规划的原则

(一) 整体规划

整体规划原则既包含规划思想的整体性,也包含理财规划方案的整体性。整体由部分组成,与影响客户财务状况的各个方面密切相关,一个方面出现了变化,必然会对其相关部分产生影响。在制订理财规划方案时,不仅要综合考虑客户的财务状况,还要关注客户的非财务状况及其变化,进而提出符合客户实际和目标预期的财务规划,这是制订理财规划方案的基本原则之一。理财规划师的主要职责是为客户提供全方位的专业理财服务,其表现形式往往是出具完整的理财规划方案。理财规划方案通常不会是一个单一性规划,而是一个包括现金规划、消费支出规划、教育规划、风险管理与保险规划、税收筹划、投资规划、退休养老规划、财产分配与传承规划各单项规划在内的综合性规划。每个单项规划可以针对某一方面的具体问题提供解决方案,但仅仅依靠单项规划并不能全面实现客户的理财目标,因此,理财规划必须是一个全面综合的整体性解决方案。

（二）提早规划

货币经过一段时间的投资和再投资可以进一步增值，即货币的复利现象，由于货币具有这样的特性，所以理财规划应尽早开始，理财规划方案应尽早制订。提早规划一方面可以尽量利用复利的“钱生钱”的优势；另一方面由于准备期长，可以减轻各期的经济压力。很多人以为如消费支出规划、投资规划、退休养老规划等到中年开始考虑即可，或者认为这都是有钱人的事，其实，所有的规划越早进行就越能够承担风险，各期的经济压力也越小，并可以经过漫长时间的复利作用来积累财富。事实上，能否通过理财规划达到预期的理财目标，与金钱多少的关联度不大，却与时间长短有很直接的关系，因此理财规划师要与客户充分沟通，让客户了解提早规划的好处。

（三）现金保障优先

根据专业理财规划的基本要求，为客户建立一个能够帮助客户家庭在出现失业、大病、灾难等意外事件的情况下也能安然度过危机的现金保障系统十分关键，也是理财规划师进行任何理财规划前应首先考虑和重点安排的，只有建立了完备的现金保障，才能考虑将客户家庭的其他资产进行专项安排。一般来说，家庭建立现金储备要包括日常生活消费储备和意外现金储备。

1. 日常生活消费储备

对于多数家庭而言，一旦家庭主要经济收入创造者因为失业或者其他原因失去劳动能力，或失去收入来源，往往会对整个家庭生活质量造成严重影响。为应对这一风险，理财规划师需要为客户建立日常生活消费储备，保障家庭的正常生活。

2. 意外现金储备

意外现金储备是为了应对客户家庭因为重大疾病、意外灾难、突发事件等发生的计划外开支而做的准备，用以预防可能发生的重大事故对家庭经济短期的冲击，比如，车祸或重大疾病需临时垫资。受传统生活方式和价值观的影响，家族观念对于中国人一直有着或多或少的影响，在理财方面也不例外，意外现金储备中某些情况下也包含了应对客户家族的亲友出现生产、生活、教育、疾病等重大事件需要紧急支援的准备。

（四）风险管理优于追求收益

理财规划首先应该考虑的因素是风险，而非收益。风险是指事物发展的不确定性而引起的期望结果发生变化的可能性，或者说是在特定的时间和客观情况下，某种收益或损失发生的不确定性。理财规划旨在通过财务安排和合理运作来实现个人、家庭或企业财富的保值增值，最终使生活更加舒适、快乐。保值是增值的前提，理财规划师必须评估可能出现的各种风险，合理利用理财规划工具规避风险，并采取措施应对这些风险。追求收益最大化应基于风险管理基础之上，因此理财规划师应根据不同客户的不同生命周期阶段及风险承受能力制订不同的理财规划方案。

（五）消费、投资与收入相匹配

消费支出通常用于满足短期需求，投资则具有追求将来更高收益的特质，收入无疑是二者的源头活水。在收入一定的前提下，消费与投资支出往往此消彼长。理财规划应该正确处理消费、投资与收入之间的矛盾，形成资产的动态平衡，确保在投资达到预期目的的同时保证生活质量的提高。在现实中，应特别注意使消费与收入相匹配，如在购房规划中要充分考虑月供与还贷能力，在使用信用卡时要谨防成为“卡奴”；投资规模也应与收入相匹配，将风险控制在自己的承受能力之内。此外，还应注意投资和消费支出安排要与现金流状况相匹配。

（六）家庭模型与理财策略相匹配

基本的家庭模型有青年家庭、中年家庭和老年家庭三种。不同的家庭形态，财务收支状况、风险承受能力各不相同，理财需求和具体理财规划内容也不尽相同。根据不同家庭形态的特点，理财规划师要分别制定不同的理财规划策略。一般来说，青年家庭的风险承受能力比较强，理财规划的核心策略为进攻型；中年家庭的风险承受能力中等，理财规划的核心策略为攻守兼备型；老年家庭的风险承受能力比较弱，理财规划的核心策略为防守型。

第二节　理财规划的内容、工具与流程

一、理财规划与生命周期理论

生命周期理论是整个理财规划的基础。一般而言，个人（家庭）理财规划是基于人的生命周期而存在的。

（一）生命周期理论与家庭模型

1. 生命周期理论

人从出生到死亡会经历婴儿、童年、少年、青年、中年和老年六个时期。由于婴儿期、童年期、少年期没有独立的经济来源，通常也不必承担经济责任，因此这三个时期并不是理财规划的重要时期。而青年期、中年期和老年期则是进行理财规划的三个重要时期。将理财规划的重要时期进一步细分，可分为单身期、家庭与事业形成期、家庭与事业成长期、退休前期和退休期五个时期。

（1）单身期是指从参加工作至结婚的这段时期，一般为2～8年，这时客户的年龄一般为22～30岁。在这个时期，个人刚刚迈入社会开始工作，经济收入比较低且花销大，但这个时期又往往是家庭资金的原始积累期。这个时期个人的人生目标应该是积极寻找高薪职位并努力工作，此外，也要广开财源，尽量每月能有部分结余，进行小额投资，一方面尽可能多地获得财富；另一方面也为今后的理财积累经验。

（2）家庭与事业形成期是指从结婚到新生儿诞生的这段时期，一般为 1～3 年。在这个时期，个人组建了家庭，伴随子女的出生，经济负担加重。对于双薪家庭，经济收入有了一定的增加而且生活开始走向稳定。在这个时期，尽管家庭财力仍不是很强大，但呈现蒸蒸日上之势。此时家庭最大的支出一般为购房支出，对此应进行仔细规划，使月供负担在自己的经济承受范围之内。另外，此时应开始考虑高等教育费用的准备，以减轻子女未来接受高等教育时的资金压力。

（3）家庭与事业成长期是指子女出生到子女完成大学教育的这段时期，一般为 18～22 年。在这个时期，家庭成员不再增加，家庭成员的年龄都在增长，经济收入增加的同时花费也随之增加，生活已经基本稳定。但子女上大学后，由于高等教育支出的增加，家庭支出会有较大幅度上升。对处于这一时期的家庭而言，应设法提高家庭资产中投资资产的比重，逐年累积净资产。

（4）退休前期是指子女参加工作到个人退休之前的这段时期，一般为 10～15 年。在这个时期，家庭已经完全稳定，子女也已经经济独立，家庭收入增加，支出减少，资产逐渐增加，负债逐渐减少。此时个人的事业一般处于巅峰状态，但身体状况开始下滑。这一时期，最重要的应该是准备退休金，并在资产组合中适当降低风险高的金融资产的比重，获取更加稳健的收益。

（5）退休期是指退休后的这段时期。进入退休期，客户肩负的家庭责任减轻，锻炼身体、休闲娱乐是生活的主要内容，收支情况表现为收入减少，而休闲、医疗费用增加，其他费用降低。此时，客户风险承受能力下降，对资金安全性的要求远远高于收益性，所以在资产配置上要进一步降低风险。在这一时期，个人（家庭）最主要的目标就是安度晚年，享受夕阳红，并开始有计划地安排身后事。

2. 家庭模型

基本的家庭模型有三种：青年家庭、中年家庭和老年家庭。这具体根据家庭收入主导者的生命周期而定，家庭收入主导者的生理年龄在 35 周岁以下的家庭为青年家庭，家庭收入主导者的生理年龄在 55 周岁以上的家庭为老年家庭，介于这两个界线之间的为中年家庭。

（二）不同生命周期、不同家庭模型下的理财规划

不同生命周期、不同家庭模型下的理财规划如表 1-1 所示。

表 1-1　不同生命周期、不同家庭模型下的理财规划

生命周期	家庭模型	理财需求	理财规划
单身期	青年家庭	（1）租赁房屋 （2）满足日常支出 （3）偿还教育贷款 （4）储蓄 （5）小额投资积累经验	（1）现金规划 （2）消费支出规划 （3）投资规划

续表

<table>
<tr><th>生命周期</th><th>家庭模型</th><th>理财需求</th><th>理财规划</th></tr>
<tr><td>家庭与事业形成期</td><td>青年家庭</td><td>(1) 购买房屋
(2) 子女出生和养育
(3) 建立应急基金
(4) 增加收入
(5) 风险保障
(6) 储蓄和投资
(7) 建立退休资金</td><td>(1) 消费支出规划
(2) 现金规划
(3) 风险管理与保险规划
(4) 投资规划
(5) 税收筹划
(6) 教育规划
(7) 退休养老规划</td></tr>
<tr><td>家庭与事业成长期</td><td rowspan="2">中年家庭</td><td>(1) 购买房屋、汽车
(2) 教育费用
(3) 增加收入
(4) 风险保障
(5) 储蓄和投资
(6) 养老金储备</td><td>(1) 教育规划
(2) 消费支出规划
(3) 风险管理与保险规划
(4) 投资规划
(5) 退休养老规划
(6) 现金规划
(7) 税收筹划</td></tr>
<tr><td>退休前期</td><td>(1) 提高投资收益的稳定性
(2) 养老金储备
(3) 财产传承</td><td>(1) 退休养老规划
(2) 投资规划
(3) 税收筹划
(4) 现金规划
(5) 财产分配与传承规划</td></tr>
<tr><td>退休期</td><td>老年家庭</td><td>(1) 保障财务安全
(2) 遗嘱
(3) 建立信托
(4) 准备善后费用</td><td>(1) 财产分配与传承规划
(2) 现金规划
(3) 投资规划</td></tr>
</table>

二、理财规划的内容

（一）现金规划

现金规划是为满足个人或家庭短期需求而进行的管理日常现金及现金等价物和短期融资的活动。现金规划的核心是建立应急基金，保障个人和家庭生活质量与状态的持续性稳定。现金现划在整个理财规划中居于十分重要的地位，现金规划是否科学合理将影响其他规划能否实现。因此，做好现金规划是理财规划的必备基础。在个人或家庭的理财规划中，现金规划既要使所拥有的资产具有一定的流动性，以满足个人或家庭支付日常家庭费用的需要，又要使流动性较强的资产保持一定的收益。一般来说，现金规划应遵循一个原则：短期需求可以用手头的现金来满足，而预期的或者将来的需求则可以通过各种类型的储蓄或者短期投融资工具来满足。

（二）消费支出规划

消费支出规划主要包括住房消费支出规划、汽车消费支出规划和个人信贷消费支出规划等。家庭消费支出规划的目的是要合理安排消费资金，树立正确的消费观念，节省成本，保持稳健的财务状况。家庭消费支出规划是理财业务不可或缺的内容，如果消费支出缺乏计划或者消费计划不合理，很可能支付过高的消费成本，甚至会导致家庭出现财务危机。影响家庭财富增长的重要原则是“开源节流”，在收入一定的情况下，如何做好消费支出规划对一个家庭的整个财务状况具有重要的影响。

（三）教育规划

教育规划可分为个人教育规划和子女教育规划两种。个人教育规划在消费的时间、金额等方面的不确定性较大；子女教育规划通常是个人家庭理财规划的核心。子女教育又可分为基础教育和高等教育，而高等教育费用普遍很高，对大多数家庭而言，教育支出是一项重要支出项目，而且是最不容忽视且数额越来越大的一笔支出，所以提前做好子女教育规划显得尤为重要。

（四）风险管理与保险规划

风险管理是客户用以降低风险负面影响的决策过程。风险管理与保险规划则是指客户通过对风险的识别度量和评价，并在此基础上选择与优化组合各种风险管理技术，对风险实施有效控制和妥善处理风险所致损失的后果，以尽量小的成本去争取最大的安全保障和经济利益的行为。理财规划师进行风险管理规划的服务旨在通过对客户经济状况和保障需求的深入分析，帮助客户选择最合适的风险管理措施规避风险。

（五）税收筹划

出于对自身利益的考虑，纳税人往往希望将自己的税负减到最小，在合法的前提下尽量减少税负是每个纳税人十分关注的问题。个人税收筹划是指在纳税行为发生前，在法律允许的范围内，通过对纳税主体的经营、投资、理财等经济活动的事先筹划和安排，充分利用税法提供的优惠和差别待遇，以减轻税负，达到整体税后利润最大化的过程。

（六）投资规划

投资规划是根据客户投资理财目标和风险承受能力，为客户制订合理的资产配置方案，构建投资组合来帮助实现理财目标的过程。为客户制订合适的投资规划是理财规划师个人水平的充分体现，但并不是单纯的投资规划收益越高，理财规划师的水平就越高，合适的投资规划是为不同客户或同一客户不同时期的理财目标而设计的，不同的理财目标要借助于不同的投资产品来实现。理财规划的核心思想是通过一系列的规划来实现客户的目标，如子女教育目标、退休养老目标、购房、购车等，而这些目标大多数需要通过投资来实现。所以，投资规划在理财规划当中至关重要。同时，投资规划需要面对金融市场中的各种不确定性因素和多样化的金融产品，因此，投资规划也是理财规划当中较难的一个规划。

（七）退休养老规划

退休养老规划是为保证客户在将来有一个自立的、有尊严的、高品质的退休生活，而从现在开始积极实施的规划方案。退休后能够享受自立、尊严、高品质的生活是一个人一生中非常重要的理财目标，因此，退休养老规划是个人或整个家庭理财规划中不可缺少的部分。合理而有效的退休养老规划不但可以满足退休后漫长生活开支的需要，保障自己的生活品质，抵御通货膨胀的影响，而且可以显著提高个人的净财富。退休养老规划核心在于进行退休需求的分析和退休规划工具的选择。退休养老规划的工具具体来说包括社会养老保险、企业年金、商业养老保险以及其他储蓄和投资方式。

（八）财产分配与传承规划

财产分配规划是指为了将家庭财产在家庭成员之间进行合理分配而制定的财务规划。理财规划师要协助客户对财产进行合理分配，以满足家庭成员在家庭发展的不同阶段产生的各种需要。财产传承规划是指当事人在其健在时通过选择遗产管理工具和制订遗产分配方案，将拥有或控制的各种资产或负债进行安排，确保在自己去世或丧失行为能力时能够实现家庭财产的代际相传或安全让渡等特定的目标。理财规划师在进行财产传承规划时，主要是帮助客户设计遗产传承的方式，以及在必要时帮助客户管理遗产并将遗产顺利地传承到受益人的手中。

三、理财规划的工具

（一）储蓄

储蓄作为一种传统的理财方式，早已根深蒂固于人们的思想观念中。大多数居民仍然将储蓄作为理财的首选。一方面，因为外资流入中国势头仍较旺盛，中国基础货币供应量增加；另一方面，政府为了适度控制物价指数和通货膨胀率的上升，采取提升利率手段，利率的浮动区间也进一步扩大。利率的上升，必将刺激储蓄额的增加。

（二）保险

人生总是面临着各种各样的风险与意外，但如果能够事先早做安排，就很有可能将意外事件带来的损失降到最低限度，从而达到转移风险、保障生活的目的。保险是风险管理中传统有效的财务转移机制，人们通过保险将自行承担的风险进行转移、以小额度的保费支出来换取对未来不确定的、巨大风险损失的经济保障，使风险的损害后果得以减轻或消化在所有理财工具中，保险的防御性最强，因此，保险是财务安全规划的主要工具之一。

（三）债券

债券是政府、企业、银行等债务人为筹集资金，按照法定程序发行并向债权人承诺于指定日期还本付息的有价证券。债券的利息可以税前列支，具有抵税作用；另外，债券投资人比股票投资人的投资风险低，因此其要求的报酬率也较低。故公司债券的资本成本要低于普通股。发行债券所筹集的资金一般属于长期资金，可供企业在1年以上的时间内使用，这为企业安排投资项目提供了有力的资金支持。债券筹资的对象十分广泛，它既可以向各类银行或非银行金融机构筹资，也可以向其他法人单位、个人筹资，因此，筹资比较容易并可筹集较大金额的资金。

（四）股票

买股票就是买上市公司和中国经济的成长。国内股票市场资金供求形势相对乐观，这对于资金推动型的中国股市无疑是打了一剂强心针。再加上中国证监会对上市公司的业绩计算、融资额等提出了更加严格的要求，加强了对股市的调控，这将给投资者带来盈利的机会。但不管怎么样，股市的最大特点就是不确定性，机会与风险是并存的。因此，投资者应继续保持谨慎态度，看准时机再进行投资。股票一经认购，持有者不能以任何理由要求退还股本，只能通过证券市场将股票转让或出售。股票投资的收益来自上市公司的分红和买卖价差，但我国上市公司分红很少，因此进行股票投资的投资者应具备较强的经济实力、专业能力及良好的心理素质。在以股票作为投资工具时，投资者还应注意通过投资组合来降低风险。

（五）基金

自1997年首批封闭式基金成功发行以来，基金一直备受国内个人投资者的推崇，2012年基金已经明显超过存款，成为投资理财众多看点中的重中之重。2019年全部基金平均收益率22.41%，各类基金平均收益率全线飘红，以股票型基金的平均收益率最高，其次是混合型基金。许多投资者们十分看好基金的收益稳定、风险较小等优势和特点，希望能够通过基金的投资获得理想的收益。

（六）期货

期货是交易双方按约定价格在未来某一期间完成特定资产的交易行为。期货交易的最终目的并不是商品所有权的转移，而是通过买卖期货合约回避现货价格风险。按照交易标的，期货可以划分为商品期货和金融期货。前者是期货交易的起源品种，主要包括农产品期货、有色金属期货和能源期货等。后者是指以金融工具作为标的物的期货合约，主要包括外汇期货、利率期货和股票指数期货等。目前，我国三大商品期货交易所分别是上海商品期货交易所、大连商品期货交易所和郑州商品期货交易所。

（七）黄金

近年来，国际金价稳步上扬，黄金的保值、增值功能凸显。尽管很少有人把黄金作为最主要的投资产品，但黄金作为理财规划的工具具有非常重要的意义：以黄金作为理财组合中的一个重要部分与其他投资产品进行资产配置，可以获取相对稳健的理财收益。

黄金投资一般分为实物黄金投资和纸黄金投资，实物黄金通常包括金条、金币和黄金饰品。实物黄金交易对象直观，但缺点是兑现难，交易成本高，而纸黄金通常报价参考国际黄金报价，即通过即时的汇率折算成人民币后再报价，且具有交割方便的特点。目前，很多商业银行都推出了纸黄金的交易业务。

（八）外汇

外汇是全球的人进行交易，所以不受大机构或国家控制，即使一个很有经济实力的国家也不可能拿一年的GDP进入外汇市场，外汇受一个国家的及时新闻与政策的影响。外汇市场是一个24小时不停止的市场，随时可以进行买卖。在外汇市场进行投资也正是利用汇率本身的变动进行低买高卖或高买低卖，通过其中的差额来获取利益。随着外汇形成机制的改革、浮动范围的扩大，以及炒汇手段的多样化，越来越多的人投入炒汇当中。外汇的汇率随着市场而波动，所以需要投资者有敏锐的洞察力和相对及时的信息来源。

（九）法律

理财规划师的工作除了要运用大量的金融知识外，还需要法律知识的积累。没有税法知识，税收筹划显然无从谈起；《婚姻法》《继承法》《收养法》等相关法律知识的缺失，往往会使客户面临财产无法得到有效配置、传承的尴尬；不了解《公司法》《合伙企业法》等相关法律知识，就难以充分理解经营风险对客户及其家庭的潜在影响；其他民事法律基础在理财规划中同样有广泛的应用。此外，掌握必要的法律知识也是理财规划师在提供理财规划服务时有效规避风险、与客户建立良好关系、保障自己的合法利益不受侵犯的有效手段。

（十）信托

信托理财是一种财产管理制度，它的核心内容是“受人之托，代人理财”，具体是指委托人基于对受托人的信任，将其财产权委托给受托人，受托人按委托人的意愿以自己的名义为受益人的利益或者特定目的，进行管理或者处分的行为。信托类理财产品的收益可以是固定的，也可以是浮动的，收益较高、稳定性好是信托理财产品的最大卖点。信托计划产品一般都是资质优异、收益稳定的基础设施类信托计划，并且大多有第三方银行担保，在安全性方面比单纯的信托投资项目要略微高一些。在教育规划领域，子女教育信托或子女激励信托的运用可以起到保全子女教育金、鼓励子女发展等作用；在税收筹划领域，信托一直是全球范围内最通用的税收筹划工具之一，尤其对于高端个人客户而言，可以采用信托对税收负担进行巧妙筹划；在退休养老规划领域，高龄人士随着智力水平和健康状况的每况愈下，其财产管理能力也随之变弱，其财产难以得到有效管理，因而针对老年人养老的信托服务将会发挥极为重要的作用；在财产分配与传承领域，信托相对其他工具具有更大的优势，通过信托对婚姻家庭财产的隔离保护，可以有效实现财产的分配与传承保护。

（十一）其他

在理财规划工作中，除上述理财规划工具外，还有其他工具，如银行理财产品、权证、券商集合理财产品、房地产投资信托等。

四、理财规划的流程

（一）第一步：建立客户关系

作为理财规划整个工作流程的第一个环节，“建立客户关系”成功与否直接决定了理财规划业务是否可以得到开展。建立客户关系的方式多种多样，包括但不限于电话交谈、互联网沟通、书面交流和面对面会谈等。需要特别注意的是，在建立客户关系的过程中，沟通技巧显得尤为重要。除了语言沟通技巧以外，还要懂得运用各种非语言的沟通技巧，包括眼神、面部表情、身体姿势、手势等。此外，理财规划师作为专业人士，在与客户交谈时要尽量使用专业化的语言。而在涉及投资回报率等财务指标方面，则不应该给出过于确定的承诺，避免因达不到目标而承担不必要的法律责任。

（二）第二步：收集客户信息

理财规划方案是否适合客户的实际情况，关键取决于理财规划是否对客户的财务信息、与理财相关的非财务信息和客户的期望目标有充分的了解。而客户理财目标的形成，须在充分掌握客户财务信息和非财务信息的基础上，理财规划师与客户经过充分的沟通共同确定。收集、整理和分析客户的财务信息和与理财有关的非财务信息，是制订理财规划方案的关键一步。如果无法收集到准确的财务数据，无法准确了解客户的财务状况和理财目标，也就不可能针对不同客户提出切实可行的理财规划方案。所以，各国的理财规划师协会或理财规划师职业资格认证机构在制定职业资格标准时，都将收集客户信息作为理财规划的基础，并将其视为理财规划的必要程序之一。

（三）第三步：财务分析和评价

客户现行财务状况是达到未来理财目标的基础，在提出具体的理财规划方案之前必须客观地分析客户的现行财务状况并对客户未来的财务状况进行预测。客户现行财务状况的分析主要包括客户家庭资产负债表分析、家庭收入支出表分析以及财务比率分析等。其中，资产负债表分析主要是分析客户家庭资产和负债在某一时点上的基本情况；收入支出表分析是指对客户在某一时期的收入和支出进行归纳汇总，为进一步的财务现状分析与理财目标设计提供基础资料。需要分析的基本的财务比率包括结余比率、投资与净资产比率、清偿比率、负债比率、财务负担比率和流动性比率等。

（四）第四步：制订理财规划方案

在进行理财规划时，要综合考虑每一个具体项目的规划，运用掌握的专业知识，结合客户的实际情况，最后形成整体理财规划方案。因此，理财规划师要确保已经掌握客户的所有相关信息，弄清客户的理财目标和要求，保证客户当前的财务安全。在此基础上，理财规划师才能针对客户具体的理财目标提出理财规划方案。

（五）第五步：实施理财规划方案

为了确保理财规划方案的执行效果，理财规划师应遵循三个原则：准确性、有效性和及时性。理财规划方案要真正得到顺利执行还需要理财规划师制订一个详细的实施计划。在这个实施计划中，理财规划师首先要确定理财规划方案的实施步骤，然后根据理财规划方案的要求确定匹配资金的来源，最后理财规划师还需要列出理财规划方案实施的时间表。在执行理财规划方案这一步骤中，理财规划师还需要注意以下问题：①不论是在实施计划制订的过程中，还是在完成之后，都应当积极主动地与客户进行沟通和交流，让客户亲自参与到实施计划的制订和修改过程中来；②执行理财规划方案必须首先获得客户的执行授权；③妥善保管理财规划方案的执行记录。理财规划方案本身也不是一成不变的，在执行理财规划方案过程中，当理财规划方案的假设前提发生变化或者客户的财务情况发生重大变化时，理财规划方案需要随时调整，因此，理财规划方案的制订和执行都是一个动态的过程。

（六）第六步：持续提供理财服务

理财服务并不是一次性完成的。未来的预估不可能完全准确，客观环境会不断发生变化，客户个人的经济条件、理财目标也会发生变化，如果理财规划方案不相应变化，会导致方案的最终效果与当初的预定目标产生较大的差异。因此，在完成方案后的很长时期内，仍需要理财规划师根据新情况来不断地调整方案，帮助客户更好地适应环境，达到预定的理财目标。持续理财服务包括定期对理财规划方案进行评估以及不定期的信息服务和方案调整。

第三节　理财规划职业的发展

一、理财规划职业的发展概况

现代意义上的理财规划业务首先出现在美国，其发展经历了初创期、扩张期、成熟稳定发展期三个阶段。

（一）初创期

理财规划思想早在欧洲的贵族私人银行就有所体现，但一般认为现代理财规划起源于20世纪30年代的美国保险业。在1929年10月股票暴跌引发的经济危机中，保险的“社会稳定器”功能使得保险公司的地位得到了空前提高，同时“大危机”使人们开始萌生了对个人生活的综合规划和资产配置的需求，在这一背景下，保险推销员在推销保险产品的同时，也提供一些生活规划和资产运用的咨询服务，当时这些保险营销员被称为“经济理财员”，尽管其主要目的是推销保险产品，但其工作内容却成为现代理财规划的萌芽，并显现出很强的生命力。

（二）扩张期

第二次世界大战结束后，经济的复苏和社会财富的积累使美国个人理财规划进入了扩张阶段。社会、经济环境的变化逐渐使富裕阶层和普通消费者无法凭借个人的知识与技能、通过运用各种财务资源来实现自己短期和长期的生活及理财目标。因此，消费者开始主动寻求称职的、客观公允的、以追求客户利益最大化为己任的专业理财规划人员咨询问题并获取帮助。这一时期，个人理财规划业得到了加速发展，从业人员不断增加。

1969 年是现代理财业发展的标志性年份，当时一批来自不同领域的金融服务专业人士在美国芝加哥机场附近一家咖啡馆的聚会上，有感于金融产品的日益丰富与社会公众对自身及家庭理财逐渐力不从心的现实需要，提出“关注客户的需求和目标比关注单一金融产品销售更重要”的服务理念和专业精神，开始推广涉及客户生活方方面面的“理财规划”的概念和方法，并在随后创立了首家理财团体机构 IAFP——第一家以普及理财知识、促进理财发展为目的的社会团体。

（三）成熟稳定发展期

美国的理财规划师职业认证对美国乃至全球个人理财规划行业的发展起到了关键的推动作用，使理财规划业务逐渐发展成为一个独立的金融服务行业，并出现了以客观、公允为执业准则的专业技术人员——理财规划师。他们的主要业务不再是从销售金融产品及服务中获取佣金，而是为帮助客户实现其生活、理财目标进行专业咨询，并通过一个规范的个人理财服务流程来实施理财建议，从而防止客户利益受到侵害。

随着金融市场的日益发展成熟及理财业内人士的大力推动，1990 年国际注册理财规划师协会正式成立，标志着理财规划服务有了国际统一的职业道德、胜任能力以及实务操作标准，这使得理财规划师职业得以在全球迅速推广。目前，经济全球化趋势日益明显，随着拉美、亚洲尤其是中国等新兴市场的崛起，全球个人财富迅速增长，理财规划职业在各国受到越来越广泛的关注和重视，各个国家纷纷推动符合本国国情的理财规划职业的发展。

二、个人理财服务的发展

（一）个人理财服务的层次

一般而言，个人金融服务体系分为三个层次：大众理财、贵宾理财和私人银行财富管理。在这三个服务层次中，不同类别的产品和服务的利润水平差异显著，从前往后呈现出逐步升高的趋势，私人银行业务居于顶端。

由于一般金融机构面对的个人理财通常是中低端的普通客户，因而常说的“个人理财”往往也被称为“大众理财”。这一层次的服务对象主要为银行存款平均数额不高、收入中等以下的客户。一般来说，这部分客户要占到银行个人账户总数的80%以上。对于个人理财客户来说，投资管理、现金管理、风险保障通常是其需求的重点，客户对于投资增值的需求尤其处于重心地位。金融机构为这类人群提供的服务通常仅限于传统的银行产品和服务，如现金业务、存款业务、货币市场业务、保管业务等，提供的产品多为保险产品、投资产品、银行理财产品。银行为这类客户准备的多为普及性的大众化个人理财业务，很少提供个性化的理财服务。

贵宾理财通常面向的对象是该金融机构的VIP客户，其家庭收入在社会群体中一般居于前15%～20%，在银行个人账户总数中的比例约占10%。其可获得的服务主要包括可获得较高的信用额度，同时享有特约商户的优惠消费折扣、热销商品的购买权，理财专柜、理财窗口或贵宾室可优先办理业务，享受贷款等业务的优先办理和审批等。所有的银行网点和理财工作室、VIP客户均可享有优先服务权，银行卡可免收年费，VIP客户汇款可少收手续费，甚至免费。

私人银行财富管理服务是一项高端金融服务，其业务基础是高净值财富，服务对象是拥有高净值财富的个人，其目的是以客户需求为核心提供个性化金融服务。私人银行业务在西方国家的发展已经有数百年历史，成为与存款商业银行业务、投资银行业务并驾齐驱的主要银行服务体系之一。海外具有高净值财富的客户在银行账户总数中所占的比例只有1%上下。这一客户群体的人数很少，但手中掌握的财富十分可观。因此，为了能减少这部分高端客户的流失，商业银行通常专门成立私人银行部，由私人银行家向客户提供全方位、个性化的理财业务。私人银行力求为拥有高净值财富的人士提供一站式金融服务，服务项目非常广泛，如投资管理、现金管理、家族股权管理、税收筹划、财产传承、财产保护与分配乃至继承人教育等，财富管理服务的核心内容是财产保护、积累和传承。

（二）我国商业银行理财服务发展现状

1. 大众银行理财服务发展现状

长期以来，商业银行个人理财业务的范围单一，仅包括储蓄业务和十分有限的托收代理业务。1995年，招商银行推出集本外币、定活期存款集中管理及代理收付功能于一体的“一卡通”，国内首度出现以客户为中心的个人理财产品。近年来，国内居民收入不断提高，金融产品日益丰富，个人理财市场需求日渐凸显。随着国内金融市场的发展和个人金融需求的多样化，银行个人理财业务的范围逐步拓宽，除向客户提供传统的银行业务外，通过与券商、保险公司、基金管理公司、信托公司等非银行金融机构合作，国内银行已经逐步为客户提供包括证券、保险、信托、基金、黄金买卖等金融服务、各类支付结算业务以及理财规划等综合服务。由于服务对象收入水平及该类理财尚处于起步阶段等因素影响，目前各大商业银行提供的个人理财产品有限，创新机制不足，理财服务趋同现象严重。

2. 贵宾理财服务发展现状

基于对个人理财业务重要性的认知，以及对个人金融服务市场需求快速变化的感受，国内各银行都在这一领域进行了各不相同的探索和尝试，纷纷推出各自的个人理财品牌，使得整个市场呈现出空前的繁荣景象。但是，尽管目前国内各大银行纷纷建立自己的贵宾理财工作室，推出各自的理财产品与理财服务，但各个金融机构提供的服务通常局限于专人服务、专属场所、优先服务、亲情服务等，提供的产品也多为相似的投资、保险产品。近乎相同的产品、相似的服务无法满足高端客户私密性、个性化的服务要求，产品创新机制不足在很大程度上制约了国内财富管理业务的发展，真正为高端人士提供的财富管理服务还十分鲜见。

3. 私人银行财富管理服务发展现状

近年来，财富在国内富裕阶层迅速累积，使国际各大私人银行纷纷将目光转向中国，并先后在中国开设代表处，拉开了中外银行针对中国私人银行市场争夺的序幕。

三、理财规划职业在中国的发展

随着中国经济的快速发展，中产阶级和富裕阶层正在迅速形成，并有相当一部分人的理财观念从激进投资和财富快速积累阶段逐步向稳健保守投资、财务安全和综合理财方向发展，因而对能够提供客观、全面理财服务的理财规划师的要求迅猛增长，中国已经成为全球个人金融业务增长最快的国家之一。

目前，理财规划的概念在金融行业已经逐渐为人所知，尤其是在保险公司和商业银行，很多保险公司和商业银行已经设立了专门的个人理财工作室或理财部，为客户提供相应的理财服务。而由于国际理财规划师认证考试是基于发达国家的国情和当地个人财务状况而制定的，一定程度上与我国的国情和个人财务状况不相符，目前也没有得到中国政府的认可。因此，鉴于社会对理财规划师的强烈需求和理财规划师国家标准的缺位，国家职业鉴定中心组织有关专家根据我国国情制定了《理财规划师国家职业标准》，并于2003 年1 月 23 日开始施行，从而将理财规划正式确定为一门职业。自此，理财规划师这门职业在中国开始蓬勃发展，并对传统的理财观念产生着巨大的冲击，个人理财逐渐进入大众的视野。

第四节　理财规划师的职业道德

一、理财规划师职业道德概述

（一）职业道德概述

职业道德是一个行业从业人员所应恪守的道德标准，或者说是人们在其职业活动中应当遵循的行为规范和准则。职业道德不是法律规范，因此不具有法律上的强制约束力。一般来说，职业道德的实行，依靠的是从业人员的自觉和集体约束行为，不是由国家机关依靠国家强制力来保证实施的。因此，职业道德并非从法律责任的角度界定一个行业的执业标准，而是通过行业自律机制确立一个行业的道德准则。

职业道德一般包括爱国守法、正直诚信、客观公正、勤学上进、公平合理、严守秘密、团结合作、勤勉尽责等。一个行业的职业道德是该行业的基本要求。对于理财规划师职业而言，除遵守法律关于该行业的强制性规范以外，还须遵守该行业的职业道德。

（二）理财规划师职业道德的意义

理财规划师属于专业服务人员。作为从事中介服务的个人或机构，“受人之托，忠人之事”是必须恪守的准则。如果受人之托，而不忠人之事，整个社会将对理财规划行业失去信心，理财规划师职业也就失去了存在的基础。

在理财规划专业服务中，理财规划师是委托人的受托人，受托人又称“受任人”，即“被信任之人”，因此理财规划师往往被委托人和社会公众置于“信任”或“信心”的地位，而社会公众的“信任”或“信心”最终来源于理财规划师的职业操守。

因此，职业道德对理财规划师职业的生存和发展具有至关重要的意义，是理财规划行业生存和发展的根本保证之一。

（三）理财规划师职业道德的构成

理财规划师的职业道德由两部分构成：职业道德准则和执业纪律规范。

职业道德准则是以原则性的语言表述该行业的从业道德和理念，是每一个理财规划师所应秉持的基本准则。因此，职业道德准则虽在很大程度上体现出的是倡议性，但却是理财规划师执业纪律的基本渊源和根据。

执业纪律规范是具体的行为规则，是理财规划师办理具体业务时所应体现的道德和专业负责精神。所以，理财规划师执业纪律规范在语言上不同于职业道德准则，在很多方面体现的是“积极要求”或“禁止性”的内容，而非倡议性的内容。

二、理财规划师职业道德准则

职业道德准则主要包括两部分：一般原则和具体规范。一般原则包括正直诚信原则、客观公正原则、勤勉谨慎原则、专业尽责原则、严守秘密原则、团队合作原则，这些原则体现了理财规划师对于公众、客户、同行以及雇主的责任。具体规范则是一般原则的具体化。

（一）正直诚信原则及相关具体规范

理财规划师应当以正直和诚实信用的精神提供理财规划专业服务。因此，理财规划师职业操守的核心原则就是个人诚信。“正直诚信”要求理财规划师诚实不欺，不能为个人的利益而损害委托人的利益。如果理财规划师并非由于主观故意而导致错误，或者与客户存在意见分歧，且该分歧并不违反法律，则此种情形与正直诚信的职业道德准则并不违背。但是，正直诚信的原则绝不容忍欺诈或对做人理念的歪曲。正直诚信原则要求理财规划师不仅要遵循职业道德准则的文字，更重要的是把握职业道德准则的理念和灵魂。

（二）客观公正原则及相关具体规范

理财规划师在向客户提供专业服务时，应秉承客观公正原则。所谓客观，是指理财规划师以自己的专业知识进行判断，坚持客观性，不带感情色彩。无论理财规划师在具体业务中提供何种服务，或以何种身份行事，理财规划师均应确保公正，坚持客观性，避免自己的判断受到不正常因素的影响。所谓公正，是指理财规划师在执业过程中应对客户、委托人、合伙人或所在机构持公正合理的态度，对于执业过程中发生的或可能发生的利益冲突应随时向有关各方进行披露。因此，理财规划师应摒弃个人情感、偏见和欲望，以确保在存在利益冲突时做到公正合理。理财规划师在处理客户、委托人和所在机构之间关系时，应以自己期望别人对待自己的方式对待有关各方，这也是任何提供专业服务的行业对从业人员的基本要求。

（三）勤勉谨慎原则及相关具体规范

理财规划师在执业过程中，应恪尽职守，勤勉谨慎，全心全意为客户提供专业服务。勤勉谨慎原则要求理财规划师在提供专业服务时，工作要及时、彻底、不拖拖拉拉，在理财规划业务中务必保持谨慎的工作态度。勤勉谨慎是对理财规划师工作全过程的要求，不仅包括理财规划方案的制订过程，还包括理财规划方案的执行及其监督过程。具体来说，勤勉就是理财规划师在工作中要做到干练与细心，对于提供的专业服务，在事前要进行充分的准备与计划，在事后要进行合理的跟踪与监控；谨慎就是要在提供理财规划服务过程中，从委托人的角度出发，始终保持严谨、审慎、注意细节，忠于职守，在合法的前提下最大限度地维护客户的利益。

（四）专业尽责原则及相关具体规范

理财规划是一个需要较高专业背景及资深经验的职业。作为一名合格的尽责的理财规划师，必须具备资深的专业素养，每年保证一定时间的继续教育，及时储备知识，以保持最佳的知识结构。由于理财规划师提供服务的重要性，理财规划师有义务在提供服务的过程中，既要做到专业，又要尽责，秉承严谨、诚实、信用、有效的职业素养，用专业的眼光和方法去帮助委托人实现理财目标。具体来说，在与客户沟通过程中，要对客户及相关职业者保持尊严与礼貌；在实务操作中，必须保持严谨的工作态度，谨守业内规章，从专业的角度进行审慎判断；同时，理财规划师有责任与客户充分沟通，以尽责敬业的职业态度，维护和提高理财规划师的声誉与公众形象。

（五）严守秘密原则及相关具体规范

理财规划师不得泄露在执业过程中知悉的客户信息，除非取得客户明确同意，或在适当的司法程序中，理财规划师被司法机关要求必须提供所知悉的相关信息。这里的信息主要是指客户的个人隐私和商业秘密。其具体规范包括客户为取得理财规划专业服务，愿意与理财规划师建立个人信任关系，这种个人信任关系的建立，是基于客户相信提供给理财规划师的秘密信息不会被理财规划师随意披露。所以，理财规划师必须恪守严守秘密的职业道德准则，确保客户信息的保密性和安全性。理财规划师在执业过程中，如果知悉客户违法或犯罪的事实，是否仍须严守秘密而不予举报呢？为确保理财规划师与客户之间的信任，理财规划师不得披露在执业过程中知悉的客户涉嫌违法犯罪的事实，至少没有义务向司法机关举报。

（六）团队合作原则及相关具体规范

理财规划业务涉及客户的现金规划、消费支出规划、风险管理与保险规划、教育规划、税务筹划、投资规划、退休养老规划及财产分配与传承规划等，贯穿个人与家庭的一生，因此，理财规划业务是一个系统的过程。对理财规划师来说，所掌握的知识、经验有限，必须与各个领域的专业人士合作，与团队合作，这样才能为客户制订最佳的理财规划方案，实现最终的理财规划目标。所谓团队，就是由具有互补技能组成的、为达成共同的目标、愿意在认同的程序下工作的团体。团队合作就是理财规划师要及时认识到自身所掌握知识和技能的局限，对于自己不熟悉的领域，理财规划师请教咨询该领域的专业机构，或及时将业务交给自己所在机构的其他具备该专业知识的理财规划师办理。理财规划师要集思广益，融合保险、投资、税务、法律、财务等各领域专家的建议，针对客户的理财规划目标，制订最合适的理财规划方案。反过来，理财规划师也要积极协助其他同行开展相关的业务，这是一个相互合作的过程。

三、理财规划师执业纪律规范

理财规划师职业道德准则是关于理财规划师职业的原则性规范，适用于全体执业理财规划师和非执业理财规划师。执业纪律规范主要是对执业理财规划师的行为进行约束。

（一）理财规划师不得利用提供服务的契机从事或帮助客户从事违法行为

遵纪守法是每一个公民应尽的义务，理财规划师也不例外。所以，理财规划师不得利用提供理财规划服务的契机从事或帮助他人从事违法犯罪活动。

理财规划师为客户提供专业服务，受人之托，履人之嘱，必须全心全意地维护客户的利益。但是，客户的利益必须是归其合法拥有的，违法的利益不受法律保护。如果客户委托理财规划师设计违法的理财规划方案，或者客户的理财需求或目标违反法律的规定，理财规划师应拒绝客户的委托，不得明知客户的要求违法仍然接受客户的委托，为其违法目的或需求提供服务。如果理财规划师在办理业务的过程中发现客户所委托的事项违法，理财规划师应向客户说明，并停止办理委托事务。

（二）理财规划师不得以虚假的信息或广告欺骗或误导客户

理财规划师在执业过程中，不得以不诚实、欺诈或虚假陈述的方式故意向客户、所在机构、政府或行业自律机构或其他任何人提供虚假或误导性信息。理财规划师不得夸大自己或所在机构的业务量、业务范围和业务能力，从而骗取客户的信任和委托。在业务推介活动中，理财规划师不得向社会公众传递虚假或误导性的信息，或者对理财规划服务的结果做出明显不合理的预期，也不得向客户做出回报或收益承诺。业务推介的形式，包括但不限于演讲、访谈、报纸杂志、研讨会、广播电视节目和光碟等。

理财规划师如果做出前述行为，不仅违反了理财规划师职业道德准则关于正直诚信的规范，也可能构成民法上的欺诈，从而可能被客户追究侵权责任。

（三）理财规划师在执业过程中不得侵占或窃取客户的财产

理财规划师在办理业务的过程中，可能会受客户之托保管或处置客户的财产。在这种情况下，理财规划师应严格遵守相关的授权文件的规定，不得超出客户的授权随意处置客户的财产。而且，理财规划师应当备置完整的记录，确保客户的财产与自己或所在机构的财产区分清楚。对于客户之间的财产，也应保持完整的记录，以便区分。在客户要求退回或移交财产的情况下，理财规划师应按照相关授权文件或相关法律的规定，及时移交客户委托保管或处分的财产。

理财规划师受托保管或处分客户的财产，应尽善良管理人的注意义务，应以与保管或处分自己财产相同的谨慎和勤勉程度来操作。

（四）理财规划师应以客观公正的态度维护客户的利益

理财规划师在向客户提供专业服务时，应用尽合理与谨慎的精神进行判断。当然，是否为合理与谨慎的精神，并无整齐划一的标准，须依具体案例进行分析。但是，无论如何，理财规划师的行为必须以维护客户合法利益为核心，脱离这个基础，客观公正将无从谈起。

（五）理财规划师应随时向客户披露存在或可能产生的利益冲突

理财规划师在接受委托前和办理业务的过程中，应向客户披露可能影响理财规划师公正判断的任何情形。在与客户洽谈业务过程中，如果发现客户的委托可能与自己所策划的另一事务存在冲突，或与自己所在机构或受雇的其他机构的利益存在冲突时，理财规划师须向客户披露，以便客户决定是否仍然委托其提供理财规划服务。在为客户办理委托事务的过程中，理财规划师必须随时向客户披露存在或可能存在与客户利益冲突的情形。尤其是，理财规划师在理财规划方案中向客户推荐购买某一个或某一类金融产品时，必须向客户说明自己是否受雇于销售该金融产品的公司或行业，或是否从销售中获得利益等情况。

在提供专业服务的过程中，客户可随时要求理财规划师披露是否存在利益冲突，理财规划师应当随时向客户做出说明。

（六）理财规划师不得随意公开或使用客户的秘密信息

理财规划师对客户的个人隐私与商业秘密负有保密义务，未经客户同意或司法机关依据法律规定要求，理财规划师不得公开和使用客户的个人隐私与商业秘密。理财规划师对客户的保密义务，同样适用于理财规划师所在机构、理财规划师的合伙人及同事。

（七）理财规划师应维护行业整体形象，禁止任何形式的不正当竞争

理财规划师不得从事任何损害或有可能损害理财规划行业整体形象的任何行为，不得采用任何方式贬损或攻击其他理财规划师，不得为争揽客户而向客户做出不合理的承诺，或向客户提供自己并无资格提供的服务，不得有其他损害竞争秩序的行为。

（八）理财规划师应勤勉尽责，严格履行对客户的承诺

签订理财规划服务合同前，理财规划师应认真分析客户的需求和目标，掌握足够的信息，确保自己或自己与他人共同合作能够处理客户的事务。在签订理财规划服务合同后，应认真履行合同约定的义务，进行充分的调查研究，做出合理、谨慎的判断并制订出适合客户具体情况的理财规划方案。

四、违反理财规划师职业道德的制裁措施

理财规划师职业道德规范一般由行业自律机构颁布并监督执行。如果违反职业道德准则和执业纪律规范，理财规划师将受到行业自律协会的制裁。如果违反职业道德准则和执业纪律规范的行为触犯了法律的相关规定，理财规划师还会被追究相应的法律责任。

（一）行业自律机构的制裁措施

在区分执业会员和非执业会员的制度中，执业会员和非执业会员的制裁措施应有所不同。

一般来说，非执业理财规划师如果违反职业道德规范，通常的制裁措施是取消其理财规划师资格，严重者可能终生无法再次参加理财规划师职业资格考试，或终生无法执业。

对于执业理财规划师而言，通常的制裁措施主要包括警告、暂停执业、罚款和吊销执照等措施。警告适用于情节轻微的行为；暂停执业、罚款一般适用于情节较为严重，但尚未给客户造成重大损失的情形；吊销执照一般适用于情节严重且造成较大损失的行为，通常该行为也触犯了法律的规定。

（二）法律责任

理财规划师违反执业纪律规范的行为如同时触犯法律，则将承担相应的法律责任。法律责任有民事法律责任、行政法律责任和刑事法律责任。

民事法律责任主要表现为违约责任和侵权责任。如理财规划师不按照合同约定提供承诺的服务，则客户可要求理财规划师所在机构承担违约责任。所在机构承担责任后，再追究理财规划师的责任。如理财规划师向客户提供虚假或误导性信息，给客户造成损害的，理财规划师所在机构将承担侵权责任。所在机构承担责任后，可以追究理财规划师的责任。如理财规划师故意贬损其他理财规划师的形象，进行不正当竞争，则理财规划师本人将被要求承担侵权责任。

行政法律责任主要表现为罚款、吊销执照或停业整顿等。在以行业自律为主的国家和地区，行政机关对行业的管理是宏观的，不具体管理，所以行政制裁措施通常由行业自律机构实施。

刑事法律责任是理财规划师的行为触犯刑法后所应承担的法律责任。在理财规划师侵占或窃取客户或其所在机构财产，情节严重的情况下，理财规划师将被追究刑事责任。

本章小结

本章主要介绍理财规划基础，包括理财规划的概述、理财规划的目标、理财规划的生命周期理论与家庭模型、理财规划的内容、理财规划的工具、理财规划的流程、理财规划职业的发展，以及理财规划师的职业道德。本章是理财规划的基础，作为一名合格的理财规划师，必须很好地掌握本章的核心思想，从整体上把握理财规划的运作方法。

复习思考题

一、单项选择题

1. 在财务安全的模式下，收入曲线一直在支出曲线的(　　)。

A. 平行　　B. 下方　　C. 上方　　D. 右方

2. 若某家庭的投资收入曲线穿过支出曲线，则意味着该家庭的支出已经可以由投资收入来支撑，即已经获得了(　　)。

A. 基本收益　　B. 财务独立　　C. 额外收入　　D. 财务自由

3. 某投资组合含有60%股票、20%债券、20%活期存款。这一组合最适合的年龄层次是(　　)。

A. 青年时期　　B. 中年时期　　C. 退休以后　　D. 均适用

4. 财务自由是指个人或家庭的收入主要来源于(　　)。

A. 努力工作　　B. 主动投资　　C. 被动投资　　D. 被动工作

5. 意外现金储备的用途不包括(　　)。

A. 一些重大的事故对家庭短期的冲击　　B. 车祸

C. 重大疾病需临时垫资　　D. 亲友急需现金

6. 理财规划的必备基础是做好(　　)。

A. 现金规划　　B. 教育规划　　C. 税收筹划　　D. 投资规划

7. 在建立客户关系的过程中，理财规划师应注意的事项中不正确的有(　　)。

A. 运用语言沟通技巧

B. 懂得运用各种非语言沟通技巧

C. 在与客户交谈时要尽量使用通俗化的语言

D. 在涉及投资回报率等财务指标方面，不应该给出过于确定的承诺

8. 为了确保理财计划的执行效果，理财规划师应遵循的三个原则是准确性、有效性和(　　)。

A. 全面性　　B. 稳健性　　C. 安全性　　D. 及时性

9. 理财规划师职业操守的核心原则是(　　)。

A. 个人诚信　　B. 具有合作精神　　C. 客观公正　　D. 严守秘密

二、多项选择题

1. 理财规划的目标可以归结为两个层次，包括(　　)。

A. 实现财务安全　　B. 个人价值最大化

C. 早点财务独立　　D. 个人收入最大化

E. 追求财务自由

2. 下列关于理财规划的说法，正确的有(　　)。

A. 是简单的金融产品销售　　B. 强调个性化

C. 经常以短期规划方案的形式表现　　D. 通常由专业人士提供

E. 是一项长期规划

3. 衡量一个人或家庭的财务安全，主要考虑(　　)。

A. 是否有稳定、充足的收入　　B. 个人是否有发展的潜力

C. 是否有充足的现金准备　　D. 是否有适当的住房

E. 是否购买了适当的财产保险和人身保险

4. 理财规划师在为客户提供理财服务的过程中，应遵循(　　)的原则。

A. 整体规划　　B. 提早规划

C. 现金保障优先　　D. 追求收益优于风险管理

E. 消费、投资与收入相匹配

5. 理财规划的标准流程顺序包括(　　)。

A. 建立客户关系　　B. 收集客户信息

C. 分析客户财务状况　　D. 制订并实施理财方案

E. 持续理财服务

6. 下列从业人员的用语中，不符合职业规范要求的有(　　)。

A. 对不起，先生，这事儿不归我管，您问别人吧

B. 大哥，我这里的价格最低，您要能发现价格更低的，我把东西送给您

C. 嘿！这位大嫂，您的包忘带了，自己的东西可要多留意

D. 同志，您好，看了半天了，买点什么吧

三、判断题

1. 总收入曲线在支出曲线之上时，个人实现财务安全。　　(　　)

2. 理财规划师的服务是一次性完成的。 (　　)

3. 为客户制定的投资规划收益越高,理财规划师水平就越高。 (　　)

4. 对于执业会员和非执业会员的制裁措施相同,应一律对待。 (　　)

四、案例题

设计不同的生命周期和家庭模型,并提出理财规划方案。

第二章

宏观经济基础

学习目标

通过学习本章,需要掌握:宏观经济基础的意义和内容;财政政策和货币政策的基本理论;经济周期理论的基本知识及产业政策和行业分析的基本理论。在学习本章的过程中,应当结合宏观经济基础的理论与现实问题,思考国家的宏观经济形势如何影响个人或家庭的理财行为。

引导案例

2019 年中央经济工作会议于 12 月 10 日至 12 日举行。会议定调 2020 年中国经济工作,明确继续实施积极的财政政策和稳健的货币政策。这是自 2011 年以来中国连续第十年实施这一政策组合。会议指出,积极的财政政策要大力提质增效,更加注重结构调整,坚决压缩一般性支出,做好重点领域保障,支持基层保工资、保运转、保基本民生。稳健的货币政策要灵活适度,保持流动性合理充裕,货币信贷、社会融资规模增长同经济发展相适应,降低社会融资成本。要深化金融供给侧结构性改革,疏通货币政策传导机制,增加制造业中长期融资,更好缓解民营和中小微企业融资难、融资贵问题。会议还强调,财政政策、货币政策要同消费、投资、就业、产业、区域等政策形成合力,引导资金投向供需共同受益、具有乘数效应的先进制造、民生建设、基础设施短板等领域,促进产业和消费"双升级"。要充分挖掘超大规模市场优势,发挥消费的基础作用和投资的关键作用。

资料来源:2020 年中国继续实施积极财政政策和稳健货币政策,中国新闻网,2019-12-12.

第一节　宏观经济基础的意义和内容

一、宏观经济基础的意义

宏观经济和理财是密切相关的,或者说理财要看宏观经济的"脸色"。理财活动总是处在一定的大环境之下,最高层次的环境就是国际经济形势,然后是国内经济形势和产业经济形势。作为一个开放的经济体,宏观经济运行涉及居民、企业、政府和对外贸易企业四个部门。宏观经济分析就是结合四大部门的运行来揭示一国经济的总产出、价格水平、就业水平和利率等宏观变量变动情况。理财规划师必须对国家的宏观经济有一定的认知，能够较为清楚地分析当前的国民经济运行状况，理解国家的宏观政策导向和未来变动趋势，才能准确判断投资组合收益与风险变动方向。

二、宏观经济基础的内容

（一）国民经济总体指标

1. 国内生产总值

1）国内生产总值的概念

国内生产总值（Gross Domestic Product，GDP）是指一个国家或地区在一定时期内（通常指一年）运用生产要素所生产的全部最终产品（物品和劳务）的市场价值。它是衡量宏观经济运行规模的最重要指标。

2）名义 GDP 和实际 GDP

名义 GDP（或货币 GDP）是用生产物品和劳务的当年价格计算的全部最终产品的市场价值。实际 GDP 是用从前一年作为基础价格计算出来的全部最终产品的市场价值。

3）国内生产总值的核算方法

GDP 的核算可以从三个角度来进行：第一是从生产角度出发，把一个国家在一定时期内所生产的全部物品和劳务的价值总和减去生产过程中所使用的中间产品的价值总和，这种方法被称为生产法；第二是从收入角度出发，因为所有产出都是通过货币计量的，并构成各生产单位所使用的各种生产要素的收入，这种方法被称为收入法；第三是从支出角度出发，因为所有最终产品都是提供给市场的，市场上的需求者购买这些最终产品时就会有等量的支出发生，这种方法被称为支出法。从理论上说，按支出法、收入法与生产法计算的 GDP 在量上是相等的，但实际核算中常有误差，因而要加上一个统计误差项来进行调整，使其达到一致。实际统计中，一般以国民经济核算体系的支出法为基本方法，即以支出法所计算出的国内生产总值为标准。

用支出法核算 GDP，就是核算一个国家或地区在一定时期内居民消费、企业投资、政府购买和出口这几方面支出的总和。

(1) 居民消费支出，用字母 C 表示，包括购买耐用消费品（冰箱、彩电、洗衣机、小汽车等）的支出、非耐用消费品（服装、食品等）的支出以及劳务（如医疗保健、旅游、理发等）的支出。这一项是国内生产总值中最大的一个部分，占 2/3 左右；而在消费中劳务又是最大的部分，占一半左右。要特别注意：建造住宅的支出不包括在内。

(2) 企业投资支出，用字母 I 表示，是指增加或更新资本资产的支出，具体包括两大类：一是固定资产投资，指新厂房、新设备、新商业用房及新住宅的增加；二是存货投资，指企业掌握的存货价值的增加（或减少）。

(3) 政府购买支出，用字母 G 表示，是指各级政府购买物品和劳务的支出，包括政府购买军火、军队和警察的服务、政府机关办公用品与办公设施、举办如道路建设等公共工程、开办学校等方面的支出。政府支付给政府雇员的工资也属于政府购买。政府购买是一种实质性的支出，表现出商品、劳务与货币的双向运动，直接形成社会需求，成为国内生产总值的组成部分。政府购买只是政府支出的一部分，政府支出的另一部分如政府转移支付、国债利息等都不计入 GDP。

(4) 净出口是指进出口的差额，用字母 $X-M$ 表示，X 表示出口，M 表示进口。进口应从本国总购买中减去，因为它表示收入流到国外，同时，也不是用于购买本国产品的支出；出口则应加进本国总购买量之中，因为出口表示收入从外国流入，是用于购买本国产品的支出，因此，净出口应计入总支出。净出口可能是正值，也可能是负值。

把上述四个项目加起来，就是用支出法计算 GDP 的公式：

$$\text{GDP}=C+I+G+(X-M)$$

4) 国内生产总值与个人或家庭的理财行为

GDP 变动是一国经济成就的根本反映，GDP 的持续上升表明国民经济良性发展，制约经济的各种矛盾趋于或达到协调，人们有理由对未来经济产生好的预期；相反，如果 GDP 处于不稳定的非均衡增长状态，暂时的高产出水平并不表明较好的经济形势，不均衡的发展可能激发各种矛盾，从而孕育一个深的经济衰退。证券市场作为经济的"晴雨表"如何对 GDP 的变动做出反应呢？

(1) 持续、稳定、高速的 GDP 增长。在这种情况下，社会总需求与总供给协调增长，经济结构逐步合理，趋于平衡，经济增长来源于需求刺激并使得闲置的或利用率不高的资源得以更充分的利用，从而表明经济发展的良好势头，这时证券市场将基于下述原因而呈现上升走势：①伴随总体经济的增长，上市公司利润持续上升，股息和红利不断增长，企业经营环境不断改善，产销两旺，投资风险也越来越小，从而公司的股票和债券得到全面升值，促使价格上涨。②人们对经济形势形成了良好的预期，投资积极性得以提高，从而增加了对证券的需求，促使证券价格上涨。③随着 GDP 的持续增长，国民收入和个人收入不断提高，收入增加也将增加证券投资的需求，促使证券价格上涨。

(2) 高通胀下的 GDP 增长。当经济处于严重失衡下的高速增长时，总需求大大超过总供给，这将表现为高的通货膨胀率，这是经济形势恶化的征兆，如不采取调控措施，必将导致未来的"滞胀"。这时经济中的矛盾会突出地表现出来，企业经营将面临困境，居民实际收入也将降低，因而，失衡的经济增长必将导致证券市场下跌。

(3) 宏观调控下的 GDP 减速增长。当 GDP 呈失衡的高速增长时，政府可能采用宏观调控措施维持经济的稳定增长，这样必然减缓 GDP 的增长速度。如果调控目标得以顺利实现，而 GDP 仍以适当的速度增长，而未导致 GDP 的负增长或低增长，说明宏观调控措施十分有效，经济矛盾逐步得以缓解，为进一步增长创造了有利条件，这时证券市场也将反映这种好的形势而呈现平稳渐升的态势。

(4) 转折性的 GDP 变动。如果 GDP 一定时期以来呈负增长，当负增长逐渐减缓并呈现向正增长转变的趋势时，表明恶化的经济环境逐步得到改善，证券市场走势也将由下跌转为上升。当 GDP 由低速增长转向高速增长时，表明在低速增长中，经济结构得到调整，经济的瓶颈制约得以改善，新一轮经济高速增长随之来临，证券市场也将随之呈现快速上涨之势。证券市场一般提前对 GDP 的变动做出反应，也就是说它是反映预期的 GDP 变动，而 GDP 的实际变动被公布时，证券市场只反映实际变动与预期变动的差别，因而在证券投资中进行 GDP 变动分析时必须着眼于未来，这是最基本的原则。

2. 工业增加值

1）工业增加值的概念

工业增加值是指工业企业在报告期内以货币形式表现的工业生产活动的最终成果。它是企业全部生产活动的总成果扣除了在生产过程中消耗或转移的物质产品和劳务价值后的余额，是企业生产过程中新增加的价值。

2）工业增加值的计算方法

(1) 生产法。即从工业生产过程中产品和劳务价值形成的角度入手，扣除生产环节中间投入的价值，从而得到新增价值的方法。其计算公式为

工业增加值＝工业总产值－工业中间投入＋本期应交增值税

(2) 收入法。即从工业生产创造的原始收入进行初次分配的角度，对工业生产活动最终成果进行核算的一种方法。其计算公式为

工业增加值＝固定资产折旧＋劳动者报酬＋生产税净额＋营业盈余

3）工业增加值与个人或家庭的理财行为

工业增加值增长，意味着工业企业的盈利增加，工业企业的相关证券价格也会随之上涨。所以，当工业增加值增长时，我们应该选择工业企业的相关证券产品进行投资，如购买工业企业的股票等。反之，当工业增加值下降时，我们应该规避投资相关工业企业的证券产品。

3. 失业率

1）失业率的概念

失业率是指劳动力中没有工作而又在寻找工作的人所占的比例，失业率的波动反映了就业的波动情况。当就业率下降时，由于工人被解雇，失业率上升。一般情况下，失业率在经济衰退期间上升，在经济复苏期间下降。若失业率已知，则就业率＝1－失业率。

2）失业的类型

宏观经济学通常将失业分为三种类型：摩擦性失业、结构性失业和周期性失业。

(1) 摩擦性失业是指在生产过程中因难以避免的摩擦而造成的短期、局部性失业。这种事在性质上是过渡性或短期性的，它通常起源于劳动力的供给方，像人们换工作或找新的工作便是这种失业的例子。摩擦性失业被认为在任何时候都存在，但对任何人或家庭来说，它是过渡性的。因此，摩擦性失业不被认为是严重的经济问题。

(2) 结构性失业是指劳动力的供给和需求不匹配所造成的失业，其特点是既有失业，又有职位空缺，失业者或者没有合适的技能，或者居住地点不当，因此无法填补现有的职位空缺。结构性失业在性质上是长期的，而且通常起源于劳动力的需求方，结构性失业是由经济变化导致的。

(3) 周期性失业是指在经济周期中的衰退或萧条时，因需求下降而造成的失业，这种失业是由整个经济的支出和产出下降造成的。当经济中的总需求的减少降低了总产出时，会引起整个经济体系的较普遍的失业。

除了上述三种失业类型外，在宏观经济学中还有一种关于失业的分类，即所谓的自愿失业和非自愿失业，前者是指工人不愿意接受现行工资水平而形成的失业，后者是指工人愿意接受现行工资水平但仍找不到工作的失业。

3）奥肯定律

20 世纪 60 年代，美国经济学家阿瑟·奥肯根据美国的数据提出了经济周期中失业变动的经验关系，即奥肯定律。

奥肯定律的内容是，失业率每高于自然失业率一个百分点，实际 GDP 将低于潜在 GDP 两个百分点。换一种方式来说，相对于潜在 GDP，实际 GDP 每下降两个百分点，实际失业率就会比自然失业率上升一个百分点。

西方学者认为，奥肯定律揭示了产品市场和劳动市场之间极为重要的联系。根据奥肯定律，可以通过失业率的变动推测或估计 GDP 的变动，也可以通过 GDP 的变动推测失业率的变动。

4）自然失业率

自然失业率是指长期中经济趋近的失业率。这一定律由美国经济学家奥肯根据美国的经验数据发现，奥肯所描述的产出增长与失业率下降的具体比率虽然只适用于美国，但这一产出与就业之间的经验关系已为宏观经济学接受。

由于摩擦性失业的普遍性和不可避免性，宏观经济学认为，经济社会在任何时期总存在一定比率的失业人口。自然失业率为经济社会在正常情况下的失业率，它涵盖了摩擦性失业和结构性失业，它是劳动市场处于供求稳定状态时的失业率。这里的稳定状态被认为是既不会造成通货膨胀也不会导致通货紧缩的状态。

与自然失业率相联系的一个重要概念是潜在就业量。潜在就业量是指在现有激励条件下所有愿意工作的人都参加生产时所达到的就业量。当就业量等于潜在就业量时，失业率并不为零，这就是自然失业率。因此，潜在就业量又可以说成是与自然失业率相对应的就业量。与潜在就业量相对应的状态又被称为充分就业状态。

5）失业率与个人或家庭的理财行为

（1）当一国失业率很高时，说明该国的经济情势堪忧，因为很多人没有了工作，必将使 GDP 下降，所以，其金融市场的发展也是令人担忧的。若配合其他指标进行判断，确认熊市依然持续，这时的投资策略应该选择放弃投资股票、偏股型基金等风险较大的理财产品；资金较大的客户可以选择投资黄金等经济萧条期可以保值的理财产品。

（2）当一国失业率很低时，这说明了该国的经济情势很好，因为大多数的人都有自己的工作，GDP 将会上升。若配合其他指标进行判断，确认牛市依然持续，这时的投资策略应该选择股票、偏股型基金等风险和收益较大的理财产品，减少债券、货币型基金等保本型风险收益较低的理财产品。

4. 通货膨胀

1）通货膨胀的概念

通货膨胀是指用某种价格指数衡量的一般价格水平的持续、普遍、明显的上涨。

2）衡量通货膨胀的指标

通货膨胀可以通过居民消费价格指数、城市居民消费价格指数、工业品出厂价格指数、农村居民消费价格指数、商品零售价格指数、农业生产资料价格指数、农产品生产价格指数、工业品出厂价格指数、原材料与燃料和动力购进价格指数、固定资产投资价格指数和房地产价格指数等来进行衡量，且不同指标从不同角度反映了通货膨胀的情况。宏观经济学中常涉及的指标有以下几个。

(1) 居民消费价格指数(consumer price index,CPI)是反映一定时期内城乡居民所购买的生活消费品价格和服务项目价格变动趋势与程度的相对数,是对城市居民消费价格指数和农村居民消费价格指数进行综合汇总计算的结果。该指数可以观察和分析消费品的零售价格与服务价格变动对城乡居民实际生活费支出的影响程度。

(2) 城市居民消费价格指数是反映一定时期内城市居民家庭所购买的生活消费品价格和服务项目价格变动趋势与程度的相对数。该指数可以观察和分析消费品的零售价格与服务项目价格变动对城镇职工货币工资的影响,作为研究职工生活和确定工资政策的依据。

(3) 农村居民消费价格指数是反映一定时期内农村居民家庭所购买的生活消费品价格和服务项目价格变动趋势与程度的相对数。该指数可以观察农村消费品的零售价格和服务项目价格变动对农村居民生活消费支出的影响,直接反映农民生活水平的实际变化情况,为分析和研究农村居民生活问题提供依据。

(4) 工业品出厂价格指数是反映一定时期内全部工业品出厂价格总水平的变动趋势与程度的相对数,包括工业企业售给本企业以外所有单位的各种产品和直接售给居民用于生活消费的产品。该指数可以观察出厂价格变动对工业总产值及增加值的影响。

(5) 原材料与燃料和动力购进价格指数是反映工业企业作为生产投入而从物资交易市场和能源、原材料生产企业购买原材料、燃料和动力产品时,所支付的价格水平变动趋势与程度的统计指标,是扣除工业企业物质消耗成本中的价格变动影响的重要依据。目前,我国编制的原材料、燃料和动力购进价格指数所调查的产品包括燃料动力、黑色金属材料、有色金属材料和电线化工原材料、建材及非金属矿、木材及纸浆、农副产品、纺织原材料、其他工业原材料及半成品九大类。

3) 通货膨胀与个人或家庭的理财行为

(1) 温和的、稳定的通货膨胀对股价的影响较小。通货膨胀提高了债券的必要收益率,从而引起债券价格的下降。

(2) 如果通货膨胀在一定可容忍的范围内持续,而在经济处于景气阶段,产量和就业都持续增长,那么股价也将持续增长。

(3) 严重的通货膨胀是很危险的,经济将被严重扭曲,货币加速贬值,这时人们就会囤积商品、购买房屋等进行保值。这可能从两个方面影响证券价格:①资金流出证券市场,引起股价和债券价格的下降;②经济扭曲和失去效率,企业筹不到必需的生产资金。同时,原材料、劳务成本等价格飞涨,使企业经营严重受挫,盈利水平下降,甚至倒闭。

(4) 政府往往不会长期容忍通货膨胀的存在,因而,必然会使用某些宏观经济政策工具来抑制通货膨胀,这些政策必然对经济运行造成影响,进而影响证券市场。

(5) 在通货膨胀时期,并不是所有价格和工资都按同一比率变动,而使相对价格发生变化。这种相对价格的变动引起财富和收入的再分配,因而,某些公司可能从中获利,而另一些公司可能蒙受损失。

(6) 通货膨胀不仅产生经济影响,还可能产生社会影响,并影响投资者的心理和预期,从而对股价产生影响。

(7) 通货膨胀使得各种商品价格具有更大的不确定性,也使得企业未来经营状况具有更大的不确定性，从而增加证券投资的风险。

5. 通货紧缩

通货紧缩是指在现行价格下，一般商品和劳务的供给超过需求，货币数量比商品劳务少，货币价值高而物价水平下跌。通货紧缩将损坏消费者和投资者的积极性，造成经济衰退和经济萧条，与通货膨胀一样不利于币值稳定和经济增长。通货紧缩甚至被认为是导致经济衰退的“杀手”。从消费者的角度而言，通货紧缩持续下去，会使消费者对物价的预期值下降，更愿意推迟购买。对投资者来说，通货紧缩将使投资产出的产品未来价格低于当前预期，这会促使投资者更加谨慎，或推迟原有投资计划。消费和投资的下降减少了总需求，使物价继续下降，从而进入恶性循环。

6. 国际收支

1）国际收支的概念

国际收支是指在一定时期内一个国家或地区与其他国家或地区之间进行的全部经济交易的系统记录。收支相等称为国际收支平衡，否则称为不平衡；收入总额大于支出总额称为国际收支顺差，或称国际收支盈余；支出总额大于收入总额称为国际收支逆差，或称国际收支赤字。逆差表示对外负债，一般要用外汇或黄金偿付。

2）国际收支平衡表

国际收支平衡表是一个国家对一定时期内该国与他国居民之间所进行的一些经济活动进行系统记录的一种统计表，按复式簿记原理编制。一些收入项目或负债增加、资产减少的项目都列为贷方，一些支出项目或资产增加、负债减少的项目都列为借方。每笔经济交易同时分记有关的借贷两方，金额相等。因此，原则上国际收支平衡表全部项目的借方总额与贷方总额相等，其净差额为零。但是，在现实中，国际收支平衡表中某一具体项目的借方与贷方经常是不平衡的，收支相抵后，总会出现差额。具体项目上出现的差额称为局部差额。收入大于支出，称为顺差；支出大于收入，称为逆差。各项局部差额的总和便是国际收支总差额，称为国际收支顺差或逆差，也称国际收支盈余或赤字。根据国际货币基金组织规定的方法和内容，国际收支平衡表包括经常项目、资本项目、错误和遗漏几大项。

国际收支平衡表由于全面系统记录一国的国际收支状况，已经成为反映一个国家对外经济发展、偿债能力等状况的重要文件，也是一个国家在制定外汇政策等宏观经济政策时的重要依据。

（二）投资指标

固定资产投资是建造和购置固定资产的活动，即固定资产再生产活动。固定资产再生产过程包括固定资产更新、改建、扩建、新建等活动。固定资产投资是社会固定资产再生产的主要手段。它包括基本建设投资、更新改造投资、房地产开发投资、其他固定资产投资等。固定资产投资额是以货币表现的建造和购置固定资产活动的工作量，它是反映固定资产投资规模、速度、比例关系和使用方向的综合性指标。根据资金来源不同，固定资产投资分为国家预算内资金、国内贷款、利用外资、自筹资金和其他资金几类。

通过建造和购置固定资产的活动，国民经济不断采用先进技术装备，建立新兴部门，进一步调整经济结构和生产力的地区分布，增强经济实力，为改善人民物质文化生活创造物质条件。

（三）消费指标

1. 社会消费品零售总额

自1994年起，国家统计制度规定以社会消费品零售总额指标来反映各种商品流通渠道向居民和社会集团供应生活消费品，以满足他们生活需要的状况。社会消费品零售总额是研究人民生活、社会消费品购买力、货币流通等问题的重要指标。社会消费品零售总额所计量的是各种经济类型的商业、餐饮业、制造业、其他行业及各类农贸市场售给城乡居民用于生活消费的商品；销售给机关、人民团体、部队、学校、企事业单位用公款购买的用作非生产经营用的消费品的总和。

2. 城乡居民储蓄存款余额

城乡居民储蓄存款余额是指某一时点城乡居民存入银行及农村信用社的储蓄金额，包括城镇居民储蓄存款和农民个人储蓄存款，不包括居民的手存现金和工矿企业、部队、机关、团体等单位存款。

（四）金融指标

1. 货币供给量

货币供给量是指一国在某一时点上为社会经济运转服务的货币存量，它由包括中央银行在内的金融机构供应的存款货币和现金货币两部分构成。货币供给量的变化是由中央银行和商业银行等金融机构的行为引起的。一般来说，货币是由中央银行发行的，中央银行垄断了货币发行权，它发行的货币具有无限清偿能力，在一切交易中可以无限制地使用。商业银行的活期存款占货币供给量的绝大部分，它包括原始存款和派生存款。中央银行通过对存款准备率的规定来影响存款货币的创造。

2. 金融机构各项存贷款余额

金融机构各项存贷款余额是指某一时点金融机构存款金额与金融机构贷款金额。其中，金融机构主要包括商业银行、政策性银行、非银行金融机构和保险公司。

3. 金融资产总量

金融资产总量是指手持现金、银行存款、有价证券、保险等其他资产的总量。私人家庭的金融资产包括现款、储蓄存款、股票、债券、投资基金和人寿保险权利等。我国居民的金融资产中，银行存款占绝大部分，而有价证券和其他金融资产所占的比例很小。

（五）财政指标

1. 财政收入

财政收入是指政府为履行其职能、实施公共政策和提供公共物品与服务需要而筹集的一切资金的总和。财政收入是衡量一国政府财力的重要指标，政府在社会经济活动中提供公共物品和服务的范围与数量，在很大程度上取决于财政收入的充裕状况。按收入形式，财政收入可分为税收收入、国有资产收益、国债收入、收费收入和其他收入；按征收的政府级别，财政收入可分为中央财政收入和地方财政收入。

2. 财政支出

财政支出也称公共财政支出，是指在市场经济条件下，政府为提供公共产品和服务，满足社会共同需要而进行的财政资金的支付。按财政支出功能，财政支出可分为经济建设费、社会文教费、国防费、行政管理费和其他支出；按支出产生效益的时间，财政支出可分为经常性支出和资本性支出；按经济性质，财政支出可分为购买性支出和转移性支出。

从理论上说，财政收支平衡是财政的最佳情况，在现实中就是财政收支相抵或略有节余。财政赤字是国家当年财政支出大于财政收入的经济现象，财政结余是财政收入大于财政支出的经济现象。财政赤字在一定限度内，可以刺激经济增长。在居民消费不足的情况下，政府通常的做法是加大政府投资，拉动经济的增长。

3. 国债

国债是中央政府为筹集财政资金而发行的一种政府债券，是中央政府向投资者出具的、承诺在一定时期支付利息和到期偿还本金的债权债务凭证。国债是国家信用的主要形式。中央政府发行国债的目的往往是弥补国家财政赤字，或者为一些耗资巨大的建设项目以及某些特殊经济政策乃至为战争筹措资金。当财政支出大于财政收入时，中央政府不可避免地要发行国债。政府国债的发行，一方面能增加财政收入，影响财政收支，属于财政政策；另一方面又能对包括货币市场和资本市场在内的金融市场的扩张与紧缩起重要作用，影响货币的供求，从而调节社会的总需求水平。因此，国债也是实施宏观调控的经济政策工具。

从财政角度看，国债是财政收入的补充形式，是弥补财政赤字、解决财政困难的有效手段。当国家财政一时支出大于收入、遇有临时急需时，发行国债比较简洁，可以解决紧急财务需求。从长远看，国债还是筹集建设资金的较好形式。一些投资大、建设周期长、见效慢的项目，如能源、交通等重点建设，往往需要政府的积极介入。

第二节 总需求和总供给

一、总需求和总需求曲线

（一）总需求

总需求是指给定价格、收入和其他经济变量，消费者、企业和政府想要支出的总额。总需求反映的是经济社会中不同经济体的总支出，包括消费者购买食品、政府基础建设投资、企业购买机器设备等。影响总需求的因素有价格水平、居民收入、对未来的预期以及税收、政府支出、货币供给等政策变量。

（二）总需求曲线

总需求曲线则表示产品市场与货币市场同时达到均衡时的价格水平与产出水平的组

合。或者，总需求曲线表示在一系列价格水平下经济社会均衡的总支出水平。总需求曲线阐述了在物价水平既定时，经济中需求的所有物品与劳务量。总需求函数可以表示为

$$Y=AD(P)$$

1. 总需求曲线的形状

如图 2-1 所示，总需求曲线向右下倾斜，这表示在其他条件不变的情况下，经济的物价总水平与经济中物品与劳务的需求总量呈反向移动关系。

2. 总需求曲线的移动

总需求曲线描述了既定物价水平时经济中物品与劳务的需求量，当物价水平下降时，总需求会沿总需求曲线增加，物价水平上升时总需求就会沿总需求曲线减少。但是，除了物价水平的影响外，其他因素发生变化会如何影响总需求呢？

首先，在其他条件不变的情况下，消费者的需求增加，设想国民经济进入健康的可持续性发展阶段，人们对未来的经济形势持乐观态度，这个时候人们可能变得不太热衷于储蓄，可能更倾向于增加当前的消费，这意味着价格水平没变而每一价格总水平对应的总需求增加，从而总需求曲线向右上方移动，如图 2-2 所示，总需求曲线由 AD 移动至 AD_1。反之，消费需求减少，总需求曲线向左下方移动，如图 2-2 所示，总需求曲线由 AD 移动至 AD_2。

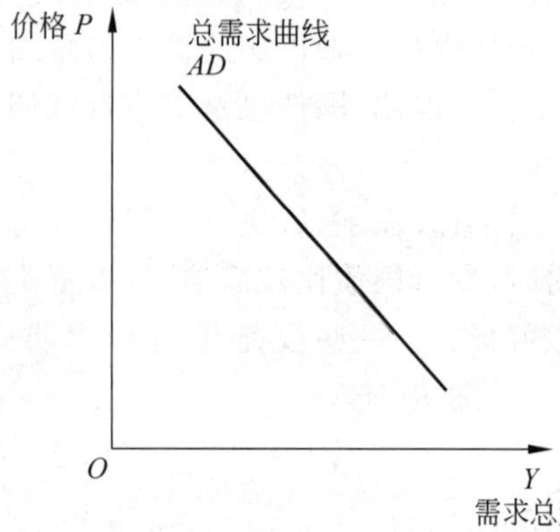

图 2-1　总需求曲线

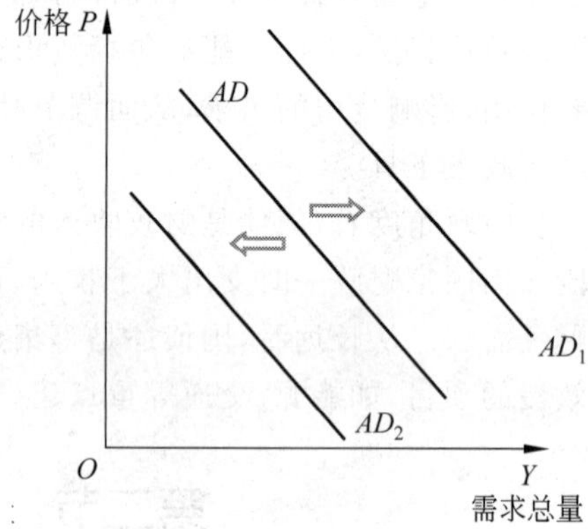

图 2-2　总需求曲线的移动

其次，投资增加导致总支出增加，从而使得总需求曲线向右上方移动；反之，投资减少，总需求曲线向左下方移动。

最后，政府购买增加，经济中的总需求曲线向右上方移动；政府购买减少，总需求曲线向左下方移动。

二、总供给和总供给曲线

（一）总供给

总供给是经济社会所提供的国民收入，即经济社会投入的基本资源所生产的数量。其基本资源主要包括劳动、生产性资本存量和技术。

（二）总供给曲线

总供给曲线表示一系列价格总水平下经济提供的产出量，总供给函数可以表示为

$$Y = AS(P)$$

多数学者认为，短期总供给曲线向右上方倾斜，长期总供给曲线是垂直的。

1. 短期总供给曲线

如图 2-3 所示，短期总供给曲线向右上方倾斜，这表示价格水平越高，经济中的企业提供的总产出就越多。在短期，假设经济中的工资和其他资源的价格相对固定，随着企业产品价格的提高，企业增加产量会获得更高的利润。因此，更高的价格水平将导致更高的总产量。在短期中，总供给曲线是向右上方倾斜的。

2. 长期总供给曲线

如图 2-4 所示，长期总供给曲线是一条垂直的直线。不论价格水平如何，产出水平即供给水平总是等于潜在国民产出。长期总供给曲线之所以是垂直的，是因为，从长期看，所有投入品和产出品的价格都是灵活变动的。投入品的价格（如工资等）随着产品价格的上升而上升，成本增长率等于价格增长率。尽管需求增加，企业因无利可图所以没有增产的动力。所以，总供给不受价格水平变动的影响，它决定于技术、生产资源的供给和生产资源的正常利用率，这样，长期总供给曲线是一条位于经济的潜在产量或充分就业产量水平上的垂直线。

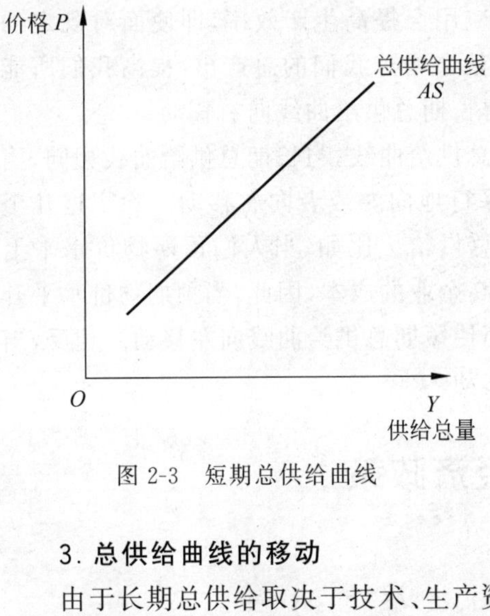

图 2-3 短期总供给曲线

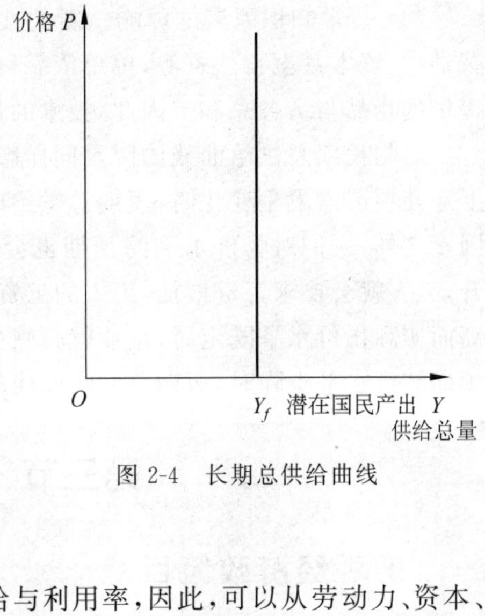

图 2-4 长期总供给曲线

3. 总供给曲线的移动

由于长期总供给取决于技术、生产资源的供给与利用率，因此，可以从劳动力、资本、自然资源和技术知识因素来分析长期总供给曲线的移动。

(1) 劳动力因素的影响。假设一国的移民增加了，移民的增加导致劳动力供给的增加，从而增加了物品与劳务的供给量，长期总供给曲线向右移动，如图 2-5 所示，总供给曲线由 Y_f 移动至 Y_1。相反，如果劳动力减少则会导致长期总供给曲线向左移动，如图 2-5 所示，总供给曲线由 Y_f 移动至 Y_2。

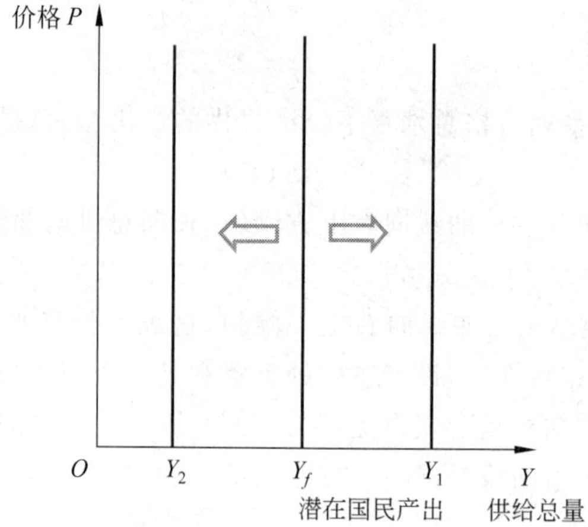

图 2-5　长期总供给曲线的移动

(2) 资本因素的影响。经济中资本总量的增加会引起企业投资的增加,从而增加经济中的总物品与劳务的供给,这使得长期总供给曲线向右移动。反之,资本存量的减少则会使长期总供给曲线向左移动。

(3) 自然资源因素的影响。经济生产需要自然资源的消耗,因此,自然资源的供给影响着国民经济的产出,影响着长期总供给曲线。一般来说,新矿藏的发现使得长期总供给曲线右移,而自然灾难、原材料的涨价则会导致长期总供给曲线的左移。

(4) 技术知识因素的影响。新的技术知识的应用会提高生产效率,即使面对既定的劳动力、资本甚至自然资源,单单依靠科技的发展就会增加我们的总产出,提高我们所能提供的物品与劳务总和。因此,技术的进步会使得长期总供给曲线向右移动。

影响长期总供给曲线的因素同样影响着短期总供给曲线,与长期总供给曲线相同,当上述几项因素发生变化时,短期总供给曲线也会平行地向左或者向右移动。除了这几个因素之外,人们对物价水平的预期也会影响短期总供给。比如,当人们预期物价水平上升,工人就会要求工资增加,工人的工资增加会提高企业的成本,因此,当预期物价水平升高而实际物价水平既定时,企业就会减少生产从而使短期总供给曲线向左移动。相反,当预期物价水平下降时,短期总供给曲线就会向右移动。

第三节　宏观经济政策

一、宏观经济政策目标

宏观经济政策是国家或政府为了增进社会经济福利而制定的解决经济问题的指导原则和措施,是政府为了达到一定的经济目标而对经济事务所作的有意识的干预。宏观经济政策目标分别为充分就业、物价稳定、经济持续稳定增长和国际收支平衡。宏观经济政策目标的确定既要考虑国内外的政治、经济现状与未来发展,又要考虑社会的承受力或可接受程度。

(一)充分就业

充分就业是指一切生产要素都有机会以自己愿意接受的报酬参加生产的状态,或者说所有愿意工作的人都处于受雇用或自我雇用的状态就被称为充分就业。由于测量各种资源的就业程度非常困难,因此,经济学家通常以失业的情况作为衡量充分就业与否的尺度。由于失业会给社会及失业者本人和家庭带来损失,因此,降低失业率、实现充分就业,常常成为制定宏观经济政策时所要考虑的首要的或重要的目标。值得注意的是,充分就业并不是百分之百就业,它并不排除像摩擦性失业这样的情况存在。目前,大多数经济学家认为,4%～6%的失业率是正常的失业率。

(二)物价稳定

物价稳定是指价格总水平稳定。由于各种商品价格的变化不易统计,一般用价格指数来表示价格水平的变化。价格指数用一个简单的百分数来表示不同时期一般价格水平的变化方向和变化程度。价格指数主要有居民消费价格指数(CPI)和生产者物价指数(PPI)两种。由于物价不稳定对经济有不良影响,所以物价稳定也是国家宏观经济政策的重要目标之一。需要指出的是,物价稳定不是指每种商品的价格固定不变,而是指物价指数相对稳定,经济保持低而稳定的通货膨胀率,大部分国家把一般轻微通货膨胀的存在看作基本正常的经济现象。

(三)经济持续稳定增长

经济增长是指一个特定时期内经济社会所生产的人均产量和人均收入的持续增长,通常用一定时期内实际国民生产总值年均增长率来衡量。经济增长和失业常常是相互关联的,如何维持较高的增长率以实现充分就业,是国家宏观经济政策追求的目标之一。尽管经济增长会增加社会福利,缓解失业压力,但也有可能诱发通货膨胀,因而并不是经济增长越快越好,经济增长率的高低要与具体情况相符合。

(四)国际收支平衡

国际收支对现代开放型经济国家是至关重要的。经济学家认为,一国的国际收支状况不仅反映了这个国家的对外经济交往情况,还反映出该国经济的稳定程度。国际收支平衡的目标要求做到汇率稳定、外汇储蓄有所增加、进出口平衡。国际收支平衡目标的含义一般来说不是消极地使一国在国际收支账户上经常收支和资本收支相抵,也不是消极地防止汇率变动和外汇储备变动,而是使一国外汇储备有所增加。当一国国际收支处于失衡状态时,就必然会对国内经济形成冲击,从而影响该国国内就业水平、价格水平及经济增长。

二、财政政策

（一）财政政策概述

财政政策是指为促进就业水平提高、减轻经济波动、防止通货膨胀、实现稳定增长而对政府财政支出、税收和借债水平所进行的选择，或对政府财政收入和支出水平所做的决策。或者说，财政政策是指政府变动税收和支出以便影响总需求，进而影响就业和国民收入的政策。变动税收是指改变税率和税率结构。变动政府支出是指改变政府对商品与劳务的购买支出以及转移支付。财政政策是国家干预经济的主要政策之一。

财政政策由国家制定，代表统治阶级的意志和利益，具有鲜明的阶级性，并受一定的社会生产力发展水平和相应的经济关系制约。财政政策是国家整个经济政策的组成部分，同其他经济政策有着密切的联系。财政政策的制定和执行，要有金融政策、产业政策、收入分配政策等其他经济政策的协调配合。政府支出有两种形式：一种是政府购买，是指政府在物品和劳务上的花费——购买坦克、修建道路、支付法官的薪水等；另一种是政府转移支付，以提高某些群体的收入。税收是财政政策的另一种形式，它通过两种途径影响整体经济：一种是税收影响人们的收入；另一种是税收影响物品和生产要素，因而也能影响激励机制和行为方式。

（二）财政政策的分类

1. 自动稳定的财政政策和相机抉择的财政政策

根据财政政策调节经济周期的作用，可将财政政策分为自动稳定的财政政策和相机抉择的财政政策。

1）自动稳定的财政政策

自动稳定的财政政策是指财政制度本身存在一种内在的、不需要政府采取其他干预行为就可以随着经济社会的发展自动调节经济的运行机制。这种机制也被称为财政自动稳定器或内在稳定器。自动稳定的财政政策主要表现在以下三个方面。

(1) 变动税收。变动税收是指改变税率和税率结构。①个人所得税的累进税率自动稳定作用。在经济萧条时，个人和企业利润降低，符合纳税条件的个人和企业数量减少，因而税基相对缩小，使财政政策(加息财政政策——加息用的累进税率)相对下降，税收自动减少。因税收的减少幅度大于个人收入和企业利润的下降幅度，税收便会产生一种推力，防止个人消费和企业投资的过度下降，从而起到反经济衰退的作用。在经济过热时期，其作用机制正好相反。②经济萧条时，政府采用减税措施，给个人和企业多留些可支配收入，以刺激消费需求从而增加生产和就业。尽管这又会增加对货币的需求，使利率上升，私人投资受到一些影响，削弱一些减税对增加总需求的作用，但总的来说国民收入还是增加了。改变所得税结构，使高收入者增加些赋税负担，使低收入者减少些负担，同时可起到刺激社会总需求的作用。

在实行累进税的情况下，经济衰退使纳税人的收入自动进入较低的纳税档次，税收下降幅度也会超过收入下降幅度，从而可起到抑制衰退的作用。反之，当经济繁荣时，纳税人收入自动进入较高档次，税收上升的幅度会超过收入上升的幅度，从而起到抑制总需求扩张和经济过热的作用。税收这种因经济变动而自动发生变化的内在机制具有减轻经济波动和稳定经济的作用。

（2）变动政府支出。变动政府支出是指改变政府对商品与劳务的购买支出以及转移支付。①政府购买的自动稳定作用。在经济萧条时，政府扩大对商品和劳务的购买，多组织公共建设，就可以扩大私人企业销路，还可以增加消费，刺激总需求。尽量这样做也会增加对货币的需求，从而使利率上升，影响一些私人投资，但总的来说生产和就业还会增加。政府还可以用减税或加速折旧等办法给私人投资以津贴，直接刺激私人投资，增加生产和就业。以上这些措施都是扩张性财政政策。当然，在经济高涨、通货膨胀率上升太高时，政府也可以采用增税、减少政府支出等紧缩性财政政策以控制物价上涨。②政府转移支付的自动稳定作用。如果经济出现衰退，失业增加，符合领取失业救济和各种福利标准的人数增加，失业救济和各种福利的发放趋于自动增加，这样就可以抑制收入特别是可支配收入的下降，从而有利于抑制消费支出的持续下降，防止经济的进一步衰退。在经济繁荣时期，其作用机制正好相反。

（3）保持农产品物价稳定。经济萧条时，国民收入下降，农产品价格下降，政府按照农产品价格保护制度，按保护价格收购农产品，可使农民收入和消费保持在一定水平上。经济繁荣时，国民收入水平上升，农产品价格上升，政府减少对农产品的收购并抛售农产品，限制其价格上升，就可抑制农民收入的增长，从而减少总需求的增加量。

总之，自动稳定的财政政策是政府稳定经济和缓和周期波动的第一道防线。财政制度内在稳定器对轻微的经济波动能起到良好的抑制作用，但其作用是有局限性和辅助性的，它并不能完全消除波动。

2）相机抉择的财政政策

相机抉择的财政政策是指政府根据一定时期的经济社会状况，主动灵活地选择不同类型的反经济周期的财政政策工具，干预经济运行行为，实现财政政策目标。相机抉择的财政政策主要是应对剧烈的经济波动。经济学者认为，要确保经济稳定，政府应审时度势，主动采取一些财政措施，即变动政府支出、税收或国债发行规模以稳定总需求水平，使之接近物价稳定的充分就业水平，防止出现经济衰退。当总需求非常低时，政府应通过削减税收、增发国债和增加支出的措施刺激总需求；当总需求过多，出现通货膨胀时，政府应采取增加税收、减少国债发行规模和削减政府支出的措施抑制总需求。前者称为扩张性财政政策，后者称为紧缩性财政政策。究竟什么时候采取什么政策，要对经济发展的形势加以分析并斟酌使用。

财政政策工具是财政部门为实现既定的政策目标所选择的操作手段，主要是变动政府支出、变动税收和国债发行规模。

（1）政府支出包括购买性支出和转移性支出。①购买性支出是决定国民收入大小的主要因素之一，其规模直接影响社会总需求的增减。当总需求水平过低、经济衰退时，政府可以提高购买水平，如举办公共工程，刺激经济回升；当总需求水平过高时，政府可减少对商品和劳务的需求，降低购买水平，抑制通货膨胀。②转移性支出也是一项重要的财政政策工具。在经济衰退、失业增加时，政府应增加社会福利费用，提高转移性支出的水平，从而增加人们的可支配收入和消费支出，刺激经济回升；反之，在总需求水平过高时，政府应减少转移性支出，从而减少人们的可支配收入和消费支出。

（2）税收既是国家财政收入的主要来源，也是实施财政政策的重要手段。一般来说，降低税率，减少税收，可导致社会总需求增长和国民收入增加；提高税率，增加税收，可导致社会总需求下降。因此，在需求不足时，可采取减税政策抑制经济衰退；在需求膨胀时，可采取增税措施抑制通货膨胀。

（3）发行国债既可以筹措财政资金，弥补财政赤字，又可以通过国债发行与其在资金市场上的流动来影响货币的供求，从而调节社会的总需求水平，对经济产生扩张或抑制效应。

2. 扩张性财政政策、紧缩性财政政策和中性财政政策

根据财政政策调节国民经济总量和结构中的不同功能，可将财政政策划分为扩张性财政政策、紧缩性财政政策和中性财政政策。

（1）扩张性财政政策（又称积极的财政政策）是指通过财政分配活动来增加和刺激社会总需求，其主要措施有增加国债、降低税率、提高政府购买和转移支付。

（2）紧缩性财政政策（又称适度从紧的财政政策）是指通过财政分配活动来减少和抑制社会总需求，其主要措施有减少国债、提高税率、减少政府购买和转移支付。

（3）中性财政政策（又称稳健的财政政策）是指财政的分配活动对社会总需求的影响保持中性。

（三）财政政策与个人或家庭的理财行为

实施紧缩性财政政策时，政府财政在保证各种行政与国防开支外，并不从事大规模的投资。而实施扩张性财政政策时，政府积极投资于能源、交通、住宅等建设，从而刺激相关产业如水泥、钢材、机械等行业的发展。如果政府以发行国债方式增加投资，对经济的影响就更为深远。总的来说，紧缩性财政政策使得过热的经济受到控制，会对证券市场产生抑制作用，经济容易下滑，投资者应该选择债券、货币基金等风险和收益都较小的理财产品；而扩张性财政政策将刺激经济发展，会对证券市场产生促进作用，一般来说证券市场将走强，因为这预示着未来经济将加速增长或进入繁荣阶段。在实际理财操作中，当政府实行扩张性财政政策时，因为经济容易向好，投资者应该选择股票、偏股型基金等风险和收益都较大的理财产品。

实施扩张性财政政策对个人或家庭的理财行为的影响，在于以下几个方面。

（1）降低税率，减少税收，扩大减免税范围。其政策的经济效应是增加微观经济主体的收入，刺激经济主体的投资需求和消费需求。其对证券市场的影响是会对股票和债券的价值产生促进作用。

（2）扩大财政支出，加大财政赤字。其政策效应是扩大社会总需求，从而刺激投资，扩大就业。政府通过购买和公共支出增加对商品与劳务需求，激励企业增加投入，提高产出水平，于是企业利润增加，经营风险降低，对证券市场产生促进作用。同时，居民在经济复苏中增加了收入，持有货币增加，经济景气的趋势更增加了投资者的信心，证券市场趋于活跃，价格自然上涨。特别是与政府购买和支出增加相关的企业将最先、最直接从财政政策中获益，这些企业的股票价格和债券价格率先上涨，所以，在实际操作中，在扩张性财政政策时投资者应该多购入该类公司的股票。但过度使用此项政策，财政收支出现巨额赤字时，虽然进一步扩大了需求，但是，也增加了经济的不稳定因素，通货膨胀加剧，物价上涨，有可能使投资者对经济的预期不乐观，反而造成股价下跌。

(3) 增加财政补贴。财政补贴本质是财政支出的一种形式，增加财政补贴使财政支出扩大。其政策效应是扩大社会总需求和刺激总供给，从而对整个证券市场产生促进作用。

实施紧缩性财政政策对个人或家庭的理财行为的影响。与上述情况相反，这里不再赘述。

三、货币政策

(一) 货币政策概述

货币政策是指政府或中央银行为影响经济活动所采取的措施，尤指控制货币供给以及调控利率的各项措施。经济学家认为，货币政策和财政政策一样，都是调节宏观经济的重要政策。

货币政策有狭义和广义之分。狭义的货币政策是指中央银行为实现其特定的经济目标而采用的各种控制和调节货币供应量或信用量的方针与措施的总称，包括信贷政策、利率政策和外汇政策。广义的货币政策是指政府、中央银行和其他有关部门所有有关货币方面的规定和采取的影响金融变量的一切措施。两者的不同主要在于：后者的政策制定者包括政府及其他有关部门，它们往往影响金融体制中的外生变量，改变游戏规则，如硬性限制信贷规模、信贷方向、开放和开发金融市场；前者则是中央银行在稳定的体制中利用再贴现率、法定存款准备金率、公开市场业务达到改变利率和货币供给量的目标。

(二) 货币政策的分类

根据对总产出的影响，可把货币政策分为两类：扩张性货币政策(积极的货币政策)和紧缩性货币政策(适度从紧的货币政策)。

在经济萧条时，中央银行采取措施降低利率，由此引起货币供给增加，取得信贷更为容易，刺激投资和净出口，增加总需求，称为扩张性货币政策。在经济萧条时增加货币供给，一方面，可降低利息率，刺激私人投资；另一方面，货币供给增加可直接支持企业扩大投资，进而刺激消费使生产和就业增加。

经济过热、通货膨胀率太高时，中央银行采取一系列措施减少货币供给，以提高利率，取得信贷成本上升，抑制投资和消费，降低总需求，使总产出减少或放慢增长速度，使物价水平控制在合理水平，称为紧缩性货币政策。在经济过热通货膨胀率太高时，可紧缩货币供给量以提高利率，抑制投资和消费，使生产和就业减少或增长慢一些。

（三）货币政策的工具

1. 货币政策的主要工具

（1）调整再贴现率。再贴现是商业银行与中央银行之间的贴现行为。再贴现率是中央银行对商业银行及其他金融机构的放款利率。商业银行将它接受的贴现票据到中央银行请求再贴现，也可以将自己的票据拿到中央银行贴现。中央银行挂牌的贴现率，可以高于也可以低于市场贴现率（即市场利率）。中央银行通过变动给商业银行及其他存款机构的再贴现率来调节货币供给量。如果中央银行的再贴现率提高，商业银行通过贴现得到的资金必然要付出较大的成本，进而商业银行贴现的积极性降低，货币供给量减少；如果中央银行的再贴现率降低，商业银行感到有利可图，就会积极到中央银行要求贴现，从而使货币供给量扩大。

（2）变动法定存款准备金率。为了防止商业银行为追求利润而使其保存的现金过少从而导致挤兑风波，也为了控制银行贷款的速度和数量，从而控制货币供给量，对商业银行和金融机构吸收的存款，各国中央银行规定一个必须备有的准备金，称为法定存款准备金。法定存款准备金与银行全部存款的比率叫法定存款准备金率。中央银行有权决定商业银行和其他存款机构的法定存款准备金率。如果中央银行认为需要增加货币供给，就可以降低法定存款准备金率，使所有存款机构对每一客户的存款只要留出更少的准备金即可，或者说使每单位的准备金可支撑更多的存款。如果中央银行认为需要减少货币供给，则可以提高法定存款准备金率，使银行减少可创造的货币。从理论上讲，变动法定存款准备金率是中央银行调整货币供给量的最简单的办法，然而，中央银行一般不轻易使用这一手段，因为变动法定存款准备金率的作用十分猛烈。变动法定存款准备金率会使货币供给量成倍地变化，不利于货币供给和经济稳定。同时，中央银行如果频繁地改变法定存款准备金率也不利于对银行的管理，会使商业银行和所有金融机构因其正常信贷业务受到干扰而感到无所适从。所以，变动法定存款准备金率是一个强有力但又不常用的货币政策工具。

（3）公开市场业务。这是目前中央银行控制货币供给量最重要也是最常用的工具。公开市场业务是指中央银行在金融市场上公开买卖政府债券以控制货币供给和利率的政策行为。政府债券是政府为筹措弥补财政赤字资金而发行的支付利息的国库券或债券。这些被初次卖出的证券，在普通居民、厂商、银行、养老基金等单位中反复不断被买卖。政府可以参加这种交易并通过这种交易扩大或收缩货币供给。当政府认为市场上货币供给量过多，出现通货膨胀时，便在公开市场上出售政府债券。承购政府债券的既可能是商业银行和其他金融机构，也可能是私人或企业。当商业银行购买政府债券后，存款准备金会减少，可以贷款的数量也减少，整个社会的货币供给量会成倍减少。反之，如果出现通货紧缩，政府可以通过公开市场业务操作买进债券，商业银行和其他金融机构的准备金会随之增加，私人通过这种购买也会将现金存入银行。这样，商业银行的准备金增加了，其贷款能力相应扩大，整个市场的货币供给量会成倍增加。

公开市场业务有以下几个方面的优点：①中央银行可通过买卖政府债券把银行准备金控制在自己期望的规模内。②这种手段具有主动性。中央银行可根据自己的意愿进行。③这种手段具有灵活性。中央银行可以灵活地改变货币供给变动的方向，可以大量或少量地买进或卖出政府债券，从而主动增加或减少货币供给。即使中央银行有时出现政策失误，也可以及时进行纠正。④这一手段具有可测性，即这一业务对货币供给的影响可以比较准确地预测出来。例如，买进一定数量金额的证券，就可以大体上按货币乘数估计出货币供给增加了多少。

公开市场业务是大多数国家调节市场流动性的主要货币政策工具，通过中央银行与指定交易商进行有价证券和外汇交易，可实现货币政策调控目标。

2. 特殊的货币政策工具

(1) 中央银行再贷款政策。我国 2003 年 12 月 27 日修正的《中华人民共和国中国人民银行法》规定，"中国人民银行根据执行货币政策的需要，可以决定对商业银行贷款的数额、期限、利率和方式，但贷款的期限不得超过一年"。

(2) 利率政策。利率政策是我国货币政策的重要组成部分，也是货币政策实施的主要手段之一。中国人民银行根据货币政策实施的需要，适时运用利率工具，对利率水平和利率结构进行调整，进而影响社会资金供求状况，实现货币政策的既定目标。目前，中国人民银行采用的利率工具主要有：①调整中央银行基准利率；②调整金融机构法定存贷款利率；③制定金融机构存贷款利率的浮动范围；④制定相关政策对各类利率结构和档次进行调整等。

(3) 汇率政策。自 2005 年 7 月 21 日起，我国开始实行以市场供求为基础、参考一篮子货币进行调节、有管理的浮动汇率制度。人民币汇率不再盯住单一美元，形成更富弹性的人民币汇率机制。中国人民银行将根据市场发育状况和经济金融形势，适时调整汇率浮动区间。同时，中国人民银行负责根据国内外经济金融形势，以市场供求为基础，参考一篮子货币汇率变动，对人民币汇率进行管理和调节，维护人民币汇率的正常浮动，保持人民币汇率在合理、均衡水平上的基本稳定，促进国际收支基本平衡，维护宏观经济和金融市场的稳定。

3. 货币政策的其他工具

(1) 道义劝告。道义劝告即中央银行运用自己在金融体系中的特殊地位和威望，通过对商业银行及其他金融机构的劝告，影响其贷款和投资方向，以达到控制信用的目的。如在经济衰退时期，鼓励银行扩大贷款；在通货膨胀时期，劝阻商业银行不要任意扩大信用，也往往收到一定的效果，但这种道义上的说服方法没有可靠的法律地位，因而，并不是强有力的控制措施。

(2) 调整法定保证金限额。国家的证券交易所对有价证券交易是可以凭信用买空卖空的。政府为了稳定金融市场和物价，规定购买证券必须支付一定比例的现款，称为法定保证金。法定保证金越高，所需现款越多，就会压低证券价格，利率提高；反之，如果法定保证金限额降低，所需现款减少，就会促使证券价格上升，利率下降。

(3) 规定抵押贷款利率的上限和下限。抵押贷款是用于购买房屋、土地等不动产的。这种贷款利率提高，就会限制对房屋等不动产的购买，从而压低社会有效需求；反之，这种贷款利率降低，就会刺激对不动产的购买，提高社会有效需求。因此，政府规定抵押贷款利率的上限和下限，在一定程度上有助于对需求的管理。

综合来讲，财政政策和货币政策的影响如表 2-1 所示。

表 2-1 财政政策和货币政策的影响

政策种类	对利率的影响	对消费的影响	对投资的影响	对 GDP 的影响
财政政策(减少所得税)	上升	增加	减少	增加
财政政策(增加政府开支，包括政府购买和转移支付)	上升	增加	减少	增加
财政政策(投资津贴)	上升	增加	增加	增加
货币政策(扩大货币供给)	下降	增加	增加	增加

(四) 货币政策与个人或家庭的理财行为

1. 利率对个人或家庭理财行为的影响

中央银行调节基准利率的高低，对证券价格产生影响。一般来说，利率下降时，股票价格就上升；而利率上升时，股票价格就下降。之所以产生上述现象，是因为有以下几个机制在起作用。

(1) 利率是计算股票内在价值的重要依据之一。当利率上升时，同一股票的内在价值下降，从而导致股票价格下跌；反之，则股票价格上升。对于债券，也会产生同样的影响。

(2) 利率水平的变动直接影响公司的融资成本，从而影响股票价格。利率低，可以降低公司的利息负担，增加公司盈利，股票价格也随之上升；反之，利率上升，股票价格下跌。

(3) 利率降低，部分投资者将把储蓄投资转成股票投资，需求增加，促使股价上升；反之，若利率上升，一部分资金将会从证券市场转向银行存款，致使股价下降。

利率政策本身是中央银行货币政策的一个组成内容，但利率的变动同时也受到其他货币政策的影响。如果货币供应量增加、中央银行贴现率降低、中央银行所要求的银行存款准备金比率下降，就表明中央银行在放松银根，利率呈下降趋势；反之，则表示利率总的趋势在上升。上述利率与股价呈反方向的变动关系，不能将此绝对化，股价和利率并不是呈现绝对的负相关的关系。

2. 中央银行的公开市场业务对个人或家庭理财行为的影响

当政府倾向于实施较为宽松的货币政策时，中央银行就会大量购进有价证券，从而促使市场上的货币供给量增加。这会推动利率下调，资金成本降低，从而使企业和个人的投资与消费热情高涨，生产扩张，利润增加，对股票价格产生促进作用；反之，将对股票价格产生抑制作用。同时，之所以强调公开市场业务对证券市场的影响，还在于中央银行公开市场业务的运作是直接以国债为操作对象，从而直接关系国债市场的供求变动，影响国债市场的波动。

3. 调节货币供应量对个人或家庭理财行为的影响

中央银行可以通过存款准备金率和再贴现率政策调节货币供应量，从而影响货币市场和资本市场的资金供求，进而影响证券市场。如果中央银行提高存款准备金率，这在很大程度上限制了商业银行体系创造派生存款的能力，就等于冻结了一部分商业银行的超额准备金。由于法定存款准备金率对应数额庞大的存款总量，并通过货币乘数的作用使货币供给量更大幅度地减少，证券市场价格趋于下降。同样，如果中央银行提高再贴现率，对再贴现资格加以严格审查，商业银行资金成本增加，市场贴现利率上升，社会信用收缩，证券市场的资金供应减少，使证券市场行情走势趋软。反之，如果中央银行降低存款准备金率或降低再贴现率，通常都会对证券市场产生促进作用。

4. 货币政策的其他工具对个人或家庭理财行为的影响

当采取一些选择性的货币政策工具指导降低贷款限额、压缩信用规模时，从紧的货币政策使证券市场行情呈下跌走势。但如果在从紧的货币政策前提下实行总量控制，同时对不同行业进行区别对待，紧中有松，那么，一些优先发展的产业、国家支柱产业以及农业、能源、交通、通信等基础产业及优先发展的地区的证券价格可能不受影响，反而可能逆市而上。总的来说，贷款流向反映当时的产业政策及区域政策，并引起证券市场价格的比价关系对此做出结构性调整。

四、财政政策和货币政策的特点与配合使用

（一）财政政策和货币政策的特点

财政政策和货币政策各有其特点：首先，它们的猛烈程度不同。政府增加支出和调整法定准备金率对经济的影响比较猛烈，而政府税收的改变与公开市场业务操作的影响就比较缓和。其次，政策效应"时滞"不同。内部时滞是从政策制定到相关部门采取行动的这段时间。外部时滞是从相关部门采取行动直到对政策目标产生影响为止的这段过程。财政政策内部时滞长、外部时滞短，货币政策外部时滞长、内部时滞短。再次，政策发生影响的范围不同。每项政策手段都有其发挥作用的领域。例如，政府支出政策影响面大一些，公开市场业务影响面则小一些。最后，政策阻力因素不同。如增税与减少政府支出的阻力较大，而货币政策一般来说遇到的阻力较小。

（二）财政政策和货币政策的配合使用

采取扩张性财政政策，如增加政府购买，会提高社会总需求，致使产量增加；社会总需求的提高会增加人们对货币的需求量，致使利率上升，即扩张性财政政策会增加产量、提高利率。紧缩性财政政策对产量和利率的影响则相反。采取紧缩性货币政策，货币供给量减少，利率提高，致使投资减少，企业产量减少，进而社会总产量减少，即紧缩性货币政策会减少产量、提高利率。扩张性货币政策对产量和利率的影响则相反。

每一组财政政策和货币政策的搭配组合都对产量与利率产生不同的政策效果，如表 2-2 所示。

政府和中央银行可以根据具体情况与不同目标，选择不同的政策组合。例如，当经济萧条不太严重时，可采用第一种组合，用扩张性财政政策刺激总需求，又用紧缩性财政政策控制通货膨胀；当经济发生严重通货膨胀时，可采用第二种组合，用紧缩性货币政策来

提高利率，降低总需求水平，又用紧缩性财政政策防止利率过分提高；当出现经济膨胀又不太严重时，可采用第三种组合，用紧缩性财政政策压缩总需求，又用扩张性货币政策降低利率，以免财政过度紧缩而引起衰退；当经济严重萧条时，可采用第四种组合，用扩张性财政政策增加总需求，用扩张性货币政策降低利率。

表 2-2　财政政策和货币政策配合使用的政策效应

序号	政策配合	产量	利率
1	扩张性财政政策和紧缩性货币政策	不确定	上升
2	紧缩性财政政策和紧缩性货币政策	减少	不确定
3	紧缩性财政政策和扩张性货币政策	不确定	下降
4	扩张性财政政策和扩张性货币政策	增加	不确定

第四节　经济周期

一、经济周期的基础知识

（一）经济周期概述

1. 经济周期的概念

经济周期也称商业周期或商业循环或景气循环或经济波动，是指经济活动沿着经济发展的总体趋势所经历的有规律的扩张和收缩。经济周期是国民总产出、总收入和总就业的波动，是国民收入或总体经济活动扩张与紧缩的交替性或周期性波动变化。

2. 经济周期的四个阶段

经济周期分为繁荣、衰退、萧条和复苏四个阶段。

按照经济学的说法，假定开始时经济处于繁荣阶段。繁荣阶段是指这时经济活动处于高水平的时期。在这一阶段，就业增加，产量扩大，社会总产出逐渐达到最高水平。繁荣阶段不可能总是长期维持下去，当消费增长放慢、投资减少时，经济就会开始下滑，使经济步入衰退阶段。在衰退阶段初期，由于需求首先是消费需求与生产能力的偏离，一方面，使投资增加的势头受到抑制，随着投资减少，生产下降，失业增加；另一方面，消费减少，产品滞销，价格下降，进而使企业利润减少，致使企业的投资进一步减少，相应地，收入也不断减少，最终会使经济跌落到萧条阶段。萧条阶段是指经济活动处于最低水平的时期。在这一阶段，存在大量的失业，大批生产能力闲置，工厂亏损，甚至倒闭。萧条阶段也不可能无限延长。随着时间的推移和现有设备的不断损耗，以及由消费引起的企业存货的减少，致使企业考虑增加投资，使就业开始增加，产量逐渐扩大，经济进入复苏阶段。复苏阶段是指经济走出萧条并转向上升的阶段。在这一阶段，生产和销售回涨，就业增加，价格也有所提高，整个经济呈现上升的势头。随着生产和就业的继续扩大，价格上升，整个经济又逐步走向繁荣阶段。然后，开始经济的又一个循环。

3. 经济周期的类型

经济学家根据一个周期的长短将经济周期分为短周期、中周期和长周期。

(1) 短周期又称短波，是指一个周期平均长度约为 40 个月。1923 年，英国经济学家基钦提出来的，这种短周期又称基钦周期。

(2) 中周期又称中波，是指一个周期平均长度为 8～10 年。该周期是以国民收入、失业率和大多数经济部门的生产、利润与价格的波动为标志加以划分的。1860 年，法国经济学家朱格拉在其《论法国、英国和美国的商业危机及其发生周期》一书中系统地分析了这种周期，这种中周期又称朱格拉周期。

(3) 长周期又称长波，是指一个周期平均长度为 50 年左右。1926 年，苏联经济学家康德拉耶夫在其发表的《经济生活中的长波》一文中首先提出来的，这种长周期又称康德拉耶夫周期。

4. 经济周期的成因

总结各种经济周期理论，可以将关于经济周期根源的论述划分为两类，即外因论和内因论。

(1) 外因论。外因论是在经济体系之外的某些要素的波动中寻找经济周期的根源，如战争、革命、选举；石油价格、发现金矿或新资源、移民；科学突破和技术创新；甚至太阳黑子和天气；等等。外因论具体包括太阳黑子理论、创新理论、政治性理论。

(2) 内因论。内因论是在经济体系内部寻找经济周期的机制和原因，如收入、成本、投资在市场机制作用下的必然现象。这种理论认为，任何一次扩张都孕育着新的衰退和收缩，任何一次收缩也都包含着可能的复苏和扩张。内因论具体包括纯货币理论、投资过度理论、消费不足理论、心理理论。

(二) 经济指标

为了预测和判别经济的波动，理财规划师可以运用各种指标进行分析。这些指标由于具有与经济周期平行变化的一致性，因此能够反映出总体经济活动的转折点与周期波动的特点。这些指标按照与经济周期变动先后之间的关系可分为三类：先行指标、同步指标和滞后指标。

1. 先行指标

先行指标是指那些在经济活动中预先上升或下降的经济指标。这一组指标主要与经济未来的生产和就业需求有关，主要包括货币供给量、采购经理指数、股票价格指数、生产工人平均工作时数、房屋建筑许可的批准数量以及消费者预期指数等。

先行指标对经济周期波动较为敏感，因此，可以先于其他经济指标反映出短期的、不稳定的波动。当许多先行指标都显现下降趋势时，预示着经济衰退将会来临；反之，当许多先行指标都显现上升趋势时，预示着经济扩张即将来临。

2. 同步指标

同步指标是指那些与经济活动同步变化的经济指标。这组指标到达其峰顶与谷底的时间几乎与经济周期相同，它们既不超前也不落后于总体经济周期，而是与总体经济周期变动几乎一致。主要的同步指标包括国内生产总值、工业生产指数、个人收入、非农业在职人员总数，以及制造业和贸易销售额等。

同步指标可以用于验证预测的准确性。如果在先行指标已经下降的情况下，同步指标也在下降，人们就有把握相信衰退已经来临；如果先行指标已经下降了，而同步指标并没有下降，那么就要考虑先行指标是否受到了某些干扰，经济是否真正进入衰退阶段。

3. 滞后指标

滞后指标是指那些滞后于经济活动变化的经济指标。这些指标的峰顶与谷底总是在经济周期的峰顶与谷底之后出现。这些指标主要包括失业率、居民消费价格指数、生产成本、商业与工业贷款的未偿付余额、零售物价指数等。滞后指标反映了经济波动的程度，也可以用于验证预测的准确性。

在运用先行指标、同步指标和滞后指标进行经济周期预测时，还要综合考虑运用其他的信息工具。只有对经济现象和各种指标进行全面的观察，并结合经验进行判断才能得到较好的预测效果。

（三）经济周期与个人或家庭的理财行为

证券市场素有"经济晴雨表"之称。经济情况从来不是静止不动的，某个时期产出、价格、利率、就业不断上升直至某个高峰——繁荣。之后可能是经济的衰退，产出、产品销售、利率、就业开始下降，直至某个低谷——萧条，此阶段的明显特征是需求严重不足，生产严重过剩，销售量下降，价格低落，企业盈利水平极低，生产萎缩，企业大量破产倒闭，失业率增大。接下来则是经济重新复苏，进入一个新的经济周期。而证券市场综合了人们对于经济形势的预期，这种预期较全面地反映了经济发展过程中表现出的信息，特别是经济中的人的切身感受。这种预期又必然反映到投资者的投资行为中，从而影响证券市场的价格。既然股价反映的是对经济形势的预期，因而其表现必定领先于经济的实际表现。当经济持续衰退至尾声——萧条阶段，百业不振，投资者已远离股票市场，每日成交寥寥无几，那些有眼光，而且在不停收集和分析有关经济形势并做出合理判断的投资者已在默默吸纳股票，股价已缓缓上升，当各种媒介开始传播萧条已去，经济日渐复苏时，股价实际上已经升至一定水平。随着人们普遍认同以及投资者自身的境遇也在不断改善，股市日渐活跃，需求不断扩大，股价不停地攀升，更有大户和做市商借经济形势的大"利好"进行哄抬，普通投资者在利欲和乐观从众心理的驱使下极力"捧场"，股价屡创新高。而那些有识之士在综合分析经济形势逐渐发生转变，当经济形势逐渐被更多的投资者所认识，供求趋于平衡直至供大于求时，股价便开始下跌。当经济形势发展按照人们的预期走向衰退时，与上述相反的情况便会发生。

二、经济周期与行业投资策略

结合经济周期的不同阶段确定相应的行业投资策略，是规避投资风险、稳定投资收益非常有效的途径。理财规划师应该通过行业的运作能力与整体经济的关系来确定行业的特征，进而分析经济周期与行业业绩之间的内在联系。

（一）行业的类型

根据各行业变动与国民经济总体的周期性变动的关系可以将行业分为增长型行业、周期型行业和防守型行业。

1. 增长型行业

增长型行业的运动状态与经济活动总水平的周期及其振幅无关。这些行业的收入增加速度相对于经济周期的变动来说，并未出现同步影响，因为它们主要依靠技术的进步、新产品的推出及更优质的服务，从而使其经常呈现出增长形态。在过去的几十年内，计算机和互联网行业表现了这种形态，现阶段生物科技、节能减排行业也属于增长型行业。投资者对高增长的行业十分感兴趣，主要是因为对周期性波动来说，这些行业提供了一种财富“套期保值”的手段。然而，这种行业增长形态却使得投资者难以把握精确的投资时机，因为这些行业的股票价格不会随着经济周期的变化而变化。

2. 周期型行业

周期型行业的运动状态直接与经济周期相关。当经济处于上升时期，这些行业会紧随其扩张；当经济衰退时，这些行业也相应跌落。产生这种现象的原因是，当经济上升时，对这些行业相关产品的购买被延迟到经济改善之后。例如，黑色、有色金属行业就属于典型的周期型行业。

3. 防守型行业

防守型行业运动状态的存在是因为其行业的产品需求相对稳定，并不受经济周期衰退的影响。有时候，在经济衰退时，防守型行业或许会有实际增加。例如，食品业和公用事业、医疗行业属于防守型行业，这些公司的收入相对稳定。

（二）行业投资策略的选择

结合经济周期性的波动，行业投资策略选择的关键在于依据对经济周期各阶段的预测。当对经济前景持乐观态度时，选择周期型行业，以获取更大的回报率；当对经济前景持悲观态度时，选择投资防守型行业以稳定投资收益。同时，应选择一些增长型行业加以投资。

第五节　产业政策和行业分析

一、产业政策

（一）产业政策的概念

产业是指在社会分工的条件下进行同类生产（或提供同类服务）的企业（单位）的集合体。同类生产（同类服务）是指产品（服务）的经济用途相同，或者所使用的原材料相同，或者工艺技术性质相同。

产业政策是政府为弥补“市场失灵”，或为了在某些领域赶超国际先进水平，增强国内产业竞争力，而采取的有限的干预政策的总称。

（二）产业政策的手段

1. 间接干预手段

产业政策的间接干预手段是指政府通过财政、金融等经济杠杆对企业活动的引导作用，对有关经济环节乃至整个经济活动进行干预。通过政府所掌握或者控制的信息传递，广泛地对有关产业和企业活动实施诱导也属于产业政策对经济活动的间接干预手段。

2. 直接干预手段

产业政策的直接干预手段是指依照有关产业发展的法律或具有法律效应的各种规章制度，对产业活动进行行政干预。

（三）产业政策体系

1. 产业结构政策

产业结构政策是指政府制定的通过影响并推进产业结构转换而促进经济增长的产业政策。对各国现代经济增长过程的观察分析也表明，结构变换不仅是现代经济增长的首要特征，而且具体结构变换的能力、速度和效率，也是决定经济增长速度的主要原因之一。产业结构政策的核心内容便是所谓产业发展的重点顺序选择问题，即首先依照一定的基准确定若干优先发展的产业，再施以政府的各种支持，使之得到较为迅速有效的发展，进而推动经济增长。

2. 产业组织政策

产业组织政策是指政府为了获得理想的市场效果，所制定的干预和调整市场结构与市场行为的产业政策，其核心是通过协调竞争与规模经济的关系，既试图缓解垄断对市场经济运行造成的弊端，又维护一定的规模经济水平。

3. 产业技术政策

产业技术政策是指政府所制定的用以引导和干预产业技术进步的政策。从经济学的角度来看，产业技术进步也是一个较为独立的范畴，其本身具有相当大的复杂性和不确定性。

4. 产业布局政策

产业布局主要研究产业在地域和空间上的分布与组合，以及这种分布与组合对经济增长和社会福利的影响。一般而言，影响产业布局的基本因素主要是其在不同空间所发生的生产成本的变化，而这种生产成本的变化又主要取决于产品及原材料的运输成本、特定地域市场的劳动力费用和所谓的产业集聚效益。同时，由于企业生产上的外部性，随着经济的发展，政府对企业外部性的管制也成为影响产业布局的一个重要因素。

二、行业分析

（一）行业概述

1. 行业的含义

行业是指具有某些相同特征的企业群体。在这个群体中，各成员企业由于其产品形态在很大程度上可相互替代而处于一种紧密联系的状态，并由于产品可替代性的差异而与其他企业群体相区别。

2. 行业的分类

中国证监会于2012年10月26日公布了最新《上市公司行业分类指引》，将上市公司分为19个大类，分别是：①农、林、牧、渔业；②采矿业；③制造业；④电力、热力、燃气及水生产和供应业；⑤建筑业；⑥批发和零售业；⑦交通运输、仓储和邮政业；⑧住宿和餐饮业；⑨信息传输、软件和信息技术服务业；⑩金融业；⑪ 房地产业；⑫租赁和商务服务业；⑬科学研究和技术服务业；⑭水利、环境和公共设施管理业；⑮居民服务、修理和其他服务业；⑯教育；⑰卫生和社会工作；⑱文化、体育和娱乐业；⑲综合。

一些金融机构或证券交易所为了方便、完整地发布信息，常对上市的股票或其样本进行简要的行业分类。2003年，上海证券交易所参照摩根士丹利和标准普尔公司联合发布的全球行业分类标准与中国证监会发布的分类指引将上市公司分为10个大类，分别是：①能源；②原材料；③工业；④可选消费；⑤主要消费；⑥健康护理；⑦金融；⑧信息技术；⑨电讯；⑩公共事业。

（二）行业的特征

1. 行业的市场结构

根据各行业中企业的数量、产品的属性和价格控制程度等因素，可将行业分成四种类型：完全竞争、不完全竞争、寡头垄断和完全垄断。

（1）完全竞争。完全竞争的特征是企业的产品因没有差别而不能控制价格，产品的价格和企业利润完全取决于供需关系。完全竞争行业的各个企业生产的产品具有同一性的特征，相互之间没有根本的差别。由于企业的数量很多，单个企业很难控制或影响产品价格，企业的利润主要取决于市场供需关系。由于受市场条件和其他客观环境的影响较大，这类行业的企业经营业绩波动较大，利润往往很不稳定，证券价格容易受到影响，投资风险比较大。例如，小麦就是一种同质产品。如果风调雨顺，小麦生长良好，产量大幅度提高，而需求没有相应增加时，小麦价格会因供应增加而下降；如果天气条件恶劣，小麦价格就会提高。

（2）不完全竞争。不完全竞争的特征是企业生产的产品有一定差别，这种差别可以是现实的差别，也可以仅仅是消费者观念上或消费习惯上的差别。由于企业数量仍然很多，产品之间替代性很强，单个企业无法控制产品的价格，只能在价格水平大致相同的条件下在一定范围内决定本企业的产品价格。价格和利润仍由市场供求关系决定，但产品品牌、特征、质量在一定程度上会对价格产生影响。例如,不同品牌的啤酒、服装、鞋类、家用电器、快餐业等都属于这一类。

(3) 寡头垄断。寡头垄断的特征是企业家数很少,产品具有同性或只有微小差别、相互间替代性很强,个别企业对产品价格的控制程度较高。这类行业基本上是资本密集型或技术密集型的,由于需要巨额资本、高新的技术水平和复杂的生产工艺而限制了大量新企业进入这一行业,如汽车制造、飞机制造、钢铁冶炼等。

(4) 完全垄断。完全垄断的特征是由单独的一家企业生产某种没有相似及可以替代的产品。产品价格和市场被这唯一的一家企业控制。这类行业主要是公用事业,如自来水公司、煤气公司、电力公司。由于这类行业供应的产品是生产、生活不可缺少的,又是高度垄断的,政府一般对其价格的决定和提高有所控制。通常,政府允许它们的价格足以弥补成本支出并能得到一定的利润作为将来扩大再生产的基础,但又限制它们乱涨价,从而保证其他企业和居民的正常消费。

实际上,大多数行业处于完全竞争和完全垄断这两种极端情况之间,往往既有不完全竞争的特征,又有寡头垄断的特征,而且很多行业的产品都有替代品,当一种产品的价格过高时,消费者就会转向价格较低的产品。通常,竞争程度越高的行业,其产品价格和企业利润受供求关系影响越大,因此该行业的证券投资风险越大;而垄断程度越高的行业,其产品价格和企业利润受控制程度越大,投资该行业证券的风险相对较小。

2. 行业的竞争结构

一个行业内激烈竞争的局面源于其内在的竞争结构。一个行业内存在着五种基本竞争力量,即潜在进入者、替代品、供给方、需求方以及行业内现有的竞争者。从静态角度看,这五种基本竞争力量的状况及其综合强度决定着行业内竞争的激烈程度,决定着行业内的企业可能获得利润的最终潜力。从动态角度看,这五种基本竞争力量抗衡的结果,共同决定着行业的发展方向,决定着行业竞争的强度和获利能力。但是,各种力量的作用是不同的,常常是最强的某个力量或某几个力量处在支配地位,起着决定性的作用。

3. 行业的生命周期

行业的生命周期可以分为创业阶段、成长阶段、成熟阶段和衰退阶段。

(1) 创业阶段。创业阶段又称开拓阶段。新技术的出现、消费者偏好的转变等原因常常创造出新行业。在新行业的初创期里,由于新行业刚刚诞生不久,因而只有为数不多的创业公司投资于这个新行业。在新行业创立之前,创业者投入大量资金研制和开发新产品、购置厂房、生产设备等。在新产品生产出来以后,由于消费者对新产品缺乏了解,创业者还需要投入大量资金对新产品进行必要的宣传、介绍和推广等。因此,在创业阶段,企业的投资大于销售额,不仅没有盈利,反而会亏损。较高的生产成本和较低的市场需求量,常常会使创业者面临较高的投资风险。如果生产状况和市场销售情况长期得不到好转,新行业就有被扼杀在摇篮里的危险。但是,一旦新产品为大多数消费者所接受,产品价格和市场需求量就会迅速上升,生产成本也会随生产规模的扩大而降低,盈利不断增加,创业者将会面临另外一种前景。

(2) 成长阶段。成长阶段又称扩展阶段。新行业经历了创业阶段的艰难跋涉之后,由于自身的优势,新产品逐渐赢得广大消费者的欢迎和信赖,市场需求上升,新行业也随之繁荣起来，进入成长阶段。与创业阶段相比，成长阶段的新行业发生了以下三方面的变化：①由于需求量增加，价格稳步上升，产品销售量扩大，该行业的平均利润率高于其他行业，吸引各种生产要素向该行业流动，进入新行业的企业数增加，投资规模也在不断扩大。②适应市场需求的变化，原有企业在扩大生产规模的同时，增加花色品种，改进产品质量；新进入该行业的企业也尾随其后，推陈出新，开发新产品。这样，新行业的产品逐步从单一、低质、高价向多样、优质、低价方向发展。③随着生产厂家的不断增加，各企业在产品价格、生产成本、质量和花色品种等方面展开激烈竞争。一些财力较弱、技术水平落后、经营管理不善的企业被兼并或淘汰，只有那些具有较强竞争力的企业得以在新行业中继续生存。经历了成长阶段以后，新行业里的生产厂家的数目稳定下来。由于市场需求趋于饱和，产品销售量的增长势头减缓，该行业的平均利润与其他行业相差无几，整个行业步入成熟阶段。

(3) 成熟阶段。行业的成熟阶段是一个相对较长的时期。与成长阶段相比，进入成熟阶段的行业又呈现出以下特点：①经过成长阶段的激烈竞争以后，在竞争中生存下来的少数大企业垄断了整个行业的市场，每个企业都占有一定比例的市场份额。各企业由于彼此势均力敌，市场份额发生变化的程度较小。②企业之间的竞争手段发生了变化。在成长阶段，各企业之间的竞争以价格竞争为主，通过降低产品的生产成本降低产品的销售价格，以期在市场竞争中获利。进入成熟阶段以后，进一步降低生产成本和销售价格的潜力不大，而且大企业之间展开价格竞争也要冒很大的风险。因此，各企业之间的竞争以非价格手段为主，如改进产品质量、提高产品性能、加强售后服务等。③新企业加入该行业的可能性不大。一方面，在市场需求和价格稳定以后，该行业只能获得与社会平均利润率相当的利润，新企业加入该行业的动机减弱；另一方面，原有企业经过长期发展，积聚大量人力、物力、财力，实力雄厚，新企业难以与之竞争。同时，该行业的市场已被几家大企业分割，要想立足于该行业，必须承担较大的投资风险，即使有些企业盲目进入，往往也会由于大量创业投资无法很快得到补偿，或因产品销售不畅、资金周转不灵而倒闭或转产。这种状态持续一段时间以后，该行业从成熟阶段进入衰退阶段。

(4) 衰退阶段。经过较长时期的稳定发展以后，社会上又会有新的技术和新的行业出现，消费者偏好逐渐转移，原行业的市场需求量逐渐减少，产品的销售量也因替代品的出现而减少，价格下降，利润额也会低于其他行业的平均水平。此时，一些企业开始向其他更有利可图的行业转移资金，原行业出现了企业数目减少、利润下降的萧条景象。至此，整个行业进入了生命周期的最后阶段。在衰退阶段里，厂商数目逐渐减少，市场不断萎缩，利润额下降。当正常利润无法维持时，或者当现有投资折旧回收之后，整个行业便逐渐解体。

行业生命周期分析并非适用于所有行业。有的行业是供给生活和生产不可缺少的必需品，它们有很长的生命周期，有的行业则由于科技含量高，需要高额成本、专利权和高深的知识而阻碍其他公司参与竞争，但行业生命周期分析仍适用于大部分行业。

本章小结

本章首先对经济学研究的基本内容进行了概述;其次阐释了财政政策与货币政策的理论与运用工具;最后通过运用前面所学的知识进行了经济周期、行业发展与投资策略的分析。理财规划师需要从整体上把握本章的脉络,有效地掌握宏观经济学的重要知识。

复习思考题

一、单项选择题

1. GDP 增长,证券市场将随之(　　)。

A. 上升　　B. 下降　　C. 随机波动　　D. 不确定

2. 证券市场一般(　　)对 GDP 的变动做出反应。

A. 提前　　B. 滞后　　C. 同步　　D. 不确定

3. 宏观经济政策的目标不包括(　　)。

A. 充分就业　　B. 物价稳定

C. 经济高速增长　　D. 国际收支平衡

4. 一般来说,在经济衰退时期,政府应采取的财政政策的措施是(　　)。

A. 减少税收,减少政府支出　　B. 减少税收,增加政府支出

C. 增加税收,减少政府支出　　D. 增加税收,增加政府支出

5. 目前,中央银行控制货币供给量最重要也是最常用的工具是(　　)。

A. 法定存款准备金率　　B. 公开市场业务

C. 调整再贴现率　　D. 窗口指导

6. 紧缩性财政政策和扩张性货币政策,会引起产量(　　),利率(　　)。

A. 上升、下降　　B. 下降、上升

C. 上升、不确定　　D. 不确定、下降

7. (　　)阶段的经济特征是指经济活动处于最低水平的时期,在这一阶段存在大量的失业,大批生产能力闲置,工厂亏损甚至倒闭。

A. 繁荣　　B. 萧条　　C. 衰退　　D. 复苏

8. 对经济周期波动较为敏感的是(　　)指标。

A. 先行　　B. 同步　　C. 滞后　　D. 相关

9. 产业政策是政府为弥补(　　),或为了在某些领域赶超国际先进水平,增强国内产业竞争力,而采取的有限的干预政策的总称。

A. 产业结构偏置　　B. 市场失灵　　C. 产业亏损　　D. 财政赤字

10. 企业的产品没有差别而不能控制价格,产品的价格和企业利润完全取决于供需关系,这是(　　)行业的特征。

A. 垄断　　B. 完全竞争　　C. 垄断竞争　　D. 寡头垄断

11. 在创业阶段,企业的盈利状况是(　　)。

A. 较多　　B. 一般　　C. 微利　　D. 亏损

二、多项选择题

1. 计算国内生产总值的方法通常有(　　)。

A. 支出法　　B. 分配法　　C. 消费法

D. 生产法　　E. 收入法

2. 下列关于国际收支平衡表的说法中,正确的有(　　)。

A. 按复式簿记原理编制

B. 一些收入项目或负债增加、资产减少的项目都列为贷方

C. 原则上国际收支平衡表全部项目的借方总额与贷方总额相等,其净差额为零

D. 某一具体项目的借方与贷方总是相等的

E. 包括经常项目、资本项目、错误和遗漏几大项

3. 宏观经济政策目标之间并不总是一致的,表现在(　　)。

A. 充分就业与物价稳定之间的矛盾

B. 经济增长与物价稳定之间的矛盾

C. 国际收支平衡与充分就业之间的矛盾

D. 充分就业与经济增长之间的矛盾

E. 国际收支平衡与物价稳定之间的矛盾

4. 按照与国民经济总体的周期变动关系的密切程度,可将行业分为(　　)。

A. 增长型　　B. 周期型　　C. 进攻型

D. 防守型　　E. 衰退型

5. 政府重点发展的产业包括(　　)。

A. 支柱产业　　B. 主导产业　　C. 上游产业

D. 瓶颈产业　　E. 朝阳产业

三、判断题

1. 经济政策本身即意味着政府对现实经济活动的干预。(　　)

2. 通货膨胀是指价格水平的上涨。(　　)

3. 财政赤字可以刺激经济增长。(　　)

4. 从理论上讲,用生产法、收入法和支出法计算出的 GDP 应该是一致的。(　　)

四、简答题

财政政策的工具及货币政策的类型有哪些?

五、案例题

中国人民银行2月4日市场逆回购投放资金5000亿元

2020年2月4日，中国人民银行继续充足供应流动性，当日公布市场操作逆向回购投放资金5000亿元，两日投放流动性累计达1.7万亿元，充分显示中国人民银行稳定市场预期、提振市场信心的决心。

值得关注的是，中国人民银行今日逆回购的中标利率与前一日的利率水平保持一致。2月3日，中国人民银行开展了12000亿元逆回购操作。具体来看，7天期逆回购中标量为9000亿元，中标利率2.40%；14天期逆回购中标量3000亿元，中标利率2.55%。此次7天期逆回购和14天期逆回购的中标利率，较以往均下降了10个基点。

问题讨论：

1. 什么是逆回购？
2. 回购、逆回购作为货币政策工具，与存款准备金率相比有哪些优点？

第三章

会计与财务管理基础

学习目标

通过学习本章，熟悉会计基础知识；掌握财务管理基础知识；熟悉个人或家庭财务与企业财务的区别，为理财规划师从业过程中对投资对象的分析以及个人或家庭财务报表的编制及分析做理论准备。

引导案例

2010年3月24日，持有华泰股份的投资者翘首企盼的2009年年报终于出炉了——每股收益1.909元，比上年上涨187%。按前一天收盘价16.36元计算，市盈率只有8.6倍，查遍中国的所有上市公司，这一指标实属罕见——多么显赫的业绩啊！但奇怪的是，当日股价不涨反跌了6.94%。为什么？仔细分析就会发现，原来这1.909元收益中，约有1.569元都是来自收购诺斯克纸业的股票溢价所得的投资收益；扣除非经常性损益后该企业的经营收益所得每股仅为0.34元，比上年的0.665元还下降了48.87%。

财务报表是企业的一幅缩略图，浓缩了企业经营的方方面面。走近它、了解它、剖析它，就会从中找到你所需要了解的信息。由于财务报表有专门的格式，专业名词和术语乍看起来使人“眼花缭乱”，只有掌握了特有的技巧和方法，才会拨开迷雾，看清“庐山真面目”。

资料来源：杨淑娥.财务管理学[M].3版.北京：高等教育出版社，2018.

第一节　会计基础

一、会计概述

（一）会计的定义

会计是以货币为主要计量单位，反映和监督一个单位经济活动的一种经济管理工作。由此可见，在企业中，会计的经济管理职能主要是核算和监督，其作用表现为反映企业的财务状况、经营成果和现金流量，并对企业经营活动和财务收支进行监督。

（二）企业会计准则的制定与企业会计准则体系

按照《中华人民共和国会计法》的规定，中国企业会计准则是由国务院财政部制定和颁布的。

中国现行企业会计准则体系由基本准则、具体准则、应用指南和解释组成。基本准则是制定具体准则的基础，对各具体准则的制定起统领作用，各具体准则的制定和完善必须在基本准则的框架内进行。其构成关系如图 3-1 所示。

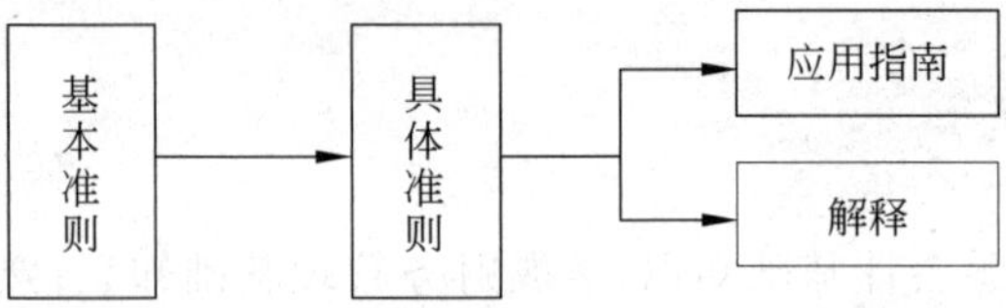

图 3-1　企业会计准则体系构成关系

中国现行企业会计准则体系的内容解释如表 3-1 所示。

表 3-1　中国现行企业会计准则体系的内容解释

组成部分	具体规范内容
基本准则	（1）财务报告目标 （2）会计基本假设 （3）会计信息质量要求 （4）会计要素分类及其确认计量原则 （5）财务报告
具体准则	在基本准则的指导下，对企业各项资产、负债、所有者权益、收入、费用、利润及相关交易事项的确认、计量和报告进行规范的会计准则
应用指南	细化具体准则相关条款，以及对有关重点、难点问题提供操作性的指南，有利于会计准则的实施
解释	对具体准则实施过程中出现的问题、具体准则条款规定不清楚或者尚未规定的问题做出的补充说明

二、会计基本假设和会计记账基础

（一）会计基本假设

会计基本假设是企业会计进行确认、计量和报告的前提，是对会计核算所处的时间、空间环境等所做的合理假定。会计基本假设包括会计主体、持续经营、会计分期和货币计量。

1. 会计主体

会计主体是指会计确认、计量和报告的空间范围。为了向财务报告使用者反映企业财务状况、经营成果和现金流量，提供与其决策相关的可靠的信息，会计核算和财务报告的编制应集中反映特定对象的经济活动，并将其与其他经济实体区别开来，才能实现财务报告的目标。一般的企业会计中，企业是会计主体。而对于个人理财的需要，我们可以将个人或家庭的财务收支作为核算对象，将个人或家庭作为会计主体。

2. 持续经营

持续经营是指在可以预见的将来，企业将会按当前的规模和状态继续经营下去，既不会停业，也不会大规模削减业务。持续经营确定了会计处理的时间范围。持续经营假设是会计分期假设的前提。就个人而言，需要假定个人的财务收支活动是一个持续不断的过程，这样才有进行规划的必要。

3. 会计分期

会计分期是指将一个会计主体持续经营的生产经营活动人为地划分为若干相等的会计期间，以便分期结算账目和编制财务报告。会计分期的目的在于将持续经营的生产经营活动划分成连续、相等的期间，据以计算盈亏，按期编报财务报告，及时向各方面提供有关企业财务状况、经营成果和现金流量的信息。会计分期假设本身是对持续经营假设的一种补充，它存在的原因与会计管理职能直接相联系。会计分期通常分为年度和中期，而中期则是指短于一个年底的报告期间，如月度、季度、半年度，且均按公历起讫日期确定，即 1 月 1 日至 12 月 31 日。对于个人理财也是如此，通过分期可以进行阶段性的总结，将长期规划细化，使其更具有可操作性。

4. 货币计量

货币计量是指会计主体在财务会计确认、计量和报告时以货币计量，反映会计主体的生产经营活动。货币计量的前提还包括币值不变这一假定，即假定企业在不同时期的每一单位货币或同量货币具有完全相同的价值。在我国会计实务中，企业会计核算应该以人民币为记账本位币，业务收支以人民币以外的货币为主的企业，可以选定某种外币作为记账本位币，但是编制的财务会计报告应折算为人民币。

（二）会计记账基础

会计基本准则明确规定，企业会计的确认、计量和报告应当以权责发生制为基础。一般来说，企业会计的确认、计量和报告有两种计量基础：权责发生制和收付实现制。

1. 权责发生制

权责发生制也称应计制或应收应付制，它是以收入、费用是否发生而不是以款项是否收到或付出为标准来确认收入和费用的一种记账基础。按照权责发生制，凡是当期已经实现的收入和已经发生或应当负担的费用，无论款项是否收付，都应作为当期的收入和费用处理；凡不属于当期的收入和费用，即使款项在当期收付，也不应作为当期的收入和费用处理。权责发生制记账基础的核心是根据权责关系的实际发生期间来确认企业的收入和费用。

2. 收付实现制

收付实现制也称现金制或现收现付制，它是以款项的实际收到或支付的现金为标准来确认本期收入和费用的一种方法。按照收付实现制，凡是在本期收到的收入和支付的费用，不论其是否属于本期，都应作为本期的收入和费用处理；反之，凡是本期未收到的收入和未支付的费用，即使归属本期，也不作为本期的收入和费用处理。目前，我国的政府、行政单位会计与非营利组织会计一般采用收付实现制，事业单位除经营业务可以采用权责发生制外，其他大部分业务采用收付实现制。

与收付实现制相比，权责发生制能够更加准确地反映特定会计期间真实的财务状况和经营成果。目前，我国企业的资产负债表和利润表是以权责发生制为基础编制的，现金流量表则是以收付实现制为基础编制的。而个人及家庭收支流量大多以收付实现制计算，对照初期与末期的现金，看记账时有无漏记之处。

三、会计信息质量要求

会计信息质量要求是对财务报告中所提供会计信息质量的基本要求，是使财务报告中所提供会计信息对投资者等使用者决策有用应具备的基本素质。会计信息质量要求包括可靠性、相关性、可理解性、可比性、实质重于形式、重要性、谨慎性和及时性。

1. 可靠性

可靠性要求企业如实反映符合确认和计量要求的各项会计要素及其他相关信息，因此应当以实际发生的交易或事项为依据进行确认、计量和报告，保证会计信息真实可靠、内容完整。

2. 相关性

相关性要求企业提供的会计信息应当有助于投资者等财务报告使用者对企业过去、现在的情况做出评价，对未来的情况做出预测。

可靠性是相关性的基础，不应将两者对立起来，两者之间并不存在矛盾。也就是会计信息在可靠性前提下，尽可能做到相关性。

3. 可理解性

可理解性要求企业提供的会计信息应当便于财务报告使用者理解和使用，会计信息应当清晰明了，易于理解。但是会计信息具有较强的专业性，在强调可理解性要求的同时，还应假定财务报告使用者具有相关的财会知识，并且愿意付出努力去研究这些会计信息，以便做出正确的经济决策。

4. 可比性

可比性要求企业提供的会计信息应当相互可比。这主要包括纵向可比和横向可比。纵向可比，即同一企业不同会计期间可比；横向可比，即不同企业相同会计期间可比。

5. 实质重于形式

实质重于形式要求企业不应仅以交易或事项的法律形式为依据，而应当按照交易或事项的经济实质进行会计确认、计量和报告。

6. 重要性

重要性要求企业提供所有重要的交易或事项的会计信息，这些信息应当反映企业的财务状况、经营成果和现金流量。重要性的具体应用需要依靠会计人员的职业判断，企业应当根据其所处环境和自身情况，从项目性质和金额大小两方面对重要性进行判断。

7. 谨慎性

谨慎性要求企业保持应有的谨慎态度，对交易或者事项进行会计确认、计量和报告，不应高估资产或收益，低估负债或费用。为满足此要求，需要企业在对不确定的情况做出职业判断时，应当保持应有的“悲观态度”，充分预计到各种可能的风险和损失。

8. 及时性

及时性要求企业对于已经发生的交易或者事项，应当及时进行确认、计量和报告，而不得提前或者延后。及时性是会计信息的一个基本特性，投资者或其他财务报告使用者使用会计信息的价值就是帮助他们做出经济决策。即使是具备可靠性和相关性的会计信息，如果提供不及时，就失去了及时性，就大大降低了财务报告使用者的效用，甚至不再具有使用价值。

如果将会计主体界定为个人，实质重于形式、重要性、谨慎性，在个人或家庭理财中则运用得较少。

四、会计要素及其确认与计量

（一）会计要素定义及其确认条件

会计要素是根据交易或事项的经济特征所确定的财务会计对象的基本分类。会计要素按其性质可分为财务状况和经营成果两方面。财务状况要素主要包括资产、负债和所有者权益；经营成果要素主要包括收入、费用和利润。会计要素的具体内容如表 3-2 所示。

表 3-2　会计要素的具体内容

会计要素		反映内容
财务状况要素（静态会计要素）	资产	静态会计要素侧重于反映企业的财务状况，是编制资产负债表的要素
	负债	
	所有者权益	
经营成果要素（动态会计要素）	收入	动态会计要素侧重于反映企业的经营成果，是编制利润表的要素
	费用	
	利润	

1. 资产的定义及其确认条件

资产的定义、特征及确认条件如表 3-3 所示。

在表中“确认条件”项的两个条件必须同时满足，缺一不可。

注意：盘亏的资产、筹建期间发生的开办费用等不属于资产。

2. 负债的定义及其确认条件

负债的定义、特征及确认条件如表 3-4 所示。

表 3-3 资产的定义、特征及确认条件

定义	资产是指企业过去的交易或事项形成的，由企业拥有或控制的，预期给企业带来经济利益的资源
特征	(1) 资产预期会给企业带来经济利益。即指企业的资产可以通过生产经营活动直接或者间接导致现金和现金等价物流入企业的潜力。经济利益可以是现金或者现金等价物，或者是可以转化为现金或现金等价物的形式。资产的重要特征就是资产预期能否给企业带来经济利益。这也是确认企业资产的一个重要因素。如果一个项目预期不能给企业带来经济利益，则不能将其确认为企业的资产 (2) 资产应为企业拥有或者控制的资源。即指企业享有某项资源的所有权，或者虽然不享有某项资源的所有权，但该资源能被企业所控制。所有权是考虑资产是否存在的首要因素。只要企业对某资产拥有其所有权，或者拥有其控制权，就表明企业可以从资产中获取经济利益。如果企业不能拥有也不能控制资产所能带来的经济利益，那么就不能将其作为企业的资产予以确认 (3) 资产是由企业过去的交易或者事项形成的。也就是说，只有过去的交易或者事项才能产生资产，而未来的交易或者事项则不能形成资产。交易或者事项包括购买、生产、建造等行为
确认条件	确认一项资源为资产，不仅需要满足资产的定义，还必须同时满足以下两个条件： (1) 与该资源有关的经济利益很可能流入企业。这应从两个方面来理解：①强调了与资源有关的经济利益，也就是说要有经济效益的资源才能确认为资产；②经济利益可能流入，也就是说具有不确定性 (2) 该资源的成本或者价值能够可靠地计量。可计量是资产确认的重要前提，只有资源的成本或者价值能够可靠地计量，资源才被确认为资产。比如，企业的产品、存货、厂房和设备等资产，只要实际发生购买成本或者生产成本能够可靠地计量，就满足了资产确认的可计量条件。对于某些衍生金融工具形成的资产也是如此

表 3-4 负债的定义、特征及确认条件

定义	负债是指企业过去的交易或者事项形成的，预期会导致经济利益流出企业的现时义务
特征	(1) 负债是企业承担的现时义务。现时义务是指企业在现行条件下已承担的义务，未来发生的交易或者事项形成的义务，不应当确认为负债 (2) 负债预期会导致经济利益流出企业 (3) 负债是由企业过去的交易或者事项形成的
确认条件	必须符合负债的定义，并同时满足以下两个条件： (1) 与该义务有关的经济利益很可能流出企业 (2) 未来流出的经济利益的金额能够可靠地计量

在表中“确认条件”项的两个条件必须同时满足，缺一不可。另外，定义中的现时义务既可以是法定义务，也可以是推定义务。法定义务通常在法律意义上需要强制执行；推定义务是指根据企业多年的习惯做法、公开的承诺或者公开宣布的政策而导致企业将承担的责任，如售出商品的保修义务等。

3. 所有者权益的定义及其确认条件

所有者权益的定义、来源构成及确认条件如表 3-5 所示。

表 3-5 所有者权益的定义、来源构成及确认条件

定义	所有者权益也称股东权益或剩余权益，是企业资产扣除负债后，由所有者享有的剩余索取权
来源构成	包括所有者投入的资本、直接计入所有者权益的利得和损失、留存收益等，通常由股本（或实收资本）、资本公积（含股本溢价和资本溢价、其他资本公积）、盈余公积和未分配利润构成。商业银行等金融企业在税后利润中计提的一般风险准备，也构成所有者权益
确认条件	所有者权益要素的确认主要依赖于资产和负债要素的确认，其金额的确定也主要取决于资产和负债的计量

资产＝负债＋所有者权益，通常被称为会计第一等式。任何一个会计主体都拥有一定数额的资产，这就必定存在相等数额的负债和所有者权益。有一定的资产，就必定有相应的资金来源（负债和所有者权益）；有一定的资金来源，也必定以某种资产的形式占用或存在。资产和资金来源是同一资金的两个不同方面，它们二者始终保持平衡，所以存在会计的基本平衡式。该等式反映的是企业资金的相对静止状态，也称为静态会计等式。该等式也是反映财务状况的会计等式。

4. 收入的定义及其确认条件

收入的定义、特征及确认条件如表 3-6 所示。

表 3-6 收入的定义、特征及确认条件

定义	收入是指企业在日常活动中形成的，会导致所有者权益增加的，与所有者投入资本无关的经济利益的总流入
特征	(1) 收入是企业在日常生活中形成的 (2) 收入是与所有者投入资本无关的经济利益的总流入 (3) 收入会导致所有者权益的增加
确认条件	(1) 与收入相关的经济利益应当很可能流入企业 (2) 经济利益流入企业的结果会导致资产的增加或者负债的减少 (3) 经济利益的流入额能够可靠计量

在理解这一定义时要注意，收入应该是企业在日常经营活动中形成的，所以营业外收入不包括在收入要素中。日常活动是指企业为实现经营目标而从事的经常性活动以及与之相关的活动。例如，工业企业制造并销售产品、商业企业销售商品、商业银行对外贷款、租赁公司出租资产、保险公司签发保单、咨询公司提供咨询服务等。

5. 费用的定义及其确认条件

费用的定义、特征及确认条件如表 3-7 所示。

表 3-7　费用的定义、特征及确认条件

定义	费用是指企业在日常活动中形成的、会导致所有者权减少的、与向所有者分配利润无关的经济利益的总流出
特征	(1) 费用是企业在日常生活中形成的 (2) 费用是与所有者分配利润无关的经济利益的总流出 (3) 费用会导致所有者权益的减少
确认条件	(1) 与费用相关的经济利益应当很可能流出企业 (2) 经济利益流出企业的结果会导致资产的减少或者负债的增加 (3) 经济利益的流出额能够可靠计量

6. 利润的定义及其确认条件

利润的定义、来源构成及确认条件如表 3-8 所示。

表 3-8　利润的定义、来源构成及确认条件

定义	利润是指企业在一定会计期间的经营成果。利润为正，企业所有者权益会增加，业绩得到提升；反之，利润为负，业绩下滑，所有者权益会减少
来源构成	利润包括收入减去费用后的净额、直接计入当期利润的利得与损失等。收入与费用反映的是企业的日常活动，利得与损失反映的是企业的非日常活动
确认条件	利润反映的是收入与费用、利得与损失的净额的概念，所以利润的确认主要是依靠收入与费用以及利得与损失的确认

收入－费用＝利润，是会计第二等式。企业经营的目标就是从生产经营活动中获取收入，实现盈利。企业在取得收入的同时，必然要发生相应的费用。企业将一定会计期间所形成的全部收入与发生的全部费用相比较，其差额就是企业在这一期间从事生产经营活动的成果。如果收入大于费用，利润就为正，企业有盈利；如果收入小于费用，利润就为负，企业亏损。该等式反映的是动态会计等式。该等式也是反映经营成果的会计等式。

收入将引起企业资产和所有者权益增加，费用将引起企业资产和所有者权益减少，可见，两个会计基本等式之间客观上存在着必然的内在经济联系。

根据个人或家庭理财的特点，可以将个人或家庭的会计要素分为资产、负债、净资产、收入、支出和结余，并以此来编制个人或家庭的财务报表。

（二）会计要素计量属性

会计计量是为了将符合确认条件的会计要素登记入账并列报于财务报表而确定其金额的过程。计量属性是指所计量的某一要素的特性方面，如办公桌的长度、矿石的重量等。其反映的是会计要素金额的确定基础，主要包括历史成本、重置成本、可变现净值、现值和公允价值。企业应当按照规定的会计计量属性进行计量，确定相关金额。常用的会计计量属性的具体解释如表 3-9 所示。

表 3-9　常用会计计量属性的具体解释

会计计量属性	内容说明
历史成本	历史成本又称实际成本，是为取得或制造某项财产物资而实际支付的现金或其他等价物。资产按其购置时支付的现金或现金等价物的金额，或按付出的对价公允价值来计量。负债按其因承担现时义务而实际收到的款项或者资产的金额，或合同金额，或按日常活动中为偿还负债预期需要支付的现金或者现金等价物的金额来计量
重置成本	重置成本又称现行成本，是指按当前的市场条件，重新取得同样一项资产所需支付的现金或现金等价物的金额。资产按现在购买相同或者相似资产所支付的现金或者现金等价物的金额来计量。负债按现在偿付该项债务所支付的现金或现金等价物的金额来计量
可变现净值	可变现净值是指在正常生产经营过程中，预计销售价格减去进一步加工所需成本和销售所必需的预计税金、费用后的净值。资产按其正常对外销售所能收到现金或者现金等价物的金额减去资产至完工时估计将要发生的成本、销售费用、相关税金后的金额来计量
现值	现值考虑货币时间价值因素，是指对未来现金流量按照恰当的折现率折现后的价值。资产按预计从其持续使用和最终处置中所产生的未来净现金流入量的折现金额来计量。负债按预计期限内需要偿还的未来净现金流出量的折现金额来计量
公允价值	公允价值是指市场参与者在计量日发生的有序交易中，出售一项资产所能收到或者转移一项负债所需支付的价格

五、财务报告

（一）财务报告的定义

财务报告是企业对外提供的反映企业某一特定日期的财务状况和某一会计期间的经营成果、现金流量等会计信息的文件。

我国《会计法》《公司法》《证券法》等出于保护投资者、债权人等利益的需要，也规定企业应当定期编报财务报告。

（二）财务报告的构成

财务报告的内容包括财务报表和其他应当在财务报告中披露的相关信息与资料。

财务报表是对企业财务状况、经营成果和现金流量的结构性表述。财务报表一般包括资产负债表、利润表、现金流量表、所有者权益变动表和附注。对于规模小的企业编制的报表可以不包括现金流量表和所有者权益变动表，而对于全面执行会计准则体系的企业所编制的财务报表，还应当包括所有者权益变动表。财务报表按照编报期间的不同，可以分为年度财务报表和中期财务报表（短于一个完整会计年度的报告期间：月报、季报、半年报);按照编报主体的不同,可以分为合并财务报表和个别财务报表。

其中,年度财务报表简称年报,是企业的年度决算报表,主要包括资产负债表、利润表、现金流量表、所有者权益变动表和附注。中期财务报表至少应当包括资产负债表、利润表、现金流量表和附注。与年度财务报表相比,中期财务报表中的附注披露可适当简略。但半年度中期财务会计报告中的会计报表附注至少应当披露所有重大的事项。

财务报告的构成与内容可通过财务报告体系构成体现出来,具体如表3-10所示。

表3-10　财务报告体系构成

财务报告的构成		内　容
财务报表	资产负债表	反映企业某一特定日期时点的财务状况,可以反映企业的资产、负债和所有者权益金额及其构成情况,有助于财务报告使用者评价企业长短期偿债能力、资产的质量和利润分配能力等
	利润表	反映企业在某一特定期间的经营成果,可以反映企业实现的收入、发生的费用、应当计入当期利润的利得和损失以及其他综合收益等金额及其构成结构情况,有助于财务报告使用者评价企业的盈利能力及其构成与质量
	现金流量表	反映企业某一会计期间的现金和现金等价物的流入与流出情况,可以反映企业经活动、投资活动、筹资活动的现金流入、流出情况,有助于财务报告使用者评价企业的现金流和资金周转情况
	所有者权益变动表	反映企业在某一特定期间的所有者权益的构成和变化情况
	附注	是对会计报表列示项目和未能在报表中列示项目所做的进一步说明,可以更系统、全面地反映企业财务状况、经营成果和现金流量的整体状况,为财务报告使用者提供更为有用的信息
其他应当披露的相关信息		具体可根据外部使用者的信息需求和有关法律、法规而定。例如,企业可在财务报告中披露其承担的社会责任、可持续发展能力、对社区的贡献等信息

根据我国现行的企业会计制度,主要的财务报表有资产负债表、利润表和现金流量表,分别如表3-11～表3-13所示。

表3-11　资产负债表

编制单位:　　　　　　　　年　　月　　日　　　　　　　　单位:元

资　　产	期末余额	期初余额	负债和所有者权益	期末余额	期初余额
流动资产:			流动负债:		
货币资金			短期借款		
交易性金融资产			交易性金融负债		
应收票据			应付票据		
应收账款			应付账款		

续表

资　　产	期末余额	期初余额	负债和所有者权益	期末余额	期初余额
预付款项			预收款项		
应收利息			应付职工薪酬		
应收股利			应交税费		
其他应收款			应付利息		
存货			应付股利		
一年内到期的非流动资产			其他应付款		
其他流动资产			一年内到期的非流动负债		
流动资产合计			其他流动负债		
非流动资产：			流动负债合计		
可供出售金融资产			非流动负债：		
持有至到期投资			长期借款		
长期应收款			应付债券		
长期股权投资			长期应付款		
投资性房地产			专项应付款		
固定资产			预计负债		
在建工程			递延所得税负债		
工程物资			其他非流动负债		
固定资产清理			非流动负债合计		
生产性生物资产			负债合计		
油气资产			所有者权益(或股东权益)：		
无形资产			实收资本(或股本)		
开发支出			资本公积		
商誉			减：库存股		
长期待摊费用			盈余公积		
递延所得税资产			未分配利润		
其他非流动资产			所有者权益(或股东权益)合计		
非流动资产合计					
资产总计			负债和所有者权益(或股东权益)总计		

表 3-12　利润表

编制单位：　　　　　　　　　　　年　　月　　日　　　　　　　　　　　　　单位：元

项　　目	本期金额	上期金额
一、营业收入		
减：营业成本		
税金及附加		
销售费用		
管理费用		
财务费用		
资产减值损失		
加：公允价值变动收益(损失以“－”号填列)		
净敞口套期收益(损失以“－”号填列)		
投资收益(损失以“－”号填列)		
其中：对联营企业和合营企业的投资收益		
资产处置收益(损失以“－”号填列)		
其他收益		
二、营业利润(亏损以“－”号填列)		
加：营业外收入		
减：营业外支出		
三、利润总额(亏损总额以“－”号填列)		
减：所得税费用		
四、净利润(净亏损以“－”号填列)		
(一) 持续经营净利润(净亏损以“－”号填列)		
(二) 终止经营净利润(净亏损以“－”号填列)		
五、其他综合收益的税后净额		
(一) 以后不能重分类进损益的其他综合收益		
(二) 以后将重分类进损益的其他综合收益		
六、综合收益总额		
七、每股收益		
(一) 基本每股收益		
(二) 稀释每股收益		

表 3-13　现金流量表

编制单位：　　　　　　　　　　　　　年　　月　　日　　　　　　　　　　　　　单位：元

项　　目	本期金额	上期金额
一、经营活动产生的现金流量：		
销售商品、提供劳务收到的现金		
收到的税费返还		
收到的其他与经营活动有关的现金		
经营活动现金流入小计		
购买商品、接受劳务支付的现金		
支付职工以及为职工支付的现金		
支付的各项税费支付的其他与经营活动有关的现金		
经营活动现金流出小计		
经营活动产生的现金流量净额		
二、投资活动产生的现金流量：		
收回投资所收到的现金		
取得投资收益所收到的现金		
处置固定资产、无形资产和其他长期资产收回的现金净额		
处置子公司及其他营业单位收到的现金净额		
收到其他与投资活动有关的现金		
投资活动现金流入小计		
购建固定资产、无形资产和其他长期资产所支付的现金投资		
所支付的现金		
取得子公司及其他营业单位支付的现金净额		
支付其他与投资活动有关的现金		
投资活动现金流出小计		
投资活动产生的现金流量净额		
三、筹资活动产生的现金流量：		
吸收投资所收到的现金		
取得借款所收到的现金		
收到的其他与筹资活动有关的现金		
筹资活动现金流入小计		
偿还债务所支付的现金		
分配股利、利润或偿付利息所支付的现金		
支付的其他与筹资活动有关的现金		
筹资活动现金流出小计		
筹资活动产生的现金流量净额		
四、汇率变动对现金及现金等价物的影响		
五、现金及现金等价物净增加额		
加：期初现金及现金等价物余额		
六、期末现金及现金等价物余额		

第二节 财务管理基础

一、财务管理概述

（一）财务管理的定义和职能

1. 财务管理的定义

财务管理是对财务活动的管理，是组织企业财务活动、处理企业与各有关方面经济关系的一项经济管理工作。

2. 财务管理的基本职能

财务管理的职能是指财务管理所具有的职责和功能。公司财务管理的基本职能主要有财务分析、财务预测、财务决策和财务计划等。

（1）财务分析。财务分析是以财务报表资料及其他相关资料为依据，采用一系列专门的分析技术和方法，对企业过去有关筹资活动、投资活动、经营活动、分配活动进行分析。财务分析的目的是为企业及其利益相关者了解企业过去、评价企业现状、预测企业未来做出正确决策提供准确的信息或依据。财务分析的方法主要有比较分析法、比率分析法和趋势分析法。

（2）财务预测。财务预测是根据财务活动的历史资料，考虑现实的要求和条件，对未来的财务活动和财务成果做出科学的预计与测算。财务预测的目的是测算企业投资、筹资各项方案的经济效益，为财务决策提供依据，预计财务收支的发展变化情况，为编制财务计划服务。财务预测按预测对象分为投资预测和筹资预测；按预测时期分为长期预测和短期预测；按预测值多寡分为单项预测和多项预测。财务预测的常用方法主要有时间序列预测法、相关因素预测法、概率分析预测法。

（3）财务决策。财务决策是对财务方案进行比较选择，并做出决定。财务决策的目的在于确定合理可行的财务方案。在现实中，财务方案有投资方案、筹资方案，还有包含投资和筹资的综合方案。

（4）财务计划。财务计划是以货币形式协调安排计划期内投资、筹资及财务成果的文件。制订财务计划的目的是为财务管理确定具体量化的目标。财务计划包括长期计划和短期计划。长期计划是指 1 年以上的计划，公司通常制订为期 5 年的长期计划，作为实现公司战略的规划。短期计划是指一年一度的财务预算。

上述财务管理的四项基本职能相互联系，财务分析和财务预测是财务决策和财务计划的基础条件，财务决策和财务计划是财务分析和财务预测的延续。

（二）财务管理的目标

企业财务管理目标是指企业财务管理人员通过企业财务管理活动所要达到的预期效果和目的。企业财务管理目标是企业财务管理活动所希望实现的结果。企业财务管理目标主要有三种观点：利润最大化、每股收益最大化和股东财富最大化。三种观点描述和存在的问题如表 3-14 所示。

表 3-14 三种观点描述和存在的问题

三种观点	观点描述	存在的问题
利润最大化	利润代表企业新创财富,利润越多企业财富增加越多,越接近企业的目标	缺点: (1) 没有考虑利润与时间的关系; (2) 没有考虑利润与投入资本量的关系; (3) 没有考虑利润与所承担风险的关系
每股收益最大化	把利润和股东投入的资本联系起来,用每股收益来概括企业的财务目标,以避免"利润最大化"目标的缺点	缺点: (1) 没有考虑每股盈余的时间; (2) 没有考虑风险
股东财富最大化	股东创办企业的目的是增加财富。如果企业不能为股东创造价值,他们就不会为企业提供资金。这也是本书所采纳的观点	衡量指标:股东财富的增加=股东权益的市场价值-股东投资资本=权益的市场增加值

股东财富最大化目标是指企业的财务管理以股东财富最大化为目标。股东财富最大化是指财务管理的目标是为股东创造最多的财富。在股东投资资本不变的情况下,股价越高,股东财富越大;在股东投资资本和债务价值不变的情况下,企业价值越大,股东财富也越大。以股东财富最大化作为财务管理目标,其优点体现在以下三个方面。

(1) 考虑了风险因素,因为通常股价会对风险做出较敏感的反应。

(2) 在一定程度上能避免企业追求短期行为,因为不仅目前的利润会影响股票价格,预期未来的利润同样会对股价产生重要影响。

(3) 对上市公司而言,股东财富最大化目标比较容易量化,便于考核和奖惩。

二、财务报表分析

(一) 财务报表分析概述和基本方法

1. 财务报表分析概述

(1) 财务报表分析的含义。财务报表分析又称财务分析,是根据企业会计部门提供的会计报表等资料,按照一定的程序,运用一定的方法,计算出一系列评价指标并据以评价企业财务状况和经营成果的过程。财务报表分析的起点是财务报表,分析使用的数据大部分为公开发布的财务报表。因此,财务报表分析的前提是正确理解财务报表。财务报表分析是对企业的偿债能力、营运能力、获利能力、发展能力和综合能力等各方面进行分析评价。

(2) 财务报表分析的目的。财务报表分析的目的在于对企业过去的财务状况和经营成果进行总结性分析与评价、对企业当前财务运作进行调整与控制、预测未来企业财务运作的方向及其影响。由于对外发布的财务报表是根据全体使用人的一般要求设计的,并不适合特定报表使用人的选定要求,所以投资者要从中选择自己需要的信息,重新排列,并研究其相互关系,使之符合自己的特定要求。

由于财务报表分析涉及债权人、股东、经营者和政府职能部门等不同的分析主体,各分析主体在利益上存在差异,关心的问题不同,对财务报表分析也就有着不同的目的。债权人、投资者、企业管理层、政府监管部门及其他人士的区别如表 3-15 所示。

表 3-15　债权人、投资者、企业管理层、政府监管部门及其他人士的区别

区　别	心　　态	关心的内容	财务报表分析的目的
债权人	关心贷款的安全性,不关心企业是否盈利。只有与贷款安全性有关时,才关心企业是否盈利	短期债权人关心当前财务状况,如资产的流动性和变现能力;长期债权人更关心资本结构和长期盈利能力	企业为什么需要额外筹资?企业还本付息所需资金的可能来源是什么?企业对以前的短期及长期贷款是否按期归还?企业将来在哪些方面还需要借款
投资者	只要影响财富积累的都很关心,如偿债能力、盈利能力、风险控制等	既关心公司的当前状况,又关心公司的未来发展	企业当前和未来收益水平的高低极易受哪些重大变动因素影响?企业目前的财务状况及由资本结构决定的风险和收益如何?与其他竞争者相比,企业处于何种地位
企业管理层	由于委托代理形成的各种契约关系和解雇与收购的威胁,对契约约定事项十分关注	关心企业的财务状况、盈利能力、发展潜力等重大方面,他们往往从外部使用人的角度对待和分析企业	企业业绩如何?与契约约定有哪些差异?改善企业业绩可以采取哪些方法和手段从而使债权人和投资人满意
政府监管部门及其他人士	企业在法律规定范围内以满足社会发展为目标从事生产经营活动	关心企业的盈利和长远发展能力,履行监管职责	企业是否在法律规定范围内从事生产经营活动?企业盈利能力和长远发展能力可能会受到哪些损害以及原因?可以采取哪些措施增强企业的盈利能力和长远发展能力?综合起来看,财务报表分析主要包括以下内容:偿债能力评价、营运能力评价、盈利能力评价、财务状况综合评价

2. 财务报表分析的基本方法

财务报表分析的方法一般分为定量分析方法和定性分析方法两类。定量分析方法是指分析者根据经济活动的内在联系,采用一定的数学方法对所收集的数据资料进行加工、计算,对企业的财务状况和经营成果进行的定量分析。定性分析方法是指分析者运用所掌握的情况和资料,凭借其经验,对企业的财务状况和经营成果进行的定性分析。财务报表分析的过程实际上是定量分析和定性分析相结合的过程。

不同的人出于不同的目的,使用不同的财务报表分析方法。一般来讲,财务报表分析的基本方法主要有以下几种。

1）比较分析法

比较分析法是指将不同时间或不同空间的被评价指标进行比较，以确定差异和矛盾的一种分析方法。比较是认知事物的最基本方法，没有比较，分析就无法开始。比较分析法往往采用不同的比较对象进行比较分析，主要有以下几种。

（1）与本企业历史比，即与不同时期（2～10 年）指标相比，如本期实际与上期（或历史水平）实际比较，也称“纵向比较”；如果对企业多期的指标进行比较，可以对企业进行趋势分析，也称“趋势分析”。

（2）与计划预算比，即实际执行结果与本期计划指标（或目标）比较，也称“预算差异分析”。

（3）与同类企业比，即与行业平均数或竞争对手比较，可以本期实际与国内外同行业先进企业水平比较，也称“横向比较”。

在比较中，往往可以采用以下两种比较形式：一是绝对数比较，表示数额差异，借以了解被评价指标的金额变动情况；二是相对数比较，表示百分比差异，借以了解被评价指标的变动程度。运用比较分析法必须注意被评价指标的可比性。只有排除一些不可比因素的影响，才能做出准确的财务报表分析。

2）百分比分析法

百分比分析法分为结构百分比分析法和变动百分比分析法。

（1）结构百分比分析法是指通过计算某一项目的各构成部分在项目中所占比重揭示项目内部整体结构的分析方法。主要的结构百分比有资产结构百分比、资本结构百分比、所有者权益结构百分比、利润结构百分比、利润分配结构百分比和收入支出结构百分比等。

通过结构百分比可使项目各个组成部分的相对重要性明显地表示出来，从而揭示会计报表中各个项目的相对地位和总体结构关系，有助于研究判断企业财务状况、揭示财务问题、优化企业资源结构等。

（2）变动百分比分析法是指将某一财务指标不同时期的数额相互对比，反映变化趋势和变化程度的分析、评价方法。变动百分比分析法分为定比分析法和环比分析法两种。

① 用定比分析法计算不同时期会计报表项目的变动百分比，是以某一固定时期会计报表（一般为最初时期的会计报表）项目数额作为比较的基础进行计算的。

② 用环比分析法计算不同时期会计报表项目的变动百分比，是以某一时期会计报表某个项目数额与其前一期相同项目数额进行比较，以此确定变动百分比。

通过变动百分比可以从较长的时期观察企业财务指标的变化和发展趋势，便于会计报表使用者预测未来的经营前景。只有通过若干期间会计报表的纵向分析才能将企业的资金来源与运用揭示清楚。

3）比率分析法

比率分析法是指将企业某个时期会计报表中不同类别但具有一定关系的有关项目及数据进行对比，以计算出来的比率反映各项目之间的内在联系，据此分析企业的财务状况和经营成果的方法。

比率分析法是最简便，但揭示能力最强的评价方法。其突出的特点在于它能将现金流量表同资产负债表和利润表有机地联系在一起，因此，为综合分析各个会计报表项目的内在联系及其数值对财务状况与经营成果的影响程度，就必须使用比率分析法。

4）因素分析法

因素分析法是依据分析指标与其驱动因素之间的关系，从数量上确定各因素对分析指标影响方向和影响程度的一种分析方法。该方法将分析指标分解为各个可以计量的因素，并根据各因素之间的依存关系，顺次用各因素的比较值（通常为实际值）替代基准值（通常为标准值或计划值），据以测定各因素对分析指标的影响。由于在分析时要逐次进行各因素的有序替代，因此又称为连环替代法。

（二）财务比率分析

1. 基本财务比率分析

1）反映偿债能力的指标

（1）流动比率。流动比率是流动资产除以流动负债的比值。流动比率的计算公式为

流动比率＝流动资产÷流动负债

流动比率在一定程度上反映了企业偿还短期债务的能力。企业能否偿还短期债务，要看有多少短期债务，以及有多少可变现的资产。流动资产的变现能力较强，表示流动资产越多，短期债务越少，则偿债能力越强。而且，流动比率是流动资产和流动负债的比值，排除了不同企业之间规模相异的影响，适合企业之间以及本企业每历史时期的比较。

一般认为，生产企业合理的流动比率为 2。但是，计算出来的流动比率，只有和同行业平均流动比率、本企业历史的流动比率进行比较，才有参考意义。不同行业和不同企业的数据有一定差异。一般情况下，营业周期、流动资产中的应收账款和存货的周转速度是影响流动比率的主要因素。

【例 3-1】 某公司 2019 年年中的流动资产是 411301.3 万元，流动负债是 631715.8 万元。2019 年年中某公司的流动比率＝411301.3÷631715.8＝0.65。

某公司 2018 年年末的流动资产是 352582.3 万元，流动负债是 602147.6 万元。2018 年年末某公司的流动比率＝352582.3÷602147.6＝0.59。

从上述数字可以看出，某公司 2019 年年中与 2018 年年末相比，流动比率有所上升，说明公司偿还短期债务能力有所提高。但并不能因此认为该公司的流动比率偏高，因为只有和同行业平均流动比率再次比较后才能知道这个比率的高低。

（2）速动比率。速动比率是从流动资产当中扣除存货部分，再除以流动负债的比值。速动比率的计算公式为

速动比率＝（流动资产－存货）÷流动负债

速动比率是更进一步反映企业偿债能力的指标。为什么在计算速动比率时要把存货从流动资产中扣除呢？其主要原因在于：①在流动资产中，存货的变现速度最慢；②由于某些原因，部分存货可能已损失报废还没做处理；③部分存货可能已抵押给债权人；④存货估价还存在着成本与合理市价相差悬殊的问题。所以，将存货扣除所得到的数字，对企业偿债能力的反映更为准确。影响速动比率可信度的主要因素是应收账款的变现能力。根据不同行业的具体情况，在计算速动比率时，除了扣除存货以外，还可以从流动资

产中去掉其他一些可能与当期现金流量无关的项目(如待摊费用等),以便进一步计算变现能力。

如采用超速动比率,计算公式为

超速动比率=(现金+短期证券+应收账款净额)÷流动负债

【例 3-2】 某公司 2018 年的流动资产是 352582.3 万元,流动负债是 602147.6 元,存货是 148840.1 万元。2018 年某公司的速动比率=(352582.3－148840.1)÷602147.6＝0.34。

某公司 2019 年年中的流动资产是 411301.3 万元,流动负债是 631715.8 万元,存货是 163904.8 万元。2019 年年中某公司的速动比率=(411301.3－163904.8)÷631715.8＝0.39。

从上述数字可以看出,某公司 2019 年年中与 2018 年相比,速动比率没有显著提高。通常认为正常的速动比率为 1,低于 1 的速动比率认为是短期偿债能力偏低。但这仅是一般的看法,因为行业不同,速动比率会有很大差别,没有统一标准。

(3) 现金比率。现金比率是指企业的现金资产与流动负债的比例。现金比率的计算公式为

现金比率=(货币资金+有价证券)÷流动负债

由于现金是流动性最强的资产,这一比率最能直接反映企业的短期偿债能力。现金同时也是盈利能力最低的资产,所以,过高的现金比率会降低企业的获利能力。例如,刚上市的新股由于融得大量资金,现金比率很高,偿债能力自然没问题,但如果很长一段时间内都保持过高的现金比率则意味着资金没有很好地投入新项目中,企业获利能力值得怀疑。这一比率通常与流动比率和速动比率结合起来进行分析。

【例 3-3】 某公司 2019 年年中现金余额是 52900.3 万元,流动负债是 631715.8 万元。2019 年年中某公司的现金比率=52900.3÷631715.8＝0.08。

结合流动比率和速动比率来看,该公司偿还短期债务的能力过低。

(4) 经营净现金比率。经营净现金比率是指经营活动的净现金流量与流动负债或总负债的比率,用来反映企业获得现金来偿还债务的能力。经营净现金比率的计算公式为

经营净现金比率(短期债务)=经营活动的净现金流量÷流动负债

经营净现金比率(全部债务)=经营活动的净现金流量÷总负债

企业为了偿还即将到期的流动负债,固然可以通过出售投资、长期资产等取得投资活动现金流入,或者靠筹资活动来解决,但最安全可靠的办法还是利用企业自身经营活动取得现金流量。前一公式反映的是企业短期偿债能力,后一公式反映的是偿付全部负债的能力。

【例 3-4】 某公司 2019 年年中经营活动的净现金流量是 85341.2 万元,流动负债是 631715.8 万元。2019 年年中某公司的经营净现金比率(短期债务)=85341.2÷631715.8＝0.14。

(5) 资产负债率。资产负债率又称负债比率,是企业负债总额对资产总额的比率。它表明企业资产总额中债权人提供资金所占的比重,以及企业资产对债权人权益的保障

程度。资产负债率的计算公式为

资产负债率＝负债总额÷资产总额

这一比率越小，表明企业的长期偿债能力越强。如果该比率较大，从企业所有者角度来说，不但扩大了生产经营规模，而且在经营状况良好的情况下，还可以利用财务杠杆的作用，获得更多的投资利润。但如果这一比率过大，则表明企业的债务负担过重，企业的资金实力不强，不仅对债权人不利，企业也有可能会出现资不抵债的窘境。

【例 3-5】 某公司 2019 年的负债总额是 706507.2 万元，资产总额是 1017893.7 万元。2019 年某公司的资产负债率＝706507.2÷1017893.7＝0.69。

从债权人的立场看，他们最关心的是贷款安全，也就是能否按时收回本金。如果资产负债率过高，股东提供的资本比例很低，则企业有不能及时偿债的风险。资产负债率越低，企业偿债越有保证，贷款越安全。从股东的立场看，借债是"双刃剑"，一方面股东希望通过举债增加资金在经营中发挥作用，在全部资产（股东提供的资金和贷款）回报率超过借款利率的情况下，超额的回报属于股东，因此，举债会增加股东的利润。另一方面，由于经营的不确定性，借款后可能出现实际回报率低于借款利率的情况，此时借入资本的多余利息要用股东所得的利润份额来弥补，会使股东的利润减少。因此，投资者在选择购买公司股票时，应该对此有所考虑。

（6）已获利息倍数。已获利息倍数是指企业息税前利润与利息支出的比率，它可以反映获利能力对债务偿付的保证程度。已获利息倍数的计算公式为

已获利息倍数＝息税前利润÷利息支出

息税前利润是指未扣除利息和所得税前的正常业务经营利润，不包括非正常项目。该指标不仅反映了企业获利能力的大小，还反映了获利能力对偿还到期债务的保证程度。它既是企业举债经营的前提依据，也是衡量企业长期偿债能力大小的重要标志。由此可以得出这样的启示：若要维持正常的偿债能力，从长期看，已获利息倍数至少应当大于 1，且比值越高，企业长期偿债能力一般也就越强。如果已获利息倍数过小，企业将面临亏损、偿债的安全性与稳定性下降的风险。究竟企业已获利息倍数应是利息的多少倍才算偿付能力强，这要根据往年经验结合行业特点来判断。从稳健的角度出发，最好比较本企业连续几年的该项指标，并选择最低年度的数据作为标准。这是因为，企业在经营好的年头要偿债，而在经营不好的年头也要偿还大约同量的债务。

【例 3-6】 某公司 2019 年的息税前利润是 43251.2 万元，利息支出是 36427.7 万元。2019 年某公司的已获利息倍数＝43251.2÷36427.7＝1.19。

2）反映资产管理能力的指标

资产管理比率又称营运效率比率，是用于衡量公司在资产管理方面的效率的财务比率，通常包括应收账款周转率、存货周转率、固定资产周转率、总资产周转率和股东权益周转率。

（1）应收账款周转率。应收账款周转率是一定时期内商品或产品销售收入净额与应收账款平均余额的比值，是反映应收账款周转速度的指标。应收账款周转率的计算公式为

应收账款周转率＝销售收入÷平均应收账款

应收账款周转天数＝360÷应收账款周转率

＝平均应收账款×360÷销售收入

其中,360 表示一个会计年度的天数。

应收账款周转率反映了企业应收账款变现速度的快慢及管理效率的高低,周转率高表明企业收账迅速,账龄较短;企业资产流动性强;短期偿债能力强;企业可以减少收账费用和坏账损失,从而相对增加企业流动资产的投资收益。同时借助应收账款周转天数与企业信用期限的比较,还可以评价购买单位的信用程度,以及企业原定的信用条件是否适当。

【例 3-7】 销售收入来自利润表,某公司 2019 年年中的销售收入是 177394.8 万元,平均应收账款来自资产负债表,它是“应收账款”和“应收票据”的期初、期末金额的平均数之和。某公司 2019 年上半年的平均应收账款是 45958.6 万元。2019 年上半年某公司的应收账款周转率=177394.8÷45958.6=3.86;应收账款周转天数=180÷3.86=46.63(天)。

一般来说,应收账款周转率越高,平均收现期越短,说明应收账款的收回越快。否则,企业的营运资金会过多地呆滞在应收账款上,影响资金的正常周转。财务报表的外部使用人可以将计算出的指标与该企业前期指标、行业平均水平或其他类似企业的指标相比较,从而判断企业该指标的高低,然后结合其他指标分析原因。

(2) 存货周转率。在流动资产中,存货所占的比重较大。存货的流动性将直接影响企业的流动比率,因此,必须特别重视对存货的分析。存货的流动性一般用存货的周转速度指标来反映,即存货周转率或存货周转天数。

存货周转率是衡量和评价企业购入存货、投入生产、销售收回等各环节管理状况的综合性指标。它是销货成本被平均存货所除而得到的比率,或叫存货的周转次数。存货周转率的计算公式为

存货周转率=销货成本÷平均存货

存货周转天数=360÷存货周转率

=360÷(销售成本÷平均存货)

=平均存货×360÷销货成本

公式中的销货成本数据来自利润表,平均存货来自资产负债表中的“期初存货”与“期末存货”的平均数。

一般来说,存货周转次数越多,周转天数越少,存货周转速度越快,存货的占用越低,流动性就越强,存货转换为现金或应收账款的速度越快,存货管理的业绩越好,显示出良好的短期偿债能力和盈利能力。但是,不能绝对认为存货周转率越快越好,因为存货批量因素会对存货周转率产生较大影响。在存货批量很小的情况下,存货会很快地转换,批量过小,订货成本或生产准备成本便会上升,甚至造成缺货成本,反而使总成本增大,产生负效应。存货周转分析的目的就是从不同的角度和环节找出存货管理中的问题,使存货管理在保证生产经营连续性的同时,尽可能少占用经营资金,提高资金的使用效率,增强企业短期偿债能力,促进企业管理水平的提高。所以,在分析存货周转率时,要与本企业历史资料、与其他企业或行业平均水平比较来做出判断。

【例 3-8】 某公司 2019 年上半年销货成本来自利润表是 131144.6 万元,平均存货来自资产负债表是 156372.5 万元。2019 年上半年某公司的存货周转率=131144.6÷156372.5=0.84;存货周转天数=180÷0.84=214.29(天)。

存货周转率指标的好坏反映存货管理水平，它不仅影响企业的短期偿债能力，也是整个企业管理的重要内容。

(3) 固定资产周转率。固定资产周转率也称固定资产利用率，是企业销售收入与固定资产净值的比率。固定资产周转率的计算公式为

固定资产周转率＝销售收入÷固定资产净值

固定资产周转率主要用于分析对厂房、设备等固定资产的利用效率，比率越高，说明利用率越高，管理水平越好。如果固定资产周转率与同行业平均水平相比偏低，则说明企业对固定资产的利用率低，可能会影响企业的获利能力。

【例 3-9】 某公司 2019 年年中的销售收入是 177394.8 万元，固定资产净值是 78593.6 万元。2019 年年中某公司的固定资产周转率＝177394.8÷78593.6＝2.26。

(4) 总资产周转率。总资产周转率是销售收入与平均资产总额的比率。总资产周转率的计算公式为

总资产周转率＝销售收入÷平均资产总额

平均资产总额＝(年初资产总额＋年末资产总额)÷2

该项指标反映资产总额的周转速度。周转越快，反映资产的利用效果越好，销售能力越强，进而反映出企业的偿债能力和盈利能力令人满意。企业可以通过薄利多销的办法加速资产的周转，带来利润绝对额的增加。

【例 3-10】 某公司 2019 年销售收入是 467342.3 万元，平均资产总额是 2065432.6 万元。2019 年某公司的总资产周转率＝467342.3÷2065432.6＝0.23。

(5) 股东权益周转率。股东权益周转率是销售收入与平均股东权益的比值。股东权益周转率的计算公式为

股东权益周转率＝销售收入÷平均股东权益

平均股东权益＝(期初股东权益＋期末股东权益)÷2

该指标说明公司运用所有者资产的效率。该比率高，表明所有者资产的运用效率高，营运能力强。

【例 3-11】 某公司 2019 年销售收入是 467342.3 万元，平均股东权益是 397864.5 万元。2019 年某公司的股东权益周转率＝467342.3÷397864.5＝1.17。

3) 反映盈利能力的指标

(1) 销售毛利率。销售毛利率是毛利占销售收入的百分比。其中，毛利是销售收入与销售成本的差。销售毛利率的计算公式为

销售毛利率＝[(销售收入－销售成本)÷销售收入]×100%

销售净利率表示每一元销售收入扣除销售产品或商品成本后，有多少钱可以用于各项期间费用和形成盈利。毛利率是企业销售净利率的最初基础，没有足够大的毛利率便不能盈利。

【例 3-12】 某公司 2019 年上半年销售收入是 177394.8 万元，销售成本是 131144.6 万元。2019 年上半年某公司的销售毛利率＝(177394.8－131144.6)÷177394.8×100%＝26.07%。

(2) 销售净利率。销售净利率是指净利润与销售收入的百分比。销售净利率的计算公式为

销售净利率＝净利润÷销售收入×100%

该指标反映每一元销售收入带来的净利润的多少，表示销售收入的收益水平。从销售净利率的指标关系看，净利润与销售净利率呈正比关系，而销售收入与销售净利率呈反比关系。企业在增加销售收入的同时，必须相应地获得更多的净利润，才能使销售净利率保持不变或有所提高。通过分析销售净利率的升降变动，可以促使企业在扩大销售的同时，注意改进经营管理，提高盈利水平。

销售净利率能够分解成为销售毛利率、销售税金率、销售成本率、销售期间费用率，可以做进一步分析。

【例 3-13】 某公司 2019 年销售收入是 467342.3 万元，净利润是 23463.5 万元。2019 年某公司的销售净利率＝23463.5÷467342.3×100%＝5.02%。

(3) 总资产报酬率。总资产报酬率又称资产收益率或资产净利率，是企业净利润与平均资产总额的百分比。总资产报酬率的计算公式为

总资产报酬率＝净利润÷平均资产总额×100%

平均资产总额＝(期初资产总额＋期末资产总额)÷2

把企业一定期间的净利润与企业的资产相比较，表明企业资产利用的综合效果。指标越高，表明资产的利用效率越高，说明企业在增加收入和节约资金使用等方面取得了良好的效果。

企业的资产是由投资人投入或举债形成的。收益的多少与企业资产的多少、资产的结构、经营管理水平有着密切的关系。总资产报酬率是一个综合指标，为了正确评价企业经济效益的高低，挖掘提高利润水平的潜力，可以用该项指标与本企业前期、与本企业计划、与本行业平均水平和本行业内先进企业进行对比，找出形成差异的原因。影响总资产报酬率的因素主要有产品的价格、单位成本的高低、产品的产量和销售的数量、资金占用量的大小等。

可以利用总资产报酬率来分析经营中存在的问题，提高销售利润率，加速资金周转。

【例 3-14】 某公司 2019 年净利润是 23463.5 万元，平均资产总额是 2065432.6 万元。2019 年某公司的总资产报酬率＝23463.5÷2065432.6×100%＝1.14%。

(4) 权益净利率。权益净利率是净利润与平均股东权益的百分比。权益净利率的计算公式为

权益净利率＝净利润÷平均股东权益×100%

该指标反映股东权益的收益水平，指标值越高，说明投资带来的收益越高。

【例 3-15】 某公司 2019 年净利润是 23463.5 万元，平均股东权益是 397864.5 万元。2019 年某公司的权益净利率＝23463.5÷397864.5×100%＝5.90%。

(5) 主营业务利润率。主营业务利润率是主营业务利润与主营业务收入的百分比。主营业务利润率的计算公式为

主营业务利润率＝主营业务利润÷主营业务收入×100%

该指标反映公司的主营业务获利水平，只有当公司主营业务突出，即主营业务利润率

较高的情况下，才能在竞争中占据优势地位。

【例 3-16】 某公司 2019 年主营业务利润是 18654.3 万元，主营业务收入是 132564.5 万元。2019 年某公司的主营业务利润率＝18654.3÷132564.5×100％＝14.07％。

4）反映投资收益的指标

（1）普通股每股净收益。普通股每股净收益是净利润与普通股流通股数的比值。普通股每股净收益的计算公式为

普通股每股净收益＝（净利润－优先股股息）÷发行在外的加权平均普通股股数

由于我国《公司法》没有关于发行优先股的规定，所以，普通股每股净收益等于净利润除以发行在外的平均普通股股数。该指标反映普通股的获利水平。

使用每股收益分析营利性应注意的问题：①每股收益不反映股票所含有的风险。例如，假设 A 公司原来生产经营日用品，最近转向房地产投资，公司的经营风险增大了许多，但每股收益可能不变或提高，并没有反映风险增加的不利变化。②股票是一个“份额”概念，不同股票的每一股在经济上不等量，它们所含有的净资产和市价不同，即换取每股收益的投入量不同，在进行每股收益的公司间比较时要注意这一点。③每股收益多，不一定意味着多分红，还要看公司的股利分配政策。

【例 3-17】 某公司 2019 年净利润是 23463.5 万元，优先股股息是 10000 万元，发行在外的加权平均普通股股数是 15000。2019 年某公司的普通股每股净收益＝（23463.5－10000）÷15000＝0.90。

（2）市盈率。市盈率是每股市价与每股收益的比率。市盈率的计算公式为

市盈率＝每股市价÷每股收益

公式中的每股市价是指普通股每股在证券市场上的买卖价格。

市盈率是衡量股份制企业盈利能力的重要指标，用每股盈利与股价进行比较，反映投资者对每一元钱利润所愿支付的价格。这一比率越高，意味着公司未来成长的潜力越大。通常，市盈率越高，说明公众对该股票的评价越高。

使用市盈率指标时应注意以下问题：①该项指标不能用于不同行业公司间的比较，充满扩张机会的新兴行业的市盈率普遍较高，而成熟工业的市盈率普遍较低，这并不说明后者的股票没有投资价值。②在每股收益很小或亏损时，市盈率往往非常高，此时的市盈率不能说明任何问题。③市盈率的高低受净利润的影响较大，存在利润操纵现象时，该指标也就失去了意义。④市盈率高低受市价的影响，而市价变动的影响因素很多，因此，观察市盈率的长期趋势很重要。由于一般的期望报酬率为 5％～20％，所以，理论上市盈率为 5～20 倍较为适宜。

在股票市场的实务操作中，利率与市盈率的关系常用以下公式表示：

市场平均市盈率＝1÷市场利率

【例 3-18】 某公司 2019 年 6 月 30 日每股市价为 22.28 元，每股收益为 0.26 元。2019 年 6 月 30 日某公司的市盈率＝22.28÷0.26＝85.7。

（3）股票获利率。股票获利率是指每股股利与每股市价之比。股票获利率的计算公式为

股票获利率＝普通股每股股利÷普通股每股市价×100％

该指标反映股利和股价的比例关系。股票持有人取得收益的来源有两个：一是取得股利；二是取得股价上涨的收益。只有股票持有人认为股价将上升，才会接受较低的股票获利率；如果预期股价不能上升，股票获利率就成了衡量股票投资价值的主要依据。

使用该指标的限制因素，在于公司如果采用非常稳健的股利政策，留存大量的净利润用以扩充，股票获利率就仅仅是股票投资价值非常保守的估计，分析股价的未来趋势成为评价股票投资价值的主要依据。

【例 3-19】 某公司 2019 年 6 月 30 日每股市价为 22.28 元，每股股利为 0.52 元。2019 年 6 月 30 日某公司的股票获利率＝0.52÷22.28×100％＝2.33％。

(4) 股利支付率。股利支付率是每股股利与每股收益的百分比。股利支付率的计算公式为

$$股利支付率 = 普通股每股股利 \div 普通股每股收益 \times 100\%$$

该指标反映股东从每股的全部盈余中分到手的部分有多少，就普通投资者而言，这比每股收益更直接体现当前利益。

【例 3-20】 某公司 2019 年 6 月 30 日每股股利为 0.52 元，每股收益为 0.26 元。2019 年 6 月 30 日某公司的股利支付率＝0.52÷0.26×100％＝200％。

(5) 股利保障倍数。股利支付率的倒数称为股利保障倍数。这一数值越大，支付股利的能力越强。股利保障倍数的计算公式为

$$股利保障倍数 = 普通股每股收益 \div 普通股每股股利$$

股利保障倍数是一种安全性指标，可以看出净利润减少到什么程度公司仍能按目前水平支付股利。

【例 3-21】 某公司 2019 年 6 月 30 日每股股利为 0.52 元，每股收益为 0.26 元。2019 年 6 月 30 日某公司的股利保障倍数＝0.26÷0.52＝0.5。

(6) 每股净资产。每股净资产是股东权益与总股数的比值，也称为每股权益。每股净资产的计算公式为

$$每股净资产 = 股东权益 \div 总股数$$

投资者还应特别注意另一个重要的指标——调整后的每股净资产。

$$调整后的每股净资产 = (年末股东权益 - 三年以上的应收账款 - 待摊费用 - 长期待摊费用) \div 年末股本总数$$

一般来说，调整后的每股净资产稍低于每股净资产，但如果调整后的每股净资产远远低于每股净资产，则说明该公司的资产质量差，潜亏巨大，随时可能发生较大的账面亏损，投资者应警惕。

【例 3-22】 某公司 2019 年股东权益是 465378.3 万元，总股数是 30000。2019 年某公司的每股净资产＝465378.3÷30000＝15.51。

2. 杜邦分析体系

杜邦分析法又称杜邦财务分析体系，简称杜邦分析体系，是利用各主要财务比率指标间的内在联系，对企业财务状况及经济效益进行综合系统分析评价的方法。该体系是以净资产收益率为龙头，以资产净利率和权益乘数为核心，重点揭示企业获利能力及权益乘数对净资产收益率的影响，以及各相关指标间的相互影响作用及关系。

1）杜邦分析体系的核心比率与分解

杜邦分析体系的核心比率是权益净利率。权益净利率既有很好的可比性，又有很好的综合性，可用于不同企业之间的比较，管理者可以从销售净利率、资产周转率和权益乘数这三个指标入手来提高权益净利率。

杜邦分析体系的核心公式为

权益净利率＝资产净利率×权益乘数

资产净利率＝销售净利率×资产周转率

权益净利率＝销售净利率×资产周转率×权益乘数

2）杜邦分析体系的主要作用

杜邦分析体系以权益净利率为主线，将企业在某一时期的销售成果以及资产营运状况全面联系在一起，层层分解，逐步深入，构成一个完整的分析体系。对于投资者而言，它能较好地帮助投资者发现企业财务和经营管理中存在的问题。

（1）权益净利率是一个综合性最强、最具有代表性的财务分析指标，是杜邦分析体系的龙头指标。投资者最关心的是自己每一元钱的投资，经过企业经营之后，每年能带来多少钱的收益。而权益净利率恰好可反映企业所有者投入资本的获利能力，说明企业筹资、投资、资产营运等各项财务及其管理活动的效率，所以不断提高权益净利率是使所有者收益最大化的基本保证。

企业获利能力的驱动器有三个“发动机”：销售净利率、资产周转率和权益乘数。而销售净利率取决于企业的经营管理；资产周转率取决于投资管理；权益乘数取决于筹资政策。通过对这三个比率的分析，就可以将权益净利率这一综合指标发生升降变化的原因具体化，比只用一项综合指标更能说明问题。

（2）权益乘数反映了企业的筹资情况，即企业资金来源结构如何。它主要是受资产负债率指标的影响。负债比率越大，权益乘数就越高，说明企业的负债程度比较高。反之，负债比率越小，权益乘数就越低，说明企业的负债程度比较低。对权益乘数的分析要联系销售收入分析企业的资产使用是否合理，联系权益结构分析企业的偿债能力。在资产总额不变的条件下，适当开展负债经营，相对减少所有者权益所占的份额，从而达到提高所有者权益净利率的目的。

（3）销售净利率反映企业利润与销售收入的关系，其高低能敏感地反映企业经营管理水平的高低。影响销售净利率的主要因素为销售收入与成本费用，因此提高销售净利率有两条主要途径：一是要扩大销售收入；二是要降低成本费用，即所谓的“开源节流”。扩大销售收入既有利于提高销售净利率，又可提高总资产周转率。降低成本费用是提高销售净利率的一个重要因素，也可反映企业对成本费用的管理控制力度。

（4）资产周转率是反映运用资产以产生销售收入能力的指标。对资产周转率的分析，则需对影响资产周转的各因素进行分析。除了对资产的各构成部分从占用量上是否合理进行分析外，还可以通过流动资产周转率、存货周转率、应收账款周转率等有关各资产组成部分使用效率的分析，判明影响资产周转的主要问题出在哪里。

3）杜邦分析体系的局限性

杜邦分析体系虽然被广泛使用，但也存在某些局限性。

(1) 计算总资产净利率的“总资产”与“净利润”不匹配。总资产是全部资金提供者享有的权利，而净利润是专门属于股东的，两者不匹配。

(2) 没有区分经营活动损益和金融活动损益。

(3) 没有区分经营负债和金融负债。

三、资金成本

(一) 资金成本的概念和作用

1. 资金成本的概念

资金成本是指企业筹集和使用资金必须支付的各种费用。

(1) 用资费用。用资费用是指企业在使用资金中所支付的费用，如股利、利息等，其金额与使用资金数额多少及时间长短呈正比，它是资金成本的主要内容。

(2) 筹资费用。筹资费用是指企业在筹集资金中所支付的费用，如借款手续费、证券发行费等，其金额与资金筹措有关而与使用资金的数额多少及时间长短无关。

由于存在筹资费用，企业计划筹资额与实际筹资额是不相等的。实际筹资额等于计划筹资额减筹资费用，因此企业使用资金的实际代价大于名义代价。如果不考虑所得税因素，资金成本应按下列公式计算：

$$资金成本=每年的用资费用\div(筹资数额-筹资费用)$$

2. 资金成本的作用

(1) 资金成本在企业筹资决策中的作用。资金成本是企业选择资金来源、拟订筹资方案的依据。这种影响主要表现在四个方面：①资金成本是影响企业筹资总额的重要因素；②资金成本是企业选择资金来源的基本依据；③资金成本是企业选用筹资方式的参考标准；④资金成本是确定最优资本结构的主要参数。

(2) 资金成本在企业投资决策中的作用。当采用净现值指标决策时常以资金成本作为折现率，此时净现值为正则投资项目可行，否则不可行；当以内部收益率指标决策时，资金成本是决定项目取舍的一个重要标准。只有当项目的内部收益率高于资金成本时，项目才可能被接受，否则就必须放弃。

(二) 个别资金成本的计算

个别资金成本是指各种筹资方式的资金成本，其计算是加权平均(综合)资金成本计算及相关决策的重要依据。

1. 债券成本

债券成本中的利息在税前支付，具有减税效应。债券成本的计算公式为

$$K_b=\frac{I\cdot(1-T)}{B_0\cdot(1-f)}=\frac{B\cdot i\cdot(1-T)}{B_0\cdot(1-f)}$$

式中，K_b 为债券成本；I 为债券每年支付的利息；T 为所得税税率；B 为债券面值；i 为债券票面利率；B_0 为债券筹资额，按发行价格确定；f 为债券筹资费率。

2. 银行借款成本

银行借款成本的计算与债券成本基本一致。银行借款成本的计算公式为

$$K_i=\frac{I\cdot(1-T)}{L\cdot(1-f)}=\frac{L\cdot i\cdot(1-T)}{L\cdot(1-f)}$$

式中，K_i 为银行借款成本；I 为银行借款年利息；L 为银行借款筹资总额；T 为所得税税率；i 为银行借款利率；f 为银行借款筹资费率。

3. 优先股成本

优先股的成本由筹资费用和股利构成，其股利在税后支付。优先股成本的计算公式为

$$K_p=\frac{D}{P_0\cdot(1-f)}$$

式中，K_p 为优先股成本；D 为优先股每年的股利；P_0 为发行优先股总额；f 为优先股筹资费率。

4. 普通股成本

普通股成本的计算有多种方法，其主要方法为估价法。估价法是利用普通股现值的估价公式来计算普通股成本的一种方法。但由于计算比较复杂，在许多公司股利不断增加的情况下，假设年增长率为 g，则普通股成本的计算公式可简化为

$$K_s=\frac{D_1}{V_0\cdot(1-f)}+g$$

式中，K_s 为普通股成本；D_1 为第一年的股利；V_0 为发行普通股总额；f 为普通股筹资费率；g 为股利年增长率。

5. 留存收益成本

留存收益成本的计算与普通股成本基本相同，但不用考虑筹资费用。留存收益成本的计算公式为

$$K_s=\frac{D}{V_0}$$

股利不断增加的企业，留存收益成本的计算公式为

$$K_e=\frac{D_1}{V_0}+g$$

式中，K_e 为留存收益成本；V_0 为发行普通股总额；D_1 为第一年的股利。

（三）加权平均资金成本的计算

企业的筹资方式往往不是单一的，因此企业总的资金成本应是各类资金成本的加权平均即综合资金成本。加权平均资金成本是以各类资金在全部资金中所占的比重为权数，对各类资金的成本进行加权平均后形成的。加权平均资金成本的计算公式为

$$K_w=\sum_{j=1}^{n}K_j\cdot W_j$$

式中，K_w 为加权平均资金成本；K_j 为第 j 类个别资金成本；W_j 为第 j 类个别资金占全部资金的比重。

【例 3-23】 已知一家上市公司的资金总量为 2000 万元，其中长期借款 100 万元，年息 10 万元，无手续费。企业发行总面额为 500 万元的 5 年期债券，票面利率为 20%，由于票面利率高于市场利率，故该批债券溢价 15% 出售，发行费率为 10%。此外，公司发行普通股 800 万元，预计第一年的股利率为 20%，以后每年增长 2%，筹资费率为 5%；发行优先股 200 万元，股利率固定为 25%，筹资费率是 2%；公司未分配利润总额为 80 万元，该公司所得税税率为 40%。试计算该上市公司的长期借款成本、长期债券成本、普通股成本、优先股成本、留存收益成本、加权平均资金成本。

(1) 长期借款成本

$$K_i=\frac{L\cdot(1-T)}{L\cdot(1-f)}=\frac{L\cdot i\cdot(1-T)}{L\cdot(1-f)}=\frac{10\times(1-40\%)}{100\times(1-0)}=6\%$$

(2) 长期债券成本

$$K_b=\frac{I\cdot(1-T)}{B_0\cdot(1-f)}=\frac{B\cdot i\cdot(1-T)}{B_0\cdot(1-f)}=\frac{500\times20\%\times(1-40\%)}{500\times(1+15\%)\times(1-10\%)}$$

$$=11.59\%$$

(3) 普通股成本

$$K_s=\frac{D_1}{V_0\cdot(1-f)}+g=\frac{800\times20\%}{800\times(1-5\%)}+2\%=23.05\%$$

(4) 优先股成本

$$K_p=\frac{D}{P_0\cdot(1-f)}=\frac{200\times25\%}{200\times(1-2\%)}=25.51\%$$

(5) 留存收益成本

$$K_e=\frac{D_1}{V_0}+g=\frac{80\times20\%}{80}+2\%=22\%$$

(6) 加权平均资金成本

$$\begin{aligned}K_w&=\sum_{j=1}^{n}K_j\cdot W_j\\&=6\%\times\frac{100}{2000}+11.59\%\times\frac{517.5}{2000}+23.05\%\times\frac{760}{2000}\\&\quad+25.51\%\times\frac{196}{2000}+22\%\times\frac{80}{2000}\\&=0.3\%+3.00\%+8.759\%+2.50\%+0.88\%\\&=15.439\%\end{aligned}$$

四、本量利分析

（一）本量利分析的意义

本量利分析即数量、成本、利润分析，也称为损益平衡分析，是企业经营管理中用于预测目标利润、确定目标成本、规划生产经营的一种现代技术方法。企业经营的目的在于获得最大的资本增值。本量利分析的主要作用就在于通过损益平衡计算找出并确定一个损益平衡点或保本点，以及进一步突破此点后增加销售数量、控制成本、提高利润的可能性。本量利分析还有助于发现和确定企业增加利润的潜在能力，以及各有关因素变动对成本、利润的影响程度。

损益平衡分析的前提，要求先将产品销售成本划分为固定成本和变动成本两部分。然后根据产品销售价格，计算出产品销售量达到何种程度时，产品销售收入正好等于产品销售成本。这就是损益平衡点，或称保本点。

（二）损益平衡点的计算方法

销售量、成本与利润的关系如下：

$$\text{利润} = \text{销售收入} - \text{固定成本总额} - \text{变动成本总额}$$

$$r = px - a - bx$$

式中，r 为利润；p 为单价；x 为销量；a 为固定成本总额；b 为单位变动成本。

当 r 为 0 时，则损益平衡点或保本销售量为

$$x = \frac{a}{p - b}$$

（三）本量利分析的扩展应用

损益平衡分析是从损益平衡点计算开始，然后进一步分析目标利润的测定方法。损益平衡分析的主要目的在于寻找企业控制成本、提高利润的潜在能力和途径。通常，影响企业目标利润的因素有产品销售数量、产品销售价格、单位产品变动成本、固定成本总额等。这些因素是经常发生变动的，尤其是在市场经济条件下，因竞争的激烈，各种因素即使在短期内也会发生变动。各因素的变动尽管很小，也会对企业目标成本、目标利润产生影响。

通过对各因素变动情况的分析，有助于理解其影响程度，能够正确计算损益平衡点，测定目标利润，控制目标成本。当企业的目标利润确定后，分析各因素变化对实现目标利润的影响。本量利分析在个人或家庭理财规划中同样可以得到借鉴，如在证券投资、保险投资等方面都可以应用其原理进行筹划。

【例 3-24】 假定某企业生产某产品，单位变动成本为 20 元，单位销售价格为 30 元，固定成本总额为 20000 元。根据资料，可以首先计算出保本点＝20000÷（30－20）＝2000（件），之后给出目标利润，可以分析各个因素的变动情况。

(1) 销售量。如果目标利润为10000元，销售量应该是多少？

$$销售量=\frac{20000+10000}{30-20}=3000(件)$$

(2) 销售价格。在销售量为5000件的情况下，要实现目标利润10000元，销售价格应该是多少？

$$销售价格=\frac{20000+10000}{5000}+20=26(元)$$

(3) 单位变动成本。在销售量为5000件的情况下，价格仍为30元，要实现目标利润10000元，单位变动成本应该降到多少？

$$单位变动成本=30-\frac{20000+10000}{5000}=24(元)$$

(4) 固定成本。在销售量为5000件的情况下，价格仍为30元，单位变动成本仍为20元，要实现目标利润10000元，固定成本应该降到多少？

$$固定成本=30\times5000-20\times5000-10000=40000(元)$$

第三节　个人或家庭会计及财务管理

企业财务会计的主要目标是向政府机构、企业外部投资者、债权人和其他与企业有利益关系的单位和个人及企业管理当局等一系列信息使用者提供有利于做出投资、信贷决策及其他有关决策的企业财务状况、经营业绩和财务状况变动的各种财务信息和非财务信息，为政府部门的宏观经济管理以及企业的内部经营管理提供决策的信息依据。

作为理财规划师，掌握企业财务会计理论与知识，对帮助客户规划投资、进行决策等是很重要的。同时，理财规划师的主要业务是针对个人或家庭进行理财规划服务，因此，就必须明确个人或家庭会计及财务管理与企业之间的区别，有针对性地开展工作。

一、个人或家庭财务报表

(一) 个人或家庭资产负债表

个人或家庭资产负债表反映的是客户个人或家庭资产和负债在某一时点上的基本情况。在理财规划活动中，由于客户情况千差万别，需要关注的重点也各不相同，所以一般不对个人或家庭资产负债表的格式做具体规定，理财规划师可根据客户的家庭情况和工作习惯进行具体的格式设计。在这一点上，个人理财规划与公司理财显然大不相同。

在实际工作中，理财规划师依据客户数据调查表中与此相关的资料，加以必要的分析调整，便可编制出该客户的个人或家庭资产负债表，如表3-16所示。

表 3-16　资产负债表

日期：　　　　　　　　　　　　　　　　　　　　　　　　姓名：

资　产			金　额
金融资产	现金与现金等价物	现金	
		活期存款	
		定期存款	
		其他类型银行存款	
		货元市场基金	
		人寿保险金收入	
	现金与现金等价物小计		
	其他金融资产	债券	
		股票及权证	
		基金	
		期货	
		外汇实盘投资	
		人民币(美元、港元)理财产品	
		保险理财产品	
		证券理财产品	
		信托理财产品	
		其他	
	其他金融资产小计		
金融资产小计			
实物资产	自住房		
	投资的房地产		
	机动车		
	家具和家用电器类		
	珠宝和收藏品类		
	其他个人资产		
实物资产小计			
资产总计			
负　债			金　额
负债	信用卡透支		
	消费贷款(含助学贷款)		
	创业贷款		
	汽车贷款		
	住房贷款		
	其他负债		
负债总计			
净资产(总资产－总负债)			

（二）个人或家庭收入支出表

通过收入支出表的编制，理财规划师可以对客户在某一时期的收入和支出进行归纳汇总，为进一步的财务现状分析与理财目标设计提供基础资料。

通常情况下，客户的个人或家庭收入支出表分为三栏：收入、支出和结余（或超支）。收入支出表一般以 12 个月为一个编制周期。理财规划师可以通过对数据调查表的相关资料进行分析调整，进而编制收入支出表，如表 3-17 所示。

表 3-17 收入支出表

日期： 姓名：

一、收入		金额	占总收入比例
工资和薪金	姓名		
	姓名		
自雇收入（稿费及其他非薪金收入）			
奖金和佣金			
养老金和年金			
投资收入	利息和分红		
	资本利得		
	租金收入		
	其他		
其他收入			
（Ⅰ）总收入			
二、支出		金额	占总支出比例
房子	租金（抵押贷款）支付（包括保险和纳税）		
	修理、维护和装饰		
家电、家具和其他大件消费购买与维修汽车	贷款支付		
	汽油及维护费用		
	保险费、养路费、车船税等		
	过路费与停车费等		
日常生活开支	水、电、气等费用		
	通信费		
	交通费		
	日常生活用品		
	外出就餐		
	其他		
购买衣物开支	衣服、鞋子及附件		
个人护理支出	化妆品、头发护理、美容、健身		
休闲和娱乐	休闲		
	其他休闲和娱乐		

续表

商业保险费用	人身保险		
	财产保险		
	责任保险		
医疗费用			
其他项目			
(Ⅱ)总支出			
三、现金结余(或超支)[(Ⅰ)-(Ⅱ)]			

二、个人或家庭财务报表比率分析

理财规划师在分析客户财务状况过程中经常运用的财务比率，通常可以利用客户资产负债表和收入支出表中的相关数据计算得到。这些比率从不同方面反映了客户的财务状况及相关信息，理财规划师可以通过这些比率对客户的行为方式和心理特征进行分析，这对于保证理财规划方案的科学性和合理性具有十分重要的意义。常见的比率主要有以下几种。

(一) 结余比率

结余比率是客户一定时期内(通常为一年)结余和收入的比值，它主要反映客户提高其净资产水平的能力。就客户个人而言，只有税后收入才是真正可支配的收入，所以，在测算结余比率时，应采用客户税后收入作为计算标准。结余比率的计算公式为

$$结余比率 = 结余 \div 税后收入$$

【例 3-25】 某客户 2019 年共取得税后收入 500000 元，年终结余 200000 元，则其结余比率为 200000÷500000=0.4。

这意味着该客户在支出之余留存了 40%的税后收入，这一部分可被用于投资或是储蓄，均可增加该客户的净资产规模。我国具有偏重储蓄的传统，国内客户的结余比率一般会比国外客户高。

与此相关的一个比率是月结余比率，即每月收支结余与月收入的比率，这一比率是通过衡量每月现金流状况而细致反映客户的财务状况。月结余比率的参考数值一般是 0.3 左右。由于不同客户的家庭财务状况不同，结余比率在不同城市、家庭分化比较明显，但一般认为保持在 0.3 较为适宜。月结余比率的计算公式为

$$月结余比率 = (月收入 - 月支出) \div 月收入$$

(二) 投资与净资产比率

投资与净资产比率是投资资产与净资产的比值，它反映客户投资意识的强弱，是衡量客户能否实现财务自由的重要指标。投资与净资产比率的计算公式为

$$投资与净资产比率 = 投资资产 \div 净资产$$

客户的投资资产包括资产负债表中“其他金融资产”的全部项目和“实物资产”中的房地产方面的投资及客户以投资为目的储存的黄金和其他收藏品等。

投资与净资产比率必须保持在一个合理的水平，既不能过高也不能偏低。有研究认为，投资与净资产比率保持在 0.5 或稍高是较为适宜的水平，既可以保持合适的增长率，又不至于面临过多的风险。就年轻客户而言，其投资规模受制于自身较低的投资能力，因此，其投资与净资产比率也相对较低，一般在 0.2 左右就属于正常。

【例 3-26】 某客户 2019 年的投资资产数额为 480000 元，其净资产为 960000 元，则其投资与净资产比率为 480000÷960000＝0.5。

这表明该客户的净资产中有一半是由投资组成，且投资比率适宜。

（三）清偿比率

清偿比率是客户净资产与总资产的比值，这一比率反映客户综合偿债能力的高低。清偿比率的计算公式为

清偿比率＝净资产÷总资产

显然，清偿比率的数值变化范围为 0～1。一般来说，客户的清偿比率应该高于 0.5，保持在 0.6～0.7 较为适宜。如果客户的清偿比率太低，就说明对外债务是其拥有资产的主体，甚至其日常开支也依靠借债来解决。就该客户而言，一旦出现债务到期或收入水平下降的情况，他就很容易面临损失资产甚至资不抵债的困境，严重时便会迅速破产。清偿比率也不宜过高，过高的清偿比率意味着客户负债很少或几乎没有负债，这说明客户没有合理利用其应债能力提高个人资产规模，其财务结构需要进一步优化。由于我国居民大多仍不习惯负债消费或理财，因此，国内客户的清偿比率一般较高(但在部分发达城市，居民清偿比率已呈现逐步降低趋势)。

【例 3-27】 某客户 2019 年的净资产为 750000 元，总资产为 1000000 元，可知其清偿比率为 750000÷1000000＝0.75。

这说明该客户总资产中净资产所占比例较高，即使他面临较大的还债压力，该客户也有足够的能力通过变现资产来偿还债务。

（四）负债比率

负债比率是客户负债总额与总资产的比值，显然这一比率与清偿比率密切相关，同样可以用于衡量客户的综合偿债能力。负债比率的计算公式为

负债比率＝负债总额÷总资产

由于负债总额与净资产之和同总资产相等，所以负债比率与清偿比率为互补关系，其和为 1。负债比率的数值变化范围同样也为 0～1。由清偿比率相关分析可推知，理财规划师应该建议客户将负债比率控制在 0.5 以下，但也不应低至接近 0 的程度。

【例 3-28】 某客户 2019 年的净资产为 750000 元，总资产为 1000000 元，可知其负债比率为(1000000－750000)÷1000000＝0.25。

（五）财务负担比率

财务负担比率又称为债务偿还收入比率，或负债收入比率，是到期需支付的债务本息

与同期收入的比值。它是反映客户在一定时期(如一年)财务状况良好程度的指标。在西方发达国家,债务偿还通常是在纳税之前进行的,所以,在计算该比率时,其收入数值采用的是税前收入额。而在我国,目前尚无个人税前还债的相关规定,因此,在计算这一比率时,应采用税后收入额。财务负担比率的计算公式为

$$财务负担比率=债务支出\div税后收入$$

对于财务负担比率来说,选定测算周期是一个重要步骤,这需要根据客户的具体情况进行判断。对于收入和债务支出都相对稳定的客户来说,选用一年作为测算周期更有助于反映其财务状况,而对于收入与债务数额变动较大的客户来说,选用较短的测算周期(如月、季)则更能准确反映其财务状况。

至于财务负担比率处于什么水平较为适宜,这需要理财规划师根据客户的资产结构、信誉水平等因素进行具体判定。有专家认为,0.4 是财务负担比率的临界点,过高则容易发生财务危机。

【例 3-29】 某客户 2019 年共取得税后收入 500000 元,债务支出 80000 元,则其财务负担比率为 80000÷500000=0.16。

(六) 流动性比率

流动性比率是流动资产与月支出的比值,它反映客户支出能力的强弱。资产流动性是指资产在保持价值不受损失的前提下变现的能力。流动性强的资产能够迅速变现而价值不受减损,现金与现金等价物是流动性最强的资产;流动性弱的资产不易变现或在变现过程中不可避免地要损失一部分价值,日常用品类资产的流动性显然较弱。流动性比率的计算公式为

$$流动性比率=流动性资产\div每月支出$$

式中,流动资产通常为资产负债表中"现金与现金等价物"项目。

资产的流动性与收益性通常呈反比,即流动性较强的资产的收益性较低,而收益性较高的资产的流动性则往往欠佳。因此,应根据客户的具体情况,兼顾考虑资产流动性与收益性两个方面,进而提出有价值的理财建议。对于工作稳定、收入有保障的客户来说,资产的流动性并非其首先要考虑的因素,因此,可以保持较低的资产流动性比率,而将更多的流动性资产用于扩大投资,从而取得更高的收益。而对于那些工作缺乏稳定性、收入无保障的客户来说,资产收益性的重要性倒在其次,因此,理财规划师应建议此类客户保持较高的资产流动性比率。通常情况下,流动性比率应保持在 3 左右。

【例 3-30】 某客户 2019 年的流动性资产为 150000 元,每月支出为 40000 元,则其流动性比率为 150000÷40000=3.75。

三、个人或家庭与企业会计及财务管理的区别

通常,个人或家庭财务没有大多数企业财务那么复杂,而且,它们之间存在的区别是很明显的,主要表现在以下几个方面。

(1) 制作个人或家庭财务报表主要目标是为了家庭财务管理，这些信息大部分情况下都不需要对外公开。如果需要对外公开，一般主要有两种情况：一是财务规划师或理财师、保险顾问、税务顾问、律师等为了帮助个人或家庭进行个人财务、个人风险管理和保险规划、个人税务筹划或遗产、事业继承规划，往往需要用到这些资料和数据。二是一些贷款人为了对个人或家庭的资产和偿付能力进行评估从而据此做出贷款或者授信决策，需要对个人或家庭资产负债表和收入支出表中的一些他们所关注的内容，比如，总债务水平、房产和汽车价值、其他金融资产的价值进行了解，但他们一般不会使用全部个人或家庭的资产负债表和收入支出表的内容。

(2) 由于个人或家庭的财务报表不需要定期对外报告，所以一般不用受到严格的会计准则或国家会计、财务制度的约束。对于个人或家庭的财务报表，没有任何广泛接受的会计准则的要求。个人或家庭完全可以根据自己的需要来编制，也可以创造性地提出其他财务指标对报表进行分析。而对于企业，财务报告有完整的内容体系，必须符合财务报表列报要求，缺一不可。

(3) 个人或家庭财务报表对于列报项目及计量属性没有严格的要求。企业财务报表的当期列报，至少应当提供所有列报项目上一个可比会计期间的比较数据。根据《企业会计准则——财务报表列报》规定，在财务报表中列报的项目，应当单独列报。而对于个人或家庭的财务报表就没有这么严格的要求。企业财务报表列报数据涉及多种计量属性的应用，涉及历史成本、公允价值、可变现净值、现值、重置成本。而对个人或家庭财务报表数据列报，大部分采用公允价值计量，即市价。

(4) 个人或家庭财务报表并不严格要求对固定资产计提折旧。企业会计严格要求对固定资产计提折旧，国家根据企业的不同类型规定其计提折旧的政策。对于个人或家庭财务报表而言，尽管家庭的自用住宅、商用(投资)住宅和汽车也有折旧的问题，尤其是家用汽车，3～5 年就可能折旧完。但是很多时候，并不考虑把折旧列入个人或家庭资产负债表，而采用相应的市价计入个人或家庭资产负债表。

(5) 企业资产负债表与损益表中所必需的对应关系在个人或家庭财务报表中就显得不是那么重要。企业的财务报表是以权责发生制为基础编制的，所以资产负债表与损益表之间存在着对应的关系；而个人或家庭财务报表是以收付实现制为基础编制的，所以其收入支出表与资产负债表对应关系就不是特别明显。例如，个人或家庭的投资股票增值，在资产负债表上反映资产增值，但是个人或家庭并没有收到钱，所以收入支出表上并没有这一笔记录。

(6) 在个人或家庭的财务管理中，倾向于处理现金而不是将来会有的收入。也就是说，个人或家庭的财务会计中几乎不进行收入或费用的资本化。比如，个人投资于专利技术开发，花费 1 万元，直接计入支出，并不形成个人的资产。对于企业来说，研发成本是予以资本化计入资产价值的。个人或家庭的财务管理一般把支出都视为一项生活支出，而不是资本性支出。

本章小结

本章主要介绍了会计与财务管理的基础知识,并分析了个人或家庭会计及财务管理与企业会计及财务管理的区别。本章的内容比较容易理解和掌握,在理财规划师的从业过程中本章是非常重要的知识准备。

复习思考题

一、单项选择题

1. (　　)不属于我国《企业会计制度》所界定的会计要素。

A. 支出　　B. 资产　　C. 收入　　D. 所有者权益

2. 目前,我国企业的(　　)是以权责发生制为基础编制的。

A. 资产负债表　　B. 利润表

C. 现金流量表　　D. 资产负债表和利润表

3. 会计的基本平衡式是(　　)。

A. 收入－费用＝利润　　B. 资产＝负债＋所有者权益

C. 资产＋负债＝所有者权益　　D. 收入＋利润＝费用

4. 如果不考虑所得税因素,资金成本公式为(　　)。

A. 资金成本＝每年的用资费用÷(筹资数额－筹资费用)

B. 资金成本＝每年的筹资费用÷(筹资数额－用资费用)

C. 资金成本＝每年的用资费用÷筹资数额

D. 资金成本＝每年的筹资费用÷筹资数额

5. 最能直接反映企业的短期偿债能力的是(　　)比率。

A. 流动　　B. 现金　　C. 速动　　D. 超速动

6. 下列会计科目中不是个人及家庭资产负债表的内容的是(　　)。

A. 汽车贷款　　B. 家具和家用电器类

C. 信用卡透支　　D. 存货跌价准备

7. 本量利分析是企业经营管理中用于预测目标利润、确定目标成本、规划生产经营的一种现代技术方法,其中本量利是指(　　)。

A. 成本、数量、利润　　B. 成本、数量、税后利润

C. 可变成本、数量、利润　　D. 可变成本、数量、税后利润

二、多项选择题

1. 会计信息质量要求的原则有(　　)。

A. 可靠性原则　　B. 相关性原则　　C. 谨慎性原则

D. 可比性原则　　E. 实质重于形式原则

2. 速动资产包括(　　)。

A. 流动资产和流动负债　B. 短期投资　C. 应收账款和其他应收款

D. 存货　E. 货币资金

3. 存货周转率中(　　)。

A. 存货周转次数多,表明存货周转快

B. 存货周转次数少,表明存货周转快

C. 存货周转天数多,表明存货周转快

D. 存货周转天数少,表明存货周转快

E. 存货周转天数多,表明存货周转慢

4. 现金流量分析包括(　　)。

A. 现金流量的结构分析　B. 盈利质量分析　C. 现金规模分析

D. 筹资与支付能力分析　E. 偿债能力分析

三、判断题

1. 个人资产负债表反映的是客户个人资产和负债在某一时点上的基本情况。(　　)

2. 对于那些工作缺乏稳定性、收入无保障的客户来说,理财规划师应建议此类客户保持较低的资产流动性比率。(　　)

3. 一般来说,市盈率越高,说明公众对该股票的评价越高。(　　)

四、计算题

1. 已知一家上市公司的资金总量为5000万元,其中长期借款1000万元,年息100万元,手续费忽略不计;企业发行总面额为500万元的5年期债券,票面利率为10%,由于票面利率高于市场利率,故该批债券溢价8%出售,发行费率为3%。此外,公司发行普通股2500万元,预计第一年的股利率为12%,以后每年增长1.5%,筹资费率为1.5%;发行优先股750万元,股利率固定为15%,筹资费率也是1.5%;公司未分配利润总额为292.5万元,该公司所得税税率为40%。

试求该上市公司的长期借款成本、长期债券成本、普通股成本、优先股成本、留存收益成本、加权平均资金成本。

2. 某公司年初存货为30000元,年初应收账款为25400元;年末流动比率为2∶1,速动比率为1.5∶1,存货周转率为4次,年末流动资产合计为54000元,销售收入总额为312200元,并且已知该公司的流动资产由存货和应收账款两部分构成。

试求该公司的期末流动负债、期末存货、销货成本、期末应收账款、应收账款周转次数、营业周期、应收账款周转天数加存货周转天数为营业周期。

3. 某制鞋厂2019年预计销售皮鞋x双,每双皮鞋的变动成本为20元,制造皮鞋的固定成本总额为4000000元,每双皮鞋的售价为60元,为使该制鞋厂2019年不至于亏损,x至少应为多少元?

五、案例题

青鸟天桥财务管理

天桥商场是一家老字号商业企业，成立于1953年。20世纪50年代，天桥商场是全国第一面“商业红旗”。80年代初，天桥商场第一个打破中国30年工资制，将商业11级改为新8级。1993年5月，天桥商场股票在上海证券交易所上市。1998年12月30日，北大青鸟有限责任公司和北京天桥百货股份有限公司发布公告，宣布北大青鸟通过协议受让方式受让北京天桥部分法人股股权。北大青鸟出资6000多万元，拥有了天桥商场16.76%的股份，北京天桥百货商场更名为“北京天桥北大青鸟科技股份有限公司”(以下简称青鸟天桥)。此后天桥商场的经营滑落到盈亏临界点，面对严峻的形势，公司决定裁员，控制成本，以谋求长远发展。于是就有了下面一幕。

1999年11月18日下午，北京天桥商场里面闹哄哄的，商场大门也挂上了“停止营业”的牌子。11月19日，很多顾客惊讶地发现，天桥商场在周末居然没开门。据一位售货员模样的人说：“商场管理层年底要和我们终止合同，我们就不给他们干活了。”员工们不仅不让商场开门营业，还把货场变成了群情激愤的论坛。1999年11月18日至12月2日，对青鸟天桥管理层和广大员工来说，是黑色的15天！在这15天里，天桥商场经历了46年来第一次大规模裁员。天桥商场被迫停业8天，公司管理层经受了职业道德与人道主义的考验，做出了在改革的道路上是前进还是后退的抉择。

经过有关部门的努力，对面临失业职工的安抚有了最为实际的举措，公司董事会开会决定，同意参照解除劳动合同的相关规定，对283名终止劳动合同的职工给予人均1万元、共计300万元左右的一次性经济补助。这场风波才算平息。这次停业让公司丢掉了400万元的销售额和60万元的利润。

问题讨论：

1. 从案例介绍的情况看，你能否推断该公司的财务目标？
2. 你认为青鸟天桥的最初决策是否合理？以后的让步是否合适？
3. 青鸟天桥案例给你什么启示？

第四章

金融基础

学习目标

通过学习本章，掌握金融学科的基本架构；了解国内外金融市场的运作规律和主要金融工具；理解金融政策与金融监管体制，紧密结合我国国情，使所学知识具有系统性和实用性。

引导案例

随着2019年A股行情正式收官，备受市场关注的公募基金年度业绩榜单也陆续发布。刚过去的2019年，公募基金行业交出靓丽的成绩单。2019年A股上演结构性牛市，公募基金也是如此，99%的基金取得正收益，55%的基金收益率超10%。Wind统计显示，截至12月31日，全部基金平均收益率22.41%，各类基金平均收益率全线飘红，以股票型基金的平均收益率最高，为39.61%；其次是混合型基金，为32.04%。这主要得益于A股市场的良好表现，特别是信息技术、日常消费行业，加上科创板开市，偏股型基金受益明显。公募基金规模节节攀升，中国证券投资基金业协会官方网站公布，初步统计，截至2019年年底，公募基金管理机构管理公募基金6544只，份额13.7万亿元，规模约14.8万亿元，同比增加1.7万亿元，其中封闭式基金增加7039亿元，开放式基金中货币基金减少5008亿元，股票型基金增加4748亿元，混合型基金增加5289亿元，债券型基金增加5032亿元。

资料来源：中国证券投资基金业协会官方网站，2020-01-09.

第一节　货币、信用、利率和汇率

一、货币

（一）货币概述

1. 货币的定义

货币是在商品劳务交易或债务清偿中被社会普遍接受，充当一般等价物的特殊商品。

2. 货币的职能

(1) 价值尺度。价值尺度是货币最重要、最基本的职能。作为测定价值标准的货币,其单价是衡量所有可交换物品价值的尺度。在经济生活中,货币作为价值的尺度可以使所有具有价值的物品转化成货币单位进行运算。例如,在商场看到一件商品的价格是1200元人民币,这时货币是在执行价值尺度的职能,这个标价牌并不代表实质的货币,因此,在某种意义上,没有货币的价值尺度功能,也就不可能有会计及现代工商业的发展。

(2) 交换媒介。货币充当商品交换媒介的职能是以物易物的交换行为,分成了两种交易行为。第一步是将物品换成货币;第二步再以货币换成物品。例如,你想要获取别人手上的大米,而你手上只有小麦,偏偏对方不需要小麦,而是需要玉米。这时你就可以将小麦先转换成货币,再用货币去购买大米,否则你要先寻求第三方换取玉米,再用玉米换取大米。从这个例子中可以看出,以货币为交换媒介的交易大大降低了交易成本,促进了市场和分工的发展。货币制度是经济发展中最基本也是最重要的基础制度之一。

(3) 储藏手段。货币作为储藏手段的职能是指货币保持其购买力的能力,这取决于币值的稳定程度。在现代信用货币制度下,人们持有货币作为储藏手段会受到通货膨胀风险的影响。相对而言,贵金属货币在保持购买力方面具有更大的优势。

(4) 延期支付的标准。延期支付的标准是指货币在商品赊购、赊销过程中的延期支付,以及用于清偿债务或支付赋税、租金、工资等职能。货币除了可以用于进行即期的支付、充当交换的媒介外,也可以用于进行借贷并作为各种融资行为的计量标准。如任何形式的金融工具、债权债务基本上都是以某种特定的货币单位作为计量基础。币值变化的风险是金融风险最基本的来源之一。

综上所述,货币的职能主要有四项:价值尺度、交换媒介、储藏手段和延期支付的标准,其中价值尺度和交换媒介是货币的基本职能,储藏手段和延期支付的标准是由基本职能衍生而来的附加职能。

3. 货币的形态

(1) 实质货币。实质货币通常称为商品货币,是最简单也是最基本的货币形态。实质货币本身具有价值,其用作货币与用作非货币的价值相等,即货币面值等于其价值。大多数早期的商品货币,如牛、米、皮革等用于非货币用途的价值,就与用于货币用途的价值一样。而金属货币如金币、银圆等也属于实质货币。实质货币在很多国家的货币制度中曾占有重要地位,铸造原材料多为黄金、白银。

(2) 代表实质货币。由于实质货币本身难以携带,且受到币材产量的限制,如金矿、银矿分布及开采量的限制,工业革命后经济迅速发展,流通中所需货币数量急剧增加,这时实质货币币材的增长量远不能满足流通的需要。在这种情况下,银行或政府为缓解货币供应的不足,克服大额交易携带不便的困难,发行一种代替实质货币的纸币或等值存单以代替实质货币,这种纸币或等值存单被称为代表实质货币。代表实质货币可以随时向发行人——银行或政府兑换贵金属,如美国在1933年以前联邦储备委员会发行的钞票及国库金券,可以随时兑换成等值黄金。

(3) 信用货币。20世纪30年代后,实质货币在市面上已经被禁止使用,银行或政府所发行的钞票也不能兑换成贵金属,现代国家流通的货币都是信用货币。信用货币是指其面值高于其实质的货币，现行信用货币的主要形式有纸币、劣金属铸币、银行的支票存款。

4. 货币的层次

按照国际货币基金组织的口径，现阶段我国货币划分为以下四个层次。

M_0＝流通中的现金

M_1＝M_0＋企业、机关团体、部队的活期存款＋农村活期存款＋其他活期存款

M_2＝M_1＋城乡储蓄存款＋企业、机关团体、部队的定期存款

M_3＝M_2＋财政金库存款＋银行汇兑在途资金＋其他非银行金融机构存款

其中，M_1～M_3 都具有高度的货币性质。M_1 通常被称为狭义货币，M_2 通常被称为广义货币。理财规划师要关注中央银行定期公布的各层次的货币供应量，因为货币供应量的多少与一个国家的物价水平、投资、消费和经济增长关系极为密切。

货币的主要形式和特征如表 4-1 所示。

表 4-1 货币的主要形式和特征

形　式	特　征
1. 流通中的现金	直接用于支付，即期、实时结算，流动性最强，不记名，人们普遍接受，以国家法律为发行保证，中央银行信用，无收益或收益较低
2. 活期存款	流动性次于现金，记名，商业银行为付款人，能灵活支取，可转账，但需要一定的程序，收益较低，安全性较高
3. 支票	属于即期支付的范畴，流动性较强，购物时通常从银行账户上借记后才能取货，支票本身不是货币，支票存款才是货币。支票付款人是商业银行，支票可以提现或转账，可记名也可不记名；支票收益低，除银行支票外，还有商业支票，但后者具有一定的风险
4. 银行卡(借记卡)	记名，银行卡本身不是货币，银行卡项下的存款是货币，属于即期、实时支付；可以提现或转账，收益低，风险小
5. 单用途借记卡	如电话卡(磁卡)、饭卡、交通卡，类似现金，不记名，无收益，丢失后有被别人使用的风险
6. 旅行支票	集汇票、本票、支票的功能于一身
7. 信用卡	不需要存款即可透支消费，并可享有 20～56 天的免息期；购物时刷卡不仅安全、方便，还有积分礼品赠送；持卡在银行的特约商户消费，可享受折扣优惠；积累个人信用，在您的信用档案中增添诚信记录，让您终身受益；通行全国无障碍，在有银联标识的 ATM 和 POS 机上均可取款或刷卡消费(注意，信用卡只适合消费刷卡，最好不要取现，取现手续费用很高)；刷卡消费、部分信用卡取现有积分，全年多种优惠及抽奖活动，让您只要用卡就能时刻感到惊喜；每月免费邮寄对账单或电子对账单，让客户透明地掌握每笔消费支出；特有的附属卡功能，适合夫妻共同理财，或掌握子女的财务支出；自由选择的一卡双币形式，通行全世界，境外消费可以境内人民币还款；400 电话或 9 字打头 5 位数短号 24 小时服务，挂失即时生效，失卡零风险；拥有有效期，国内信用卡有效期一般为三年或五年；利用第三方平台进行商务合作，为持卡人提供优惠服务
8. 定期存款	流动性差，是潜在的购买力，支取需要一定的程序，记名，银行为付款人，有一定的收益，安全性较强
9. 汇票	无条件支付命令，可以开出即期和远期两种，可以作为存款的凭证，即用于转账结算，有汇款的功能，有记名和不记名之分。远期汇票承兑可以贴现融资

续表

形式	特征
10. 本票	无条件支付承诺，有即期和远期两种，可用于融资、抵押和贴现。银行本票通常安全性较高
11. 有价证券	国库券、企业债券、人寿保单、股票、基金等，可记名也可不记名，变现需要一定的程序，比银行存款收益高，除国库券外其他债券有一定的风险
12. 外汇	外汇现钞，无收益，境内无法使用；外汇有价证券，有收益，但也有风险，兑现需要一定的程序；外汇票据，无收益或低收益，可调动存款账户，远期票据可以进行贴现融资；外汇存款，收益较低，安全性较高
13. 黄金	买卖需要一定的金融市场

（二）货币制度

1. 货币制度的概念

货币制度是国家对货币流通的组织与管理等加以规定所形成的制度。完善的货币制度能够保证货币流通的稳定性，保障货币正常发挥各项职能。

2. 货币制度的意义和特点

在现代经济社会，各国货币通常都是纸币、铸币和存款货币三者同时流通，前两者总称为通货。有各种货币依据等价关系所构成的体系与秩序，成为一国的货币制度。货币制度的核心是货币的标准和计量单位，即所谓的货币本位。在多种货币并存的情况下，充当计算单位或基本单位的货币，被称为本位货币，即标准货币。一个国家需要通过法律形式对本位货币的名称（如我国的元、英国的英镑、美国的美元）、种类、法偿性、价值或等价关系做出规定。

本位货币具有两个特点。

（1）本位货币具有无限的法偿性。法偿性是法律赋予本位货币的一种属性，是法律赋予的强制流通的能力，无论支付额大小，任何人不得拒绝接收。其他货币，如辅币或支票作为支付手段，接收者可以拒绝。

（2）本位货币是一切交易行为最后的支付工具。市场上的交易，以本位货币作为最后支付的工具，任何人均不得要求改成其他货币支付。在一些情况下，虽然其他货币可以在市面上流通，但接受者可以要求以本位货币支付。

概括来讲，一国的本位制度是指国家以法律形式确定其本位货币的价值，赋予其在市场上强制流通的能力，并将本位货币作为商品、劳务交换、债务债权清偿及会计核算的计量单位的一种货币制度安排。如果一国本位制度中规定货币单位受等量金属或他国货币等价的约束，成为规范本位制。如果以纸币为币材，其价值由法律所赋予，不与一定金属保持等价关系，则称为自由本位制度。

3. 货币制度的类型

在货币制度发展史上有四种不同的货币制度，根据时间顺序依次为银本位制、金银复本位制、金本位制和不兑换纸币本位制。

1）金属本位制

金属本位制是本位货币与一定量的贵金属保持等价关系的本位制度。根据贵金属的种类，可以分为银本位制、金银复本位制（同时采用金银两种本位）和金本位制。

（1）银本位制。银本位制是指以白银为本位货币的一种货币制度。银本位制是历史上最早出现的，也是实施时间最长的一种货币制度。在货币制度的演变过程中，银本位制的历史要早于金本位制。银本位制的运行原理类似于金本位制，其主要不同点在于以白银作为本位币币材。银币具有无限法偿能力，其名义价值与实际含有的白银价值一致。

（2）金银复本位制。金银复本位制是指一国同时规定金和银为本位币。在复本位制下金与银都如在金本位制或银本位制下一样，可以自由买卖、自由铸造与熔化、自由输出与输入。金银复本位制从表面上看能够使本位货币金属有更充足的来源，使货币数量更好地满足商品生产与交换不断扩大的需要，但实际上却是一种具有内在不稳定性的货币制度。

（3）金本位制。金本位制是本位货币与黄金保持一定比价关系的本位制度。金本位制又可细分为金币本位制、金块本位制、金汇兑本位制三种主要形式。

2）不兑换纸币本位制

不兑换纸币本位制是指不与任何金属保持固定的比价关系，而以不可兑换的纸币为本位货币的制度。这种货币由政府授权中央银行发行，通过法律赋予其无限法偿性。因为不与一定金属保持等价关系，因此货币供应量不受金、银产量的约束，具有较大的供应弹性。但正是因为其货币供应由国家控制，可以无限制扩大，因而在不兑换纸币本位制下更易发生通货膨胀。

（三）通货膨胀

1. 通货膨胀的概念

通货膨胀是指由于货币供应过多而引起货币贬值，物价水平持续、普遍、明显上涨的货币现象。通货膨胀和货币供求关系有着密切的联系。需要注意的是，流通中货币量的增加不一定就引起通货膨胀。因为随着生产的发展和商品价值的增加，客观上需要货币量同步增长。此外，随着商品流通范围的扩大或货币流通速度的减慢，也需要相应地增加货币供给。

2. 通货膨胀的分类

1）根据物价上涨的速度分类

（1）缓行的或温和的通货膨胀。缓行的或温和的通货膨胀是指物价水平缓慢地上涨，每年上涨率为2%～3%，货币价值每年下降很少，不容易感到物价上涨的压力。一般来说，当消费者物价指数（CPI）增长大于3%时，称为通货膨胀，我们也通常把CPI增幅是否达到3%作为通货膨胀的预警线。

一般认为，缓行的或温和的通货膨胀对于经济增长是有利的，并可以增加就业。但通货膨胀无疑是财富的天敌，其对现金或存款形式的财富威胁最大，也将侵蚀储蓄和债券这些消极投资的购买力。当发生缓行的或温和的通货膨胀时，投资者更应关注资产类市场。此时，资产类市场的价格总体上呈现上涨趋势。一方面，缓行的或温和的通货膨胀往往伴随着经济的高增长，经济的高增长有效地支撑了资产类市场的价格；另一方面，投资者在缓行的或温和的通货膨胀时的投资成本增加，就客观上需要提高预期收益，以平衡成本增加；再一方面，通货膨胀也就意味着很多商品价格提高，从而推升了资产类市场的价格。

(2) 疾驰的或飞奔的通货膨胀。疾驰的或飞奔的通货膨胀是指通货膨胀加速，每年上涨率为10%～100%，政府已不易控制，居民对货币的信心逐渐消失，认为物价将日益上涨，纷纷抢购商品，结果导致物价上涨更快。此时，通货膨胀处在加速之中，通货膨胀已对经济产生不利影响，但还不至于引起金融崩溃和经济生活混乱。疾驰的或飞奔的通货膨胀对人民生活、国家经济发展影响巨大。因此，政府通常设定通货膨胀预警线，超过预警线时政府通常会采取政策来进行治理，一旦通货膨胀加速，到了疾驰的或飞奔的通货膨胀阶段，那么政府再想控制就不容易了。

(3) 超级或恶性循环的通货膨胀。超级或恶性循环的通货膨胀是指物价上涨迅速，每年上涨率在100%以上，货币价值不断下降，人们完全丧失了对货币的信心，开始抢购物资和外币，货币基本丧失了作为交换媒介和价值标准的功能。

2) 根据通货膨胀的原因分类

(1) 需求拉动型通货膨胀。需求拉动型通货膨胀是指在一定时期内，消费需求和投资需求的增加超过了商品与劳务供给量的增加，导致商品与劳务供不应求，物价上涨。总需求过度增长表现为由于投资膨胀和消费膨胀，导致货币持续供应量超过社会商品可供量增长，因而又称过量需求通货膨胀。这种类型通货膨胀又被形象地描述为“过多的货币追逐过少的商品”。

(2) 成本推动型通货膨胀。成本推动型通货膨胀是指由于原材料、燃料等投入品的价格和工资等成本上升，而生产效率不变所引发的物价上涨。成本推动型通货膨胀的动因主要有两个：一是资源性产品，如煤、石油、铁矿石的供给垄断或供给不足引发的价格上升；二是由于货币幻觉与模仿效应造成的工资和物价的螺旋式上升。

(3) 输入型通货膨胀。输入型通货膨胀是指在开放经济中，由于一国经济与国际市场密切相关，当国际市场上存在通货膨胀的现象时，这种价格上涨就会通过该国与国际市场的传导途径传播到国内从而引起该国国内价格普遍、持续上涨的现象。如英国发生通货膨胀，美国汽车在英国的售价上涨后，美国汽车制造商根据在英国的售价调整其产品在本国的售价，结果会导致美国市场上汽车价格的上涨。

(4) 结构型通货膨胀。结构型通货膨胀是指在总需求和总供给大体均衡的状态下，由社会经济结构方面的因素引起的通货膨胀。结构型通货膨胀主要有以下几种情况：①需求结构转移型通货膨胀。即在总需求不变的情况下，某个部门的一部分需求转移至其他部门，而劳动力及其他生产要素却不能及时转移，这时，需求增加了的部门的工资和产品价格上涨，而需求减少了的部门的产品价格却未必相应下降，结果导致物价总水平的上升。②部门差异型通货膨胀。在一国的经济生活中，总有一些部门的劳动生产率增长快于另一些部门，但它们的工资增长率却相同，由此导致的整体物价水平的持续上升就称为部门差异型通货膨胀。当先进部门的工资由于劳动生产率提高而上升时，落后部门的工资和成本也会相应上升，进而推动物价总水平的持续上升，形成部门差异型通货膨胀。劳动生产增长率不同的两个部门却有相同的倾向工资增长率，希克斯提出了劳动力供给的合同理论。劳动供求关系的变动不能立即影响工资,而是由落后部门的工人追求公平的工资造成的。③斯堪的纳维亚型通货膨胀。斯堪的纳维亚型通货膨胀是部门差异型通货膨胀的一种,但由于其典型性和特殊性,一些学者将其划分为一种独立的通货膨胀类型。这种通货膨胀主要发生在“小国”。小国的经济部门分为开放经济部门和非开放经济部门。当发生世界性通货膨胀时,小国开放部门的成本和价格将会上升,在货币工资增长率的刚性作用下,拉动非开放部门的工资和价格的上升,结果该国的整体物价水平上升,引起通货膨胀。

3. 通货膨胀的治理

通货膨胀对经济发展有诸多不利影响,对社会再生产的顺利进行有破坏性作用,因此,一旦发生通货膨胀,必须下决心及时治理。

(1) 控制货币供应量。由于通货膨胀形成的直接原因是货币供应过多,因此,治理通货膨胀的一个最基本的对策就是控制货币供应量,使之与货币需求量相适应,稳定币值以稳定物价。而要控制货币供应量,必须实行适度从紧的货币政策,控制货币投放,保持适度的信贷规模,由中央银行运用各种货币政策工具灵活有效地调控货币信用总量,将货币供应量控制在与客观需求量相适应的水平上。

(2) 调节和控制社会总需求。治理通货膨胀仅仅控制货币供应量是不够的,还必须根据每次通货膨胀的深层原因对症下药。对于需求拉动型通货膨胀,调节和控制社会总需求是关键。各国对于社会总需求的调节和控制,主要通过制定与实施正确的财政政策和货币政策来实现。

在财政政策方面,主要是大力压缩财政支出,努力增加财政收入,坚持收支平衡,不搞赤字财政。在货币政策方面,主要采取紧缩信贷、控制货币投放、减少货币供应总量的措施。采用财政政策和货币政策相配合,综合治理通货膨胀,两条很重要的途径是控制固定资产投资规模和控制消费基金过快增长,以此来实现控制社会总需求的目的。

(3) 增加商品的有效供给,调整经济结构。治理通货膨胀必须从两个方面同时入手:一方面,控制总需求;另一方面,增加总供给,两者不可偏废。若一味地控制总需求而不着力于增加总供给,将影响经济增长,只能在低水平上实现均衡,最终可能因加大了治理通货膨胀的代价而前功尽弃。因此,在控制需求的同时,还必须增加商品的有效供给。

一般来说,增加有效供给的主要手段是降低成本,减少消耗,提高经济效益,提高投入产出的比例,同时,调整产业和产品结构,支持短缺商品的生产。

(4) 医治通货膨胀的其他政策。除了控制需求、增加供给、调整结构之外,还有一些如限价、减税、指数化等其他的治理通货膨胀的政策。

总之,通货膨胀是一个十分复杂的经济现象,其产生的原因是多方面的,需要有针对性地根据原因采取不同的治理对策,对症下药。这种对症下药,并不是简单地根据原因分析一一对应,也不能机械僵化地照搬别人或自己以往的经验。而且对症下药也要以某一方案为主或优先采用某一方案,同时结合其他治理方案综合进行。也就是说,治理通货膨胀是一项系统工程,各治理方案相互配合才能取得理想的效果。

（四）通货紧缩

1. 通货紧缩的概念

通货紧缩是指在现行价格下，一般商品和劳务的供给超过需求，货币数量比商品劳务少，货币价值高而物价水平下跌。

通货紧缩通常与经济衰退相伴随，表现为投资的边际收益下降和投资机会相对减少，信贷增长乏力，消费和投资需求减少，企业普遍开工不足，非自愿失业相对增加，收入增加速度持续缓慢，各个市场普遍低迷。

2. 通货紧缩的治理

与通货膨胀相比，通货紧缩是一个更让各国经济政策制定者头痛的问题，因为它更加难以治理。物价持续下跌会导致投资者预期看淡，企业经营更加困难，民间投资也不愿大幅增加，最终可能会导致经济大面积衰退，所以政府必须制定“走出”通货紧缩的政策，实施扩张的财政政策和宽松的货币政策，刺激投资，增加有效需求。解决通货紧缩的积极方法，应以提高国内有效需求为优先，再辅以政府配合扩大公共支出，才可望舒缓通货紧缩的威胁。

治理通货紧缩，最重要的政策目标是要阻止商品供求失衡状态的进一步发展。实施扩张的财政政策，首先是扩大财政支出，通过增加国家预算和增加国债发行来扩大投资，用投资扩大来增加对投资品的购买，使投资通过乘数效应发挥作用，刺激国内需求，增加就业和居民收入，稳定居民消费倾向，刺激民间投资需求的增长，启动经济。

实施适度宽松的货币政策，中央银行应在稳定的体制中利用贴现率、准备金率、公开市场业务达到改变利率和货币供给量的目标。一是要稳定当前存款、贷款水平，继续利用目前的低利率来促进居民消费，刺激投资，减轻企业负担；二是加快国有银行向商业化改革，使商业银行成为自主经营、自负盈亏的经济实体，摆脱行政对银行经营的干预，真正实现银行投资资金与效率挂钩；三是积极支持非国有金融机构探索为中小企业服务的新途径。放宽商业银行贷款利率浮动范围，增强金融机构参与经济活动的积极性，及时调整金融监管方针，使防范金融风险与加大对中小企业放款相结合，解决银行借贷问题。

二、信用

（一）信用概述

信用是指以还本付息为条件的借贷行为，表示的是债权人和债务人之间发生的债权债务关系。这种借贷行为是指以偿还为条件的付出，且这种付出只是使用权的转移，所有权并没有转移。偿还性、收益性（支付利息）、期限性与风险性是它的基本特征。信用对于现代经济社会的运行不可或缺，尤其是在专业化分工日益细密的情况下，信用实质上是资源配置和风险分担的基本工具，是金融业的核心和灵魂。

（二）信用的形式

表现信贷关系特征的形式称为信用形式。

按照借贷关系中债权人与债务人的不同，信用分为以下六种形式。

1. 民间信用

民间信用也称作民间金融，泛指非金融机构的自然人、企业及其他经济主体之间以货币资金为标的价值转让及还本付息的信用形式。它是适用民间经济主体之间为解决生产、经营、投资、生活等各方面的资金需求应运而生的一种信用形式。

2. 商业信用

商业信用是企业之间进行商品交易时，以延期支付或预付形式提供的信用。例如，赊销商品、委托代销、分期付款、预付定金、预付货款及补偿贸易等，归纳起来主要是赊销和预付两大类。

3. 银行信用

银行信用是银行及其他金融机构通过存款、贷款等业务活动提供的以货币形式为主的信用。

4. 国家信用

国家信用是以国家为债务人，从社会上筹措资金来解决财政需要的一种信用形式。国家信用的作用表现为国家信用可以调节财政收支的短期不平衡；可以弥补财政赤字；可以调节经济与货币供给。

5. 消费信用

消费信用是指企业、银行和其他金融机构向消费者个人提供的用于生活消费目的的信用。从授信对象来看，消费信用的债务人是消费者；从授信目的来看，是为了满足和扩大消费者消费资料的需求。消费信用的主要形式有分期付款、消费贷款和信用卡。

6. 国际信用

国际信用是国际间的借贷行为，包括以赊销商品形式提供的国际商业信用，如来料加工和补偿贸易等；以银行借贷形式提供的银行信用，主要表现为出口信贷和进口信贷；政府间提供的相互信用。

（三）信用创造

根据信用创造主体不同，信用创造可以分为商业银行的信用创造、政府的信用创造和非银行金融机构的信用创造。

1. 商业银行的信用创造

银行在调剂客户资金短缺和组织客户相互结算的基础上，发展了发行银行券和创造存款货币的功能。由于银行券的发行权已集中于中央银行，所以现代商业银行创造货币的功能集中体现为创造存款货币。

银行存款信用的创造过程是根据以下基本方式进行的：客户将资金存入银行，通常不会同时收回其存款，但是对于银行来说，任何一天，都会有若干客户到银行来提取现金，这样银行里客户的存款额将会因这些客户的提款而减少；同时也会有其他的客户往银行存入现金，这会使银行的存款额增加。

1）银行存款增加的两种方式

（1）客户往银行存入现金将使得银行活期存款增加。所谓现金，包括纸币、铸币、票据、在其他银行的存款。从整个银行体系来看，这四项现金等于中央银行创造的各种现金总额减去市面上流通的现金的差额。因此，某个银行的存款增加，是以流通中现金减少或其他银行存款减少为前提的，社会上现金总额并没有变化。客户往银行存入的这部分现金称为原始存款。

（2）银行获得原始存款后，会将原始存款再贷给客户或用于投资（如购买债券），此时获得现金的客户或原债权持有人在商业银行的活期存款，是由银行系统创造出来的，称为派生存款。派生存款增加时，流通中现金和其他银行的活期存款并没有减少，因此货币总量增加了。这就是银行通过信用创造增加了存款货币的供给。

此外，中央银行与商业银行之间转账，如政府将存在中央银行的款项转存商业银行，商业银行的存款货币会大大增加。银行存款性质的变化，如定期存款转为支票活期存款，也可使存款货币增加。

2）银行存款减少的两种方式

（1）由储户提取现金造成的流通中现金增加，使银行活期存款减少，但货币供给总量没有变化。如果从商业银行活期存款中提出的现金流入中央银行，等于退出流通，则相当于货币供给量减少。

（2）商业银行收回贷款或出售债券时，借款人或债券购买者需要用活期存款偿付银行，银行活期存款减少，除非银行获得一个新的等额存款人，否则货币供应量将相应减少。

3）存款准备金与存款准备金率

存款准备金是商业银行在吸收存款后，以库存现金或在中央银行的存款的形式保留的，用于应付存款人随时提现的那部分流动资产储备。存款准备金率就是存款准备金占银行吸收存款总量的比例。

为了对商业银行存款货币的创造加以适度限制，中央银行往往规定最低限度的存款准备金率，又称法定存款准备金率。银行保留的高于法定存款准备金率的存款准备金称为超额存款准备金。超额存款准备金可以分为借入准备和自由准备，前者是银行向中央银行短期借款形成的准备金，后者则是银行存入中央银行多余的短期资金。银行获得的存款，扣除存款准备后的余额可以用于发放贷款或投资，创造存款货币。

根据偿付风险的不同，中央银行通常会对活期存款和定期存款规定不同的存款准备金比率。

2. 政府的信用创造

如果把中央银行视为政府的一部分，那么在不兑换纸币本位制下，中央银行发行的现钞是基础货币的重要组成部分，可以直接增加货币供给。除发行纸币外，政府也可以通过税收政策增加或减少居民的可支配收入，影响流通中货币的数量。

政府参与信用创造主要的途径是发行国债。根据发行对象的不同，对货币供应有不同的影响。

如果政府国债的购买者是企业或居民，企业或居民用在商业银行的存款购买国债后，政府将获得的资金再存入商业银行，这相当于将社会公众的存款变为政府存款，对信用没有影响。如果政府将资金存入中央银行，则商业银行的存款减少，这将造成信用的紧缩。直到政府将资金通过安排支出的方式使用后，获得资金的企业或居民再存入商业银行，如果不考虑通货比率，货币供应将稳定。

如果由中央银行购买政府国债，这相当于货币发行增加，不仅创造了政府新的购买力，同时也增加了商业银行的存款，这相当于政府向中央银行举债，容易引发通货膨胀。

3. 非银行金融机构的信用创造

货币的基本特征是具有高度的流动性。从流动性这一基本特征而言，货币与各种非货币的金融资产之间，实际上只有程度的不同，而没有本质的区别。于是，作为货币创造者的银行与作为非货币金融资产创造者的其他各种金融机构之间，也只有程度的不同，而没有本质的区别。因此，从货币供给的角度而言，货币的定义应该是广义的货币。而从金融控制的角度而言，中央银行不仅应该控制商业银行，还应该控制各种非银行的金融中介机构。

三、利率

（一）利息与利率

利息也叫“利金”或“子金”，是债权人因贷出货币资金而从债务人处获得的报酬，即资金所有者放弃该笔资金使用权而获得的收益。从债务人的角度来看，就是为取得货币资金的使用权所花费的代价，即比本金多还的部分。利率是借入者（或借方）为在一定期限内使用某种资源而付给借出者（贷方）价格的一种度量。由贷方让渡给借方的数额称为本金，对其使用而付出的价格通常表示为单位时间内（多以年付）一定本金百分比的形式，即利率。简单地讲，利率是利息率的简称，一般意义上是指借出者在借贷期内所获得的利息额与借贷资金的比率，它是货币借贷的价格。例如，若年利率为 5%，那么对于借入100 元期限为 1 年的借款人而言，需要付出 5 元作为借款成本。

（二）利率的分类和结构

1. 利率的分类

1）按计算利息的时间单位的不同，利率分为年利率、月利率和日利率

（1）年利率一般是按本金的百分之几表示。

（2）月利率是按本金的千分之几表示。

（3）日利率是按本金的万分之几表示。

2）按是否随市场规律自由变动，利率分为市场利率和官方利率

（1）市场利率是指由资金供求关系和风险收益等因素决定的利率。一般来说，当资金供给大于需求时，市场利率会下降；当资金供给小于需求时，市场利率会上升。当资金运用的收益较高而运用资金的风险也较大时，市场利率也会上升；反之，则相反。市场利

率是大于、等于或小于实际利率，取决于家庭和企业预期一般物价水平的上升、不变或下跌。实际利率约等于市场利率和一般物价水平变动的差。

（2）官方利率是政府货币管理当局或中央银行确定发布的，各级金融机构都必须执行的各种利率。例如，中央银行的再贴现率就是典型的官方利率。

市场利率必然会受到官方利率的干预和影响，但是市场利率的变动主要还是取决于借贷资金的供求关系，这样市场利率和官方利率之间往往存在一定的差距，两者不可能完全保持一致。同时，中央银行在确定官方利率时，总是以市场利率作为重要依据。

3）按在借贷期内是否调整，利率分为固定利率和浮动利率

（1）固定利率是指利率在整个借款期内固定不变，不随借贷资金的供求状况和市场利率的波动而发生变化。固定利率在借款期间不发生变化，因而它的主要优点是容易计算借款成本，简便易行，比较适宜于短期借款或市场利率变化不大的情况。

（2）浮动利率又称可变利率，是指利率随着市场利率的波动而定期调整变化的利率。浮动利率在借款期内随着市场利率的变化而定期调整，因而借款人在计算借款成本时比较困难、繁杂，利息负担可能减轻，也可能加重。但借贷双方可以共同承担利率变化的风险，这种利率比较适宜于中长期贷款。在我国，浮动利率还有另一种含义，即指金融机构在中央银行规定的浮动幅度内，以基准利率为基础自行确定的利率。

4）按是否考虑通货膨胀的因素，利率分为名义利率和实际利率

（1）名义利率是以名义货币表示的利率。

（2）实际利率是名义利率剔除了预期通货膨胀以后的真实利率。我国各大商业银行挂牌的存款利率和贷款利率都为名义利率。通常认为，实际利率等于名义利率减去通货膨胀率。

5）按对不同贷款对象执行不同利率水平的情况不同，利率分为一般利率和优惠利率

（1）一般利率就是按照正常标准执行的利率。

（2）优惠利率则是指对于需要给予重点扶持的贷款对象和贷款项目，执行低于正常标准的利率。由于享受优惠利率的贷款对象和贷款项目一般都是在国家产业政策的优惠范围内的，因此，优惠利率大都是由得到政府财力支持的金融机构提供的。优惠利率通常都有一定的标准，如在国际借贷市场上，人们普遍将低于伦敦同业拆借利率的利率，视为优惠利率。

2. 利率的结构

在任何时间内，市场上的利率不止一种。在现实中，市场上的利率种类很多，在不同类型和期限的融资中，有着不同的利率水平，就存在着利率的结构问题。

利率的结构分为利率的风险结构和利率的期限结构。

（1）利率的风险结构是指期限相同的金融工具之间由于存在风险差异而产生的不同利率。一般情况下，利率与风险呈正比例关系，即风险越大，利率水平越高。此风险包括违约风险、流动性风险和税收风险。

（2）利率的期限结构为某个时点不同期限的即期利率与到期期限的关系及其变化规律。为了具有可比性，利率的期限结构只能就与某种信用品质相同的债务相关的利率，或同一发行人所发行的债务相关的利率来讨论。

3. 我国当前的利率构成

1）中央银行基准利率

这一层次主要包括存款准备金利率、中央银行再贷款利率、再贴现利率等。

（1）存款准备金利率是指中国人民银行对金融机构交存的法定存款准备金支付的利率；超额存款准备金利率是指中央银行对金融机构交存的准备金中超过法定存款准备金水平的部分支付的利率。

（2）中央银行再贷款利率是中央银行对金融机构贷款所实行的利率。

（3）再贴现是银行把贴现所得的票据转向中央银行进行再贴现的行为。再贴现利率是指中央银行对商业银行持有的贴现票据进行再贴现所规定的利率，它表现为再贴现票据金额的一定回扣率。

2）银行间利率

银行间利率主要包括全国银行间同业拆借利率和银行间国债市场利率。

银行间同业拆借利率一般是由市场决定的，随时受到供求关系的影响而发生变化。我国的银行间同业拆借利率使用的是 Shibor，即上海银行间同业拆借利率。

3）商业银行等金融机构的存贷款利率

商业银行等金融机构的存贷款利率的种类主要与商业银行所开展的各种存贷款业务相对应。在我国，商业银行主要开展以下 13 种存款业务，分别是活期储蓄存款、整存整取定期储蓄存款、零存整取定期储蓄存款、存本取息定期储蓄存款、整存零取定期储蓄存款、定活两便储蓄存款、大额可转让定期存款、邮政储蓄、通知存款、个人活期支票储蓄、住房储蓄、教育储蓄和外币储蓄存款。

4）市场利率

市场利率即由市场来决定利率水平，与官方利率相对应。目前，我国沪深证券交易所债券市场利率完全由市场供求决定，故与民间借贷利率一起称为市场利率。

（三）利率的作用

1. 利率对储蓄和消费的影响

当利率提高时，一方面，资本的收益提高，居民会减少即期消费，增加储蓄；另一方面，由于利率的提高，企业生产成本增加，企业生产规模减小，公众收入减少，消费减少。

2. 利率对投资的影响

投资与利率的高低有着密切的关系。利率对投资在规模和结构两方面都有着调节作用。企业进行投资单纯依靠自身积累往往是不够的，还需大量筹措资金。一般而言，利率下降，企业融资成本降低，社会投资扩大。

3. 利率与物价水平

如果一定时期内社会经济已经实现充分就业，投资和消费需求的增加只能导致物价上升而无法增加供给，这时提高利率可以抑制总需求，防止通货膨胀的发生。而当经济萧条时，降低利率能够刺激投资，防止通货紧缩和经济下滑。

（四）决定和影响利率变动的因素

1. 社会平均利润率

决定利率高低的利润率不是单个企业的利润率，而是一定时期内一国的平均利润率。一般来说，平均利润率是利率的最高界限。当然，在一般情况下，利率是不会低于零的。如果利率低于零，就不会有人出借资金了。因此，利率通常在社会平均利润率与零之间波动。

2. 借贷资金的供求状况

决定某一时期某一市场上利率水平高低的是借贷资金的供求关系。当借贷资金供大于求时，利率会下降；当借贷资金供小于求时，利率会上升，甚至高于社会平均利润率。物价变动的幅度制约着名义利率水平的高低。如果名义利率高于同期物价上涨率，就可以保证真实利率为正值；相反，如果名义利率低于同期物价上涨率，真实利率就是负值。真实利率为负值时金融机构难以正常运转，因此只有将名义利率维持在高于物价的变动幅度的水平之上，才有利于维持银行业的正常运营。

3. 央行的货币政策

自从20世纪30年代凯恩斯主义问世以来，各国政府都加强了对宏观经济的干预。政府干预经济最常用的手段是中央银行的货币政策。中央银行采用紧缩性货币政策时，往往会提高再贴现率或其他由中央银行所控制的基准利率；而当中央银行实行扩张性货币政策时，又会降低基准利率。

4. 预期通货膨胀

在信用货币制度下，通货膨胀是一种特有的经济现象。通货膨胀会给债权人带来损失。为了弥补这种损失，债权人往往会在一定的预期通货膨胀率的基础上确定利率，以保证本金和实际利息额不受损失。当预期通货膨胀率提高时，债权人会要求提高贷款利率；当预期通货膨胀率下降时，利率一般也会相应下调。

5. 国际利率水平及汇率

在开放的经济条件下，国际间的资本可以自由流动，国际利率水平会对国内利率水平产生重要的影响。当国内利率水平高于国际利率水平时，外国资本就会流入国内，使市场上的资金供给增加而利率下降；当国内利率水平低于国际利率水平时，国内资金流向国外，市场上的资金供给减少，利率上升。此外，政府有时为了实现一定的经济目标，也会根据国际利率水平来制定本国的利率水平。汇率的变动也会影响利率的变动。当外汇汇率上升、本币贬值时，国内居民对外汇的需求就会增加，同时，对本币的供给增加而需求减少，因此本币利率水平就会降低。

6. 微观因素

影响利率变动的微观因素有借贷期限、风险程度、担保品、借款人的信用等级、放款方式以及社会经济主体的预期行为等。

四、汇率

(一) 汇率概述

1. 外汇与汇率

(1) 外汇概述。外汇是以外币表示的用于清偿国际间债权债务关系的支付手段和工具。国际货币基金组织对外汇的定义：外汇是货币行政当局(中央银行、货币机构、外汇平准基金组织及财政部)以银行存款、财政部库券、长短期政府证券等形式所保有的在国际收支逆差时可以使用的债权。

在《中华人民共和国外汇管理条例》中，外汇包括以下几方面内容：①外国货币，包括纸币、铸币；②外币支付凭证，包括票据、银行存款凭证、邮政储蓄凭证等；③外币有价证券，包括政府债券、公司债券、股票等；④特别提款权；⑤其他外汇资产。黄金的集中储备也视为外汇。国际上可自由兑换的货币主要有美元、欧元、英镑、日元、瑞士法郎、港元、加拿大元、新加坡元、瑞典克朗、丹麦克朗、澳大利亚元。

(2) 汇率概述。汇率是一国货币相对于另一国货币的价格。汇率以一单位本国货币可以交换多少外国货币来表示，或者以一单位外国货币可以交换多少本国货币来表示。

理论上，汇率使用两种不同货币的购买力相等。世界上的主要货币往往要报出多达四种不同的汇率，分别为即期汇率、30 天远期汇率、60 天远期汇率和 90 天远期汇率。

2. 汇率的标价方法

(1) 直接标价法。直接标价法是指以一定单位的外国货币作为标准，折算成一定数量的本国货币表示的汇率。例如，人民币兑美元汇率可以表示为 1 美元＝7.1596 元人民币，即用本币表示外币，这种标价方法就是直接标价法。在直接标价法下，外国货币数额固定不变，本国货币数额发生变化，以显示币值升降。从世界各国兑汇率的标价方法来看，除美国、英国外，绝大多数国家都采用直接标价法，我国也不例外。人民币兑外币的价格通常是由中国银行及其他商业银行挂牌对外公布的。

(2) 间接标价法。间接标价法也称逆向标价法，是指以一定单位的本国货币作为标准，折算成一定数量的外国货币表示的汇率。例如，美元兑人民币汇率可以表示为 1 元人民币＝0.1397 美元，即用外币表示本币，这种标价方法就是间接标价法。目前，英镑、澳大利亚元、新西兰元等采取间接标价法。

美国原来采用直接标价法，但于 20 世纪 70 年代末也开始采用间接标价法，主要是因为国际经济交易中使用美元计价日益广泛，从而美国成为采用两种标价法的国家，对英国采用直接标价法，而对欧洲各国和其他国家采用间接标价法。

一般而言，不作特殊说明，所说的汇率都是直接标价法下的汇率。汇率上升，表示外币能够兑换的本币更多，本币贬值，外币升值；汇率下降，表示外币能够兑换的本币减少，本币升值，外币贬值。

3. 影响汇率变动的因素

(1) 一国的经济增长速度。这是影响汇率波动的最基本因素。根据凯恩斯学派的宏观经济理论，国民生产总值的增长会引起国民收入和支出的增长。收入增加会导致进口产品的需求扩张，继而扩大对外汇的需求，推动本币贬值。而支出的增长意味着社会投资和消费的增加，有利于促进生产的发展，提高产品的国际竞争力，刺激出口，增加外汇供给，推动本币升值。但总的来说，经济增长表明一国经济实力增强，会引起本币升值。

(2) 国际收支平衡的情况。这是影响汇率的最直接的一个因素。国际收支中如果出口大于进口，资金流入，意味着国际市场对该国货币的需求增加，则本币会升值。反之，若进口大于出口，资金流出，则国际市场对该国货币的需求下降，本币会贬值。

(3) 物价水平和通货膨胀水平的差异。在纸币制度下，汇率从根本上来说是由货币所代表的实际价值所决定的。货币购买力的比价即货币汇率。在国内外市场联系密切的情况下，一国较高的通货膨胀率会削弱本国商品在国际市场的竞争能力，减少出口，并提高外国商品在本国市场的竞争能力，增加进口。这会引起本国国际收支状况恶化，导致对外汇的需求大于供给，促使该国货币在外汇市场上贬值。同时，如果一国的物价水平高，通货膨胀率就高，会形成人们对该国货币币值趋于疲软的预期，引起外汇市场上对该国货币的进一步抛售，说明该国货币的购买力下降，造成该国货币币值进一步下跌。反之，若通货膨胀回落甚至出现通货紧缩，对汇率的影响方向则相反。

(4) 利率水平的差异。利率对汇率的影响主要是通过金融市场中的资本流动的影响来实现的。在缓行的或温和的通货膨胀下，较高的利率会吸引外国资金的流入，同时抑制国内需求，进口减少，使得本币升值。但在严重的通货膨胀下，利率就与汇率呈负相关的关系。

(5) 人们的心理预期。随着市场发展程度的提高，这一因素在目前的国际金融市场上表现得尤为突出。汇兑心理学认为，外汇汇率是外汇供求双方对货币主观心理评价的集中体现。即人们对某个国家国际收支状况、通货膨胀和利率前景看好，就会引起该国货币在市场上被更多地买入，造成币值上升；反之，如果预期前景不佳，则币值下跌。这一理论在解释短线或极短线的汇率波动上起到至关重要的作用。

除此之外，影响汇率波动的因素还包括政府的货币和汇率政策、突发事件、国际投机的冲击、经济数据的公布甚至政府要员的言论等。这些因素之间也会相互加强或相互抵消。

4. 中央银行的外汇管理

从狭义上讲，外汇管理是指一个国家对本国货币与外国货币的兑换加以限制的措施。从广义上讲，外汇管理是指一个国家为维持其国际收支的平衡和汇率的稳定，保证经济健康有序发展，授权国家某一部门制定相应的政策、法规、条例等，运用多种手段，包括法律的、经济的、行政的等措施，对在其境内和其管辖范围内的本国与外国的机关、企业、团体和个人外汇的收支、买卖、借贷、转移以及国际间结算、外汇汇率和外汇市场等采取限制性措施，实行控制和管制的行为。中央银行在决定货币政策时，不仅要考虑通货膨胀、充分就业和经济增长，还要考虑国际收支平衡。而国际收支平衡就是中央银行外汇管理的主要目标。

1) 中央银行外汇管理的内容

不同的国家或是同一国家在不同的发展阶段，其外汇管理的内容是不同的，但总体来讲，可以概括为以下几个方面。

(1) 贸易项目外汇管理。通过外汇管制,限制进口贸易外汇支出,以此来扭转贸易赤字的状况。贸易项目外汇管理一般包括对出口的管制和对进口的管制两个方面。

(2) 非贸易项目外汇管理。非贸易项目外汇收支是指除贸易外汇收支和资本输出/入外汇收支以外的各项外汇收支,包括运费、保险费、佣金、利润、版税、医疗费、驻外机构经费以及个人所需的旅费、留学生费用等。非贸易项目外汇管理的目的也是平衡国际收支状况。

(3) 资本项目的管理。各个国家可以根据自身情况的不同,量身定制适合本国国情和经济发展的资本项目管理政策。

(4) 汇率的管理。汇率的管理是指通过国家外汇当局制定法定汇率来代替自由浮动的汇率,机关、企业、团体和个人向指定银行买卖外汇时必须按照这一汇率进行折算,从而达到稳定本国币值的作用,同时可以利用本币的升值、贬值来改善该国的贸易及国际收支状况。对于汇率的管理,有直接管理和间接管理两种方式。

2) 中央银行外汇市场干预的方式

中央银行对外汇市场进行干预主要有两种类型:非冲销干预和冲销干预。非冲销干预是指中央银行允许其买卖外汇而改变国内市场上的货币供应量。冲销干预是指中央银行在进行外汇买卖的同时,又通过公开市场操作对国内市场进行反向操作,达到本币供应量不变的目的。

(二) 汇率制度

1. 汇率制度概述

汇率制度又称汇率安排,是指各国或国际社会对于确定、维持、调整与管理汇率的原则、方法、方式和机构等所做出的系统规定。按照汇率变动的幅度,汇率制度可分为两大类型:固定汇率制和浮动汇率制。西方各国在20世纪70年代之前实行固定汇率制。后来由于美元危机,布雷顿森林体系崩溃,各国开始采用浮动汇率制。一国汇率制度的安排取决于该国一系列的客观条件,包括国家的结构特征、外部环境、宏观经济发展状况、政治制度等。

(1) 固定汇率制。固定汇率制是以某些相对稳定的标准或尺度作为依据确定汇率水平的一种制度。在固定汇率制下,现实汇率水平受平价的制约,只能围绕平价在很小的范围内上下波动。

根据国际货币基金组织的分类,以下三种汇率制度属于固定汇率制:①无法定货币的汇率安排,即将另一个国家货币作为单一法定货币流通,如巴拿马将美元作为法定货币并可以在巴拿马境内自由流通;或属于货币联盟的成员、与联盟中的其他成员共用同一种法定货币,如欧元区统一使用欧元。②货币发行局制度,即从法律上隐含地承诺本国货币按固定汇率兑换某种特定的外币,同时限制官方的货币发行,以确保履行法定义务,如阿根廷和中国香港。③传统的盯住汇率安排,即将货币按固定汇率盯住一种主要货币或者是一篮子货币,汇率围绕中心汇率上下波动不超过1%,如马来西亚。

(2) 浮动汇率制。浮动汇率制是指货币当局对外汇市场很少干预,汇率由外汇市场的供求状况自发决定的一种汇率制度。采用浮动汇率制的国家允许本国货币的汇率在金融市场依供求关系自然调整,政府不直接干预。但是所谓不干预只是相对而言。国家政府对贷款、票据市场和进出口贸易的政策与管理均会影响本国货币的汇率。目前,采用浮动汇率制的国家大多为发达国家,包括美国、英国、法国、德国、日本、澳大利亚、加拿大等。

有管理的浮动汇率制是货币当局通过各种措施和手段干预市场,使汇率向有利于本国的方向变动,或维持在对本国有利的水平。根据国际货币基金组织的分类,以下汇率安排属于有管理的浮动汇率制:①平行盯住的汇率安排,即货币的价值围绕公开或实际的固定盯住汇率波动,波动范围大于1%。②爬行盯住的汇率安排,即按照预先宣布的固定汇率,或者根据若干量化指标的变动,定期小幅调整币值。③爬行区间浮动的汇率安排,即货币在一定范围内围绕固定汇率上下波动,同时根据预先宣布的固定汇率或若干量化指标的变动,定期调整中心汇率。④参照一篮子货币进行调节的有管理的浮动汇率制。参照主要贸易伙伴和竞争者的货币进行管理,篮子货币权重不对外公布;贸易加权的汇率可在一定区间内波动,汇率水平和爬行区间浮动每半年公布一次。

2. 我国现行的汇率制度

我国现行的人民币汇率制度具有以下特征:①市场汇率,即由银行间外汇市场上的供求状况决定人民币汇率,而非官方汇率;②单一汇率,即境内本外币交易均使用一种汇率,不存在与市场汇率并存的官方汇率;③有管理的浮动汇率,即人民币汇率可以在规定的区间内浮动,中央银行依靠法律规范和市场手段调控外汇供求关系,保持汇率基本稳定。

我国正在加快汇率市场化的进程,逐步开放人民币完全可兑换,但是这并不等于政府将逐步取消对汇率的控制。

我国的中央银行,即中国人民银行,担负着对国内金融进行宏观调控的责任,这其中也包括了管理和调整人民币汇率。中国人民银行对汇率的调整措施主要有以下几种:调整存款准备金率、调整利率、发行中央银行票据和再贴现。此外,我国的国家外汇管理局也负责拟定外汇市场的管理办法,监督管理外汇市场的运作秩序,培育和发展外汇市场;分析和预测外汇市场的供需形势,向中国人民银行提供制定汇率政策的建议和依据。

3. 外汇市场

1994年1月1日,我国对外汇管理体制进行了改革,外汇交易市场无论从结构、组织形式、交易方式和交易内容上,都与国际规范化的外汇市场更加接近。

从结构上看,外汇市场可分为外汇零售市场、批发市场(银行间外汇市场)和中央银行与外汇指定银行间市场三个层次。机构和个人在零售市场上通过指定银行买卖外汇,而银行、非银行金融机构以及非金融企业经批准成为银行间外汇市场的会员,进入批发市场交易。中国外汇交易中心作为中介组织,依托电子交易系统、信息系统为银行间外汇市场提供交易、信息、监管三大平台及相应的服务。

第二节　金融市场、金融机构、金融工具和金融监管

一、金融市场

(一) 金融市场的含义

金融市场是指货币资金融通和金融资产交换的场所。广义的金融市场包括货币市

场、资本市场、外汇市场、黄金市场。狭义的金融市场仅包括货币市场和资本市场。

（二）金融市场的构成要素

金融市场的构成要素分为交易对象、交易主体、交易工具、交易价格。

(1) 金融市场的交易对象是货币资金。与普通商品交易不同，金融市场中的交易大多只是表现为货币资金使用权的转移，而商品交易则表现为商品所有权和使用权的同时转移。

(2) 金融市场的交易主体是指金融市场的参与者，包括任何参与交易的个人、企业、各级政府和金融机构。其中，专门从事金融活动的主体包括个人、企业和政府部门，参与交易是为了自身在资金供求方面的需要，在它们之间发生的金融交易是直接金融，即资金从盈余部门向赤字部门的直接转移。专门从事金融活动的主体包括各类银行、保险公司、财务公司等，通过它们实现的金融交易称为间接金融，即资金从盈余部门向赤字部门的转移是以它们为媒介实现的。

(3) 金融市场的交易工具是指在金融市场中可交易的金融资产，是用于证明融资双方权利义务的条约，也称信用工具或金融工具，包括票据、国库券、股票、债券等。

(4) 金融市场的交易价格是利率。各种金融市场均有自己的利率，不同的利率之间有密切的联系。

（三）金融市场的类型

按照不同的标准，金融市场有不同的分类，本节只介绍与企业筹资关系密切的几种类型，如表 4-2 所示。

表 4-2　金融市场的类型

分类标准	类　型	概念、特点
按金融资产的期限	货币市场	(1) 货币市场是融资期限在 1 年以内的短期金融资产交易的市场。 (2) 交易工具是政府、银行和工商企业发行的短期信用工具，主要包括国库券、可转让有大额定期存单、商业票据、银行承兑汇票、回购协议等。 (3) 交易的目的主要是短期资金周转的需要，一般是用于弥补流动资金的临时不足。 (4) 交易的金融工具的流动性很强且风险小，可以在市场上随时出售兑现，具有“准货币”的特点
	资本市场	(1) 资本市场是融资期限在 1 年以上的长期金融资产交易的市场。 (2) 交易对象主要是政府的中长期债券、公司债券、股票，以及直接从银行获得的中长期贷款。 (3) 主要职能是为企业及政府筹集所需要的中长期资金，以及为个人中长期投资活动提供场所及便利。 (4) 交易的目的主要是解决长期投资性资金供求矛盾。 (5) 期限长，收益性与短期相比要高，但是流动性差，风险大

续表

分类标准	类　型	概 念、特 点
按金融资产的要求权	债务市场	(1) 债务市场就是债务工具交易的市场，如债券市场、抵押票据市场等。 (2) 债务市场交易的对象是债务凭证
	股权市场	(1) 股权市场就是股权类工具交易的市场，最典型的股权市场就是股票市场。 (2) 股权市场交易的对象是股票
按金融资产的交易层次	一级市场	也称发行市场或初级市场，是资金需求者将证券首次出售给公众时形成的市场
	二级市场	二级市场是在证券发行后，各种证券在不同投资者之间买卖流通所形成的市场，也称流通市场或次级市场
按交易程序	场内交易市场	(1) 场内交易市场是指各种证券的交易所。 (2) 证券交易所有固定的场所、固定的交易时间和规范的交易规则
	场外交易市场	没有固定场所，而由很多拥有证券的交易商分别进行

(四) 金融市场的功能

金融市场的功能包括基本功能和附带功能：基本功能包括资金融通功能、风险分配功能；附带功能包括价格发现功能、调节经济功能、节约信息成本。

1. 金融市场的基本功能

(1) 资金融通功能。金融市场提供一个场所，将资金提供者手中的富余资金转移到那些资金需求者手中。这种转移使资金从那些没有生产性投资机会的人们手中，转移到那些拥有这些机会的人手中，从而提高了经济社会的效率，增进了社会的经济福利。与此同时，这种转移使消费者在最需要消费时得以购买商品，也使直接消费者受益。

(2) 风险分配功能。在转移资金的过程中，同时将实际资产预期现金流的风险重新分配给资金提供者和资金需求者。集聚了大量资金的金融机构可以通过多元化分散风险，因此有能力向高风险的公司提供资金。金融机构创造出风险不同的金融工具，可以满足风险偏好不同的资金提供者。所以，金融市场在实现风险分配功能时，金融中介机构是必不可少的。

2. 金融市场的附带功能

(1) 价格发现功能。金融市场上的买方和卖方的相互作用决定了证券的价格，也就是金融资产要求的报酬率。公司的筹资能力取决于它是否能够达到金融资产要求的报酬率。如果企业的盈利能力达不到要求的报酬率，就筹不到资金。这个竞争形成的价格，引导着资金流向效率高的部门和企业，使其得到发展，而效率差的部门和企业得不到资金，会逐渐萎缩甚至退出。竞争的结果，促进了社会稀缺资源的合理配置和有效作用。

(2) 调节经济功能。金融市场为政府实施宏观经济的间接调控提供了条件。政府可以通过实施货币政策对各经济主体的行为加以引导和调节。政府的货币政策工具主要有三个：公开市场操作、调整贴现率和改变存款准备金率。

(3) 节约信息成本。如果没有金融市场，每一个资金提供者寻找适宜的资金需求者，每一个资金需求者寻找适宜的资金供应者，其信息成本是非常高的。完善的金融市场提供了广泛的信息，可以节约寻找资金投资对象的成本和评估金融资产投资价值的成本。

二、金融机构

金融机构是指专门从事货币信用活动的中介组织，是专门从事金融活动、为实现资金融通服务的金融中介机构。由于金融机构并非资金的最终使用者，而是通过充当中间借款人和中间贷款人进行资金供需部门之间的资金融通，因此，金融机构被形象地称为"金融中介机构"，简称金融中介。

金融机构主要包括中央银行、商业银行、政策性银行和非银行金融机构。

(一) 中央银行

在各种金融机构中，中央银行虽然也被称为银行，但和商业银行相比，无论是性质还是职能上都有本质的区别。中央银行是国家赋予其制定和执行货币政策，对国民经济进行宏观调控和管理监督的特殊金融机构。其主要职责是代表国家发行通货、制定与实施货币金融政策、组织国内的票据清算、处理国际性金融事务，在金融监管方面也发挥着重要的作用。也正因为如此，在各国的金融机构体系中，中央银行居于核心地位。

(二) 商业银行

商业银行是经营金融资产和负债业务以追求利润为经营目标的多功能、综合性的金融企业。

1. 商业银行的性质

(1) 商业银行是企业。商业银行以获取最大限度的利润作为自己的经营目标，需要独立核算、自负盈亏。

(2) 商业银行是特殊的企业。商业银行与一般工商企业不同，它是一种特殊的企业。其特殊性表现在：①商业银行经营的是金融资产和负债业务，经营的对象是特殊商品，是作为一般等价物的货币和货币资本。②商业银行的经营方式与一般工商企业不同。一般工商企业以买卖为主要经营方式；而商业银行则是以资金信贷为主要经营方式。③商业银行对整个经济的影响要远远大于任何一个企业，同时商业银行受整个社会经济的影响也比任何一个企业明显。④商业银行的业务经营除了要对客户和股东负责外，还要对整个社会负责，这一点是任何一个工商企业所不能比的。

(3) 商业银行是特殊的金融企业。

2. 商业银行的职能

(1) 支付中介职能。以商业银行为中心，形成了经济社会的支付链条和债权债务关系。

(2) 信用中介职能。信用中介职能是商业银行最基本,也是最能反映其经营活动特征的职能。其实质就是商业银行通过负债业务把社会上的各种闲散资金集中起来,再通过商业银行的资产业务将资金投放到社会经济各部门中去,既实现了资本盈余与短缺之间的调剂,也实现了资金的融通。

(3) 信用创造职能。商业银行的信用创造职能是在支付中介和信用中介职能基础上产生的。商业银行利用吸收的存款发放贷款,发放贷款不以现金形式支付给客户,而是把贷款转到客户的存款账户上。在支票流通和转账结算的基础上,贷款转化成了派生存款,增加了银行的资金来源。

(4) 金融服务职能。商业银行金融服务职能也是从支付中介和信用中介职能中派生出来的一个职能。商业银行提供的金融服务更加丰富,如企业资金融通、财务咨询、财务管理、会计服务、投资服务以及个人金融服务等,金融服务已逐步成为商业银行的重要职能。

(三) 政策性银行

我国目前的政策性银行主要有三家,分别是国家开发银行、中国进出口银行、中国农业发展银行。国家开发银行的资金来源是发行国家政策性金融债券,其资金运用于增强国力的项目。中国进出口银行的资金来源是发行国家政策性金融债券,同时也从国际金融市场上筹措资金,其资金主要用于提供出口信贷。中国农业发展银行的资金来源是中国人民银行的再贷款,其资金用于农业建设。

(四) 非银行金融机构

目前,我国的非银行金融机构主要包括信托公司、基金管理公司、证券公司、保险公司、财务公司、金融租赁公司、典当行、汽车金融公司、信用社、基金公司、交易所、清算所和外汇交易中心13个。本书仅详述前8种非银行金融机构,其余的非银行金融机构不再赘述。

1. 信托公司

信托公司是指依照《中华人民共和国公司法》和《信托公司管理办法》设立的主要经营信托业务的金融机构。信托业务是指信托公司以营业和收取报酬为目的,以受托人身份承诺信托和处理信托事务的经营行为。2007年3月1日,我国实施新的《信托公司管理办法》和《信托公司集合资金管理办法》(以下简称新办法)。根据新办法的规定,我国目前信托公司的业务主要有:①资金信托;②动产信托;③不动产信托;④有价证券信托;⑤其他财产或财产权信托;⑥作为投资基金或者基金管理公司的发起人从事投资基金业务;⑦经营企业资产的重组、并购及项目融资、公司理财、财务顾问等业务;⑧受托经营国务院有关部门批准的证券承销业务;⑨办理居间、咨询、资信调查等业务;⑩代保管及保管箱业务;⑪ 法律、法规规定或中国银行业监督管理委员会批准的其他业务。

2. 基金管理公司

基金管理公司的主要业务有发起设立基金、基金管理业务、受托资产管理业务和基金销售业务。基金管理业务是基金管理公司最基本的一项业务。作为基金管理人，基金管理公司最主要的职责就是组织投资专业人士，按照基金契约或基金章程的规定制定基金资产投资组合策略，选择投资对象，决定投资时机、数量和价格，运用基金资产进行有价证券的投资。向基金投资者及时披露基金管理运作的有关信息和定期分配投资收益。受托资产管理业务是指基金管理公司作为受托投资管理人根据有关法律、法规和投资委托人的投资意愿，与委托人签订受托投资管理合同，把委托人委托的资产在证券市场上从事股票、债券等有价证券的组合投资，以实现委托资产收益最大化的行为。随着机构投资者的不断增加，法律、监管的市场环境的逐渐完善，受托资产管理业务将逐渐成为基金管理公司的核心业务之一。

3. 证券公司

我国证券公司的业务范围一般有代理证券发行业务；自营、代理证券买卖业务；代理证券还本付息和红利的支付；证券的代保管和签证；接受委托代收证券本息和红利；接受委托办理证券的登记和过户；证券抵押贷款；证券投资咨询业务等。

4. 保险公司

保险公司的资金来源主要是靠吸纳投保人的保费以及发行人寿保单的方式筹集资金。保险公司收取保费，除支付赔偿给付和业务开支外，剩余的款项形成一笔巨额资金，在没有形成巨额赔款的支付之前，这笔资金比银行存款还稳定可靠，可以投资于债券、股票、贷款等资产，运用这些资产所得收入支付保单所确定的权益。所以，保险公司一般主要以进行有价证券的投资为主，如购买政府债券、企业债券和股票，或发放不动产抵押贷款。保险公司有许多种类，大体可分为财产保险公司、人寿保险公司、火灾和事故保险公司、老年和伤残保险公司、信贷保险公司等。保险公司一方面通过出售保单吸收资金；另一方面又通过各种途径将其运用出去，因此具有了一定的信用中介职能。

5. 财务公司

我国的财务公司是由企业集团内部集资组建的，主要的业务包含存款、贷款、结算、票据贴现、融资性租赁、投资、委托以及代理发行有价证券等，主要业务范围和服务是为企业集团提供财务支持。

6. 金融租赁公司

金融租赁公司的主要业务有：①用于生产科技、教育、文化、卫生、旅游、交通运输设备等动产、不动产的租赁、转租赁、回租租赁业务；②前述租赁业务所涉及的标的物的购买业务；③出租物和抵偿租金产品的处理业务；④向金融机构借款及其他融资业务；⑤吸收特定项目下的租赁存款；⑥租赁项目下的流动资金贷款业务；⑦外汇及其他业务。

7. 典当行

典当行是主要以财物作为质押而有偿有期借贷融资的，具有浓厚商业色彩的金融经营机构。

8. 汽车金融公司

汽车金融公司是指经中国银行业监督管理委员会依据有关法律、行政法规批准设立的，为中国境内的汽车购买者及销售者提供贷款的非银行金融企业法人。

三、金融工具

（一）金融工具概述

1. 金融工具的概念

金融工具是在金融交易活动中产生的，能够证明金融交易金额、期限、价格的书面文件，是具有法律约束力的。金融工具最初又称信用工具，是证明债权债务关系并据以进行货币资金交易的合法凭证。金融工具是法律契约，交易双方的权利和义务受法律保护。资金供给者通过购买并持有各种金融工具拥有相应金额的债权，资金需求者通过发行或卖出各种金融工具承担着相应金额的债务。

2. 金融工具的特点

（1）期限性。期限性是指一般金融工具有规定的偿还期限（不包括权益性证券）。偿还期限是指债务人必须全部归还本金之前所经历的时间。如一张 3 个月后支付的汇票，偿还期为 3 个月；5 年期国债，偿还期为 5 年。金融工具的偿还期限有两种极端情况：零期限和无限期。活期存款的期限可以看作零期限；而永久性债券或普通股票的偿还期限则是无限期。

（2）流动性。流动性是指金融工具在必要时迅速转变为现金而不致遭受损失的能力。活期存款是流动性最强的金融工具。一般而言，期限短、成本低的金融工具的流动性较强；发行者资信状况越好，金融工具的流动性越强。或者说，金融工具变现越方便、成本越低，流动性也就越强；反之，流动性就越弱。一般来说，金融工具的流动性与偿还期呈反向变化。但这也不是绝对的，因为在发达的金融市场上，金融工具的盈利率高低也是决定流动性大小的重要因素。

（3）风险性。风险性是指购买金融工具的本金和预定收益遭受损失的可能性大小。本金受损的风险有信用风险和市场风险两种。信用风险是债务人不履行合约、不按期归还本金的风险。这类风险与债务人的信誉、经营状况有关，也与金融工具的种类有关。值得注意的是，债务人提前还贷同样是一种风险，因为这会影响债权人的利息收益。市场风险是由于金融工具市场价格下跌所带来的风险。金融工具的期限越长，价格波动越厉害，风险越大。不同的个人或家庭，对风险的承受能力不同，理财规划师还需要仔细分析客户的风险承受能力和风险偏好。

（4）收益性。收益率是指持有金融工具所带来的收益与本金的比率，获取收益是投资的主要目的之一，收益率是投资人最关心的指标。金融工具的收益有两种形式：一种是直接表现为持有金融工具所获得的利息或股息、红利等收入；另一种是买卖金融工具所获得的差价收入，也称资本利得收入。金融工具收益的大小取决于收益率的高低。

（二）金融工具的类型

根据不同的分类方法，金融工具可分为不同的类型，如表 4-3 所示。

表 4-3　金融工具的类型

分类标准	类　型	概　　念
按金融工具的期限	短期金融工具	短期金融工具是指偿还期限在1年或者1年以内的各种金融工具,包括票据、借款、短期国库券等
	长期金融工具	长期金融工具是指偿还期限在1年以上的金融工具,如长期债券、股票等
按融资形式	直接金融工具	直接金融工具是指资金供求双方直接进行资金融通时所使用的金融工具,如股票、债券等
	间接金融工具	间接金融工具是指资金供求双方通过银行等金融中介机构进行资金融通时所使用的金融工具,如银行存单等
按权利与义务	债权债务类金融工具	债权债务类金融工具主要是指票据、债券等代表债权债务关系的书面凭证
	所有权类金融工具	所有权类金融工具以股票为代表,是一种表明所有权关系的书面凭证
按是否与直接信用活动相关	原生金融工具	(1) 原生金融工具是指在实际信用活动中出具的能证明债权债务关系或所有权关系的合法凭证,主要包括商业票据、债券等债权债务凭证和股票、基金等所有权凭证。 (2) 原生金融工具是金融市场上最广泛使用的工具,也是衍生金融工具赖以生存的基础
	衍生金融工具	衍生金融工具是在原生金融工具基础上派生出来的各种金融合约及其组合形式的总称,主要包括金融期货、金融期权和金融互换等

（三）存折和存单

存折和存单分别是活期存款与定期存款的存款凭证,是流动性很强的间接金融工具。活期存款可以随时取出,在国外一般不计利息,在我国活期存款的利息很低,做理财规划时往往不考虑其投资收益,而只将其当作家庭必备的流动性储备。定期存款的流动性差一些,存单分为不可转让的存单和可转让的存单两种。不可转让的存单的原始持有人必须等待存单到期才能拿回现金。如果在尚未到期之前支取现金则会损失部分利息。可转让的存单的持有人在存款到期之前的任意时刻都可以在公开市场卖出存单。可转让的定期存单是银行发行的固定金额、期限和利率的可转让流通的存款凭证。可转让的存单不记名,大部分存单期限在1年以内,一般面额越大,期限越长。可转让的大额定期存单的特点是面额大、利率高、不记名、可转让流通。它类似于有价债券,是一种新型的金融工具。在美国,存单的面额最低为2.5万美元,最高为1000万美元。在英国,最低面额为5万英镑。在我国,对个人发行的部分,其面额不得低于500元;对单位发行的部分,其面额不得超过5万元。我国中央银行规定,可转让的大额定期存单的利率按基准利率上浮一定比率,上浮的幅度由发行单位自行确定。

（四）商业票据

1. 商业票据的概念与性质

商业票据是一种短期无担保的在公开市场上发行的期票，它代表了发行公司应付的还债义务，是起源于商业信用的一种传统金融工具。商业票据的期限一般小于 270 天，贴现发行。典型的商业票据产生于商品交易中的延期支付。但是商业票据只反映货币的债权债务关系，而不反映交易的内容，这叫作商业票据的抽象性和无因性。

2. 商业票据的种类

（1）本票和汇票。典型的商业票据有本票和汇票两种。本票是债务人向债权人发出的一种支付承诺书，承诺在约定期限内支付一定的款项给债权人。汇票是债权人向债务人发出的一种支付命令书，命令他在约定期限内支付一定的款项给第三人或者持票人。汇票必须经过债务人承认才有效。债务人承认付款的手续叫作承兑。无论本票还是汇票，期限均不超过 1 年。在实务中，应用最广泛的是银行发行的本票和银行承兑的汇票。银行发行的票据以银行信用为基础，风险小于一般企业发行的商业票据。本票和汇票具有以下特点：风险性、收益性、流动性。

（2）支票。支票是银行为付款人的即期汇票。具体来说，就是出票人（银行存款人）对银行（受票人）签发的，要求银行见票时立即付款的票据。出票人签发支票时，应在付款行存有不低于票面金额的存款。如存款不足，持票人提款会遭到拒付，这种支票称为空头支票。开出空头支票的出票人要负法律责任。

（3）资产支持商业票据。资产支持商业票据是发行企业在商业票据基础上，将各种应收账款、分期付款等资产做抵押发行的一种中期的商业票据。在国外，中期票据的期限一般情况下都在两年之内。资产支持商业票据在国外的市场规模十分庞大，已经超过上万亿美元。花旗银行和荷兰银行在资产支持商业票据的发行市场上占据了主要的位置。

3. 商业票据的贴现

1）贴现、转贴现与再贴现

（1）贴现是票据持有者将未到期的票据交给银行，银行按票据面额扣除自贴现日到到期日利息后付款给票据持有人的行为。贴现市场的主要参与者是商业银行、贴现者和作为最后贷款人的中央银行。贴现的票据主要是银行承兑汇票和商业票据。此外，还有国库券和短期债券。

（2）转贴现是贴现银行需要资金时持未到期的票据向其他银行办理贴现的一种行为。双方都是商业银行。

（3）再贴现是中央银行对商业银行贴现过的票据做抵押的一种放款行为，它体现了中央银行与商业银行之间的交换关系，是中央银行调节货币供给量的手段之一。

2）票据贴现的期限和贴现率

（1）票据贴现期限是指票据从贴现日起到票据到期日为止的时间。票据贴现的期限较短，一般为 3～6 个月，最长不超过 9 个月。再贴现的期限是从再贴现日起到票据到期日为止的时间，按现行规定再贴现的期限在 6 个月内。

（2）市场贴现率是指商业银行办理贴现预扣的利息与票面金额的比率。

(3) 再贴现率是中央银行用于控制商业银行融资成本进而控制货币供应量的重要手段。通过提高再贴现率，商业银行从央行融入资金的成本上升，从而使商业银行对再贴现的需求下降，商业银行的资金来源减少，放贷能力下降，货币供给相应紧缩；反之亦然。

(五) 回购协议

回购协议是指在货币市场上出售证券的同时，出售证券的一方同意在约定的时间按约定价格或约定利率重新回购该项证券的协议。回购协议是融资人为了解决一时的流动性不足而采取的措施，回购协议的期限一般都很短，其中期限为一天的称为隔夜回购协议。尽管回购协议涉及证券的买卖，但从性质上说，它相当于一笔以证券为抵押品的抵押贷款。由于期限很短，回购协议的利率一般低于同业拆借利率。尽管回购是一种高质量的抵押借款，但仍然具有一定的信用风险和利率风险。

四、金融监管

(一) 金融监管的定义

金融监管是指金融监管机关通过制定市场准入、风险监管和市场退出等标准，对金融机构的经营进行干预，确保金融机构的安全稳健运行。金融监管有狭义和广义之分。狭义的金融监管是指中央银行或其他金融监管当局依据国家法律、法规的授权对整个金融业实施的监督管理。本章所说的金融监管即为此类。广义的金融监管在上述监管之外，还包括金融机构的内部控制与稽核、同业自律性组织的监管、社会中介组织的监管等。金融监管是一种外部力量，因此，金融监管并不能保证金融机构不发生金融风险和损失。

(二) 分业经营和混业经营

根据银行经营的业务范围和金融机构分工程度的不同，金融业经营模式可以分为分业经营模式和混业经营模式。其中，分业经营模式是在 1999 年之前以美国、日本、英国为代表的；混业经营模式是以德国为代表的，也称“全能制”。

1. 分业经营模式的概念与特点

(1) 分业经营模式的概念。分业经营是指任何以吸收存款为主要资金来源的商业银行只能经营短期间接性资产业务、负债业务和中间业务，不能从事有价证券的买卖、中介、承销等证券投资业务，也不能从事保险公司经营范围内的各项业务活动；经营证券业务的投资银行不能开展除保险金以外的存款及任何形式的贷款业务；保险公司既不能利用沉淀资金自行开展信贷业务，也不能进行股票投资和其他类型的实业投资。同时，各国一般还规定，任何商业银行、投资银行和保险公司不能以设立子公司的名义向对方的业务范围进行渗透。在这种制度下，商业银行和其他金融机构之间有着细致而严格的业务边界，各种金融机构在各自法定的业务界区内为社会提供专业化的金融服务，业务一般不允许交叉。

(2) 分业经营模式的特点。分业经营模式的主要特点包括：①银行业、证券业、保险业相互分离；②短期融资与长期融资相互分离；③政策性融资业务与商业性融资业务相互分离；④银行资本与产业资本关系松散。当然，分业经营模式的分业是相对的，而不是绝对的。在分业经营模式下，商业银行同样可以经营非银行业务。同样，非银行金融机构也可以办理银行业务。应当指出的是，分业经营把商业银行业务与证券业务、直接融资与间接融资相分离仅具有理论意义。现实中，有时很难将某项业务界定为证券业务还是银行业务，属于直接融资还是间接融资。

2. 混业经营模式的概念与特点

（1）混业经营模式的概念。混业经营模式是当今国际金融机构最为普遍采用的经营模式。混业经营是指一国的商业银行在业务范围上不受限制约束，业务多样化、经营多元化，可为社会提供全方位、综合性金融业务的经营模式。

（2）混业经营模式的特点。混业经营模式最早起源于19世纪末的德国、荷兰、卢森堡等国家，其中又以德国为典型代表。与美、日、英三国相比，德国的金融经营模式具有独有的特点：①商业银行的"全能化"或"综合化"，即商业银行没有业务范围的限制而可以全面地经营各种金融业务，如经营存放款、贴现、证券买卖、担保、投资信托、租赁储蓄等全方位商业银行及投资银行业务；②从未有独立的投资银行，证券市场相对落后；③银行与工商企业的关系十分密切，甚至对其具有压倒性的影响力。

3. 经营模式与金融监管

（1）评价经营模式的标准——风险性指标与效率性指标。风险性指标主要是反映金融制度在保证金融体系稳定、均衡以及协调运行等方面的能力。效率性指标主要是反映金融制度能否保证金融交易活动以相对低的成本顺利进行和促使储蓄向投资顺利转化。

（2）金融监管与经营模式选择。从风险性指标来看，在金融业发展的初期，分业经营相对于混业经营具有很大优势。对分业经营模式来说，由于银行业务与证券业务是相互分离的，银行系统的运行可以避免来自证券市场的风险，如同中间产生了一道金融"防火墙"，因此风险传递性较小，有利于金融体系的稳定和安全。而进入金融业发展的高级阶段，各项条件都已成熟，防范和化解风险的能力都大大增强，此时的混业经营模式可以更好地发挥资产分散化和用多种投资组合进行风险管理的优势，相对而言混业经营更具有安全性。

从效率性指标来看，在混业经营模式下，由于信息的可再用性，商业银行给企业提供贷款过程中获得有关企业的信息，这些信息可以在它为企业承销股票和债券时重新使用，这就避免了信息的搜寻成本；另外，在混业经营模式下，商业银行更容易融资。对于整个金融行业而言，混业经营模式能够鼓励竞争，限制垄断。在金融业发展的过程中，风险性指标和效率性指标存在着一定程度的矛盾，因此，要发挥混业经营在效率方面的优势，必须加强对金融风险的控制。一个国家选择怎样的经营模式是由该国的金融发展水平和金融监管机构的监管能力决定的。

（三）我国的金融监管体制

2018年3月，第十三届全国人民代表大会第一次会议表决通过了关于国务院机构改革方案的决定，设立中国银行保险监督管理委员会（以下简称中国银保监会或银保监会），是国务院直属事业单位。2018 年 4 月 8 日上午，中国银行保险监督管理委员会正式挂牌，中国银行业监督管理委员会和中国保险监督管理委员会成为历史。由此，我国形成了银保监会、证监会共同负责金融监管的格局。

1. 银保监会的职责

依照法律、法规统一监督管理银行业和保险业，维护银行业和保险业合法、稳健运行，防范和化解金融风险，保护金融消费者合法权益，维护金融稳定。

银保监会应履行以下职责。

(1) 依法依规对全国银行业和保险业实行统一监督管理，维护银行业和保险业的合法、稳健运行，对派出机构实行垂直领导。

(2) 对银行业和保险业的改革开放和监管有效性开展系统性研究。参与拟定金融业改革发展战略规划，参与起草银行业和保险业重要法律、法规草案，以及审慎监管和金融消费者保护基本制度。起草银行业和保险业其他法律、法规草案，提出制定和修改建议。

(3) 依据审慎监管和金融消费者保护基本制度，制定银行业和保险业审慎监管与行为监管规则，制定小额贷款公司、融资性担保公司、典当行、融资租赁公司、商业保理公司、地方资产管理公司等其他类型机构的经营规则和监管规则，制定网络借贷信息中介机构业务活动的监管制度。

(4) 依法依规对银行业和保险业机构及其业务范围实行准入管理，审查高级管理人员的任职资格。制定银行业和保险业从业人员行为管理规范。

(5) 对银行业和保险业机构的公司治理、风险管理、内部控制、资本充足状况、偿付能力、经营行为和信息披露等实施监管。

(6) 对银行业和保险业机构实行现场检查与非现场监管，开展风险与合规评估，保护金融消费者的合法权益，依法查处违法违规行为。

(7) 负责统一编制全国银行业和保险业监管数据报表，按照国家有关规定予以发布，履行金融业综合统计相关工作职责。

(8) 建立银行业和保险业风险监控、评价和预警体系，跟踪分析、监测、预测银行业和保险业的运行状况。

(9) 会同有关部门提出存款类金融机构和保险业机构紧急风险处置的意见与建议并组织实施。

(10) 依法依规打击非法金融活动，负责非法集资的认定、查处和取缔以及相关组织协调工作。

(11) 根据职责分工，负责指导和监督地方金融监管部门的相关业务工作。

(12) 参加银行业和保险业国际组织与国际监管规则制定，开展银行业和保险业的对外交流与国际合作事务。

(13) 负责国有重点银行业金融机构监事会的日常管理工作。

(14) 完成党中央、国务院交办的其他任务。

(15) 职能转变。围绕国家金融工作的指导方针和任务，进一步明确职能定位，强化监管职责，加强微观审慎监管、行为监管与金融消费者保护，守住不发生系统性金融风险的底线。按照简政放权要求，逐步减少并依法规范事前审批，加强事中事后监管，优化金融服务，向派出机构适当转移监管和服务职能，推动银行业和保险业机构的业务与服务下沉，更好地发挥金融服务实体经济的功能。

2018 年 5 月 14 日，商务部办公厅发布通知，已将制定融资租赁公司、商业保理公司、典当行业务经营和监管规则职责划给银保监会，自 4 月 20 日起，有关职责由银保监会履行。

2. 证监会的职责

根据《中华人民共和国证券法》《股票发行与交易管理暂行条例》《期货交易管理暂行条例》和《国务院办公厅关于印发中国证券监督管理委员会职能配置、内设机构和人员编制规定的通知》的规定，证监会依法对全国证券、期货市场实行集中统一监督管理。

证监会应履行以下职责。

(1) 研究和拟定证券、期货市场的方针政策、发展规划；起草证券、期货市场的有关法律、行政法规；制定有关证券、期货市场监督管理的规章、规则，并依法行使审批权或核准权。

(2) 依法监管股票、可转换债券、证券投资基金的发行、交易、托管和结算；批准企业债券的上市；监管上市国债和企业债券的交易活动。

(3) 依法监管境内期货合约的上市、交易和清算；监管境内机构从事境外期货业务。

(4) 依法对公开发行和上市交易证券的证券发行人，上市公司，证券、期货交易所，证券、期货经营机构，证券登记结算机构，期货结算机构，证券投资基金管理机构，证券、期货投资咨询机构，资信评估机构进行监管；依法对从事证券业务的律师事务所、会计师事务所、资产评估机构的证券业务活动以及从事证券投资基金资产托管业务的金融机构的托管业务活动进行监管。

(5) 依法制定证券、期货经营机构，证券、期货投资咨询机构和证券投资基金管理机构从业人员资格、资质标准和高级管理人员的任职管理办法并组织实施；依法制定证券从业人员的资格、资质标准和行为准则并监督实施；按规定管理证券、期货交易所，证券登记结算机构和期货结算机构的从业人员与高级管理人员。

(6) 依法监管境内企业直接或间接到境外发行股票、上市；监管境内机构到境外设立证券机构；监管境外机构到境内设立证券机构、从事证券业务。

(7) 依法监督检查证券发行、交易的信息披露情况，监管证券、期货信息传播活动，负责证券、期货市场的统计与信息资源管理。

(8) 依法对证券业协会、期货业协会的活动进行指导和监督。

(9) 依法对违反证券、期货市场监督管理法律、法规和行政规章的行为进行调查、处罚。

(10) 管理证券、期货行业的对外交往和国际合作事务。

(11) 法律、行政法规和国务院规定的其他职责，办理国务院交办的有关事宜。

3. 对金融控股公司的监管

(1) 金融集团。金融集团是指主要从事金融业务，并至少明显地从事银行、证券、保险中的两个或两个以上的经营活动的企业集团。

(2) 银行控股公司。银行控股公司是指一家银行公司控制一家或多家银行或公司的股权的集团公司。其中,控制一家银行的控股公司称为单一银行控股公司;控制多家银行的控股公司称为多家银行控股公司。

(3) 全能银行。全能银行是能同时直接从事存款业务、贷款业务、贴现业务、信托业务、证券业务、投资业务、担保业务、保险业务、汇兑业务、财务代理业务、金融租赁等所有金融业务的金融机构。全能银行有时也称为综合银行。

(4) 金融控股公司。金融控股公司可以分为纯粹金融控股公司和混合金融控股公司。纯粹金融控股公司是指母公司只掌握子公司的股份,不同的子公司从事不同的金融业务,母公司通过控股权协调各类业务活动,并取得股权收益。控股母公司的主要职能是监督管理,没有具体的经营业务,但有投资功能,主要负责收购、兼并、转让子公司股权、协调内部资源共享、新领域投资等活动。混合金融控股公司是指母公司本身从事一种金融业务,同时又通过控股子公司从事其他类型金融业务。如果母公司本身从事着两种或两种以上的金融业务,则该类金融公司可以划入全能银行的范围。如果母子公司除了从事金融业务外,还从事其他非金融业务,如工业、商业、不动产等,这类金融集团在欧洲还被称为混合型金融集团。对金融控股公司的监管坚持分业经营、分业监管的原则,对金融控股公司的集团公司依据其主要业务性质,归属相应的监管机构,对金融控股公司内相关机构、业务的监管,按照业务性质实施分业监管。

第三节 国际金融

一、国际收支

(一) 国际收支的概念

国际收支是在一定时期内(通常为1年)一国居民与世界其他国家居民之间的全部经济交易的系统记录,进行国际收支统计的主要目的是使政府当局了解本国的国际债权债务地位,从而为制定货币政策提供信息。

(二) 国际收支平衡表

国际收支平衡表是按照复式簿记原理,以某一特定的货币为计量单位,总括地反映一个经济体(一般指一个国家或地区)在特定时期内与世界其他经济体间发生的全部经济交易的统计表格。

国际收支平衡表由三部分组成:一是经常项目;二是资本与金融项目;三是错误与遗漏项目。

1. 经常项目

经常项目在一国的国际收支中占据最基本、最重要的地位,包括居民和非居民间发生的所有涉及经济价值的交易,主要有货物、服务、收入和经常转移四个子项目。

(1) 货物。

(2) 服务。如运输、旅游、通信服务、建筑服务、保险、信息等服务。

(3) 收入。包括居民和非居民之间的两大交易：一是雇员报酬;二是投资收入。

(4) 经常转移。如政府间的经济救助、捐赠、战争赔偿等。

2. 资本与金融项目

(1) 资本项目。资本项目反映资产在居民与非居民之间的转移,它由资本转移和非生产、非金融资产交易两部分组成。资本转移是指涉及固定资产所有权的变更及债权债务的减免等,并导致一方或双方资产存量发生变化的转移项目。

(2) 金融项目。金融项目反映的是居民和非居民之间投资与借贷的增加变化,它由直接投资、证券投资、其他投资和储备资产四部分构成。

3. 错误与遗漏项目

错误与遗漏项目是为了使国际收支平衡表借方和贷方平衡而人为设立的一种平衡项目。

(三) 国际收支平衡与不平衡

1. 国际收支平衡分析

按发生的动机将所有的交易分为自主性交易和补偿性交易(或非自主性交易)。自主性交易是指个人和企业为某种自主性目的(如追逐利润、旅游、汇款赡养亲友等)而从事的交易,又称为事前交易。补偿性交易是指为弥补国际收支不平衡而发生的交易,如为弥补国际收支逆差而向外国政府或金融机构借款,又称为事后交易。

国际收支差额是指自主性交易的差额。如果差额为零,则称为国际收支平衡;如果差额为正,则称为国际收支顺差;如果差额为负,则称为国际收支逆差。国际收支差额通常由贸易收支的差额、经常项目收支差额、资本与金融项目差额和综合项目差额组成。

2. 国际收支不平衡的影响

(1) 国际收支逆差的影响。一国国际收支出现逆差,一般会引起该国货币汇率下降,如逆差严重,则会使该国货币汇率急剧下降。若该国货币当局不愿接受这样的后果,就会对外汇市场进行干预,如抛售外汇、购入本币等。这样,一方面会消耗外汇储备,甚至造成外汇储备的枯竭,从而严重削弱其对外支付能力;另一方面会形成国内的货币紧缩形势,促使利率水平上升,影响该国经济的增长,从而导致失业增加,国民收入增长率的相对或绝对下降。

(2) 国际收支顺差的影响。一国国际收支出现顺差,当然会增大其外汇储备,加强其对外支付能力,但同时也会产生一些不利影响,主要包括：①国际收支顺差一般会使该国货币汇率上升,从而不利于其出口贸易的发展,加重国内的失业；②国际收支顺差将使该国货币供应量增加,加重通货膨胀；③国际收支顺差往往将加剧国际间的摩擦；④国际收支顺差意味着国内可供使用资源的减少,从而不利于该国经济的发展。

二、国际资本流动

(一) 国际资本流动的概念

国际资本流动是指一个国家(或地区)的政府、企业或个人与另外一个国家(或地区)

的政府、企业或个人之间,以及国际金融组织之间资本的流入和流出。它是国际间经济交易的基本内容之一。国际资本流动是以使用权的转让为特征的,一般仍以营利为目的。一国(或地区)的国际收支平衡表中的资本与金融账户,集中反映了该国(或地区)在一定时期内与他国(或地区)的资本流动的综合情况。

(二)国际资本流动的类型

按照资本跨国界流动的方向,国际资本流动可以分为资本流入和资本流出;按照资本跨国流动时间的长短期限,国际资本流动可以分为长期资本流动和短期资本流动;按照资本所有者的性质,国际资本流动可以分为官方资本流动和私人资本流动;按照投资方式,国际资本流动可以分为直接投资、间接投资和银行信贷等。这些分类是相互交叉的。

1. 长期资本流动

长期资本流动是指为期1年以上的资本流动。长期资本流动包括直接投资、证券投资和国际贷款。其中,直接投资是一国居民直接在另一个国家进行的对企业的投资行为,从本质上说,直接投资是生产要素的国际流动。本部分主要介绍国际证券投资和国际贷款。

1) 国际证券投资

国际证券投资是指投资者在国际证券市场上购买中长期债券或在股票市场上买卖外国企业股票的投资活动。国际证券投资的主要投资工具是股票和债券。对于投资者而言,国际证券投资具有较大的流动性,并可以获得一定的收益。另外,在国际范围内实现投资分散化可以减少风险。对于国际证券的发行国而言,可以从中获得大量的国际资金,从而加速国内的资本形成,促进本国的经济发展进程。从更高的层次说,国际证券投资使资金在世界范围内得到合理配置,提高资本的边际生产力。

2) 国际贷款

国际贷款主要是指1年以上的政府贷款、国际金融机构贷款和国际银行贷款。

(1) 政府贷款是一国政府利用国库资金向另一国政府提供的贷款,这种贷款大都具有援助的性质,利率较低,期限较长,一般都有采购限制或指定用于特定的领域,带有一定的政治倾向。

(2) 国际金融机构贷款主要包括国际货币基金组织、世界银行集团、国际金融公司、国际开发协会等国际金融组织的贷款。国际货币基金组织的信贷主要有普通贷款、出口波动补偿贷款、缓冲库存贷款、石油贷款、中期贷款、信托贷款等不同类型的贷款。世界银行集团在扩大国际信贷和促进国际资本流动方面发挥很大的作用,其主要业务是向会员国的政府和私人企业提供长期贷款,贷款限于用在世界银行集团批准的专门项目,贷款额约占该专门项目所需资金的40%左右,其余的由受贷国政府或私人企业自行解决。

(3) 国际银行贷款是20世纪70年代国际金融市场上发展最快的业务之一,主要包括辛迪加贷款、联合贷款、项目贷款等。①辛迪加贷款是由一家或者几家大银行牵头联系组织一批参加银行,按照共同的贷款条件对一个受贷方提供贷款,这种贷款金额大、专款专用,借款人大多为各国政府机构或者跨国公司,大部分贷款使用欧洲货币,贷款期限长,短则2～3年,长则5～7年,组织贷款也比较程序化。②联合贷款是由世界银行集团同商业银行共同筹集资金，提供给资金稀缺的发展中国家，这种贷款主要用于发展中国家高度优先的发展项目，对发展中国家的经济发展具有重要意义。③项目贷款是指国际银行、国际金融组织和外国政府或政府支持的有关信贷机构，向一些国家中的某一特定工程项目提供的贷款，债务由该工程项目未来的收益来清偿。

2. 短期资本流动

短期资本是指为期 1 年或者 1 年以下的借贷资金，短期资本的流动一般借助于各种信用工具的流通来进行。这些工具主要包括短期政府债券、可转让的银行定期存单、商业票据、银行承兑汇票、银行活期存款凭证等。短期资本流动按照动机不同可以分为贸易资本流动、银行资本流动、保值性资本流动比及投机性资本流动四类。

（三）国际资本流动的影响因素

1. 资本的需求与供给

在发展中国家，由于国内储蓄不足以支持经济发展或起飞阶段所需要的投资需求，收入不足以支付进出口所需要的资金，为了开发本国资源、本国新产品、扩大生产能力以及引进先进技术和先进的管理经验，需要利用外资弥补经济发展的资金缺口，从而形成了对国际资本持续的需求。同时，国际投机者，尤其是以对冲基金为代表的机构投机者，在进行投机交易时，需要动用巨额资金，对国际资本的投机性需求也是非常大的。国际资本的供给方在追求利润和规避风险的权衡下在国际间进行资本流动。

2. 利率

利率水平的高低不仅制约着资本的收益率，还直接影响着资本流动的方向。各国之间的利率水平不同，因而存在利差，资本就会从利率较低（可能资本比较充裕）的国家或地区流向利率较高（可能资本比较短缺）的国家或地区，直到利差消失为止，投资的利润在这个过程中达到最大化。

3. 汇率

汇率的高低和稳定与否也决定着资本的流动，尤其是短期资本的流动。如果一国汇率不稳定，本国资本所有者可能预期到所持的资本价值将发生贬值，就会把手中的资本或货币资产转换成另一种货币资产存于国外，从而使资本向汇率较为稳定的国家或地区流动。目前，国际上有大量的短期资本通过一定的途径流入我国的原因就在于人民币的不断升值。这些短期资本流入我国后主要投资于房地产等资产，从而享受人民币升值所带来的收益。

4. 资产分散化

资本在国际间流动是因为各国利率水平存在差异，资本由利率水平低的国家流向利率水平高的国家，资本流动导致各金融市场供需关系的变动，最终形成统一的世界利率水平。然而这种观点无法解释资本复合流动的现象，即资本在各国之间穿梭流动，这背后的动机就是资产分散化以减少风险的动机。

5. 财政赤字与通货膨胀

如果一国发生财政赤字，赤字又以发行纸币来弥补，这必然对通货膨胀造成压力。一旦发生严重的通货膨胀，居民为避免持有的资产贬值，减少通货膨胀所带来的损失，就会把国内资产转化为外国债券。如果财政赤字是以出售债券或向外国借款来弥补的,也可能导致国际资本流动。

6. 政府的经济政策

一国的国际资本流动与该国的宏观经济政策有着很大的关系。例如,当一国采取金融自由化政策时,意味着对资本的流入与流出不加过多干预,此时国际资本对该国的流出与流入往往比较频繁,规模也较大。

7. 政治、经济以及战争风险

政治风险是指由于一国的投资环境恶化而可能使投资者所持有的资本遭受损失。经济风险是指由于一国投资条件发生变化而可能给资本所有者招致的损失。战争风险是指可能爆发或已经爆发的战争对资本造成的影响。

三、国际资本市场的管理

(一)国际资本市场管理的必要性

国际资本市场的不稳定性来自三个方面:融资证券化所带来的风险、金融业国际化所带来的风险和金融市场运作自动化所带来的风险。在融资证券化趋势下,融资风险增加,证券价格波动和其连锁反应也加剧了风险。金融业务的国际化使国际贷款和证券发行涉及大量的当事人,而且分散在不同的国家,受制于不同的法律,境外市场的违约、欺诈等风险因素更加难以控制。金融市场运作自动化,使银行监督部门难以衡量和控制银行的风险程度,这一切使得国际资本市场充满着风险和不稳定性。

(二)国际银行业的管理

20 世纪 70 年代以来的金融国际化趋势,使得跨国银行和国际资本的规模及活动日益扩大;随之而来,金融风险的国际扩散威胁着各国的金融稳定。单单依靠各国管理当局的分别监管则难以对国际金融舞台加以规范,因而,要求国际合作,首先推动的是对跨国银行的国际监管。1975 年,由十国集团国家的中央银行行长建立“巴塞尔银行监管委员会”。1987 年,通过“巴塞尔提议”。在该提议基础上,于 1988 年通过《关于统一国际银行的资本计算和资本标准的协议》,即有名的《巴塞尔协议》。2001 年 1 月 16 日,巴塞尔委员会公布了新资本协议草案第二稿。这一文件全面取代了 1988 年的《巴塞尔协议》,成为在新的国际金融环境下各国银行进行风险管理的最新法则。2010 年 12 月,巴塞尔委员会发布了第三版《巴塞尔协议》,此协议达成了从根本上加强全球资本标准。

(三)国际证券市场的管理

国际银行业的发展、银行业务的综合化以及国际资本市场的证券化,使金融业的中间职能更加模糊,国际社会对国际银行业的管理本质上只是对银行方面的管理,而没有深入证券市场,而国际银行业的管理必须与国际证券市场的管理协调一致,合作行动,才能对国际资本市场的稳定发挥有效作用。对国际证券市场的管理可以分为三个层次:各国对证券市场的管理、证券市场管理的双边协调、证券市场管理的多边协调。

（四）国际保险市场的管理

国际保险监管官联合会是一个推动各国保险监管国际协调的组织，成立于1994年。国际保险监管官联合会的宗旨是通过合作来改善一国国内乃至国际层次上的保险监管，以此来促进保险市场的效率、公平、安全和稳定；统一制定供各成员国选择遵守的监管标准。

本章小结

金融基础是进行理财规划所必须掌握的基础知识，理财规划师应对货币制度、信用的本质、存款货币的创造与货币乘数等理论知识有较为深入的认知；熟悉金融市场、金融机构、金融工具和金融监管的基本内容，掌握各种类型金融机构的主要职能，掌握金融市场及主要金融工具的特征；了解国际金融的基本知识。本章内容中宏观和理论方面的知识较多，难度相对较大，需要联系前面的宏观经济学的相关内容来加深理解。

复习思考题

一、单项选择题

1. 通常认为在商品劳务交易中或债务清偿中被社会普遍接受，充当一般等价物的特殊商品是（　　）。

A. 收入　　B. 财富　　C. 现金　　D. 货币

2. 金本位制是本位货币与（　　）保持一定比价关系的本位制度。

A. 贵金属　　B. 黄金　　C. 白银　　D. B或C

3. 存款准备金率就是存款准备金占（　　）的比例。

A. 银行总资产　　B. 银行吸收存款总量

C. 银行净资产　　D. 总准备金

4. 用本币表示外币的标价方法称为（　　）。

A. 直接标价法　　B. 间接标价法

C. 外币标价法　　D. 汇价标价法

5. 我国现行的汇率制度为（　　）。

A. 固定汇率制　　B. 复汇率

C. 有管理的浮动汇率制　　D. 官方汇率

6. 金融市场划分为一级市场和二级市场是按照金融资产的（　　）。

A. 要求权　　B. 期限　　C. 交易层次　　D. 交易地点

7. 中国农业发展银行的资金来源是（　　）。

A. 发行国家政策性金融债券　　B. 中国人民银行的再贷款

C. 从国际金融市场上筹措资金　　D. 从国内金融市场上筹措资金

8. 当今国际金融机构采用最为普遍的经营模式是(　　)。

A. 混业经营模式　　B. 分业经营模式

C. 全能经营模式　　D. 垂直经营模式

9. 债权人向债务人发出的一种支付命令书,命令他在约定的期限内支付一定的款项给第三人或者持票人,这种支付命令书称为(　　)。

A. 汇票　　B. 本票　　C. 支票　　D. 商业票据

10. 经常项目的子项目中不包括(　　)。

A. 商品　　B. 服务　　C. 收入　　D. 资本转移

二、多项选择题

1. 流动性有三个层面的内涵,它们是(　　)。

A. 央行所面对的流动性　　B. 银行体系的流动性　　C. 金融体系的流动性

D. 企业所面对的流动性　　E. 个人所面对的流动性

2. 信用创造主体有(　　)。

A. 商业银行的信用创造　　B. 政府的信用创造　　C. 非银行机构的信用创造

D. 个人的信用创造　　E. 家庭的信用创造

3. 根据《中华人民共和国外汇管理条例》,外汇包括(　　)。

A. 外国货币　　B. 特别提款权　　C. 外币有价证券

D. 外币支付凭证　　E. 黄金

4. 狭义的金融市场包括(　　)。

A. 货币市场　　B. 资本市场　　C. 外汇市场

D. 黄金市场　　E. 场外市场

三、判断题

1. 货币市场是期限在一年以上的长期资产交易的市场。(　　)

2. 一般认为,缓行的或温和的通货膨胀对经济增长是有利的。(　　)

3. 用直接标价法表示的汇率与用间接标价法表示的汇率之和等于1。(　　)

四、案例题

美国银行业的分业经营和混业经营变迁

20世纪30年代以前,各国政府对商业银行经营活动很少给予限制,商业银行可以经营多种业务。美国也是实行混业经营的。但是,1929—1933年,资本主义世界发生了一场空前的经济危机,期间美国共有一万多家金融机构宣布破产,信用体系遭到毁灭性的破坏。当时,人们普遍认为,银行、证券的混业经营是引发经济危机的主要原因,认定商业银行只适宜经营短期的商业性贷款。为了防止危机的进一步发展对金融系统造成更大范围的破坏,美国于1933年通过了《格拉斯—斯帝格尔法》,将商业银行业务与投资银行业务严格分离。规定任何以吸收存款业务为主要资金来源的商业银行，不得同时经营证券投资等长期资产业务；任何经营证券业务的银行即投资银行，不得经营吸收存款等商业银行业务。商业银行不准经营代理证券发行、包销、零售、经纪等业务，不得设立从事证券业务的分支机构。其后，美国政府又先后颁布了《1934年证券交易法》《投资公司法》及《1968年威廉斯法》等一系列法案，进一步加强了对银行业和证券业分业经营的管制。英国、日本等许多国家纷纷效仿。

20世纪80年代初到90年代初期，是美国金融业的逐步融合阶段。随着金融国际化趋势的不断加强，外资银行大举进入美国的金融市场，一些发达国家的所谓综合性商业银行以先进的技术手段、良好的经营信誉、优质的金融服务及种类繁多的金融产品对美国金融市场进行着前所未有的冲击。为了保护本国银行业的利益，确保金融市场不出现大的动荡，美国政府在1980年和1982年先后通过了《取消存款机构管制和货币控制法案》《高恩—圣杰曼存款机构法案》等有关法律，放开了存款货币银行的利率上限，从法律上允许银行业和证券业的适当融合。

从20世纪90年代中后期开始，美国金融业开始进入完全意义上的混业经营时期。经过80年代金融改革，美国金融业分业经营的经济基础逐步消失，分业经营的制度也已经不断被现实所突破。到90年代初，国际金融业并购浪潮席卷全球。这段时间银行业的并购浪潮大大改变了国际银行业的整体格局，并表现出不同于以往并购的一些新特点：一是银行业并购的规模、金额不断扩大；二是跨行业合并成为新的热点；三是跨国界并购越来越多。在这种国际金融环境下，美国联邦储备委员会于1997年年初修改了《银行持股公司法》中的个别条例，建立更有效率的银行兼并与开展非银行业务的申请和审批程序，取消了许多对银行从事非银行业务的限制，商业银行能够更加自由地从事财务和投资顾问活动、证券经纪活动、证券私募发行及一些其他非银行业务。更加至关重要的是，美国联邦储备委员会扩大了银行持股公司附属机构可以承销和交易证券的范围，并大大减少了可能降低这些业务收益的限制。1999年11月12日，美国总统克林顿签署了《金融服务现代化法案》，由美国创立，而后被许多国家认可并效仿的金融分业经营、分业监管的时代宣告终结。在世界范围内，混业经营呈现勃勃生机，世界商业银行进入了一个崭新的历史时期。

问题讨论：

1. 什么是分业经营？什么是混业经营？
2. 分业经营与混业经营的区别有哪些？

第五章

税收基础

学习目标

通过学习本章，掌握税收的概述和我国现行各税种的主要内容，着重掌握与个人或家庭理财有关的税收政策。

引导案例

已婚夫妻赵某和李某都是独生子女，两人需要赡养三位老人、养育两个孩子，孩子分别在读幼儿园和小学，每月需要还房贷，每月月薪在扣除“三险一金”后，赵某收入 20000 元，李某收入 30000 元。

按照旧个人所得税法的规定，2018 年 9 月，赵某应缴纳个人所得税税额(20000－3500)×25％－1005＝3120(元)；李某应缴纳个人所得税税额(30000－3500)×25％－1005＝5620(元)(税率和速算扣除数如表 5-1 所示)。

新个人所得税法于 2019 年 1 月 1 日起施行，2018 年 10 月 1 日起施行最新免征额和税率。新个人所得税法规定，自 2018 年 10 月 1 日至 2018 年 12 月 31 日，纳税人的工资、薪金所得，先行以每月收入额减除费用五千元及专项扣除和依法确定的其他扣除后的余额为应纳税所得额，依照新个人所得税税率表(综合所得适用)按月换算后计算缴纳税款，并不再扣除附加减除费用。2018 年 10 月，赵某应缴纳个人所得税税额(20000－5000)×20％－1410＝1590(元)，相比 2018 年 9 月，减税 1530 元；李某应缴纳个人所得税税额(30000－5000)×20％－1410＝3590(元)，相比 2018 年 9 月，减税 2030 元(税率和速算扣除数如表 5-1 所示)。

从 2019 年 1 月 1 日起，个人所得税应纳税所得额在五千元基本减除费用扣除和“三险一金”等专项扣除外，还可享受子女教育、继续教育、大病医疗、住房贷款利息或住房租金、赡养老人等专项附加扣除。

若子女教育和住房贷款利息计算在李某一方，则赵某可享受一项赡养老人 2000 元的专项附加扣除；李某则可享受的专项附加扣除有 2000 元(赡养老人)＋2000 元(子女教育)＋1000 元(住房贷款利息)＝5000(元)。2019 年 1 月，赵某应缴纳个人所得税税额(20000－5000－2000)×20％－1410＝1190(元)，相比 2018 年 10 月，再减税 400 元；李某应缴纳个人所得税税额(30000－5000－5000)×20％－1410＝2590(元)，相比 2018 年

10 月，再减税 1000 元。

因此，自 2019 年 1 月 1 日起施行新个人所得税法以后，夫妻二人共减税 1530＋2030＋400＋1000＝4960(元)。

表 5-1 新旧个人所得税税率表对比(综合所得)(按月)

级数	全月应纳税所得额 2018 年 10 月 1 日前	速算扣除数/元	全月应纳税所得额 2018 年 10 月 1 日后	速算扣除数/元	税率/%
1	不超过 1500 元的部分	0	不超过 3000 元的部分	0	3
2	超过 1500 元至 4500 元的部分	105	超过 3000 元至 12000 元的部分	210	10
3	超过 4500 元至 9000 元的部分	555	超过 12000 元至 25000 元的部分	1410	20
4	超过 9000 元至 35000 元的部分	1005	超过 25000 元至 35000 元的部分	2660	25
5	超过 35000 元至 55000 元的部分	2755	超过 35000 元至 55000 元的部分	4410	30
6	超过 55000 元至 80000 元的部分	5505	超过 55000 元至 80000 元的部分	7160	35
7	超过 80000 元的部分	13505	超过 80000 元的部分	15160	45

注：2018 年 10 月前，个人所得税免征额为 3500 元；2018 年 10 月起，个人所得税免征额为 5000 元。

第一节 税收的基础知识

一、税收概述

(一) 税收的概念与特征

1. 税收的概念

税收是政府为了满足社会公共需要，凭借政治权力，强制、无偿地取得财政收入的一种形式。或者说，税收是国家借助政治权力，按照法律规定取得财政收入的一种形式。

2. 税收的特征

税收特征也称税收形式特征，是指税收分配形式区别于其他财政分配形式的质的规定性。税收形式特征通常概括为税收“三性”，即强制性、无偿性和固定性。

(1) 强制性。强制性主要是指政府以社会管理者的身份，用法律、法规等形式对征税加以规定，并依照法律强制征税。纳税人必须依法纳税，否则会受到法律制裁。强制性是国家的权力在税收上的法律体现，是国家取得税收收入的根本前提。它也是与税收的无偿性特性相对应的一个特征。正因为税收的无偿性，才需要通过税收法律的形式规范征纳双方的权利和义务。对纳税人而言，依法纳税既是一种权利，更是一种义务。

(2) 无偿性。无偿性主要是指政府征税后，税款即成为财政收入，税款不需要偿还，也不付出任何形式的报酬。无偿性是税收的关键特征，它使税收明显地区别于国债等其他财政收入形式，决定了税收是国家筹集财政收入的主要手段，并成为调节经济和矫正社会分配不公的有力工具。

(3) 固定性。固定性主要是指在征税之前，以法律的形式预先规定了课税对象、课税额度和课税方法等。税制要素的具体内容也会因经济发展水平、国家经济政策的变化而进行必要的改革和调整，但这种改革和调整也总是要通过法律形式事先规定，而且改革和调整后要保持一定时期的相对稳定。基于法律的税收固定性始终是税收的固有形式特征，税收的固定性对国家和纳税人都具有十分重要的意义。对于国家来说，可以保证财政收入的及时、稳定和可靠，可以防止国家不顾客观经济条件和纳税人的负担能力，滥用征税权力；对于纳税人来说，可以保护其合法权益不受侵犯，增强其依法纳税的法律意识，同时也有利于纳税人通过税收筹划选择合理的经营规模、经营方式和经营结构等，降低经营成本。

税收“三性”是一个完整的统一体，它们相辅相成、缺一不可。其中，无偿性是核心，强制性是保障，固定性是对强制性和无偿性的一种规范与约束。

（二）税收法律关系

税收法律关系是税法所确认和调整的国家与纳税人之间、国家与国家之间以及各级政府之间在税收分配过程中形成的权利和义务关系。国家征税与纳税人纳税形式上表现为利益分配的关系，但经过法律明确其双方的权利与义务后，这种关系实质上已上升为一种特定的法律关系。

1. 税收法律关系的构成

税收法律关系由税收法律关系的主体、客体和内容三方面构成，如表 5-2 所示。

表 5-2 税收法律关系的构成

税收法律关系的构成	内 容
税收法律关系的主体	（1）即税收法律关系中享有权利和承担义务的当事人 （2）征税主体：国家各级税务机关、海关和财政机关 （3）纳税主体：履行纳税义务的单位和个人，包括法人、自然人和其他组织，在华的外国企业、组织、外籍人、无国籍人，以及在华虽然没有机构、场所但有来源于中国境内所得的外国企业或组织。在我国采取属地兼属人的原则 （4）在税收法律关系中主体双方法律地位平等，只是因为主体双方是行政管理者与被管理者的关系，所以双方的权利与义务不对等
税收法律关系的客体	即税收法律关系的权利、义务所共同指向的对象，也就是征税对象。例如，流转税法律关系客体是货物销售收入或劳务收入；所得税法律关系客体是生产经营所得和其他所得；财产税法律关系客体即是财产
税收法律关系的内容	（1）即主体所享有的权利和所应承担的义务，这是税收法律关系中最实质的东西，也是税法的灵魂 （2）国家税务主管机关的权力主要表现在依法进行征税、进行税务检查以及对违章者进行处罚。其义务主要是向纳税人宣传、咨询、辅导税法，及时把征收的税款解缴国库，依法受理纳税人对税收争议的申诉等 （3）纳税义务人的权利主要有多缴税款申请退还权、延期纳税权、依法申请减免税权、申请复议和提起诉讼权等。其义务主要是按税法规定办理税务登记、进行纳税申报、接受税务检查、依法缴纳税款等

2. 税收法律关系的产生、变更与消灭

税法是引起税收法律关系的前提条件，但税法本身并不能产生具体的税收法律关系。税收法律关系的产生、变更与消灭必须有能够引起税收法律关系的产生、变更与消灭的客观情况，也就是由税收法律事实来决定。税收法律事实可以分为税收法律事件和税收法律行为。其中，税收法律事件是指不以税收法律关系权力主体的意志为转移的客观事件，如自然灾害可以引起税收减免。税收法律行为是指税收法律关系主体在正常意志支配下做出的活动，如纳税人开业经营即产生税收法律关系。

3. 税收法律关系的保护

税收法律关系是同国家利益及企业和个人的权益相联系的。保护税收法律关系，实质上就是保护国家正常的经济秩序、保障国家财政收入、维护纳税人的合法权益。税收法律关系的保护对权利主体双方是平等的，不能只对一方保护，而对另一方不予保护。同时对其享有权利的保护，就是对其承担义务的制约。

（三）税收制度的构成要素

1. 纳税义务人

纳税义务人也称纳税主体，是税法规定的直接负有纳税义务的单位和个人。

纳税义务人有两种基本形式：自然人和法人。自然人是基于自然规律而出生的，有民事权利和义务的主体，包括本国公民，也包括外国人和无国籍人。法人是自然人的对称，我国法人主要有四种：机关法人、事业法人、企业法人、社团法人。

与纳税义务人紧密相连的两个概念是代扣代缴义务人和代收代缴义务人。代扣代缴义务人是指虽不承担纳税义务，但依照有关规定，在向纳税人支付收入、结算货款、收取费用时有义务代扣代缴其应纳税款的单位和个人。代收代缴义务人是指虽不承担纳税义务，但依照有关规定，在向纳税人收取商品或劳务收入时，有义务代收代缴其应纳税款的单位和个人。

2. 征税对象

征税对象也称课税对象、征税客体，是指税法规定对什么征税，是征纳税双方权利义务共同指向的客体或标的物。它是区别不同类型税种的主要标志。不同的征税对象构成不同的税种。比如，企业所得税的征税对象是应税所得，增值税的征税对象是商品或劳务在生产和流通过程中的增值额。

税基也称计税依据，是据以计算征税对象应纳税额的直接依据，是对课税对象的量的规定。

以计算征税对象的计量标准为依据，税种可分为从价税和从量税。以征税对象的价格为依据计算应纳税额的税种，属于从价税；以征税对象的数量（件数、重量、容量、面积等）为依据计算应纳税额的税种，属于从量税。从价税和从量税同时计征的称为复合计税，如卷烟和白酒的消费税均适用复合计税方式。

3. 税目

税目是在税法中对征税对象分类规定的具体征税项目，反映具体的征税范围。它是征税对象的具体化。比如，消费税具体规定了烟、酒、汽油、柴油等税目。

4. 税率

税率是对征税对象的征收比例或征收额度。税率是计算税额的尺度,也是衡量税负轻重的重要标志。

我国现行的税率主要有比例税率、定额税率和累进税率,如表 5-3 所示。

表 5-3 我国现行的税率

税率类别	具体形式	应用的税种
比例税率	(1) 比例税率是对同一征税对象,不论数额大小,只规定统一的法定比例的税率 (2) 比例税率可以分为单一比例税率、差别比例税率和幅度比例税率 ① 单一比例税率也称同一比例税率,对同一征税对象的所有纳税人适用同一比例税率。所有纳税人都按同一比例税率纳税 ② 差别比例税率对同一征税对象的不同纳税人适用不同的比例征税,主要有产品差别比例税率(如消费税、关税等)、行业差别比例税率(如增值税)、地区差别比例税率(如城市维护建设税) ③ 幅度比例税率对同一征税对象,税法只规定最低税率和最高税率,各地区在该幅度内确定具体的适用税率	增值税、城市维护建设税、企业所得税、契税等
定额税率	(1) 定额税率又称固定税额,是按征税对象的计量单位直接规定应缴纳税额的税率形式 (2) 由于采用定额税率的税收(简称定额税)只与课税对象的实物单位挂钩,所以它的负担不会随着商品的价格水平或人们的收入水平的提高而增加	城镇土地使用税、车船税等
累进税率	(1) 累进税率是指征收比例随着计税依据数额增加而逐级提高的税率,即根据计税依据的数额或者相对比例设置若干级距,分别适用由低到高的不同税率 (2) 累进税率的主要特点:税收负担随着计税依据数额的增加而递增,能够较好地体现纳税人的税负水平与赋税能力相适应的原则,可以更有效地调节纳税人的收入、财产等,正确处理税收负担公平问题,多在所得税、财产课税中应用 (3) 累进税率可以分为全额累进税率、超额累进税率和超率累进税率 ① 全额累进税率是指按照计税依据的全部数额累进征税的累进税率,即将计税依据(如所得税的应纳税所得)分为若干个不同的征税级距,相应规定若干个由低到高的不同的适用税率,当计税依据数额由一个征税级距上升到另一个较高的征税级距时,全部计税依据都要按照上升以后的征税级距的适用税率计算征税。全额累进税率的优点是计算方法简单,累进幅度大,能够大幅度地调节纳税人的收入、财产。其缺点是由于累进急剧,在累进分界点上下税负悬殊,甚至会出现增加的税额超过增加的计税依据数额的现象,不利于鼓励纳税人增加收入、财产。目前这种税率已经很少使用	(1) 我国现行的超额累进税率:个人所得税中的工资、薪金所得、个体工商户的生产经营所得、对企事业单位的承包经营、承租经商所得 (2) 我国现行的超率累进税率:土地增值税

续表

税率类别	具体形式	应用的税种
累进税率	② 超额累进税率是指把征税对象按数额大小分成若干等级，每一等级规定一个税率，税率依次提高，将纳税人的征税对象依所属等级同时适用几个税率分别计算，再将计算结果相加后得出应纳税款。这种税率通常用于个人所得税、财产税、遗产税等税种。超额累进税率的优点是累进幅度比较缓和，税收负担较为合理。其缺点是计算方法比较复杂，计税依据数额越大，级距越多，计算步骤越多；边际税率和平均税率不一致，税收负担的透明度较差 ③ 超率累进税率是指以征税对象的数额的相对率划分若干级距，分别规定相应的差别税率，相对率每超过一个级距的，对超过的部分就按一级的税率计算征税	

5. 纳税环节

纳税环节是指税法规定的征税对象在从生产到消费的流转过程中应该缴纳税款的环节。比如，流转税在生产和流通环节纳税，所得税在分配环节纳税等。

6. 纳税期限

纳税期限是指税法规定的关于税款缴纳时间（即纳税时限）方面的限定。

(1) 纳税义务发生时间是指应税行为发生的时间。比如，根据《增值税暂行条例实施细则》和“营改增通知”规定，采取预收货款方式销售货物的，其纳税义务发生时间为货物发出的当天。

(2) 纳税期限。纳税人每次发生纳税义务后，不可能马上去缴纳税款。税法规定了每种税的纳税期限，即每隔固定时间汇总一次纳税义务的时间。比如，根据《增值税暂行条例》和“营改增通知”规定，增值税的纳税期限分别为 1 日、3 日、5 日、10 日、15 日、1 个月或者 1 个季度。纳税人的具体纳税期限，由主管税务机关根据纳税人应纳税额的大小分别核定；不能按照固定期限纳税的，可以按次纳税。

(3) 缴库期限。税法规定的纳税期满后，纳税人应将纳税款缴入国库的期限。比如，根据《增值税暂行条例》和“营改增通知”规定，纳税人以 1 个月或者 1 个季度为 1 个纳税期的，自期满之日起 15 日内申报纳税；以 1 日、3 日、5 日、10 日或者 15 日为 1 个纳税期的，自期满之日起 5 日内预缴税款，于次月 1 日起 15 日内申报纳税并结清上月应纳税款。

7. 纳税地点

纳税地点主要是指根据各个税种的纳税对象的纳税环节和有利于对税款的源泉控制而规定的纳税人（包括代征、代扣、代缴义务人）的具体纳税地点。

8. 减税免税

减税免税主要是对某些纳税人和征税对象采取减少征税或者免予征税的特殊规定。

(1) 免征额。免征额又称“费用扣除额”或“生计费用”，是指课税对象中免予征税的金额。即当课税对象的数额超过免征额时，仅就其超过部分纳税，这样，纳税人的计税依据就会小于其课税对象的数额，从而有利于降低其税收负担。比如，在计算个人所得税时，2011 年 9 月 1 日—2018 年 9 月 30 日每月可以扣除 3500 元；2018 年 10 月 1 日起每月可以扣除 5000 元。这里的 3500 元或者 5000 元，就是免征额。

(2) 起征点。起征点是指税法规定对征税对象开始征税的起点数额。征税对象的数额达到起征点的就全部数额征税，未达到起征点的不征税。比如，增值税有起征点的规定。

(3) 税收抵免。税收抵免是指个人所得税中的允许纳税人用一些费用开支或已缴纳的其他税款直接冲减其应纳税额的减免税措施。比如，居民个人从中国境外取得的所得，若该所得已在境外缴纳个人所得税，则可进行税收抵免。与免征额及起征点相比，这种减免税措施对纳税人来说优惠的力度更大。

(四) 税收征管

1. 税务机构设置

根据我国实行分税制财政管理体制的需要，现行税务机构设置是中央政府设立国家税务总局(正部级)，省及省以下税务机构设立税务局(即省、市、县三级税务局)，实行以国家税务总局为主与省(自治区、直辖市)人民政府双重领导管理的体制。

另外，海关总署及其下属机构负责关税、船舶吨税征管和受托征收进出口增值税与消费税等税收。

2. 税款征收管理权限划分

根据分税制财政管理体制，将税种划分为中央税、地方税以及中央与地方共享税三类，每类税都有与之相对应的征收机关。

(1) 将维护国家权益、实行宏观调控必需的税种划分为中央税。

(2) 将同国民经济发展直接相关的主要税种划分为中央与地方共享税。

(3) 将适合地方征管的税种划分为地方税。

(4) 中央税的税收管理权是由国务院及其税务主管部门(财政部和国家税务总局)掌握，由中央税务机构负责征收；地方税的税收管理权是由地方人民政府及其税务主管部门掌握，由地方税务机构负责征收；中央与地方共享税原则上由中央税务机构负责征收，属于地方部门的由中央税务机构直接划入地方金库。

除上述规定外，还有其他相关特殊规定：①地方自行立法的地区税种，其管辖权由省级人民政府及其税务主管部门掌握；②除少数民族自治地区和经济特区外，各地均不得擅自停征全国性的地方税种；③经全国人大常委会和国务院批准，少数民族自治区、经济特区可以享有一般地方税收管理权之外的一些特殊税收管理权，但不得影响国家宏观调控和中央财政收入；④涉外税收必须执行国家的统一税法，其调整权在全国人大常委会和国务院，地方不得制定优惠措施。

3. 税收征收管理范围划分

目前，我国的税收分别由税务局、海关等系统负责征收管理，如表 5-4 所示。

4. 税收收入划分

根据国务院关于实行分税制财政管理体制的规定，我国的税收收入分为中央政府固定收入、地方政府固定收入和中央政府与地方政府共享收入三种，如表 5-5 所示。

表 5-4　税收征收管理范围

征收机关	征收范围
税务局	税务局主要负责下列税种及非税收收入的征收和管理：增值税（进口环节增值税除外）、消费税（进口环节消费税除外）、城市维护建设税、教育费附加、地方教育附加、企业所得税、个人所得税、车辆购置税、印花税、资源税、城镇土地使用税、耕地占用税、土地增值税、房产税、车船税、契税、环境保护税、烟叶税、出口产品退税（增值税、消费税）、非税收收入和社会保障等
海关	海关主要负责下列税种的征收和管理：关税、船舶吨税、进口环节增值税和消费税

表 5-5　税收收入划分

税收收入	税　　种
中央政府固定收入	消费税（含进口环节海关代征的部分）、车辆购置税、关税、海关代征的进口环节增值税、储蓄存款利息所得的个人所得税等
地方政府固定收入	城镇土地使用税、耕地占用税、土地增值税、房产税、车船税、契税、环境保护税和烟叶税等
中央政府与地方政府共享收入	(1) 增值税（不含进口环节由海关代征的部分）：中央政府分享 50%，地方政府分享 50% (2) 企业所得税：中国铁路总公司（原铁道部）、各银行总行及海洋石油企业缴纳的部分归中央政府，其余部分中央政府与地方政府按比例分享，其中，中央政府分享 60%，地方政府分享 40% (3) 个人所得税：除储蓄存款利息所得的个人所得税外，其余部分由中央政府与地方政府按比例分享，其中，中央政府分享 60%，地方政府分享 40% (4) 城市维护建设税：中国铁路总公司（原铁道部）、各银行总行、各保险总公司集中缴纳的部分归中央政府，其余部分归地方政府 (5) 资源税：海洋石油企业缴纳的部分归中央政府，其余部分归地方政府 (6) 印花税：为妥善处理中央和地方的财政分配关系，国务院规定，从 2016 年 1 月 1 日起，将证券交易印花税由现行中央 97%、地方 3%比例分享全部调整为中央收入

二、税种介绍

按照课税对象的性质不同，税收制度可分为所得税类，流转税类，资源、财产税类，目的、行为税类。

我国现行的税种共 18 种，如表 5-6 所示。

我国现行的税种中，进口的增值税和消费税、关税和船舶吨税由海关负责征收管理，其他税种由税务机关负责征收管理。

现行税种中，以国家法律的形式发布实施的有个人所得税、企业所得税、车船税、车辆购置税、耕地占用税、烟叶税、环境保护税和船舶吨税；除此之外，其他各税种都是经全国人民代表大会授权，由国务院以暂行条例的形式发布实施的。

表 5-6　我国现行税种

类　别	税　　种
所得税类	个人所得税、企业所得税
流转税类	增值税、消费税、关税
资源、财产税类	城镇土地使用税、土地增值税、资源税、房产税、车船税
目的、行为税类	车辆购置税、耕地占用税、城市维护建设税、烟叶税、环境保护税、印花税、契税、船舶吨税

（一）所得税类

所得税类是国家对法人和自然人在一定期间(法人通常为一个纳税年度)获取的所得额课征的税收。这里的所得额是指法人、自然人以及其他社会团体在一定时期内由于劳动、经营、投资、转让特许权或转让财产而取得的劳务报酬、利润、资本利得以及其他一切纯收益。一般情况下,所得额是全部收入减去为取得收入耗费的各项成本费用后的余额。由于所得税类的税款一般不容易向他人转嫁,纳税人缴纳税款往往直接负担税款,所以它属于直接税。

所得税类是世界各国普遍开征的税类,其具体税种也是许多国家的主体税种,经济发达国家的财政收入主要来源于所得税类。从世界各国看,所得税类主要包括对法人企业课征的企业所得税、对自然人课征的个人所得税和社会保险税。

企业所得税是对法人企业的净收益课征的税收。净收益是指企业的经营收入扣除成本、费用、损失等法定项目后的余额。企业所得税在课征方式上一般都采取综合所得税制的类型,即要对企业的全部所得加总起来按统一的税率征税。

个人所得税是对自然人取得的各类所得课征的税收。个人所得税制度按照课征方法的不同,可以分为三大类:一是分类所得税制,即对各类所得分别规定不同的费用扣除方法和税率,分别计税,从而形成工薪所得税、财产收入所得税、利息所得税等个人所得税制度的子税种;二是综合所得税制,即对纳税人的所得不加区分,将其全部汇总以后按统一的免征额、费用扣除标准以及税率表进行计税;三是混合所得税制,即将纳税人的全部应税所得分成若干部分,每一部分可以包括一类或几类所得,各部分分别按不同的费用扣除标准和税率进行计税。

政府为筹集社会保险基金而向雇主和雇员征收的社会保险税(或社会保险缴费),因其课税对象为雇员的工资、薪金,所以也可以将其归入所得税类。

目前,我国的所得税类包括个人所得税和企业所得税。

1. 个人所得税

个人所得税是对个人(自然人)取得的各项应税所得课征的一种税,纳税义务人包括中国公民、个体工商户、个人独资企业和合伙企业的投资者,以及在中国取得所得的外籍人员(包括无国籍人员)和港、澳、台同胞。

纳税义务人依据住所和居住时间两个标准,分为居民个人和非居民个人,分别承担不同的纳税义务。

在中国境内有住所，或者无住所而一个纳税年度内在中国境内居住累计满 183 天的个人，为居民个人。居民个人从中国境内和境外取得的所得，依照《中华人民共和国个人所得税法》规定缴纳个人所得税。居民个人负有无限纳税义务。

在中国境内无住所又不居住，或者无住所而一个纳税年度内在中国境内居住累计不满 183 天的个人，为非居民个人。非居民个人从中国境内取得的所得，依照《中华人民共和国个人所得税法》规定缴纳个人所得税。非居民个人承担有限纳税义务。

纳税年度，自公历 1 月 1 日起至 12 月 31 日止。

【例 5-1】 某外籍人员从 2017 年 10 月起到中国境内公司任职，在 2018 年度内，曾于 3 月 7—12 日离境回国向总公司述职；12 月 23 日又离境回国欢度圣诞节和元旦。请问：该外籍人员在 2018 年度内是否为中华人民共和国个人所得税的纳税义务人？

解析：由于该外籍人员在 2018 年度内在中国境内居住累计满 183 天，因此，该外籍人员在 2018 年度内是中华人民共和国个人所得税的居民个人。所以，该外籍人员在 2018 年度内为中华人民共和国个人所得税的纳税义务人。

1）征税范围

（1）工资、薪金所得。工资、薪金所得是指个人因任职或者受雇而取得的工资、薪金、奖金、年终加薪、劳动分红、津贴、补贴以及与任职或者受雇有关的其他所得。

除工资、薪金以外，奖金、年终加薪、劳动分红、津贴、补贴也被确定为工资、薪金范畴。其中，年终加薪、劳动分红不分种类和取得情况，一律按工资、薪金所得征税。

其中，津贴、补贴等有以下例外。

① 根据我国目前个人收入的构成情况，规定对于一些不属于工资、薪金性质的补贴、津贴或者不属于纳税人本人工资、薪金所得项目的收入，不予征税。这些项目包括：a.独生子女补贴；b.执行公务员工资制度未纳入基本工资总额的补贴、津贴差额和家属成员的副食品补贴；c.托儿补助费；d.差旅费津贴、误餐补助（误餐补助是指按照财政部规定，个人因公在城区、郊区工作，不能在工作单位或返回就餐的，根据实际误餐顿数，按规定的标准领取的误餐费。注意，单位以误餐补助名义发给职工的补助、津贴不能包括在内）；e.外国来华留学生领取的生活津贴费、奖学金。

② 军队干部取得的补贴、津贴中有 8 项不计入工资、薪金所得项目征税。这些项目包括：a.政府特殊津贴；b.福利补助；c.夫妻分居补助费；d.随军家属无工作生活困难补助；e.独生子女保健费；f.子女保教补助费；g.机关在职军以上干部公勤费（保姆费）；h.军粮差价补贴。

③ 军队干部取得的暂不征税的补贴、津贴具体包括：a.军人职业津贴；b.军队设立的艰苦地区补助；c.专业性补助；d.基层军官岗位津贴（营连排长岗位津贴）；e.伙食补贴。

（2）劳务报酬所得。劳务报酬所得是指个人从事劳务取得的所得，包括从事设计、装潢、安装、制图、化验、测试、医疗、法律、会计、咨询、讲学、翻译、审稿、书画、雕刻、影视、录音、录像、演出、表演、广告、展览、技术服务、介绍服务、经纪服务、代办服务以及其他劳务取得的所得。

在校生因参与勤工俭学活动（包括参与学校组织的勤工俭学活动）而取得属于《中华人民共和国个人所得税法》规定的应税所得项目的所得，应依法缴纳个人所得税。

个别职业工资、薪金所得与劳务报酬所得的区别如表5-7所示。

表5-7　个别职业工资、薪金所得与劳务报酬所得的区别

职　　业	收入来源	所得类型
演员、教师	在本单位演出、授课	工资、薪金所得
	在其他单位演出、授课	劳务报酬所得
个人	兼职	劳务报酬所得
受雇于律师个人	为律师个人工作	劳务报酬所得
保险营销员、证券经纪人	从证券公司取得佣金	劳务报酬所得
董事、监事	从任职公司(包括关联公司)取得	工资、薪金所得
	从非任职受雇单位取得	劳务报酬所得
商品营销奖励	雇员从单位取得	工资、薪金所得
	非雇员从单位取得	劳务报酬所得

注：区分工资、薪金所得与劳务报酬所得，主要看是否存在雇用与被雇用的关系。其中，对于工资、薪金所得，单位与个人存在雇用与被雇用的关系；对于劳务报酬所得，单位与个人不存在雇用与被雇用的关系。

(3) 稿酬所得。稿酬所得是指个人因其作品以图书、报纸形式出版、发表而取得的所得。

作品包括文学作品、书画作品、摄影作品，以及其他作品。

《中华人民共和国个人所得税法》将具有特许权使用费和劳务报酬性质的稿酬所得单独列为一个独立的税目，不但因为稿酬所得有着不完全等同于特许权使用费所得和一般劳务报酬所得的特点，而且有利于单独制定征税办法，体现国家的税收优惠、税收照顾政策。

(4) 特许权使用费所得。特许权使用费所得是指个人提供专利权、商标权、著作权、非专利技术以及其他特许权的使用权取得的所得。注意区分特许权使用费所得、稿酬所得、财产转让所得。

① 提供著作权的使用权取得的所得，不包括稿酬所得。

② 对于作者将自己的文字作品手稿原件或复印件公开拍卖(竞价)取得的所得，属于提供著作权的使用所得，故应按特许权使用费所得项目征收个人所得税。

③ 个人取得特许权的经济赔偿收入，应按特许权使用费所得项目缴纳个人所得税，税款由支付赔偿的单位或个人代扣代缴。

④ 从2005年5月1日起，编剧从电视剧的制作单位取得的剧本使用费，不再区分剧本的使用方是否为其任职单位，统一按特许权使用费所得项目征收个人所得税。

(5) 经营所得。经营所得是指：

① 个体工商户从事生产、经营活动取得的所得，个人独资企业投资人、合伙企业的个人合伙人来源于境内注册的个人独资企业、合伙企业生产、经营的所得。

② 个人依法从事办学、医疗、咨询以及其他有偿服务活动取得的所得。

③ 个人对企业、事业单位承包经营、承租经营以及转包、转租取得的所得。

④ 个人从事其他生产、经营活动取得的所得。

个体工商户、个人独资企业和合伙企业或个人从事种植业、养殖业、饲养业、捕捞业取得的所得，暂不征收个人所得税。

个体工商户和从事生产经营的个人，取得与生产、经营活动无关的其他各项应税所得，应分别按照有关规定，计算征收个人所得税。

出租车归属为个人的，属于经营所得，包括从事个体出租车运营的出租车驾驶员取得的收入；出租车属于个人所有，但挂靠出租汽车经营单位或企事业单位，驾驶员向挂靠单位缴纳管理费；出租汽车经营单位将出租车所有权转移给驾驶员，出租车驾驶员从事客货运营取得的收入。

出租汽车经营单位对出租车驾驶员采取单车承包或承租方式运营，出租车驾驶员从客运取得的收入，按工资、薪金所得项目征收个人所得税。

(6) 利息、股息、红利所得。利息、股息、红利所得是指个人拥有债权、股权等而取得的利息、股息、红利所得。

个人取得国债利息、国家发行的金融债券利息、教育储蓄存款利息，均免征个人所得税。

对个人取得的 2009 年、2010 年和 2011 年发行的地方政府债券利息所得，免征个人所得税。

个人独资企业、合伙企业给投资者或亲属购买住房，按照个体工商户生产、经营所得计算缴纳个人所得税；除个人独资企业、合伙企业以外的其他企业的个人投资者，以企业资金为本人、家庭成员及其相关人员支付与企业生产经营无关的消费性支出及购买汽车、住房等财产性支出，视为企业对个人投资者的红利分配，按照利息、股息、红利所得缴纳个人所得税；企业为投资者以外的职工购房，按照工资、薪金所得计算缴纳个人所得税。

纳税年度内个人投资者从其投资企业(个人独资企业、合伙企业除外)借款，在该纳税年度终了后既不归还又未用于企业生产经营的，其未归还的借款可视为企业对个人投资者的红利分配，按照利息、股息、红利所得缴纳个人所得税。

(7) 财产租赁所得。财产租赁所得是指个人出租不动产、机器设备、车船以及其他财产取得的所得。

个人取得的财产转租收入属于"财产租赁所得"的征税范围。在确定纳税义务人时，应以产权凭证为依据，对无产权凭证的，由主管税务机关根据实际情况确定。

产权所有人死亡，在未办理产权继承手续期间，该财产出租而有租金收入的，以领取租金的个人为纳税义务人。

(8) 财产转让所得。财产转让所得是指个人转让有价证券、股权、合伙企业中的财产份额、不动产、机器设备、车船以及其他财产取得的所得。

财产转让所得主要涉及股票转让所得、量化资产股份转让、个人住房转让、购买和处置债权取得的所得、个人拍卖其他财产所得。在现实生活中，个人进行的财产转让主要是个人财产所有权的转让。

① (境内上市公司)股票转让所得暂不征收个人所得税。

② 企业改组改制过程中个人取得量化资产的征税问题。

a. 个人在形式上取得企业量化资产(取得的仅作为分红依据、不拥有所有权的企业量化资产)——不征收个人所得税。

b. 个人在实质上取得企业量化资产(以股份形式取得的拥有所有权的企业量化资产)——缓征个人所得税。

c. 个人转让量化资产——按"财产转让所得"项目计征个人所得税。

d. 个人取得量化资产的分红(以股份形式取得企业量化资产参与企业分配而获得的股息、红利)——按"利息、股息、红利所得"项目征收个人所得税。

(9) 偶然所得。偶然所得是指个人得奖、中奖、中彩以及其他偶然性质的所得。

个人为单位或他人提供担保获得收入,按照"偶然所得"项目计算缴纳个人所得税。房屋产权所有人将房屋产权无偿赠予他人的,受赠人因无偿受赠房屋取得的受赠收入,按照"偶然所得"项目计算缴纳个人所得税。企业对累积消费达到一定额度的顾客,给予额外抽奖机会,个人的获奖所得,按照"偶然所得"项目全额适用20%的税率缴纳个人所得税。企业在业务宣传、广告等活动中,随机向本单位以外的个人赠送礼品(包括网络红包,下同),以及企业在年会、座谈会、庆典及其他活动中向本单位以外的个人赠送礼品,个人取得的礼品收入,按照"偶然所得"项目计算缴纳个人所得税,但企业赠送的具有价格折扣或折让性质的消费券、代金券、抵用券、优惠券等礼品除外。偶然所得应缴纳的个人所得税税款,一律由发奖单位或机构代扣代缴。

此外,个人取得的所得,难以界定应纳税所得项目的,由国务院税务主管部门确定。

综上所述,居民个人取得工资、薪金所得,劳务报酬所得,稿酬所得,特许权使用费所得,统称为"综合所得",按纳税年度合并计算个人所得税;非居民个人取得工资、薪金所得,劳务报酬所得,稿酬所得,特许权使用费所得,按月或者按次分项计算个人所得税。纳税人取得经营所得,利息、股息、红利所得,财产租赁所得,财产转让所得和偶然所得,依照《中华人民共和国个人所得税法》规定分别计算个人所得税。

2) 所得来源的确定

除国务院财政、税务主管部门另有规定外,下列所得,不论支付地点是否在中国境内,均为来源于中国境内的所得。

(1) 因任职、受雇、履约等在中国境内提供劳务取得的所得。

(2) 将财产出租给承租人在中国境内使用而取得的所得。

(3) 许可各种特许权在中国境内使用而取得的所得。

(4) 转让中国境内的不动产(建筑物、土地使用权)等财产或者在中国境内转让其他财产取得的所得。

(5) 从中国境内企事业单位、其他组织以及居民个人取得的利息、股息、红利所得。

在中国境内无住所的个人,在中国境内居住累计满183天的年度连续不满6年的,其来源于中国境外的所得,经向主管税务机关备案,其来源于中国境外且由境外单位或者个人支付的所得,免予缴纳个人所得税;在中国境内居住累计满183天的任一年度中有一次离境超过30天的,其在中国境内居住累计满183天的年度的连续年限重新起算。

在中国境内无住所,但是在一个纳税年度中在中国境内居住累计不超过90天的个人,其来源于中国境内的所得,由境外雇主支付并且不由该雇主在中国境内的机构、场所负担的部分，免予缴纳个人所得税。但对在中国境内连续居住不超过 90 天的，可只就我国支付的工资、薪金所得部分计算纳税，对外国支付的工资、薪金所得部分免予征税。并且，外国来华工作人员，由外国派出单位发给包干款项，其中包括个人工资、公用经费（邮电费、办公费、广告费、业务上往来必要的交际费）、生活津贴费（住房费、差旅费），凡对上述所得能够划分清楚的，可只就工资、薪金所得部分按照规定征收个人所得税。

3）税率

个人所得税根据不同的征税项目，规定了超额累进税率和比例税率两种形式，如表 5-8 所示。

表 5-8　个人所得税适用税率

税　　率	适用情况
3%～45%的七级超额累进税率	综合所得（表 5-9 和表 5-10）
5%～35%的五级超额累进税率	经营所得（表 5-10）
20%的比例税率	利息、股息、红利所得，财产租赁所得，财产转让所得和偶然所得

（1）居民个人综合所得个人所得税适用税率（按年汇算清缴），如表 5-9 所示。

表 5-9　居民个人综合所得个人所得税适用税率（七级超额累进税率）（按年）

级数	全年应纳税所得额	税率/%	速算扣除数/元
1	不超过 36000 元的部分	3	0
2	超过 36000 元至 144000 元的部分	10	2520
3	超过 144000 元至 300000 元的部分	20	16920
4	超过 300000 元至 420000 元的部分	25	31920
5	超过 420000 元至 660000 元的部分	30	52920
6	超过 660000 元至 960000 元的部分	35	85920
7	超过 960000 元的部分	45	181920

注：本表所称全年应纳税所得额是指依照《中华人民共和国个人所得税法》第六条的规定，居民个人取得综合所得以每一纳税年度的收入总额减除费用 60000 元以及专项扣除、专项附加扣除和依法确定的其他扣除后的余额。

本书只说明居民个人综合所得汇算清缴个人所得税的相关内容，而居民个人综合所得预扣、预缴个人所得税的相关内容，本书不作详述。

（2）非居民个人取得工资、薪金所得，劳务报酬所得，稿酬所得，特许权使用费所得个人所得税适用税率，如表 5-10 所示。依照表 5-9 按月换算后计算应纳税额。

表 5-10　非居民个人工资、薪金所得，劳务报酬所得，稿酬所得，特许权使用费所得个人所得税适用税率（七级超额累进税率）（按月）

级数	全月应纳税所得额	税率/%	速算扣除数/元
1	不超过 3000 元的部分	3	0
2	超过 3000 元至 12000 元的部分	10	210

续表

级数	全月应纳税所得额	税率/%	速算扣除数/元
3	超过 12000 元至 25000 元的部分	20	1410
4	超过 25000 元至 35000 元的部分	25	2660
5	超过 35000 元至 55000 元的部分	30	4410
6	超过 55000 元至 80000 元的部分	35	7160
7	超过 80000 元的部分	45	15160

(3) 经营所得个人所得税适用税率,如表 5-11 所示。

表 5-11 经营所得个人所得税适用税率(五级超额累进税率)(按年)

级数	全年应纳税所得额	税率/%	速算扣除数/元
1	不超过 30000 元的部分	5	0
2	超过 30000 元至 90000 元的部分	10	1500
3	超过 90000 元至 300000 元的部分	20	10500
4	超过 300000 元至 500000 元的部分	30	40500
5	超过 500000 元的部分	35	65500

注:本表所称全年应纳税所得额是指依照《中华人民共和国个人所得税法》第六条的规定,以每一纳税年度的收入总额减除成本、费用以及损失后的余额。

需要注意的是,由于目前实行承包、承租经营的形式较多,分配方式也不相同。因此,承包人、承租人按照承包、承租经营合同(或协议)规定取得所得的适用税率也不一致。①承包人、承租人对企业经营成果不拥有所有权,仅是按合同(或协议)规定取得一定所得的,其所得按工资、薪金所得项目征税,纳入年度综合所得适用 3%~45%的七级超额累进税率(表 5-9 或表 5-10);②承包人、承租人按合同(或协议)的规定只向发包方、出租方缴纳一定费用后,企业经营成果归其所有的,其所得按对企事业单位的承包经营、承租经营所得项目,适用 5%~35%的五级超额累进税率征税(表 5-11)。

4) 应纳税所得额的确定

(1) 计税依据的主要规定如表 5-12 所示,费用扣除标准如表 5-13 所示。

表 5-12 计税依据的主要规定

<table>
<tr><th>征税项目</th><th>计算依据和费用扣除</th><th>税率</th><th>计税方法</th><th>计税公式</th></tr>
<tr><td>居民个人取得的综合所得</td><td>应纳税所得额=每年收入额-60000-专项扣除-专项附加扣除-依法确定的其他扣除</td><td rowspan="3">七级超额累进税率</td><td>按年计税</td><td rowspan="3">应纳税额=应纳税所得额×适用税率-速算扣除数</td></tr>
<tr><td rowspan="2">非居民个人取得的工资、薪金所得,劳务报酬所得,稿酬所得,特许权使用费所得</td><td>(工资、薪金所得)应纳税所得额=每月收入额-5000</td><td>按月计税</td></tr>
<tr><td>劳务报酬所得、稿酬所得、特许权使用费所得,以每次收入额为应纳税所得额</td><td>按次计税</td></tr>
</table>

续表

<table>
<tr><th>征税项目</th><th>计算依据和费用扣除</th><th>税率</th><th>计税方法</th><th>计税公式</th></tr>
<tr><td>经营所得</td><td>应纳税所得额=每一纳税年度的收入总额－成本、费用以及损失</td><td>五级超额累进税率</td><td>按年计税</td><td>应纳税额=应纳税所得额×适用税率－速算扣除数</td></tr>
<tr><td>财产租赁所得</td><td>(1) 每次收入不足 4000 元的，应纳税所得额=每次收入额－800
(2) 每次收入 4000 元以上的，应纳税所得额=每次收入额×(1－20%)</td><td rowspan="4">20%的比例税率</td><td rowspan="4">按次计税</td><td rowspan="4">应纳税额=应纳税所得额×适用税率</td></tr>
<tr><td>财产转让所得</td><td>应纳税所得额=转让财产的收入额－财产原值－合理费用</td></tr>
<tr><td>利息、股息、红利所得</td><td rowspan="2">以每次收入额为应纳税所得额</td></tr>
<tr><td>偶然所得</td></tr>
</table>

表 5-13 费用扣除标准

<table>
<tr><th colspan="2">扣除办法</th><th>所得项目</th></tr>
<tr><td rowspan="3">可以扣除费用</td><td>定额扣除</td><td>工资、薪金所得</td></tr>
<tr><td>定额(800 元)和定率(20%)扣除</td><td>劳务报酬所得，稿酬所得，特许权使用费所得，财产租赁所得</td></tr>
<tr><td>核算扣除</td><td>经营所得，财产转让所得</td></tr>
<tr><td colspan="2">不得扣除费用</td><td>利息、股息、红利所得，偶然所得</td></tr>
</table>

相关的补充说明如下。

① 专项附加扣除标准。专项附加扣除目前包含子女教育、继续教育、大病医疗、住房贷款利息、住房租金、赡养老人六项支出，并将根据教育、医疗、住房、养老等民生支出变化情况，适时调整专项附加扣除的范围和标准。取得综合所得和经营所得的居民个人可以享受专项附加扣除。

a. 子女教育。纳税人年满 3 岁的子女接受学前教育和学历教育的相关支出，按照每个子女每月 1000 元(每年 12000 元)的标准定额扣除。

学前教育包括年满 3 岁至小学入学前教育；学历教育包括义务教育(小学、初中教育)、高中阶段教育(普通高中、中等职业、技工教育)、高等教育(大学专科、大学本科、硕士研究生、博士研究生教育)。

父母可以选择由其中一方按扣除标准的 100%扣除，也可以选择由双方分别按扣除标准的 50%扣除，具体扣除方式在一个纳税年度内不得变更。

纳税人子女在中国境外接受教育的，纳税人应当留存境外学校录取通知书、留学签证等相关教育的证明资料备查。

b. 继续教育。纳税人在中国境内接受学历(学位)继续教育的支出，在学历(学位)教育期间按照每月 400 元(每年 4800 元)定额扣除。同一学历(学位)继续教育的扣除期限不能超过 48 个月(4 年)。纳税人接受技能人员职业资格继续教育、专业技术人员职业资格继续教育支出,在取得相关证书的当年,按照 3600 元定额扣除。

个人接受本科及以下学历(学位)继续教育,符合《个人所得税法》规定扣除条件的,可以选择由其父母扣除,也可以选择由本人扣除。

纳税人接受技能人员职业资格继续教育、专业技术人员职业资格继续教育的,应当留存相关证书等资料备查。

c. 大病医疗。在一个纳税年度内,纳税人发生的与基本医保相关的医药费用支出,扣除医保报销后个人负担(指医保目录范围内的自付部分)累计超过 15000 元的部分,由纳税人在办理年度汇算清缴时,在 80000 元限额内据实扣除。

纳税人发生的医药费用支出可以选择由本人或者其配偶扣除;未成年子女发生的医药费用支出可以选择由其父母一方扣除。纳税人及其配偶、未成年子女发生的医药费用支出,应按前述规定分别计算扣除额。

纳税人应当留存医药服务收费及医保报销相关票据原件(或复印件)等资料备查。医疗保障部门应当向患者提供在医疗保障信息系统记录的本人年度医药费用信息查询服务。

d. 住房贷款利息。纳税人本人或配偶,单独或共同使用商业银行或住房公积金个人住房贷款,为本人或者其配偶购买中国境内住房,发生的首套住房贷款利息支出,在实际发生贷款利息的年度,按照每月 1000 元(每年 12000 元)的标准定额扣除,扣除期限最长不超过 240 个月(20 年)。纳税人只能享受一套首套住房贷款利息扣除。

经夫妻双方约定,可以选择由其中一方扣除,具体扣除方式在确定后,一个纳税年度内不得变更。

夫妻双方婚前分别购买住房发生的首套住房贷款,其贷款利息支出,婚后可以选择其中一套购买的住房,由购买方按扣除标准的 100%扣除,也可以由夫妻双方对各自购买的住房分别按扣除标准的 50%扣除,具体扣除方式在一个纳税年度内不得变更。

纳税人应当留存住房贷款合同、贷款还款支出凭证备查。

e. 住房租金。纳税人在主要工作城市没有自有住房而发生的住房租金支出,可以按照以下标准定额扣除:直辖市、省会(首府)城市、计划单列市以及国务院确定的其他城市,扣除标准为每月 1500 元(每年 18000 元)。除上述所列城市外,市辖区户籍人口超过 100 万的城市,扣除标准为每月 1100 元(每年 13200 元);市辖区户籍人口不超过 100 万的城市,扣除标准为每月 800 元(每年 9600 元)。市辖区户籍人口,以国家统计局公布的数据为准。

夫妻双方主要工作城市相同的,只能由一方扣除住房租金支出。

住房租金支出由签订租赁住房合同的承租人扣除。

纳税人及其配偶在一个纳税年度内不得同时分别享受住房贷款利息专项附加扣除和住房租金专项附加扣除。

纳税人应当留存住房租赁合同、协议等有关资料备查。

f. 赡养老人。纳税人赡养一位及以上被赡养人的赡养支出,统一按以下标准等额扣除:纳税人为独生子女的,按照每月 2000 元(每年 24000 元)的标准定额扣除;纳税人为非独生子女的，由其与兄弟姐妹分摊每月 2000 元(每年 24000 元)的扣除额度，每人分摊的额度最高不得超过每月 1000 元(每年 12000 元)。可以由赡养人均摊或者约定分摊，也可以由被赡养人指定分摊。约定或者指定分摊的须签订书面分摊协议，指定分摊优于约定分摊。具体分摊方式和额度在一个纳税年度内不得变更。

所称被赡养人是指年满 60 岁的父母，以及子女均已去世的年满 60 岁的祖父母、外祖父母。

② 劳务报酬所得、稿酬所得、特许权使用费所得以收入减除费用后的余额为收入额。其中，稿酬所得的收入额减按 70%计算。个人兼有不同的劳务报酬所得，应当分别减除费用，计算缴纳个人所得税。其中，扣缴义务人向居民个人支付劳务报酬所得、稿酬所得、特许权使用费所得时，按次或者按月预扣预缴个人所得税。若每次收入不超过 4000 元时，按 800 元计算减除费用；若每次收入 4000 元以上时，按 20%计算减除费用。扣缴义务人向非居民个人支付劳务报酬所得、稿酬所得、特许权使用费所得时，以每次收入额为应纳税所得额。其按 20%计算减除费用。

(2) 每次收入的确定。非居民个人取得的劳务报酬所得、稿酬所得、特许权使用费所得，利息、股息、红利所得，财产租赁所得，偶然所得等所得都应该按次计算征税。扣除费用依据每次应纳税所得额的大小，分别规定了定额和定率两种标准。

① 非居民个人取得的劳务报酬所得。

a. 只有一次性收入的，以取得该项收入为一次。例如，从事设计、安装、装潢、制图、化验、测试等劳务，往往是接受客户的委托，按照客户的要求，完成一次劳务后取得收入。但需要注意的是，如果一次性劳务报酬收入以分月支付方式取得的，就适用同一事项连续取得收入，以一个月内取得的收入为一次的规定。

b. 属于同一事项连续取得收入的，以一个月内取得的收入为一次。

② 非居民个人取得的稿酬所得，以每次出版、发表取得的收入为一次。

a. 同一作品再版取得的所得，应视作另一次稿酬所得，计征个人所得税。

b. 同一作品先在报纸上连载，然后再出版，或先出版，再在报纸上连载的，应视为两次稿酬所得征税，即连载作为一次，出版作为另一次。

c. 同一作品在报纸上连载取得收入的，将连载完成后取得的所有收入合并为一次，计征个人所得税。

d. 同一作品在出版、发表时，以预付的稿酬或分次支付稿酬等形式取得的稿酬收入，应合并计算为一次。

e. 同一作品出版、发表后，因添加印数而追加稿酬的，应与以前出版、发表时取得的稿酬合并计算为一次，计征个人所得税。

f. 在两处或两处以上出版、发表或再版同一作品而取得稿酬所得，则可分别按各处取得的所得或再版所得按分次所得，计征个人所得税。

g. 作者去世后，对取得其遗作稿酬的个人，按稿酬所得征收个人所得税。

③ 非居民个人取得的特许权使用费所得，以某项使用权的一次转让所取得的收入为一次。一个非居民个人，可能不止拥有一项特许权利，每一项特许权利的使用权也可能不

止一次向他人提供。因此，对特许权使用费所得的“次”的界定，明确为每一项使用权的每次转让所取得的收入为一次。如果该次转让取得的收入是分笔支付的，则应将各笔收入相加为一次的收入，计征个人所得税。

④ 财产租赁所得，以一个月内取得的收入为一次。

⑤ 利息、股息、红利所得，以支付利息、股息、红利时取得的收入为一次。

⑥ 偶然所得，以每次收入为一次。

5）应纳税额的计算

(1) 居民个人综合所得应纳税额的计算。

应纳税额＝应纳税所得额×适用税率－速算扣除数
＝(每一纳税年度的收入额－60000－专项扣除
－专项附加扣除－依法确定的其他扣除)
×适用税率－速算扣除数
＝[工资、薪金收入＋劳务报酬收入×(1－20%)
＋稿酬收入×(1－20%)×70%
＋特许权使用费收入×(1－20%)－60000－专项扣除
－专项附加扣除－依法确定的其他扣除]
×适用税率－速算扣除数

【例 5-2】 假定某居民个人纳税人 2019 年扣除“三险一金”后共取得含税工资收入 12 万元，除住房贷款专项附加扣除外，该纳税人不享受其余专项附加扣除和税法规定的其他扣除。计算其当年应纳个人所得税税额。

解析：应纳税额＝(每一纳税年度的收入额－60000－专项扣除－专项附加扣除
－依法确定的其他扣除)×适用税率－速算扣除数
＝(120000－60000－12000)×10%－2520
＝2280(元)

(2) 非居民个人取得工资、薪金所得，劳务报酬所得，稿酬所得和特许权使用费所得应纳税额的计算。

① 非居民个人的工资、薪金所得。

应纳税额＝应纳税所得额×适用税率－速算扣除数
＝(每月工资、薪金收入－5000)×适用税率－速算扣除数

② 非居民个人的劳务报酬所得。

应纳税额＝应纳税所得额×适用税率－速算扣除数
＝每次收入额×适用税率－速算扣除数
＝劳务报酬收入×(1－20%)×适用税率－速算扣除数

③ 非居民个人的稿酬所得。

应纳税额＝应纳税所得额×适用税率－速算扣除数
＝每次收入额×适用税率－速算扣除数
＝稿酬收入×(1－20%)×70%×适用税率－速算扣除数

④ 非居民个人的特许权使用费所得。

应纳税额＝应纳税所得额×适用税率－速算扣除数
＝每次收入额×适用税率－速算扣除数
＝特许权使用费收入×(1－20%)×适用税率－速算扣除数

【例 5-3】 某演员为一企业做电视广告，一个月内分两次等额取得报酬，每次取得 30000 元，其应纳税所得额为多少？

解析：应纳税额＝劳务报酬收入×(1－20%)×适用税率－速算扣除数
＝30000×2×(1－20%)×30%－4410
＝9990(元)

【例 5-4】 某作家的一篇小说先在某晚报上连载 3 个月，每月取得稿酬 3600 元，然后送交出版社出版，一次取得稿酬 20000 元。该作家因此需要缴纳个人所得税多少元？

解析：应纳税额＝稿酬收入×(1－20%)×70%×适用税率－速算扣除数
＝[3600×3×(1－20%)×70%×10%－210]
＋[20000×(1－20%)×70%×10%－210]
＝394.8＋910
＝1304.8(元)

【例 5-5】 某技术人员向某公司转让某项专有技术，获特许权使用费 12 万元，则其就这笔特许权使用费需要缴纳的个人所得税的数额为多少？

解析：应纳税额＝特许权使用费收入×(1－20%)×适用税率－速算扣除数
＝120000×(1－20%)×45%－15160
＝28040(元)

(3) 经营所得应纳税额的计算。

应纳税额＝应纳税所得额×适用税率－速算扣除数
＝(全年收入总额－成本－费用－损失)×适用税率－速算扣除数

取得经营所得的个人，没有综合所得的，计算其每一纳税年度的应纳税所得额时，应当减除费用 6 万元、专项扣除、专项附加扣除以及依法确定的其他扣除。专项附加扣除在办理汇算清缴时减除。

【例 5-6】 某小型运输公司是个体工商户，2019 年取得经营收入 320000 元，准许扣除的成本、费用共计 250600 元，则其需要缴纳的个人所得税的数额为多少？

解析：应纳税额＝(全年收入总额－成本－费用－损失)
×适用税率－速算扣除数
＝(320000－250600)×10%－1500
＝5440(元)

(4) 财产租赁所得应纳税额的计算。

① 每次(月)收入不超过 4000 元的，减除费用 800 元。

应纳税额＝应纳税所得额×适用税率
＝[每次(月)收入额－准予扣除项目
－修缮费用(800 元／月为限)－800]×20%

② 每次(月)收入超过4000元的,减除20%的费用。

应纳税额＝应纳税所得额×适用税率

＝[每次(月)收入额－准予扣除项目

－修缮费用(800元/月为限)]×(1－20%)×20%

个人出租财产取得的财产租赁收入,在计算缴纳个人所得税时,应依次扣除以下费用:①财产租赁过程中缴纳的税费,包括城市维护建设税、房产税、教育费附加、印花税;②向出租方支付的租金,若无转租收入不扣此项目;③由纳税人负担的该出租财产实际开支的修缮费用,每次800元为限,一次扣不完的,可无限期在以后期继续扣除,直到扣完为止;④税法规定的费用扣除标准,800元或20%;⑤适用税率为20%。但对个人按市场价格出租的居民住房取得的所得,自2001年1月1日起暂减按10%的税率征收个人所得税。

经上述减除后,如果余额不足4000元,则减除800元;如果余额超过4000元,则减除20%。

【例5-7】 李某2019年10月将其原居住的房屋租给张某用于居住,每月租金为4600元(不含增值税),租金按月收取。2019年10月,发生修缮费用1200元,相关税费为200元,则李某10月需要缴纳的个人所得税的数额为多少?

解析:应纳税额＝[每次(月)收入额－准予扣除项目

－修缮费用(800元/月为限)－800]×10%

＝(4600－200－800－800)×10%

＝280(元)

(5) 财产转让所得应纳税额的计算。

应纳税额＝应纳税所得额×适用税率

＝(收入总额－财产原值－合理税费)×20%

【例5-8】 某人建房一幢,造价36000元,支付费用2000元。该人转让房屋,售价60000元,在卖房过程中按规定支付交易费等有关费用2500元,其应缴纳的个人所得税税额为多少?

解析:应纳税额＝(收入总额－财产原值－合理税费)×20%

＝(60000－36000－2000－2500)×20%

＝3900(元)

(6) 利息、股息、红利所得和偶然所得应纳税额的计算。

应纳税额＝应纳税所得额×适用税率＝每次收入额×20%

【例5-9】 假设小王在参加商场的有奖销售过程中,中奖所得共计20000元,则按照税法规定小王应缴纳个人所得税为多少?

解析:应纳税额＝每次收入额×20%＝20000×20%＝4000(元)

6) 应纳税额计算中的个别特殊规定

(1) 个人兼职取得的收入应按照"劳务报酬所得"应税项目缴纳个人所得税;退休人员再任职取得的收入,在减除按个人所得税法规定的费用扣除标准后,按"工资、薪金所得"应税项且缴纳个人所得税。

(2) 居民个人取得全年一次性奖金，在 2021 年 12 月 31 日前，可选择不并入当年综合所得，由扣缴义务人发放时代扣代缴。自 2022 年 1 月 1 日起，居民个人取得全年一次性奖金，应并入当年综合所得计算缴纳个人所得税。

(3) 员工接受实施股票期权计划企业授予的股票期权时，除另有规定外，一般不作为应税所得征税；员工行权时，其从企业取得股票的实际购买价（施权价）低于购买日公平市场价（指该股票当日的收盘价）的差额，是因员工在企业的表现和业绩情况而取得的与任职、受雇有关的所得，应按"工资、薪金所得"适用的规定计算缴纳个人所得税。对因特殊情况，员工在行权日之前将股票期权转让的，以股票期权的转让净收入作为"工资、薪金所得"征收个人所得税。

(4) 企业为股东购买车辆并将车辆所有权办到股东个人名下，其实质为企业对股东进行了红利性质的实物分配，应按照"利息、股息、红利所得"项目征收个人所得税，但允许合理减除部分所得。企业为个人股东购买的车辆，不属于企业的资产，不得在企业所得税前扣除折旧。

(5) 在商品营销活动中，企业和单位对营销业绩突出人员以培训班、研讨会、工作考察等名义组织旅游活动，通过免收差旅费、旅游费对个人实行的营销业绩奖励（包括实物、有价证券等），应根据所发生费用全额计入营销人员应税所得，依法征收个人所得税，并由提供上述费用的企业和单位代扣代缴。其中，对企业雇员享受的此类奖励，应与当期的工资、薪金合并，按照"工资、薪金所得"项目征收个人所得税；对其他人员享受的此类奖励，应作为当期的劳务收入，按照"劳务报酬所得"项目征收个人所得税。

(6) 在中国境内无住所的个人，在中国境内居住累计满 183 天的年度连续不满 6 年的，经向主管税务机关备案，其来源于中国境外且由境外单位或者个人支付的所得，免予缴纳个人所得税；在中国境内居住累计满 183 天的任一年度中有一次离境超过 30 天的，其在中国境内居住累计满 183 天的年度的连续年限重新起算。

(7) 在中国境内无住所的个人，在一个纳税年度内在中国境内居住累计不超过 90 天的，其来源于中国境内的所得，由境外雇主支付并且不由该雇主在中国境内的机构、场所负担的部分，免予缴纳个人所得税。

7) 税收优惠

(1) 免征个人所得税的优惠。

① 省级人民政府、国务院部委和中国人民解放军军以上单位，以及外国组织、国际组织颁发的科学、教育、技术、文化、卫生、体育、环境保护等方面的奖金。

② 按照国家统一规定发给的补贴、津贴。

③ 福利费、抚恤金、救济金；保险赔款；军人的转业费、复员费。

④ 按照国家统一规定发给干部、职工的安家费、退职费、退休工资、离休工资、离休生活补助费。

⑤ 依照中国有关法律、法规规定应予免税的各国驻华使馆、领事馆的外交代表、领事官员和其他人员的所得。

⑥ 中国政府参加的国际公约、签订的协议中规定免税的所得。

⑦ 对乡、镇（含乡、镇）以上人民政府或经县（含县）以上人民政府主管部门批准成立

的有机构、有章程的见义勇为基金或者类似性质组织，奖励见义勇为者的奖金或奖品，经主管税务机关核准，免征个人所得税。

⑧ 企业和个人按照省级以上人民政府规定的比例提取并缴付的住房公积金、医疗保险金、基本养老保险金、失业保险金，允许在个人应纳税所得额中扣除，免予征收个人所得税。超过规定的比例缴付的部分，并入个人当期的工资、薪金收入，计征个人所得税。

个人领取原提存的住房公积金、医疗保险金、基本养老保险金时，免予征收个人所得税。

对按照国家或省级地方政府规定的比例缴付的住房公积金、医疗保险金、基本养老保险金和失业保险金存入银行个人账户所取得的利息收入，免征个人所得税。

⑨ 储蓄机构内从事代扣代缴工作的办税人员取得的扣缴利息税手续费所得，免征个人所得税。

⑩ 生育妇女按照县级以上人民政府根据国家有关规定制定的生育保险办法，取得的生育津贴、生育医疗费或其他属于生育保险性质的津贴、补贴，免征个人所得税。

⑪ 对工伤职工及其近亲属按照《工伤保险条例》规定取得的工伤保险待遇，免征个人所得税。

⑫ 对个体工商户或个人，以及个人独资企业和合伙企业从事种植业、养殖业、饲养业和捕捞业（简称“四业”），取得的“四业”所得暂不征收个人所得税。

⑬ 个人举报、协查各种违法、犯罪行为而获得的奖金。

⑭ 个人办理代扣代缴税款手续，按规定取得的扣缴手续费。

⑮ 对按《国务院关于高级专家离休退休若干问题的暂行规定》和《国务院办公厅关于杰出高级专家暂缓离休审批问题的通知》精神，达到离休、退休年龄，但确因工作需要，适当延长离休、退休年龄的高级专家，其在延长离休、退休期间的工资、薪金所得，视同退休工资、离休工资免征个人所得税。

⑯ 符合下列条件之一的外籍专家的工资、薪金所得，免征个人所得税：

a. 根据世界银行集团专项贷款协议由世界银行集团直接派往我国工作的外国专家；

b. 联合国组织直接派往我国工作的专家；

c. 为联合国援助项目来华工作的专家；

d. 援助国派往我国专为该国无偿援助项目工作的专家，除工资、薪金外，其取得的生活津贴也免税；

e. 根据两国政府签订的文化交流项目来华工作两年以内的文教专家，其工资、薪金所得由该国负担的；

f. 根据我国大专院校国际交流项目来华工作两年以内的文教专家，其工资、薪金所得由该国负担的；

g. 通过民间科研协定来华工作的专家，其工资、薪金所得由该国机构负担的。

⑰ 外籍个人从外商投资企业取得的利息、股息、红利所得。

⑱ 股权分置改革中非流通股股东通过对价方式向流通股股东支付的股份、现金等收入，暂免征收流通股股东应缴纳的个人所得税。

⑲ 对被拆迁人按照国家有关城镇房屋拆迁管理办法规定的标准取得的拆迁补偿款

(含因棚户区改造而取得的拆迁补偿款),免征个人所得税。

⑳ 对个人投资者从投保基金公司取得的行政和解金,暂免征收个人所得税。

㉑ 乡镇企业的职工和农民取得的青苗补偿费,属种植业的收益范围,同时,也属经济损失的补偿性收入,暂不征收个人所得税。

㉒ 对由亚洲开发银行支付给我国公民或国民(包括为亚洲开发银行执行任务的专家)的薪金和津贴,凡经亚洲开发银行确认这些人员为亚洲开发银行雇员或执行项目专家的,其取得的符合我国税法规定的有关薪金和津贴等报酬,免征个人所得税。

㉓ 自原油期货对外开放之日起,对境外个人投资者投资中国境内原油期货取得的所得,三年内暂免征收个人所得税。

㉔ 自 2018 年 1 月 1 日至 2020 年 12 月 31 日,对易地扶贫搬迁贫困人口按规定取得的住房建设补助资金、拆旧复垦奖励资金等与易地扶贫搬迁相关的货币化补偿和易地扶贫搬迁安置住房(简称安置住房),免征个人所得税。

㉕ 经国务院财政部门批准免税的所得。

(2) 减征个人所得税的优惠。有下列情形之一的,可以减征个人所得税。具体幅度和期限,由省、自治区、直辖市人民政府规定,并报同级人民代表大会常务委员会备案。

① 残疾、孤老人员、烈属的所得。

② 因严重自然灾害造成重大损失的。

③ 经国务院财政部门批准减税的所得。

8) 境外所得的税额扣除

《个人所得税法》规定,居民个人从中国境外取得的所得,准予其在应纳税额中抵免已在境外缴纳的个人所得税税额。但是,抵免额不得超过该纳税人境外所得依照《个人所得税法》规定计算的应纳税额。

(1) 税法所说的已在境外缴纳的个人所得税税额是指居民个人来源于中国境外的所得,依照该所得来源国家(地区)的法律应当缴纳,并且实际已经缴纳的税额。

(2) 税法所说的依照税法规定计算的应纳税额是指居民个人抵免已在境外缴纳的综合所得、经营所得以及其他所得的所得税税额的限额(简称抵免限额)。除国务院财政、税务主管部门另有规定外,来源于中国境外一个国家(地区)的综合所得抵免限额、经营所得抵免限额以及其他所得抵免限额之和,为来源于该国家(地区)所得的抵免限额。

居民个人在中国境外一个国家(地区)实际已经缴纳的个人所得税税额,低于依照上述规定计算出的来源于该国家(地区)所得的抵免限额的,应当在中国缴纳差额部分的税款;超过来源于该国家(地区)所得的抵免限额的,其超过部分不得在本纳税年度的应纳税额中抵免,但是可以在以后纳税年度来源于该国家(地区)所得的抵免限额的余额中补扣,补扣期限最长不得超过 5 年。

(3) 居民个人申请抵免已在境外缴纳的个人所得税税额,应当提供境外税务机关出具的税款所属年度的有关纳税凭证。

9) 征收管理

我国实行个人所得税代扣代缴纳税和自行申报纳税的征收管理制度。

(1) 代扣代缴纳税。代扣代缴是指按照税法规定负有扣缴义务的单位或个人,在向个人支付应纳税所得时,应计算应纳税额,从其所得中扣除并缴入国库,同时向税务机关报送《个人所得税扣缴申报表》。个人所得税采取代扣代缴办法,有利于控制税源,保证税收收入,简化征纳手续,加强个人所得税管理。

① 扣缴义务人。凡支付个人应纳税所得的企业(公司)事业单位、机关、社团组织、军队、驻华机构、个体户等单位或个人,为个人所得税的扣缴义务人。

纳税义务人有中国公民身份号码(即身份证号)的,以中国公民身份号码为纳税人识别号;纳税人没有中国公民身份号码的,由税务机关赋予其纳税人识别号。扣缴义务人扣缴税款时,纳税义务人应当向扣缴义务人提供纳税人识别号,扣缴义务人应当按照国家规定办理全员全额扣缴申报,并向纳税义务人提供其个人所得和已扣缴税款等信息。

扣缴义务人在向纳税人支付各项应纳税所得时,必须履行代扣代缴税款的义务。若不按规定履行代扣代缴义务的,税务机关负责向纳税人追缴税款,但对扣缴义务人将依《税收征收管理法》规定予以应扣未扣税款50%以上3倍以下的罚款。

② 代扣代缴的范围。代扣代缴的范围包括个人所得税法中的工资、薪金所得,劳务报酬所得,稿酬所得,特许权使用费所得,利息、股息、红利所得,财产租赁所得,财产转让所得,偶然所得。

③ 代扣代缴的期限。扣缴义务人每月或者每次所扣的税款,应当在次月15日内缴入国库,并向税务机关报送《个人所得税扣缴申报表》。

(2) 自行申报纳税。自行申报纳税是由纳税义务人自行在税法规定的纳税期限内,向税务机关申报取得的应税所得项目和数额,如实填写《个人所得税纳税申报表》,并按照税法规定计算应纳税额,据此缴纳个人所得税的一种方法。

① 自行申报纳税的范围。

有下列情形之一的,纳税义务人应当依法办理纳税申报。

a. 取得综合所得需要办理汇算清缴。

b. 取得应税所得没有扣缴义务人。

c. 取得应税所得,扣缴义务人未扣缴税款。

d. 取得境外所得。

e. 因移居境外注销中国户籍。

f. 非居民个人在中国境内从两处以上取得工资、薪金所得。

g. 国务院规定的其他情形。

② 自行申报纳税的期限。

a. 居民个人取得综合所得,按年计算个人所得税;有扣缴义务人的,由扣缴义务人按月或者按次预扣预缴税款;需要办理汇算清缴的,应当在取得所得的次年3月1日至6月30天内办理汇算清缴。预扣预缴办法由国务院税务主管部门制定。

b. 纳税人取得经营所得,按年计算个人所得税,由纳税义务人在月度或者季度终了后15天内向税务机关报送纳税申报表,并预缴税款;在取得所得的次年3月31日前办理汇算清缴。

c. 纳税义务人取得应税所得没有扣缴义务人的,应当在取得所得的次月15日内向税务机关报送纳税申报表,并缴纳税款。

d. 居民个人从中国境外取得所得的，应当在取得所得的次年 3 月 1 日至 6 月 30 日内申报纳税。

e. 纳税义务人因移居境外注销中国户籍的，应当在注销中国户籍前办理税款清算。

f. 非居民个人在中国境内从两处以上取得工资、薪金所得的，应当在取得所得的次月 15 日内申报纳税。

g. 纳税义务人办理汇算清缴退税或者扣缴义务人为纳税义务人办理汇算清缴退税的，税务机关审核后，按照国库管理的有关规定办理退税。

2. 企业所得税

1）纳税义务人

企业所得税的纳税义务人是指在中华人民共和国境内的企业和其他取得收入的组织。《企业所得税法》第一条规定，在中华人民共和国境内，企业和其他取得收入的组织（以下统称企业）为企业所得税的纳税义务人，依照《企业所得税法》的规定缴纳企业所得税。个人独资企业、合伙企业不适用本法。

凡是开展了经营和有偿服务活动的社会团体组织、事业单位取得国家相关部门批准以外的经营收入，便具有了经营的特点，应当归为企业纳税人的范围。

缴纳企业所得税的企业分为居民企业和非居民企业，它们分别承担不同的纳税责任和义务。我国选择了地域管辖权和居民管辖权的双重管辖标准，最大限度地维护国家的税收利益。

（1）居民企业。居民企业是指依法在中国境内成立，或者依照外国（地区）法律成立但实际管理机构在中国境内的企业。这里的企业既包括国有企业、集体企业、股份制企业、私营企业、联营企业、外商投资企业、外国企业等，又包括有生产、经营所得和其他所得的其他组织。其中，实际管理机构是指对企业的生产经营、人员、账务、财产等实施实质性全面管理和控制的机构。

（2）非居民企业。非居民企业是指依照外国（地区）法律成立且实际管理机构不在中国境内，但在中国境内设立机构、场所的，或者在中国境内未设立机构、场所，但有来源于中国境内所得的企业。其中，在中国境内从事生产经营活动的机构与场所包括管理机构、营业机构、办事机构；工厂、农场、开采自然资源的场所；提供劳务的场所；从事建筑、安装、装配、修理、勘探等工程作业的场所；其他从事生产经营活动的机构、场所。

居民企业与非居民企业的构成条件如表 5-14 所示。

表 5-14　居民企业与非居民企业的构成条件

纳税人身份	构成条件	
	在中国境内成立（注册法人）	实际管理机构在中国境内
居民企业	√	×
	×	√
	√	√
非居民企业	×	×

2）征税对象

企业所得税的征税对象从内容上看，包括生产经营所得、其他所得和清算所得；从空间范围上看，包括来源于中国境内、境外的所得。

（1）居民企业的征税对象。居民企业的征税对象是来源于中国境内、境外的所得。其中，包括销售货物所得、提供劳务所得、转让财产所得、股息红利等权益性投资所得、利息所得、租金所得、特许权使用费所得、接受捐赠所得和其他所得。

（2）非居民企业的征税对象。

① 非居民企业在中国境内设立机构、场所的，应当就其所设机构、场所取得的来源于中国境内的所得，以及发生在中国境外但与境内所设机构、场所有实际联系的所得，缴纳企业所得税。其中，实际联系是指非居民企业在中国境内设立的机构、场所拥有的据以取得所得的股权、债权，以及拥有、管理、控制的据以取得所得的财产。

② 非居民企业在中国境内未设立机构、场所的，或者虽设立机构、场所但取得的所得与其所设机构、场所没有实际联系的，应当就其来源于中国境内的所得，缴纳企业所得税。

（3）所得类型与所得来源的确定如表 5-15 所示。

表 5-15 所得类型与所得来源的确定

所得类型		所得来源的确定
销售货物所得		按照交易活动发生地确定
提供劳务所得		按照劳务发生地确定
转让财产所得	不动产转让所得	按照不动产所在地确定
	动产转让所得	按照转让动产的企业或者机构、场所所在地确定
	权益性投资资产转让所得	按照被投资企业所在地确定
股息红利等权益性投资所得		按照分配所得的企业所在地确定
利息所得、租金所得、特许权使用费所得		按照负担、支付所得的企业或者机构、场所所在地确定，或者按照负担、支付所得的个人的住所地确定
其他所得		由国务院财政、税务主管部门确定

3）税率

企业所得税税率是体现国家与企业分配关系的核心要素。税率设计的原则是兼顾国家、企业、个人三者的利益。

我国的企业所得税实行比例税率，企业所得税的纳税义务人不同，适用的税率也不同，如表 5-16 所示。

4）应纳税额的计算

企业每一纳税年度的收入总额，减除不征税收入、免税收入、各项扣除以及允许弥补的以前年度亏损后的余额，为应纳税所得额。

企业的应纳税所得额乘以适用税率，减除关于税收优惠的规定减免和抵免的税额后的余额，为应纳税额。

表 5-16 企业所得税的适用税率情况

<table>
<tr><th colspan="3">纳税义务人</th><th>税收管辖权</th><th>征税对象</th><th>税率</th></tr>
<tr><td colspan="3">居民企业</td><td>居民管辖权,就其世界范围所得征税</td><td rowspan="2">居民企业、非居民企业在华机构的生产经营所得和其他所得</td><td rowspan="2">基本税率25%</td></tr>
<tr><td rowspan="3">非居民企业</td><td rowspan="2">在中国境内设立机构、场所</td><td>取得所得与设立机构、场所有联系的</td><td>就其来自中国的所得和发生在中国境外但与其境内所设机构、场所有实际联系的所得征税</td></tr>
<tr><td>取得所得与设立机构、场所没有实际联系的</td><td rowspan="2">仅就其来自中国的所得征税</td><td rowspan="2">来源于中国的所得</td><td rowspan="2">低税率20%</td></tr>
<tr><td colspan="2">在中国境内未设立机构、场所的,却有来源于中国的所得</td></tr>
</table>

5）税收优惠

（1）免征与减征优惠。

① 从事农业、林业、牧业、渔业项目的所得。

② 从事国家重点扶持的公共基础设施项目投资经营的所得。

③ 从事符合条件的环境保护、节能节水项目的所得。

④ 符合条件的技术转让所得。

（2）小型微利企业、高新技术企业、技术先进型服务企业优惠。

① 符合条件的小型微利企业,减按20%的税率征收企业所得税。

② 国家需要重点扶持的高新技术企业,减按15%的税率征收企业所得税。

③ 自2017年1月1日起,在全国范围内对经认定的技术先进型服务企业,减按15%的税率征收企业所得税。

（3）加计扣除优惠。加计扣除是指对企业支出项目按规定的比例给予税前扣除的基础上再给予追加扣除。

企业的下列支出,可以在计算应纳税所得额时加计扣除：①一般企业研究开发费；②高科技型中小企业研究开发费；③企业委托境外研究开发费用与税前加计扣除；④企业安置残疾人员所支付的工资。

（4）民族自治地方的优惠。民族自治地方的自治机关对本民族自治地方的企业应缴纳的企业所得税中属于地方分享的部分,可以决定减征或者免征。自治州、自治县决定减征或者免征的,须报省、自治区、直辖市人民政府批准。

对民族自治地方的国家限制和禁止行业的企业,不得减征或者免征企业所得税。

本书仅简单介绍以上几种企业所得税的税收优惠情况。企业所得税的征收管理部分,本书也不再赘述。

（二）流转税类

流转税类又称商品和劳务税,是指以商品、劳务或服务买卖的流转额为征税对象征收的各种税。流转税类税种的税款可以由厂商或销售者通过提高商品、劳务或服务买卖价格的手段转嫁给消费者,在这种情况下,商品、劳务或服务买卖的消费者虽然没有直接向政府纳税，但却在购买商品、劳务或服务的过程中间接地向政府缴纳了税款。

流转税类包括增值税、消费税和关税。

1. 增值税

按照《增值税法》的规定，增值税是对在中国境内销售货物或者加工、修理修配劳务（简称“劳务”），销售服务、无形资产、不动产以及进口货物的单位和个人，就其销售货物、劳务、服务、无形资产、不动产（统称“应税销售行为”）的增值额和货物进口金额为计税依据而课征的一种流转税。

按照对购入固定资产已纳税款的处理方式不同，可以将增值税分为生产型增值税、收入型增值税和消费型增值税。

增值税之所以能在世界上众多国家推广，是因为其可以有效防止商品在流转过程中的重复征税问题。并且其具备以下特点：①保持税收中性；②普遍征收；③税收负担由商品、劳务或服务的最终消费者承担；④实行税款抵扣制度；⑤实行比例税率；⑥实行价外税制度。

1）纳税义务人

在中华人民共和国境内销售货物、劳务、服务、无形资产、不动产的单位和个人，为增值税的纳税义务人。其中，单位包括行政单位、企事业单位、军事单位、社会团体和其他单位；个人包括个体工商户和其他个人。

2）征税范围

根据《增值税暂行条例》《增值税暂行条例实施细则》和“营改增”的规定，将增值税的征税范围分为一般规定和特殊规定。

(1) 征税范围的一般规定。

① 销售或者进口的货物。货物是指有形动产，包括电力、热力、气体在内。销售货物是指有偿转让货物的所有权。

② 销售劳务。劳务是指纳税人提供的加工、修理修配劳务。加工是指受托加工货物，即委托方提供原材料及主要材料，受托方按照委托方的要求制造货物并收取加工费的业务；修理修配是指受托方对损伤和丧失功能的货物进行修复，使其恢复原状和功能的业务。

提供应税劳务是指有偿提供加工、修理修配劳务。单位或者个体工商户聘用的员工为本单位或者雇主提供加工、修理修配劳务，不包括在内。

③ 销售服务。服务包括交通运输服务、邮政服务、电信服务、建筑服务、金融服务、现代服务、生活服务。

交通运输服务是指利用运输工具将货物或者旅客送达目的地，使其空间位置得到转移的业务活动，包括陆路运输服务、水路运输服务、航空运输服务和管道运输服务。

邮政服务是指中国邮政集团公司及其所属邮政企业提供邮件寄递、邮政汇兑和机要通信等邮政基本服务的业务活动，包括邮政普遍服务、邮政特殊服务和其他邮政服务。

电信服务是指利用有线、无线的电磁系统或者光电系统等各种通信网络资源，提供语音通话服务，传送、发射、接收或者应用图像、短信等电子数据和信息的业务活动，包括基础电信服务和增值电信服务。

建筑服务是指各类建筑物、构筑物及其附属设施的建造、修缮、装饰，线路、管道、设备、设施等的安装以及其他工程作业的业务活动，包括工程服务、安装服务、修缮服务、装饰服务和其他建筑服务。

金融服务是指经营金融保险的业务活动，包括贷款服务、直接收费金融服务、保险服务和金融商品转让。

现代服务是指围绕制造业、文化产业、现代物流产业等提供技术性、知识性服务的业务活动，包括研发和技术服务、信息技术服务、文化创意服务、物流辅助服务、租赁服务、签证咨询服务、广播影视服务、商务辅助服务和其他现代服务。

生活服务是指为满足城乡居民日常生活需求提供的各类服务活动，包括文化体育服务、教育医疗服务、旅游娱乐服务、餐饮住宿服务、居民日常服务和其他生活服务。

④ 销售无形资产。无形资产是指不具实物形态，但能带来经济利益的资产，包括技术、商标、著作权、商誉、自然资源使用权和其他权益性无形资产。

⑤ 销售不动产。不动产是指不能移动或者移动后会引起性质、形状改变的财产，包括建筑物、构筑物等。

(2) 征税范围的特殊规定。增值税的征税范围除上述一般规定外，对于实务中某些特殊项目或特殊行为是否属于增值税的征税范围，做出具体的规定。

① 属于增值税征税范围的特殊项目。

a. 货物期货(包括商品期货和贵金属期货)应当缴纳增值税，在期货的实物交割环节纳税。

b. 银行销售金银的业务，应当缴纳增值税。

c. 典当业的死当物品销售业务和寄售业代委托人销售寄售物品的业务，均应缴纳增值税。

d. 电力公司向发电企业收取的过网费，应当缴纳增值税。

② 属于增值税征税范围的特殊行为如表 5-17 所示。

表 5-17 征税范围的特殊行为

行　为	要点说明
视同销售行为	(1) 将货物交付其他单位或者个人代销； (2) 销售代销货物； (3) 设有两个以上机构并实行统一核算的纳税人，将货物从一个机构移送其他机构用于销售，但相关机构设在同一县(市)的除外； (4) 将自产或者委托加工的货物用于非增值税应税项目； (5) 将自产、委托加工的货物用于集体福利或者个人消费； (6) 将自产、委托加工或者购进的货物作为投资，提供给其他单位或者个体工商户； (7) 将自产、委托加工或者购进的货物分配给股东或者投资者； (8) 将自产、委托加工或者购进的货物无偿赠送给其他单位或者个人； (9) 单位或者个体工商户向其他单位或者个人无偿销售应税服务、无偿转让无形资产或不动产，但以公益活动为目的或者以社会公众为对象的除外； (10) 财政部和国家税务总局规定的其他情形

续表

行　　为	要点说明
混合销售行为	一项销售行为如果既涉及货物又涉及服务，称为混合销售行为。 (1) 从事货物的生产、批发或者零售的单位和个体工商户（包括以从事货物的生产、批发或者零售为主要业务，并兼营销售服务的单位和个体工商户）的混合销售行为，按销售货物缴纳增值税； (2) 其他单位和个体工商户的混合销售行为，按销售服务缴纳增值税
兼营非应税劳务	是指纳税人的经营范围既包括销售货物和应税劳务，又包括提供非应税劳务。与混合销售行为不同的是，兼营非应税劳务是指销售货物或应税劳务与提供非应税劳务不同时发生在同一购买者身上，也不发生在同一项销售行为中
混业经营	纳税人兼有不同税率或者征收率的销售货物、提供加工修理修配劳务或者应税服务的，应当分别核算适用不同税率或征收率的销售额，未分别核算销售额的，从高适用税率或征收率

3）一般纳税人和小规模纳税人

《增值税法》将增值税纳税人分为一般纳税人和小规模纳税人，两类纳税人的税款计算方法、征收税率和管理办法都有所不同。一般纳税人实行的是凭发票扣税的计算方法，而小规模纳税人实行的是简易的计税方法和征收管理办法。划分一般纳税人和小规模纳税人的基本标准是纳税人年应税销售额的大小和会计核算水平。

一般纳税人是指年应征增值税销售额（以下简称年应税销售额），超过财政部、国家税务总局规定的小规模纳税人标准的企业和企业性单位。

小规模纳税人是指年销售额在规定标准以下，并且会计核算不健全，导致不能按规定报送有关税务资料的增值税纳税人。所称会计核算不健全是指不能正确核算增值税的销项税额、进项税额和应纳税额。

小规模纳税人的认定标准：①自 2018 年 5 月 1 日起，增值税小规模纳税人标准统一为年应税销售额 500 万元及以下。②年应税销售额超过小规模纳税人标准的其他个人（指自然人）按小规模纳税人纳税（不属于一般纳税人）。③对于原增值税纳税人，超过小规模纳税人标准的非企业性单位、不经常发生应税行为的企业，可选择按小规模纳税人纳税；对于“营改增”试点纳税人，年应税销售额超过小规模纳税人标准，但不经常发生应税行为的单位和个体工商户，可选择按照小规模纳税人纳税。

4）税率

增值税的税率分为三种，基本税率、低税率和零税率。其中，基本税率为 13%；低税率为 9%和 6%两档；纳税人出口货物或者劳务、服务或者无形资产适用零税率。

5）征收率

增值税对小规模纳税人及一些特殊情况采用简易征收办法。对小规模纳税人及特殊情况适用的征收比例称为征收率。小规模纳税人不适用税率而适用征收率。

增值税征收率是指对特定货物或特定纳税人销售货物、提供应税劳务、发生应税行为在某一生产流通环节应纳税额与销售额的比例。

我国增值税的法定征收率是 3%；一些特殊项目适用 3%的征收率减按 2%征收。全面“营改增”后与不动产有关的特殊项目适用5%的征收率；一些特殊项目适用5%的征收率减按1.5%征收。

6）应纳税额的计算

增值税的计税方法包括一般计税方法、简易计税方法和扣缴计税方法。

（1）一般计税方法。一般纳税人销售货物或者提供应税劳务和应税服务适用一般计税方法计税。一般计税方法的计算公式为

当期应纳增值税税额＝当期销项税额－当期进项税额

但是，提供财政部和国家税务总局规定的特定的销售货物、应税劳务、应税服务时，一般纳税人可以选择适用简易计税方法计税，一经选择后36个月内不得变更。

（2）简易计税方法。小规模纳税人销售货物、提供应税劳务和应税服务适用简易计税方法计税。但是上述一般纳税人提供财政部和国家税务总局规定的特定的销售货物、应税劳务、应税服务，也可以选择适用简易计税方法计税，但是不得抵扣进项税额。简易计税方法的计算公式为

当期应纳增值税税额＝当期销售额（不含增值税）×征收率

（3）扣缴计税方法。境外单位或者个人在境内提供应税服务，在境内未设有经营机构的，扣缴义务人按照此方法计算应扣缴税额。扣缴计税方法的计算公式为

应扣缴税额＝接受方支付的价款÷（1＋税率）×税率

7）税收优惠

（1）《增值税暂行条例》规定的免税项目。

① 农业生产者销售的自产农产品。农业是指种植业、养殖业、林业、牧业、水产业。农业生产者包括从事农业生产的单位和个人。农产品是指农业初级产品，具体范围由财政部、国家税务总局确定。

② 避孕药品和用具。

③ 古旧图书。古旧图书是指向社会收购的古书和旧书。

④ 直接用于科学研究、科学实验和教学的进口仪器、设备。

⑤ 外国政府、国际组织无偿援助的进口物资和设备。

⑥ 由残疾人的组织直接进口供残疾人专用的物品。

⑦ 销售自己使用过的物品。自己使用过的物品是指除游艇、摩托车和应征消费税的汽车外的其他个人自己使用过的物品。

（2）“营改增”规定的免税项目。

① 托儿所、幼儿园提供的保育和教育服务。

② 养老机构提供的养老服务。

③ 残疾人福利机构提供的育养服务。

④ 医疗机构提供的医疗服务。

⑤ 从事学历教育的学校提供的教育服务。

⑥ 学生勤工俭学提供的服务。

⑦ 个人转让著作权。

⑧ 个人销售自建自用住房。

⑨ 以下利息收入：a. 自 2017 年 1 月 1 日至 2019 年 12 月 31 日，对金融机构农户小额贷款的利息收入；b. 国家助学贷款；c. 国债、地方政府债；d.人民银行对金融机构的贷款；e. 住房公积金管理中心用住房公积金在指定的委托银行发放的个人住房贷款；f. 外汇管理部门在从事国家外汇储备经营过程中，委托金融机构发放的外汇贷款；g. 统借统还业务中，企业集团或企业集团中的核心企业以及集团所属财务公司按不高于支付给金融机构的借款利率水平或者支付的债券票面利率水平，向企业集团或者企业集团内下属单位收取的利息。

⑩ 保险公司开办的一年期以上人身保险产品取得的保费收入。

⑪ 再保险服务。

⑫ 金融商品转让收入。

⑬ 金融同业往来利息收入。

⑭ 福利彩票、体育彩票的发行收入。

⑮ 涉及家庭财产分割的个人无偿转让不动产、土地使用权。

(3) 增值税的起征点。《增值税暂行条例》规定，纳税人发生销售货物、劳务和应税行为的销售额未达到国务院财政、税务主管部门规定的增值税起征点的，免征增值税；达到起征点的，全额计算缴纳增值税。增值税起征点仅适用于个人，包括个体工商户和其他个人(不包括认定为一般纳税人的个体工商户)。

增值税起征点的幅度规定如下。

① 销售货物的，为月销售额 5000～20000 元。

② 销售应税劳务的，为月销售额 5000～20000 元。

③ 按次纳税的，为每次(日)销售额 300～500 元。

④ 应税服务的起征点：a. 按期纳税的，为月销售额 5000～20000 元(含本数)。b. 按次纳税的，为每次(日)销售额 300～500 元(含本数)。

上述所称的销售额是指《增值税暂行条例实施细则》第三十条第一款所称小规模纳税人的销售额，即小规模纳税人的销售额不包括其应纳税额。

省、自治区、直辖市财政厅(局)和国家税务局应在规定的幅度内，根据实际情况确定本地区适用的起征点，并报财政部、国家税务总局备案。

2. 消费税

消费税是以特定消费品为课征对象所征收的一种税。它的课征主要着眼于个别消费品(一般为奢侈品)的消费行为，消费者只要购买了应税消费品，就要负担消费税。消费税的课征主要是为了调节收入分配，增强税制的累进性，以及限制一些有害商品的消费。

1) 纳税义务人

在中华人民共和国境内生产、委托加工、进口应税消费品的单位和个人，以及国务院确定的销售《消费税暂行条例》规定的应税消费品的其他单位和个人，为消费税的纳税义务人。其中，委托加工的应税消费品由受托方于委托方提货时代扣代缴(受托方为个体经营者除外)；自产自用的应税消费品由自产自用单位和个人在移送使用时缴纳消费税；现行消费税纳税人概念中所称“中华人民共和国境内”是指销售应税消费品的起运地或者所在地在中国境内。

消费税的纳税人一般包括单位和个人。其中，单位是指企业、行政单位、事业单位、军事单位、社会团体及其他单位；个人是指个体工商户及其他个人，如表5-18所示。

表5-18 消费税的纳税人

消费税的纳税人		要点阐述
生产应税消费品的单位和个人	自产销售	纳税人消费时纳税
	自产自用	纳税人自产的应税消费品，用于连续生产应税消费品的，不纳税；用于其他方面的，于使用时纳税
进口应税消费品的单位和个人		进口应税消费品的收货人或办理报关手续的单位和个人为消费税的纳税人，进口消费税由海关代征
委托加工应税消费品的单位和个人		委托加工应税消费品，除受委托方为个人外，由受托方在向委托方交货时代收代缴货款
零售金银首饰、钻石、钻石饰品的单位和个人		生产、进口和批发金银首饰、钻石、钻石饰品时不征收消费税，纳税人在零售时纳税
从事卷烟批发业务的单位和个人		从事卷烟批发的纳税人销售给纳税人以外的单位和个人于销售时纳税，从事卷烟批发的纳税人之间销售的卷烟不缴纳消费税

2）征税范围

（1）生产应税消费品。

① 生产。生产应税消费品销售是消费税征收的主要环节，因消费税具有单一环节征税的特点，对于大多数消费税应税商品而言，在生产销售环节征税以后，流通环节不用再缴纳消费税。生产应税消费品除了直接对外销售应征收消费税外，纳税人将生产的应税消费品换取生产资料、消费资料、投资入股、偿还债务，以及用于继续生产应税消费品以外的其他方面都应缴纳消费税。

② 工业企业以外的单位和个人的下列行为视为应税消费品的生产行为，按规定征收消费税：a. 将外购的消费税非应税产品以消费税应税产品对外销售的；b. 将外购的消费税低税率应税产品以高税率应税产品对外销售的。

（2）委托加工应税消费品。委托加工应税消费品是指委托方提供原材料和主要材料，受托方只收取加工费和代垫部分辅助材料加工的应税消费品。由受托方提供原材料或其他情形的一律不能视同加工应税消费品。委托加工的应税消费品收回后，再继续用于生产应税消费品销售且符合现行政策规定的，其加工环节缴纳的消费税款可以扣除。

（3）进口应税消费品。单位和个人进口货物属于消费税征税范围的，在进口环节也要缴纳消费税。为了减少征税成本，进口环节缴纳的消费税由海关代征。

（4）零售应税消费品（金、银、钻）。经国务院批准，自1995年1月1日起，金银首饰消费税由生产销售环节征收改为零售环节征收。改在零售环节征收消费税的金银首饰仅限于金基、银基合金首饰以及金、银和金基、银基合金的镶嵌首饰。零售环节适用税率为5%，在纳税人销售金银首饰、钻石及钻石饰品时征收。其计税依据是不含增值税的销售额。

（5）对移送使用应税消费品在移送使用环节征税。企业在生产经营的过程中，将应税消费品移送用于加工非应税消费品，应该对移送部分征收消费税。

(6) 对批发卷烟在卷烟的批发环节征税。卷烟除了在生产销售环节征收消费税外，还在批发环节征收一次。纳税人兼营卷烟批发和零售业务的，分别核算批发和零售环节的销售额、销售数量。纳税人之间销售的卷烟不缴纳消费税。

3) 税目与税率

按照《中华人民共和国消费税暂行条例》(以下简称《消费税暂行条例》)规定，2014 年 12 月调整后，确定征收消费税的只有烟、酒、化妆品等 15 个税目，有的税目还进一步划分为若干子目。消费税属于价内税，一般在应税消费品的生产、委托加工和进口环节缴纳。

消费税采用比例税率和定额税率两种基本的形式。比例税率中最高税率为 56%，最低税率为 1%。

有两种情况消费税税率从高：一是纳税人兼营不同税率的应当缴纳消费税的消费品未分别核算销售额、销售数量的；二是将不同税率的应税消费品组成成套消费品销售的。

消费税税目和税率如表 5-19 所示。

表 5-19 消费税税目和税率

税目	税率	特别说明
一、烟 1. 卷烟 (1) 甲类卷烟 (生产或进口环节) (2) 乙类卷烟 (生产或进口环节) (3) 批发环节 2. 雪茄烟 3. 烟丝	 56%加 0.003 元/支 36%加 0.003 元/支 11%加 0.005 元/支 36% 30%	只有卷烟在商业批发环节缴纳消费税，雪茄烟、烟丝以及其他应税消费品在商业批发环节只缴纳增值税，不缴纳消费税。 卷烟批发环节纳税的四个要点： (1) 税率 11%； (2) 环节内不征收——批发商之间销售卷烟不缴纳消费税； (3) 不能抵扣以前环节消费税； (4) 总机构分支机构不在同一个地区的，由总机构申报纳税
二、酒 1. 白酒 2. 黄酒 3. 啤酒 (1) 甲类啤酒 (2) 乙类啤酒 4. 其他酒	 20%加 0.5 元/500 克 240 元/吨 250 元/吨 220 元/吨 10%	啤酒分为甲类和乙类，每吨出厂价(含包装物及包装物押金)3000 元(含 3000 元，不含增值税)以上是甲类啤酒；每吨出厂价(含包装物及包装物押金)3000 元(不含增值税)以下是乙类啤酒
三、高档化妆品	15%	
四、贵重首饰及珠宝玉石 1. 金银首饰、铂金首饰盒钻石及钻石饰品 2. 其他贵重首饰盒珠宝玉石	 5% 10%	金银首饰(包括铂金首饰)消费税在零售环节由 10%的税率减按 5%的税率征收。减按 5%征收消费税的范围仅限于金、银和金基、银基合金首饰，以及金、银和金基、银基合金的镶嵌首饰。不在上述范围内的应税首饰仍按 10%的税率征收消费税

续表

税 目	税 率	特别说明
五、鞭炮、焰火	15%	
六、成品油 1. 汽油 2. 柴油 3. 航空煤油 4. 石脑油 5. 溶剂油 6. 润滑油 7. 燃料油	 1.52 元/升 1.20 元/升 1.20 元/升 1.52 元/升 1.52 元/升 1.52 元/升 1.20 元/升	
七、摩托车 1. 气缸容量在 250 毫升的 2. 气缸容量在 250 毫升以上的	 3% 10%	<250 毫升的小排量摩托车不能征收消费税
八、小汽车 1. 乘用车 (1) 气缸容量在 1.0 升(含)以下的 (2) 气缸容量在 1.0 升至 1.5 升(含)的 (3) 气缸容量在 1.5 升至 2.0 升(含)的 (4) 气缸容量在 2.0 升至 2.5 升(含)的 (5) 气缸容量在 2.5 升至 3.0 升(含)的 (6) 气缸容量在 3.0 升至 4.0 升(含)的 (7) 气缸容量在 4.0 升以上的 2. 中轻型商用客车 3. 超豪华小汽车(零售环节)	 1% 3% 5% 9% 12% 25% 40% 5% 10%	超豪华小汽车在生产环节,同乘用车和中轻型商用客车
九、高尔夫球及球具	10%	
十、高档手表	20%	
十一、游艇	10%	
十二、木制一次性筷子	5%	
十三、实木地板	5%	
十四、电池	4%	
十五、涂料	4%	

4) 应纳税额的计算

按照《消费税法》的规定,消费税应纳税额的计算主要分为从价计税、从量计税和从价从量复合计税三种方法。其中,实行从价计税办法征税的应税消费品,计税依据为应税消费品的销售额;实行从量计税办法征税时,通常以每单位应税消费品的重量、容积或数量为计税依据;实行从价从量复合计税的应税消费品,计税依据为销售额及应税消费品的重量、容积或数量。消费税计税依据为不含增值税、含消费税的销售额,即纳税人销售应税消费品向购买方收取的除增值税税款以外的全部价款和价外费用。

(1) 从价计税时:

应纳税额 = 应税消费品销售额 × 适用税率(即比例税率)

(2) 从量计税时：

应纳税额＝应税消费品销售数量×适用税额标准(即定额税率)

(3) 从量从价复合计税时：

应纳税额＝应税消费品销售额×适用税率＋应税消费品销售数量×适用税额标准

(4) 自产自用应税消费品用于连续生产应税消费品的，不纳税；用于其他方面的，有同类消费品销售价格的，按照纳税人生产的同类消费品销售价格计算纳税，没有同类消费品销售价格的，按组成计税价格确定。

组成计税价格＝(成本＋利润)÷(1－消费税税率)

应纳税额＝组成计税价格×适用税率

(5) 委托加工应税消费品的由受托方交货时代扣代缴消费税，按照受托方的同类消费品销售价格计算纳税，没有同类消费品销售价格的，按组成计税价格确定。

组成计税价格＝(材料成本＋加工费)÷(1－消费税税率)

应纳税额＝组成计税价格×适用税率

(6) 进口应税消费品，按照组成计税价格计算纳税。

组成计税价格＝(关税完税价格＋关税)÷(1－消费税税率)

应纳税额＝组成计税价格×消费税税率

(7) 零售金银首饰的纳税人在计税时，应将含税的销售额换算为不含增值税税额的销售额。

金银首饰的应税销售额＝含增值税的销售额÷(1＋增值税税率或征收率)

对于生产、批发、零售单位用于馈赠、赞助、集资、广告、样品、职工福利、奖励等方面或未分别核算销售的按照组成计税价格计算纳税。

组成计税价格＝购进原价×(1＋利润率)÷(1－金银首饰消费税税率)

应纳税额＝组成计税价格×金银首饰消费税税率

3. 关税

关税是海关依法对进出境货物、物品征收的一种税。

1) 纳税义务人

关税的纳税义务人如表 5-20 所示。

表 5-20 关税的纳税义务人

具体情况	纳税义务人
进口货物	收货人
出口货物	发货人
进出境物品	所有人和推定所有人(携带人、收件人、寄件人或托运人等)

进出境物品的所有人包括该物品的所有人和推定为所有人的人。对携带进境的物品，推定其携带人为所有人；对分离运输的行李，推定相应的进出境旅客为所有人；对以邮递方式进境的物品，推定其收件人为所有人；对以邮递或其他运输方式出境的物品，推定其寄件人或托运人为所有人。

2）征税对象

关税的征税对象是准许进出境的货物和物品。其中，货物是指贸易性商品；物品是指入境旅客随身携带的行李物品、个人邮递物品、各种运输工具上的服务人员携带进口的自用物品、馈赠物品以及其他方式进境的个人物品。

关境又称"海关境域"或者"关税领域"，是国家《海关法》全面实施的领域。通常，一国关境与国境是一致的，包括国家全部的领土、领海、领空。但某一国家在国境内设立了自由港、自由贸易区等，这些区域就进出口关税而言处在关境之外，则该国家的关境小于国境。我国港澳地区保持自由港地位，为我国单独的关税地区，即单独关境区。单独关境区是不完全适用该国海关法律、法规或实施单独海关管理制度的区域。

3）税率

（1）进口关税税率。我国进口税则设有最惠国税率、协定税率、特惠税率、普通税率、关税配额税率等。对进口货物在一定期限内可实行暂定税率。

进口关税税率的选择适用是根据货物的不同原产地而确定的。适用最惠国税率、协定税率、特惠税率的国家或地区的名单，由国务院关税税则委员会决定，报国务院批准后执行。

按征收关税的标准，关税可以分成从价税、从量税、选择税、复合税、滑准税。

（2）出口关税税率。我国出口税则一栏税率即出口税率。我国真正征收出口关税的商品仅有 100 余种，主要是鳗鱼苗、部分有色金属矿砂及其精矿、生锑、磷、氟钽酸钾、苯、山羊板皮、部分铁合金、钢铁废碎料、铜和铝原料其及制品、镍锭、锌锭、锑锭。对上述范围内的部分商品实行 0～25%的暂定税率。此外，对其他 200 多种商品征收暂定税率。与进口暂定税率一样，出口暂定税率优先适用于出口税则中规定的出口税率。

（3）特别关税。特别关税包括报复性关税、反倾销税、反补贴税、保障性关税。征收特别关税的货物、适用国别、税率、期限和征收办法，由国务院关税税则委员会决定，由海关总署负责实施。

（三）资源、财产税类

1. 资源税类

资源税类是对自然资源征税的税种的总称。我国属于资源税类的税种有城镇土地使用税、土地增值税和资源税等。这些税种主要是对土地资源和矿产资源征收的税种。

1）城镇土地使用税

城镇土地使用税是以国有土地或集体土地为征税对象，对拥有土地使用权的单位和个人征收的一种税。

（1）纳税义务人。

① 一般规定。在城市、县城、建制镇、工矿区范围内使用土地的单位和个人，为城镇土地使用税的纳税人。

② 具体规定。

a. 拥有土地使用权的单位和个人，为纳税义务人。

b. 拥有土地使用权的单位和个人不在土地所在地的，其土地的实际使用人和代管人为纳税义务人。

c. 土地使用权未确定或权属纠纷未解决的，其实际使用人为纳税义务人。

d. 土地使用权共有的，共有各方都是纳税义务人，由共有各方分别纳税。

e. 在城镇土地使用税征税范围内，承租集体所有建设用地的，由直接从集体经济组织承租土地的单位和个人，缴纳城镇土地使用税。

(2) 征税范围。城镇土地使用税的征税范围包括在城市、县城、建制镇和工矿区内的国家所有和集体所有的土地。建立在城市、县城、建制镇和工矿区以外的工矿企业，则不需要缴纳城镇土地使用税。

(3) 税率。城镇土地使用税采用定额税率，即采用有幅度的差别税额。按大、中、小城市和县城、建制镇、工矿区，分别规定每平方米城镇土地使用税年应纳税额，具体规定如表 5-21 所示。

表 5-21 城镇土地使用税税率

级　　别	人　　口	每平方米年应纳税额
大城市	50 万人以上	1.5～30 元
中等城市	20 万～50 万人	1.2～24 元
小城市	20 万人以下	0.9～18 元
县城、建制镇、工矿区		0.6～12 元

大、中、小城市的划分以公安部门登记在册的非农业正式户口人数为依据，按照国务院颁布的《城市规划条例》中规定的标准确定。

各省、自治区、直辖市人民政府应当在法定幅度内，根据市政建设情况、经济繁荣程度等条件，确定所属地区的适用税额幅度。

城镇土地使用税规定幅度税额主要考虑到我国各地区存在着悬殊的土地级差收益，同一地区内不同地段的市政建设情况和经济繁荣程度也有较大的差别。城镇土地使用税采用幅度税额，拉开档次，每个幅度税额的差距规定为 20 倍。

经济落后地区，城镇土地使用税的适用税额标准可适当降低，但降低额不得超过上述规定最低税额标准的 30%。经济发达地区，城镇土地使用税的适用税额标准可以适当提高，但须报财政部批准。

(4) 应纳税额的计算。城镇土地使用税的应纳税额可以通过纳税人实际占用的土地面积乘以该土地所在地段的适用税额求得。城镇土地使用税的计算公式为

全年应纳税额＝实际占用应税土地面积(平方米)×适用税额

(5) 税收优惠。城镇土地使用税的税收优惠包括法定免缴城镇土地使用税的优惠和省、自治区、直辖市税务局确定减免城镇土地使用税的优惠。

① 法定免缴城镇土地使用税的优惠如下。

a. 国家机关、人民团体、军队自用的土地。

b. 由国家财政部门拨付事业经费的单位自用的土地。

c. 宗教寺庙、公园、名胜古迹自用的土地。

d. 市政街道、广场、绿化地带等公共用地。

e. 直接用于农业、林业、牧业、渔业的生产用地。

f. 批准开山填海整治的土地和改造的废弃土地，从使用的月份起 5～10 年免缴。

g. 非营利性医疗机构、疾病控制机构和妇幼保健机构等卫生机构自用的土地。

h. 企业办的学校、医院、托儿所、幼儿园，其用地能与企业其他用地明确区分的。

i. 免税单位无偿使用纳税单位的土地(共用的按建筑面积分)。

j. 行使国家行政管理职能的中国人民银行总行(含国家外汇管理局)所属分支机构自用的土地。

k. 对石油、电力、煤炭等能源用地，民用港口、铁路等交通用地和水利设施用地，三线调整企业、盐业、采石场、邮电等一些特殊用地划分了征免税界限和给予政策性减免税照顾。具体规定如下：对石油天然气生产建设中用于地质勘探、钻井、井下作业、油气田地面工程等施工地，暂免征收城镇土地使用税；对企业铁路专线、公路等用地，在厂区以外，与社会公用地段未加隔离的，暂免征收城镇土地使用税；对企业厂区以外的公共绿化用地和向社会开放的公园用地，暂免征收城镇土地使用税；对盐场的盐滩、盐矿的矿井用地，暂免征收城镇土使用税。

l. 自 2016 年 1 月 1 日至 2021 年 12 月 31 日，对专门经营农产品的农产品批发市场、农贸市场使用(包括自有和承租)的房产、土地，暂免征收城镇土地使用税。

m. 自 2018 年 10 月 1 日至 2020 年 12 月 31 日，对按照去产能和调结构政策要求停产停业、关闭的企业，自停产停业次月起，免征城镇土地使用税。

n. 自 2019 年 1 月 1 日至 2021 年 12 月 31 日，对国家级、省级科技企业孵化器、大学科技园和国家备案众创空间自用以及无偿或通过出租等方式提供给在孵对象使用的土地，免征城镇土地使用税。

② 省、自治区、直辖市地方税务局确定减免城镇土地使用税的优惠如下：个人所有的居住房屋及院落用地；房产管理部门在房租调整改革前经租的居民住房用地；免税单位职工家属的宿舍用地；集体和个人办的各类学校、医院、托儿所、幼儿园用地。

2) 土地增值税

土地增值税是国家对有偿转让国有土地使用权、地上建筑物和其他附着物的产权，取得增值性收入的单位和个人征收的一种税收。土地增值税的作用如下：①加强国家对房地产开发和房地产交易的调控；②有利于国家抑制炒买、炒卖土地获取暴利的行为；③增加国家财政收入为经济建设积累资金。

(1) 纳税义务人。土地增值税的纳税义务人为转让国有土地使用权、地上的建筑及其附着物(简称转让房地产)并取得收入的单位和个人。其中，单位包括各类企事业单位、国家机关和社会团体及其他组织；个人包括个体经营者。

(2) 征税范围如下。

① 基本征税范围。土地增值税是对转让国有土地使用权及其地上建筑物和附着物的行为征税，不包括国有土地使用权出让所取得的收入，具体包括：转让国有土地使用权；地上的建筑物及其附着物连同国有土地使用权一并转让；存量房地产的买卖。

② 特殊征税范围。a. 房地产的继承；b. 房地产的赠予；c. 房地产的出租；d. 房地产的抵押；e. 房地产的交换；f. 合作建房；g. 房地产的代建房行为；h. 房地产的重新评估。

(3) 税率、应纳税额的计算。土地增值税实行四级超额累进税率，即以纳税对象数额的相对率为累进依据，按超累方式计算应纳税额的税率，如表 5-22 所示。“超率”中的“率”是指增值额与扣除项目金额的比率。

表 5-22 土地增值税税率表(四级超率累进税率)

级数	级距(增值额与扣除项目金额的比率)	税率/%	速算扣除系数/%	税额计算公式	说明
1	增值额≤扣除项目金额的 50%	30	0	增值额×30%	扣除项目是指取得土地使用权所支付的金额；开发土地的成本、费用；新建房及配套设施的成本、费用或旧房及建筑物的评估价格；与转让房地产有关的税金；财政部规定的其他扣除项目
2	扣除项目金额的 50%＜增值额≤扣除项目金额的 100%	40	5	增值额×40%－扣除项目金额×5%	
3	扣除项目金额的 100%＜增值额≤扣除项目金额的 200%	50	15	增值额×50%－扣除项目金额×15%	
4	增值额＞扣除项目金额的 200%	60	35	增值额×60%－扣除项目金额×35%	

土地增值税的计算公式为

应纳税额＝增值额×适用税率－扣除项目金额×速算扣除系数

(4) 税收优惠。土地增值税的税收优惠包括建造普通标准住宅，国家征用收回的房地产，因城市规划、国家建设需要而搬迁由纳税人自行转让原房地产，对企事业单位、社会团体以及其他组织转让旧房作为公共租赁住房房源等方面的税收优惠。

3) 资源税

资源税是对在我国境内从事应税矿产品开采和生产盐的单位与个人课征的一种税，属于对自然资源占用课税的范畴。资源税的作用如下：①促进企业之间开展平等竞争；②促进对自然资源的合理开发利用；③为国家筹集财政资金。

(1) 纳税义务人。资源税的纳税义务人是指在中华人民共和国领域及管辖海域从事应税矿产品开采和生产(以下简称开采或者生产应税产品)的单位和个人。其中，单位是指国有企业、集体企业、私营企业、股份制企业、其他企业和行政单位、事业单位、军事单位、社会团体及其他单位；个人是指个体经营者和其他个人；其他单位和其他个人包括外商投资企业、外国企业及外籍人员。

《国务院关于修改〈中华人民共和国对外合作开采陆上石油资源条例〉的决定》(中华人民共和国国务院令第 606 号)规定，自 2011 年 11 月 1 日起，中外合作开采陆上石油资源的企业依法缴纳资源税，不再缴纳矿区使用费。

(2) 税目。资源税的税目包括原油、天然气、煤炭、金属矿和其他非金属矿五大类，如表 5-23 所示。

表 5-23 资源税的税目

征税范围	内容
原油	是指开采的天然原油，不包括人造石油
天然气	是指专门开采或者与原油同时开采的天然气
煤炭	包括原煤和以未税原煤(即自采原煤)加工的洗选煤

续表

征税范围	内　容
金属矿	包含铁矿、金矿、铜矿、铝土矿、铅锌矿、镍矿、锡矿、钨、钼、未列举名称的其他金属矿产品原矿或精矿
其他非金属矿	包含石墨、硅藻土、高岭土、萤石、石灰石、硫铁矿、磷矿、氯化钾、硫酸钾、井矿盐、湖盐、提取地下卤水晒制的盐、煤层(成)气、海盐、稀土、未列举名称的其他非金属矿产品

(3) 应纳税额的计算。资源税实行从量计税与从价计税两种方式。实行从量计税的应税产品，其应纳税款一律由独立核算的单位按照每个开采地或者生产地的销售量及适用税率计算划拨；纳税人开采或者生产应税产品自用的，以自用数量及适用税率计算划拨。实行从价计税的应税产品，其应纳税款一律由独立核算的单位按照每个开采地或者生产地的销售量、单位销售价及适用税率计算划拨。

资源税的应纳税额，按照从价定率或者从量定额的办法，分别以应税产品的销售额乘以纳税人具体适用的比例税率，或者以应税产品的销售数量乘以纳税人具体适用的定额税率计算。

① 从价定率：

$$应纳税额=销售额\times适用税率$$

② 从量定额：

$$应纳税额=课税数量\times适用的单位税额$$

2. 财产税类

财产税类是指以纳税人拥有或支配的财产为课征对象的一类税收。这种税收可以是对纳税人拥有的财产课税，也可以是对纳税人转移的财产课税。

财产税类的计税依据分为纳税人拥有的财产价值、纳税人转移的财产价值。①对纳税人拥有的财产课征的税收有两种形式：一是个别财产税，即对纳税人拥有的某些财产分别课税，这类财产税的课税对象一般为纳税人拥有的土地、房屋、机器设备等；二是一般财产税，又称财富税，它是对纳税人的全部财产(少数生活必需品可以免税)减去负债后的价值余额按照统一的税率表进行课征的一种财产税。②对纳税人转移的财产课征的税收主要有遗产税和继承税，我国暂未开征这两种税。

我国目前税制中的财产税类主要是房产税，还有车船税等。

1) 房产税

房产税是以房屋为征税对象，按照房屋的计税余值或租金收入，向产权所有人征收的一种财产税。房产税的作用：①筹集地方财政收入；②有利于加强房产管理。

(1) 纳税义务人。房产税的纳税义务人是指房屋的产权所有人。

① 产权属于国家所有的，由经营管理单位缴纳；产权属于集体和个人所有的，由集体单位和个人纳税。

② 产权出典的，由承典人缴纳(产权出典是指产权所有人将房屋、生产资料等的产权，在一定期限内典当给他人使用，而取得资金的一种融资业务)。

③ 产权所有人、承典人不在房产所在地的，由房产代管人或者使用人纳税。

④ 产权未确定及租典纠纷未解决的，由房产代管人或使用人纳税。

⑤ 无租使用其他单位房产的单位和个人，使用人代为缴纳房产税(按照房产余值)。

⑥ 2009 年 1 月 1 日，涉外企业、单位和个人也纳入了房产税的征收管理范围。

其中，产权所有人简称产权人、业主或房东，是指拥有房产的单位和个人，即房产的使用、收益、出卖、赠送等权利归其所有。承典人是指以押金形式并付出一定费用，在一定的期限内享有房屋的使用、收益权的人。代管人是指接受产权所有人、承典人的委托代为管理房屋或虽未受委托而在事实上已代管房屋的人。使用人是指直接在使用房屋的人。

(2) 征税范围。房产税的征税对象是房产，即有屋面和围护结构(有墙或两边有柱)，能够遮风避雨，可提供人们在其中生产、学习、工作、娱乐、居住或储藏物资的场所。房地产开发企业建造的商品房，在出售前，不征收房产税；但出售前房地产开发企业已使用或出租、出借的商品房，应按规定征收房产税。

房产税的征税范围为城市、县城、建制镇和工矿区。具体规定如下：①城市是指国务院批准设立的市；②县城是指县人民政府所在地的地区；③建制镇是指经省、自治区、直辖市人民政府批准设立的建制镇；④工矿区是指工商业比较发达、人口比较集中、符合国务院规定的建制镇标准，但尚未设立建制镇的大中型工矿企业所在地。开征房产税的工矿区须经省、自治区、直辖市人民政府批准。

房产税的征税范围不包括农村，这主要是为了减轻农民的负担。因为农村的房屋，除农副业生产用房外，大部分是农民居住用房。农村房屋不纳入房产税征税范围，有利于农业发展，繁荣农村经济，促进社会稳定。

(3) 税率、应纳税额的计算。房产税采用比例税率，计税依据分为从价计税与从租计税，如表 5-24 所示。

表 5-24 房产税税率、计税依据与应纳税额的计算

计税方法	计税依据	税率	应纳税额的计算
从价计税	按照房产原值一次减除 10%～30%损耗后的余值	年税率 1.2%	应纳税额＝应税房产原值×(1－扣除比例)×1.2% (这样计算出的是年税额)
	扣除比例由省、自治区、直辖市人民政府确定		
	原值明显不合理的应予评估；没有原值的由所在地税务机关参考同类房屋的价值核定		
从租计税	租金收入(包括实物收入和货币收入)	12%	应纳税额＝租金收入×12%或 4%
	以劳务或其他形式抵付于房租收入的，按当地同类房产租金水平确定		
	个人按市场价格出租的居民用房	4%	

(4) 税收优惠。房产税的税收优惠是根据国家政策需要和纳税人的负担能力制定的。由于房产税属地方税，因此给予地方一定的减免权限，有利于地方因地制宜地处理问题。

① 房产税的税收优惠政策。

a. 国家机关、人民团体、军队自用的房产，免征房产税。但上述免税单位的出租房产以及非自身业务使用的生产、营业用房，不属于免税范围。

b. 由国家财政部门拨付事业经费的单位（如学校、医疗卫生单位、托儿所、幼儿园、敬老院、文化、体育、艺术这些实行全额或差额预算管理的事业单位），本身业务范围内使用的房产，免征房产税。对于其所属的附属工厂、商店、招待所等不属于单位公务、业务的用房，应照章纳税。

c. 宗教寺庙、公园、名胜古迹自用的房产，免征房产税。但宗教寺庙、公园、名胜古迹中附设的营业单位，如影剧院、饮食部、茶社、照相馆等所使用的房产及出租的房产，不属于免税范围，应照章纳税。

d. 个人所有非营业用的房产，免征房产税。对个人拥有的营业用房或者出租的房产，不属于免税房产，应照章纳税。

e. 对长江上游、黄河中上游地区，东北、内蒙古等国有林区天然林二期工程实施企业和单位专门用于天然林保护工程的房产、土地，免征房产税、城镇土地使用税。对上述企业和用于其他生产经营活动的房产、土地按规定征收房产税、城镇土地使用税。

f. 自 2016 年 1 月 1 日至 2021 年 12 月 31 日，对专门经营农产品的农产品批发市场、农贸市场使用（包括自有和承租）的房产、土地，暂免征收房产税。

g. 自 2018 年 10 月 1 日至 2020 年 12 月 31 日，对按照去产能和调结构政策要求停产停业、关闭的企业，自停产停业次月起，免征房产税。

h. 自 2019 年 1 月 1 日至 2021 年 12 月 31 日，对国家级、省级科技企业孵化器、大学科技园和国家备案众创空间自用以及无偿或通过出租等方式提供给在孵对象使用的房产，免征房产税。

i. 自 2019 年 1 月 1 日至 2021 年 12 月 31 日，对高校学生公寓，免征房产税。

② 经财政部批准免税的其他房产。

a. 对非营利性医疗机构、疾病控制机构和妇幼保健机构等卫生机构自用的房产，免征房产税。

b. 从 2001 年 1 月 1 日起，对按政府规定价格出租的公有住房和廉租住房，包括企业和自收自支事业单位向职工出租的单位自有住房、房管部门向居民出租的公有住房、落实私房政策中带户发还产权并以政府规定租金标准向居民出租的私有住房等，暂免征收房产税。

c. 经营公共租赁住房的租金收入，免征房产税。公共租赁住房经营管理单位应单独核算公共租赁住房租金收入，未单独核算的，不得享受免征房产税优惠政策。

2）车船税

车船税是以车辆、船舶为征税对象，向拥有车辆、船舶的单位和个人征收的一种税。车船税的作用如下：①为地方政府筹集财政资金；②有利于车辆、船舶的管理与合理配置；③有利于调节财富差异。

（1）纳税义务人。车船税的纳税义务人是指在中华人民共和国境内的车辆、船舶（以下简称车船）的所有人或者管理人。其中，管理人是指对车船具有管理使用权而不具有所有权的单位；车船的所有人或者管理人未缴纳车船税的，使用人应当代为缴纳车船税。

（2）征税范围。征税范围是《中华人民共和国车船税法》（以下简称《车船税法》）所附税目税额表规定的车辆和船舶。车船税的征税范围包括：①依法应当在车船管理部门登记的机动车辆和船舶；②依法不需要在车船管理部门登记、在单位内部场所行驶或者作业的机动车辆和船舶。其中，车船管理部门是指公安、交通运输、农业、渔业、军队、武装警察部队等依法具有车船管理职能的部门。

在现实中，车辆分为机动车辆和非机动车辆；船舶分为机动船舶和非机动船舶。车船税的征税范围包括机动车辆和船舶，不包括非机动车辆。

(3) 税目与税率。车船税采用定额税率，即对征税的车船规定单位固定税额，如表5-25所示。车船税确定税额总的原则是：非机动车船的税负轻于机动车船；人力车的税负轻于畜力车；小吨位船舶的税负轻于大船舶。

表5-25 车船税税目、税额表

<table>
<tr><th colspan="2">税 目</th><th>计税单位</th><th>每年税额/元</th><th>备 注</th></tr>
<tr><td rowspan="7">乘用车按发动机气缸容量（排气量分挡）</td><td>1.0升(含)以下</td><td rowspan="7">每辆</td><td>60～360</td><td rowspan="7">核定载客人数为9人(含)以下</td></tr>
<tr><td>1.0～1.6升(含)</td><td>360～540</td></tr>
<tr><td>1.6～2.0升(含)</td><td>540～660</td></tr>
<tr><td>2.0～2.5升(含)</td><td>660～1200</td></tr>
<tr><td>2.5～3.0升(含)</td><td>1200～2400</td></tr>
<tr><td>3.0～4.0升(含)</td><td>2400～3600</td></tr>
<tr><td>4.0升以上</td><td>3600～5400</td></tr>
<tr><td rowspan="2">商用车</td><td>客车</td><td>每辆</td><td>480～1440</td><td>核定载客人数为9人以上，包括电车</td></tr>
<tr><td>货车</td><td>整备质量每吨</td><td>16～120</td><td>① 包括半挂牵引车、挂车、客货两用汽车、三轮汽车和低速载货汽车等
② 挂车按照货车税额的50%计算</td></tr>
<tr><td rowspan="2">其他车辆</td><td>专用作业车</td><td>整备质量每吨</td><td>16～120</td><td rowspan="2">不包括拖拉机</td></tr>
<tr><td>轮式专用机械车</td><td>整备质量每吨</td><td>16～120</td></tr>
<tr><td colspan="2">摩托车</td><td>每辆</td><td>36～180</td><td></td></tr>
<tr><td rowspan="2">船舶</td><td>机动船舶</td><td>净吨位每吨</td><td>3～6</td><td rowspan="2">拖船和非机动驳船分别按照机动船舶税额的50%计算</td></tr>
<tr><td>游艇</td><td>艇身长度每米</td><td>600～2000</td></tr>
</table>

(4) 应纳税额的计算。车船税的应纳税额的计算包括购置新车船的税额计算和被盗抢车船的税额计算。本书仅介绍购置新车船的税额计算。

购置的新车船，购置当年的应纳税额自纳税义务发生的当月起，按月计算。购置新车船的车船税的计算公式为

$$应纳税额=(年应纳税额\div 12)\times 应纳税月份数$$

$$应纳税月份数=12-纳税义务发生时间(取月份)+1$$

在一个纳税年度内，纳税人在非车辆登记地由保险机构代收代缴机动车车船税，且能

够提供合法有效完税证明的，纳税人不再向车辆登记地的地方税务机关缴纳车辆车船税。

已缴纳车船税的车船在同一纳税年度内办理转让过户的，不另纳税，也不退税。

（5）税收优惠。车船税税收优惠包括法定减免和特定减免。

此外，纯电动乘用车、燃料电池乘用车不属于车船税征收范围。而纯电动商用车、燃料电池商用车，免征车船税；其他混合动力汽车按同类车辆适用税额，减半征收。

（四）目的、行为税类

1. 目的税类

特定目的税是指为了达到某种特定目的，对特定对象和特定行为征收的一种税。特定目的税主要包括车辆购置税、耕地占用税、城市维护建设税等。本书对烟叶税和环境保护税不再赘述。

1）车辆购置税

车辆购置税是以在中国境内购置规定车辆为课税对象、在特定的环节向车辆购置者征收的一种税。就其性质而言，属于直接税。

（1）纳税义务人。车辆购置税的纳税义务人是指在中华人民共和国境内购置汽车、有轨电车、汽车挂车、排气量超过150毫升的摩托车（以下统称应税车辆）的单位和个人。其中，购置是指以购买、进口、自产、受赠、获奖或者其他方式取得，并自用应税车辆的行为；单位包括国有企业、集体企业、私营企业、股份制企业、外商投资企业、外国企业以及其他企业，事业单位、社会团体、国家机关、部队和其他单位；个人包括个体工商户及其他个人，既包括中国公民，也包括外国公民。

车辆购置税实行一次性征收。购置已征车辆购置税的车辆，不再征收车辆购置税。

（2）征税范围。车辆购置税以列举的车辆作为征税对象，未列举的车辆不纳税。其征税范围包括汽车、摩托车、电车、挂车、农用运输车。

（3）税率。车辆购置税实行统一比例税率，税率为10%。

（4）应纳税额的计算。车辆购置税实行从价定率的方法计算应纳税额。其计算公式为

$$应纳税额 = 计税依据 \times 税率$$

2）耕地占用税

耕地占用税是对占用耕地建房或从事其他非农业建设的单位和个人，就其实际占用的耕地面积征收的一种税。它属于对特定土地资源占用课税。

（1）纳税义务人。耕地占用税的纳税义务人是指在中华人民共和国境内占用耕地建设建筑物、构筑物或者从事非农业建设的单位和个人。其中，单位包括国有企业、集体企业、私营企业、股份制企业、外商投资企业、外国企业以及其他企事业单位、社会团体、国家机关、军队以及其他单位；个人包括个体工商户以及其他个人。

（2）征税范围。耕地占用税的征税范围包括纳税人占用耕地建设建筑物、构筑物或者从事非农业建设的国家所有和集体所有的耕地。其中，耕地是指用于种植农作物的土地，包括菜地、园地（园地包括花圃、苗圃、茶园、果园、桑园和其他种植经济林木的土地）。

占用鱼塘及其他农用土地建房或从事其他非农业建设，也视同占用耕地，必须依法征

收耕地占用税。

占用已开发从事种植、养殖的滩涂、草场、水面和林地等从事非农业建设，由省、自治区、直辖市本着有利于保护土地资源和生态平衡的原则，结合具体情况确定是否征收耕地占用税。

(3) 税率。耕地占用税采用地区差别定额税率。具体规定如下：①人均耕地不超过1亩的地区(以县、自治县、不设区的市、市辖区为单位，下同)，每平方米为10～50元；②人均耕地超过1亩但不超过2亩的地区，每平方米为8～40元；③人均耕地超过2亩但不超过3亩的地区，每平方米为6～30元；④人均耕地超过3亩以上的地区，每平方米为5～25元。

在人均耕地低于0.5亩的地区，省、自治区、直辖市可以根据当地经济发展情况，适当提高耕地占用税的适用税额，但提高的部分不得超过上述第①条确定的适用税额的50%。

占用基本农田的，应当按照适用税额加征150%。

(4) 应纳税额的计算。耕地占用税以纳税义务人实际占用的耕地面积为计税依据，以每平方米土地为计税单位，按适用的定额税率计税。应纳税额为纳税义务人实际占用的耕地面积(平方米)乘以适用税额。其计算公式为

应纳税额＝实际占用耕地面积(平方米)×适用定额税率

3) 城市维护建设税

城市维护建设税是对从事经营活动，缴纳增值税、消费税的单位和个人征收的一种税。城市维护建设税的作用如下：①税款专款专用；②属于附加税；③根据城镇规模及其维护建设资金需要设计不同的比例税率。

(1) 纳税义务人与征税范围。城市维护建设税的纳税义务人是负有缴纳增值税、消费税(两税)义务的单位和个人。其中，包括国有企业、集体企业、私营企业、股份制企业、其他企业和行政单位、事业单位、军事单位、社会团体、其他单位，以及个体工商户及其他个人。

增值税、消费税的代扣代缴、代收代缴义务人同时也是城市维护建设税的代扣代缴、代收代缴义务人。

城市维护建设税没有覆盖到的特殊环节——各类纳税义务人的进口环节不缴纳城市维护建设税。

自2010年12月1日起，对外商投资企业和外国企业及外籍个人，开始征收城市维护建设税。对外商投资企业和外国企业及外籍个人2010年12月1日(含)之后发生纳税义务的增值税、消费税，征收城市维护建设税和教育费附加；对外商投资企业和外国企业及外籍个人2010年12月1日之前发生纳税义务的“两税”，不征收城市维护建设税和教育费附加。

(2) 税率。城市维护建设税的税率是指应缴纳的城市维护建设税税额与纳税义务人实际缴纳的“两税”的税额之比。

城市维护建设税采用三档地区差别比例税率，具体规定如下：①纳税义务人所在地为城市市区的，税率为7%；②纳税义务人所在地在县城、建制镇的，税率为5%，《国家税务总局关于撤县建市城市维护建设税适用税率问题的批复》规定，撤县建市后，城市维护

建设税适用税率为7%；③纳税义务人所在地不在城市市区、县城、建制镇的，税率为1%，开采海洋石油资源的中外合作油(气)田所在地在海上，税率为1%。

城市维护建设税的适用税率，应当按纳税义务人所在地的规定税率来定，但以下情况可按缴纳“两税”所在地的规定税率缴纳城市维护建设税：①代扣代缴、代收代缴城市维护建设税——缴纳“两税”所在地的规定税率(代扣代缴、代收代缴方所在地适用税率)；②流动经营无固定纳税地点——缴纳“两税”所在地的规定税率。

(3) 应纳税额的计算。城市维护建设税应纳税额大小是由纳税义务人实际缴纳的“两税”税额决定的。其计算公式为

$$应纳税额=纳税人实际缴纳的增值税、消费税税额\times 适用税率$$

(4) 税收优惠。关于城市维护建设税与“两税”减免税的关系要区分具体情况进行不同的处理，归纳如下：①城市维护建设税随同“两税”的减免而减免。②对因减免税而需进行“两税”退库的，城市维护建设税也同时退库。但是，对出口产品退还增值税、消费税的，不退还已缴纳的城市维护建设税。③对“两税”实行先征后返、先征后退、即征即退办法的，除另有规定外，对随“两税”附征的城市维护建设税和教育费附加，一律不予退(返)还。④海关对进出口产品代征的“两税”，不征收城市维护建设税。⑤为支持国家重大水利工程建设，对国家重大水利工程建设基金，免征城市维护建设税。⑥对实行增值税期末留抵退税的纳税义务人，允许其从城市维护建设税、教育费附加和地方教育附加的计税依据中扣除退还的增值税税额。

2. 行为税类

行为税是指以纳税义务人发生的某种行为为征税对象征收的各种税。行为税主要包括印花税、契税等。本书对船舶吨税不再赘述。

1) 印花税。印花税是以经济活动和经济交往中，书立、领受应税凭证的行为为征税对象征收的一种税。印花税的作用如下：①有利于增加财政收入；②有利于配合和加强经济合同的监督管理；③有利于培养公民的纳税意识；④有利于配合对其他应纳税种的监督管理。

(1) 纳税义务人。印花税的纳税义务人是在中国境内书立、使用、领受《印花税法》所列举的凭证，并应依法履行纳税义务的单位和个人。其中，单位和个人是指国内各类企业、事业、机关、团体、部队以及中外合资企业、合作企业、外资企业、外国公司和其他经济组织及其在华机构等单位和个人。

印花税的纳税义务人可以分为立合同人、立据人、立账簿人、领受人、使用人和各类电子应税凭证的签订人，如表5-26所示。

(2) 税目与税率。印花税的税目是指《印花税法》明确规定的应当纳税的项目，它具体划定了印花税的征税范围。一般来说，列入税目的就要征税，未列入税目的就不征税。印花税共有13个税目，印花税的税率有比例税率和定额税率两种形式，如表5-27所示。

(3) 应纳税额的计算。纳税义务人的应纳税额，根据应纳税凭证的性质，分别按比例税率或者定额税率计算。其计算公式如下。

① 适用比例税率：

$$应纳税额=应税凭证计税金额\times 比例税率$$

表 5-26 印花税的纳税义务人

纳税义务人	具体情况	注意问题
立合同人	指各类合同的当事人，即对凭证有直接权利义务关系的单位和个人，但不包括合同的担保人、证人、鉴定人。 当事人的代理人有代理纳税的义务	凡由两方或两方以上当事人共同书立的应税凭证，其当事人各方都是印花税的纳税人，应各就其所持凭证的计税金额履行纳税义务
立据人	订立产权转移书据的单位和个人	
立账簿人	设立并使用营业账簿的单位和个人	
领受人	领取或接受并持有权利、许可证照的单位和个人	
使用人	在国外书立、领受，但在国内使用应税凭证的单位和个人	
各类电子应税凭证的签订人	纳税义务人以电子形式签订的各类应税凭证按规定征收	

表 5-27 印花税税目、税率表

类别	税目	税率形式	纳税义务人
合同或具有合同性质的凭证	A. 购销合同 包括供应、预购、采购、购销结合及协作、调剂、补偿、易货等合同	按购销金额 0.3‰贴花	立合同人
	B. 加工承揽合同 包括加工、定做、修缮、修理、印刷广告、测绘、测试等合同	按加工或承揽收入 0.5‰贴花	
	C. 建设工程勘察设计合同 包括勘察、设计合同	按收取费用 0.5‰贴花	
	D. 建筑安装工程承包合同 包括建筑、安装工程承包合同	按承包金额 0.3‰贴花	
	E. 财产租赁合同 包括租赁房屋、船舶、飞机、机动车辆、机械、器具、设备等合同	按租赁金额 1‰贴花； 税额不足 1 元，按 1 元贴花	
	F. 货物运输合同 包括民用航空运输、铁路运输、海上运输、内河运输、公路运输和联运合同	按运输费用 0.5‰贴花	
	G. 仓储保管合同 包括仓储、保管合同	按仓储保管费用 1‰贴花	
	H. 借款合同(包括融资租赁合同) 银行与其他金融组织和借款人(不包括银行同业拆借)所签订的借款合同	按借款金额 0.05‰贴花	
	I. 财产保险合同 包括财产、责任、保证、信用等保险合同	按收取保险费用 1‰贴花	
	J. 技术合同 包括技术开发、转让、咨询、服务等合同。 其中，技术转让合同，包括专利申请权转让和非专利技术转让	按所记载金额 0.3‰贴花	

续表

类　别	税　　目	税率形式	纳税义务人
书据	K. 产权转移书据 包括财产所有权和版权、商标专用权、专利权、专有技术使用权等转移书据和专利实施许可合同、土地使用权出让合同、土地使用权转让合同、商品房销售合同、专利权转让合同；个人无偿赠送不动产所签订的“个人无偿赠予不动产登记表”	按所记载金额 0.5‰贴花	立据人
账簿	L. 营业账簿 生产、经营用账册。包括记载资金的账簿和其他账簿	记载资金的账簿，按实收资本和资本公积的合计金额 0.5‰	立账簿人
		其他账簿按件贴花 5 元	
证照	M. 权利、许可证照 包括政府部门发给的房屋产权证、工商营业执照、商标注册证、专利证、土地使用证	按件贴花 5 元	领受人

② 适用定额税率：

$$应纳税额=应税凭证件数\times 定额税率$$

(4) 税收优惠。

① 对已缴纳印花税凭证的副本或者抄本，免税。

② 对无息、贴息贷款合同，免税。

③ 对房地产管理部门与个人签订的用于生活居住的租赁合同，免税。

④ 对农牧业保险合同，免税。

⑤ 自 2019 年 1 月 1 日至 2021 年 12 月 31 日，对与高校学生签订的高校学生公寓租赁合同，免税。

⑥ 对公租房经营管理单位购买住房作为公租房，免税；对公租房租赁双方签订租赁协议涉及的印花税，免税。

⑦ 为贯彻落实《国务院关于加快棚户区改造工作意见》，对改造安置住房经营管理单位、开发商与改造安置住房相关的印花税以及购买安置住房的个人涉及的印花税，自 2013 年 7 月 4 日起，免税。

⑧ 自 2018 年 5 月 1 日起，对按 0.5‰贴花的资金账簿，减半征收；对按件贴花 5 元的其他账簿，免税。

2) 契税

契税是以在中华人民共和国境内转移土地、房屋权属为征税对象，向产权承受人征收的一种财产税。契税的作用如下：①广辟财源，增加地方财政收入；②保护合法产权，避免产权纠纷。

(1) 纳税义务人。契税的纳税义务人是在中国境内承受被转移土地、房屋权属的单位和个人。其中，单位包括企事业单位、国家机关、军事单位、社会团体和其他组织；个人包括中国公民和外籍人员。

（2）征税范围。契税的征税对象是在境内转移土地、房屋权属这种行为。

① 国有土地使用权出让（不缴土地增值税）。国有土地使用权出让，受让者应向国家缴纳出让金，以出让金为依据计算缴纳契税。不得因减免土地出让金而减免契税。

② 土地使用权转让（还应缴土地增值税）。土地使用权转让不包括农村集体土地承包经营权的转移。

③ 房屋买卖（符合条件的还需缴土地增值税）。以下几种特殊情况视同买卖房屋：a. 以房产抵债或实物交换房屋。二者均视同房屋买卖，应由产权承受人，按房产现值缴纳契税。b. 以房产作投资或作股权转让（房地产企业以自建商品房投资缴土地增值税）。此种交易属房屋产权转移，应办理房屋产权交易和产权变更登记手续，视同房屋买卖，由产权承受方按契税税率计算缴纳契税。以自有房产作股投入本人独资经营的企业，免税。对已缴纳契税的购房单位和个人，在未办理房屋权属变更登记前退房的，退还已纳契税；在办理房屋权属变更登记后退房的，不予退还已纳契税。c. 买房拆料或翻建新房。应照章征收契税。

④ 房屋赠予（非公益性赠予需缴土地增值税）

⑤ 房屋交换（单位之间进行房地产交换应缴土地增值税，个人互换住房不缴）。a. 以获奖方式承受土地、房屋权属的行为，应缴纳契税。b. 以预购方式或者预付集资建房款方式承受土地、房屋权属，应缴纳契税。

（3）税率。契税实行3%～5%的幅度比例税率。

实行幅度税率是考虑到我国经济发展的不平衡，各地经济差别较大的实际情况。具体执行多少由省、自治区、直辖市人民政府视本地区实际情况而定。

（4）应纳税额的计算，如表5-28所示。

表5-28　契税应纳税额的计算

征收对象	纳税人	计税依据	税率	计税公式
国有土地使用权出让	承受方	成交价格	3%～5%的幅度内，各省、自治区、直辖市人民政府按本地区实际情况确定	应纳税额＝计税依据×税率
土地使用权转让	买方			
房屋买卖	买方			
房屋赠予	受赠方	征收机关参照市场价核定		
房屋交换	付出差价方	等价交换免征契税；不等价交换，依交换价格差额		

契税应纳税额的计算要注意以下问题。

① 等价交换房屋土地权属的免征契税，交换价格不等时，由多交付货币、实物、无形资产或者其他经济利益的一方缴纳契税。

② 以划拨方式取得土地使用权，经批准转让房地产时，由房地产转让者补缴契税。计税依据为补缴的土地使用权出让费用或者土地收益。

③ 个人无偿赠予不动产的行为：受赠人为法定继承人的——免税；受赠人非法定继承人的——全额征收契税。

(5) 税收优惠。

① 国家机关、事业单位、社会团体、军事单位承受土地、房屋用于办公、教学、医疗、科研和军事设施的,免税。

② 城镇职工按规定第一次购买公有住房(含按政策经批准的集资房、房改房),免税。

③ 因不可抗力灭失住房而重新购买住房的,酌情减免。

④ 土地、房屋被县级以上人民政府征用、占用后,重新承受土地、房屋权属的,由省级人民政府确定是否减免。

⑤ 承受荒山、荒沟、荒丘、荒滩土地使用权,并用于农、林、牧、渔业生产的,免税。

⑥ 予以免税的外国驻华使馆、领事馆、联合国驻华机构及其外交代表、领事官员和其他外交人员承受土地、房屋权属,免税。

⑦ 公租房经营单位购买住房作为公租房的,免税。

⑧ 对个人购买 90 平方米及以下的,且该住房属于家庭(成员范围包括购房人、配偶以及未成年子女,下同)唯一住房的,减按 1%税率征收契税;对个人购买 90 平方米以上的,且该住房属于家庭唯一住房的,减半征收契税,即减按 1.5%税率征收契税。

⑨ 对个人购买家庭第二套改善性住房,面积为 90 平方米及以下的,减按 1%的税率征收契税;面积为 90 平方米以上的,减按 2%的税率征收契税。

《税法》规定,凡经批准减征或免征契税的纳税人,改变有关土地、房屋用途,不再属于减免税的范围,应当补缴已经减征、免征的税款。

第二节　与个人或家庭理财有关的税收政策

一、金融投资的税收政策

金融投资是将货币转化为股票、债券、银行存款等金融资产的投资形式。个人通过金融投资可以取得股息、红利、利息等收入。个人进行金融投资主要面临两种税收,即个人所得税和印花税。

(一) 个人所得税

对于个人的金融投资所得,国家一般要按 20%的比例税率对其征收个人所得税,而且在课税时不允许纳税人进行任何费用扣除。例如,某人一次取得 5000 元股息,则要缴纳 1000 元的个人所得税。这 1000 元的个人所得税由支付股息的企业单位代扣代缴。个人从事金融投资还需要注意以下税收规定。

(1) 股份制企业以股票形式向股东个人支付应得的股息、红利(即派发红股),应以派发红股的股票票面金额为收入额,计算缴纳个人所得税。

(2) 储蓄存款在 1999 年 10 月 31 日前产生的利息,不征收个人所得税;储蓄存款在 1999 年 11 月 1 日至 2007 年 8 月 14 日产生的利息,按照 20%的税率征收个人所得税;储蓄存款在 2007 年 8 月 15 日至 2008 年 10 月 8 日产生的利息,按照 5%的税率征收个人所得税;储蓄存款在 2008 年 10 月 9 日后(含 10 月 9 日)产生的利息,暂免征收个人所得税。

(3) 个人在金融机构开设的用于购买股票的账户所取得的利息收入应缴纳个人所得税。

(4) 个人投资者从上市公司取得的股息红利所得，暂减按 50%计入个人应纳税所得额，依照现行税法规定计征个人所得税；对持有 B 股或海外股(包括 H 股)的外籍个人，从发行该 B 股或海外股的中国境内企业所取得的股息红利所得，暂免征收个人所得税。

自 2013 年 1 月 1 日起，对个人从公开发行和转让市场取得的上市公司股票，股息红利所得按持股时间长短实行差别化个人所得税政策。个人从公开发行和转让市场取得的上市公司股票，持股期限超过 1 年的，股息红利所得暂免征收个人所得税。个人从公开发行和转让市场取得的上市公司股票，持股期限在 1 个月以内(含 1 个月)的，其股息、红利所得全额计入应纳税所得额；持股期限在 1 个月以上至年(含 1 年)的，暂减按 50%计入应纳税所得额；上述所得统一适用 20%的税率计征个人所得税。本规定自 2015 年 9 月 8 日起开始实施。全国中小企业股份转让系统挂牌公司股息红利差别化个人所得税政策也按上述政策执行。因此，个人投资者持股时间越长，其股息红利所得个人所得税的税负就越低。

(5) 对个人买卖有价证券(含国债，但不含股票)的所得要按财产转让所得缴纳个人所得税。按照《税法》规定，财产转让所得以个人每次转让财产取得的收入额减除财产原值和相关税、费后的余额为应纳税所得额。转让有价证券时的财产原值是指有价证券的买入价以及买入时按规定缴纳的有关费用。当个人转让债权时，一般采用“加权平均法”确定其应予减除的财产原值和合理费用。

(6) 对个人转让上市公司股票取得的所得暂免征收个人所得税。

(7) 对个人取得的教育储蓄存款利息所得以及国务院财政部门确定的其他专项储蓄存款或者储蓄性专项基金存款的利息所得，免征个人所得税。

(8) 对个人投资者取得的申购和赎回基金单位取得的价差收入，也暂不征收个人所得税。

(9) 个人炒卖外汇取得的所得，目前在实践中暂不对其课征个人所得税。

(10) 个人购买储蓄性的寿险利息所得，目前在实践中也没有对其征税。

(11) 股权成功转让后，转让方个人因受让方个人未按规定期限支付价款而取得的违约金收入，并入财产转让收入，按照“财产转让所得”项目计算缴纳个人所得税，税款由取得所得的转让方个人向主管税务机关自行申报缴纳。

(12) 自 2010 年 1 月 1 日起，对个人转让限售股取得的所得，按照“财产转让所得”，适用 20%的比例税率征收个人所得税。

(13) 股权转让合同履行完毕、股权已作变更登记，且所得已经实现的，转让人取得的股权转让收入应当依法缴纳个人所得税；转让行为结束后，当事人双方签订并执行解除原股权转让合同、退回股权的协议，是另一次股权转让行为，对前次转让行为征收的个人所得税款不予退回。

(14) 相关金融产品税收政策梳理。

① 国债。我国税法规定，国债和国家发行的金融债券利息免税。

② 基金。对个人投资者从基金分配中取得的收入，暂不征收个人所得税。但基金取得股票的股息、红利收入，债券利息收入和储蓄存款利息收入，要由上市公司、发行债券的

企业以及银行在向基金支付上述收入时，代扣代缴20%的个人所得税。

③ 信托产品。目前，我国对信托产品本身收益暂无征税规定，而是按照现行的一般性税收政策对信托活动进行税务监管，并未考虑信托本身法律关系的特殊性及其表达方式、实践方式。具体表现为信托资产转移时按照"产权转移"征收增值税、印花税、契税等，是否要征收个人所得税则没有具体的规定。

④ 人民币理财产品、外汇理财产品在税法中没有明确的规定，但是在实际操作中，有些税务部门会按照"利息、股息、红利所得"征收个人所得税，并且还要求银行代扣代缴个人所得税。为规避税收风险，对该类金融产品的税收问题要仔细咨询银行，并询问当地税务部门。

⑤ 对于保险理财产品、分红型保险、投连险等收益型保险的所得，税法均没有明确的规定。国内的理财产品很多处于起步阶段，税法在这方面的空白一方面是为了促进该类产品的成长；另一方面，还提醒我们在投资理财产品时要密切关注税收政策的变动，选择适合的理财产品。但是对"保险赔款"，税法明确规定可以免税。

（二）印花税

印花税是国家对单位和个人在经济交往中书立、使用、领受应税经济凭证征收的一种税。个人在金融投资中进行证券交易也会涉及印花税问题。

为进一步促进证券市场的健康发展，经国务院批准，财政部决定从2007年5月30日起，调整证券(股票)交易印花税税率，由现行1‰调整为3‰。即对买卖、继承、赠予所书立的A股、B股股权转让书据，由立据双方当事人分别按3‰的税率缴纳证券(股票)交易印花税。2008年9月19日起，经国务院批准，对证券交易印花税政策进行调整，由双边征收改为单边征收，税率保持1‰。即对买卖、继承、赠予所书立的A股、B股股权转让书据，由立据双方当事人分别按1‰的税率缴纳股票交易印花税，改为由出让方按1‰的税率缴纳股票交易印花税，授让方不再征收。

二、住房投资的税收政策

由于房屋价格一般具有上涨的趋势，所以个人购买房产是一种很好的投资渠道。特别是在通货膨胀比较严重的情况下，住房投资还可以使货币收入保值增值。作为一种投资方式，个人购买住房后可以将其出租取得租金收入，或等到住房升值后将其出售。在这个过程中，个人可能面临以下税收。

（一）个人所得税

1. 出租住房应缴纳的个人所得税

(1) 个人出租房屋取得的租金收入属于财产租赁所得，要缴纳个人所得税。财产租赁所得一般以个人每次(一般以一个月内取得的收入为一次)取得的收入，定额或定率减除规定的费用后的余额为应纳税所得额。即每次收入不超过4000元的，定额减除费用800元；每次收入在4000元以上的，定率减除20%的费用。

(2) 个人在出租房屋过程中缴纳的印花税、房产税、增值税、城市维护建设税和教育费附加，可持完税(缴款)凭证，从房屋租赁收入中扣除。另外，还允许出租人扣除能够提供有效、准确的凭证，证明由其负担的该出租房屋实际开支的修缮费用(一般为房屋出租后或出租前不久发生的修缮费用)。但允许扣除的修缮费用以每次800元为限，一次扣除不完的，准予其在下一次继续扣除，直到扣完为止。

(3) 自2001年1月1日起，对个人按市场价格出租的居民住房取得的所得，暂减按10%的税率征收个人所得税。

2. 出售自有住房应缴纳的个人所得税

(1) 个人出售自有住房取得的所得属于财产转让所得，要依法缴纳个人所得税。财产转让所得以个人每次转让财产取得的收入额(即一件财产的所有权一次转让取得的收入)减除财产原值(购进价格和其他有关税费)和卖出财产时按照规定支付的税款、费用后的余额为应纳税所得额。财产转让所得适用的税率为20%的比例税率。

(2) 对个人转让自用5年以上、并且是唯一的家庭居住用房取得的所得，免征个人所得税。

(3) 根据《国家税务总局关于个人住房转让所得征收个人所得税有关问题的通知》(国税发〔2006〕108号)的规定，自2006年8月1日起，对住房转让所得征收个人所得税时，以实际成交价格为转让收入。对转让住房收入计算个人所得税应纳税所得额时，纳税人可凭原购房合同、发票等有效凭证，经税务机关审核后，允许从其转让收入中减除房屋原值、转让住房过程中缴纳的税金及有关合理费用。其中，转让住房过程中缴纳的税金是指纳税人在转让住房时实际缴纳的增值税、城市维护建设税、教育费附加、土地增值税、印花税等税金。合理费用是指纳税人按照规定实际支付的住房装修费用、住房贷款利息、手续费、公证费等费用。

纳税人未提供完整、准确的房屋原值凭证，不能正确计算房屋原值和应纳税额的，税务机关可对其实行核定征税，即按纳税人住房转让收入的一定比例核定应纳个人所得税额。具体比例由省级地方税务局或者省级地方税务局授权的地市级地方税务局根据纳税人出售住房的所处区域、地理位置、建造时间、房屋类型、住房平均价格水平等因素，在住房转让收入1%～3%的幅度内确定。

(二) 增值税

个人将购买不足2年的住房对外销售的，按照5%的征收率全额缴纳增值税；个人将购买2年以上(含2年)的住房对外销售的，免征增值税。上述政策适用于北京市、上海市、广州市和深圳市之外的地区。

(三) 土地增值税

根据《中华人民共和国土地增值税暂行条例实施细则》和《财政部 国家税务总局关于调整房地产交易环节税收政策的通知》(财税〔2008〕137号)，对个人销售住房暂免征收土地增值税。

（四）房产税

（1）按照1986年国务院颁布的《房产税暂行条例》，个人的非营业用房即居民的住房，免征房产税。

（2）对个人拥有的营业用房或出租的房产，要课征房产税。对于个人出租的房产，房产税的计税依据为租金收入，包括货币收入和实物收入。从2001年1月1日起，对个人按市场价格出租的居民住房，用于居住的，暂按4%的税率征收房产税（一般情况下税率为12%）。

（五）契税

（1）根据《税法》的规定，契税的纳税人为土地、房屋权属转移时承受权属的单位和个人，因此个人购买住房要缴纳契税。购买住房缴纳契税的计税依据为成交价格，即房屋权属转移合同上确定的价格。契税的税率为3%～5%的幅度税率，由各省、自治区、直辖市政府在这个税率幅度范围内自行决定。

（2）个人购房后与他人进行房屋交换，如果交换的价格相同，免征契税；如果交换的价格不等，由多支付货币的一方就差价款的金额缴纳契税。例如，甲与乙换房，甲的房产价值为100万元，乙的房产价值为120万元，甲要向乙支付换房差价款20万元，如果税率为3%，则甲同乙换房要缴纳6000元（200000元×3%）契税。

（3）城镇职工按规定第一次购买公有住房，免征契税。

（4）自2008年11月1日起，对个人首次购买90平方米以下普通住房的，契税税率暂统一下调到1%。2010年10月1日起，个人购买首套普通住房契税下调，对出售自有住房并在1年内重新购房的纳税人不再减免个人所得税。对个人购买普通住房，且该住房属于家庭（成员范围包括购房人、配偶以及未成年子女）唯一住房的，减半征收契税。

（六）印花税

（1）根据《财政部 国家税务总局关于印花税若干政策的通知》（财税〔2006〕162号），对土地使用权出让合同、土地使用权转让合同按产权转移书据征收印花税，对商品房销售合同也按照产权转移书据征收印花税，税率为0.5‰。

（2）购房人与商业银行签订个人购房贷款合同时，要按“借款合同”税目缴纳印花税。该印花税的计税依据为借款金额，税率为0.05‰。

（3）个人从国家有关部门领取房屋产权证时，要按“权利许可证照”税目缴纳印花税，该印花税为定额税，税率为每件5元。

（4）个人出租住房，签订房屋租赁合同，要按照租赁金额的1‰缴纳印花税。税额不足1元的，按1元贴花。

（5）个人出售已购住房，签订产权转让书据，要按所载金额的0.5‰贴花。

从2008年1月1日起，对个人销售或购买住房暂免征收印花税。

三、退休养老的税收政策

为退休后的生活在资金上提前做好准备，个人可以在银行进行以养老为目的的储蓄，但更主要的是参加各项养老金计划。养老金计划分为政府举办的公共养老金计划（基本养老保险计划）和雇主自愿为其职工举办的企业年金与职业年金（补充养老保险）计划。

（一）基本养老保险计划

从税收政策上看，国家对基本养老保险计划的缴费和养老金发放都是给予免征待遇的。对于企业向基本养老保险计划缴纳的保险费，目前税法是允许在税前列支的，可以免缴企业所得税；职工个人向基本养老保险计划所做的缴费，目前也不计入个人应税所得，因此它可以免征个人所得税。另外，企业为职工缴纳的基本养老保险费中一部分要记入职工的个人账户，形成个人养老金资产，这种缴费实际上已属于职工的实物津贴，但税法也给予其免税待遇。目前，税法对退休职工领取的公共养老金也给予免税待遇。

（二）补充养老保险计划

企业年金是指根据 2017 年 12 月 18 日人社部和财政部联合颁布《企业年金办法》的规定，企业及其职工在依法参加基本养老保险的基础上，自愿建立的补充养老保险制度。职业年金是指根据《事业单位职业年金办法》（国办发〔2015〕18 号）的规定，事业单位及其工作人员在依法参加基本养老保险的基础上，建立的补充养老保险制度。

1. 企业年金和职业年金缴费的个人所得税处理

（1）企业和事业单位（以下统称单位）根据国家有关政策规定的办法与标准，为在本单位任职或者受雇的全体职工缴付的企业年金或职业年金（以下统称年金）单位缴费部分，在记入个人账户时，个人暂不缴纳个人所得税。

（2）个人根据国家有关政策规定缴付的年金个人缴费部分，在不超过本人缴费工资计税基数的 4%标准内的部分，暂从个人当期的应纳税所得额中扣除。

（3）超过上述第（1）项、第（2）项规定的标准缴付的年金单位缴费和个人缴费部分，应并入个人当期的工资、薪金所得，依法计征个人所得税。税款由建立年金的单位代扣代缴，并向主管税务机关申报解缴。

（4）企业年金个人缴费工资计税基数为本人上一年度月平均工资。月平均工资按国家统计局规定列入工资总额统计的项目计算。月平均工资超过职工工作地所在设区城市上一年度职工月平均工资 300%以上的部分，不计入个人缴费工资计税基数。

职业年金个人缴费工资计税基数为职工岗位工资和薪级工资之和。职工岗位工资和薪级工资之和超过职工工作地所在设区城市上一年度职工月平均工资 300%以上的部分，不计入个人缴费工资计税基数。

2. 领取年金的个人所得税处理

（1）个人达到国家规定的退休年龄，领取的企业年金、职业年金，符合《财政部 人力资源社会保障部 国家税务总局关于企业年金 职业年金个人所得税有关问题的通知》（财税〔2013〕103 号)规定的,不并入综合所得,全额单独计算应纳税款。

(2) 对单位和个人在本规定实施之前开始缴付年金缴费,个人在本规定实施之后领取年金的,允许其从领取的年金中减除在本规定实施之前缴付的年金单位缴费和个人缴费且已经缴纳个人所得税的部分,就其余额按照上一条的规定征税。在个人分期领取年金的情况下,可按本规定实施之前缴付的年金缴费金额占全部缴费金额的百分比减计当期的应纳税所得额,减计后的余额,按照上一条的规定,计算缴纳个人所得税。

(3) 个人因出境定居而一次性领取的年金个人账户资金,或个人死亡后,其指定的受益人或法定继承人一次性领取的年金个人账户余额,适用综合所得税税率表计算纳税。对个人除上述特殊原因外一次性领取年金个人账户资金或余额的,适用月度税率表计算纳税。

四、其他相关的税收政策

对个人购买社会福利有奖募捐奖券、福利赈灾彩票及体育彩票一次中奖收入不超过 10000 元的,暂免征收个人所得税;对一次中奖收入超过 10000 元的,应按税法规定全额征税。

个人取得单张有奖发票奖金所得不超过 800 元(含 800 元)的,暂免征收个人所得税;个人取得单张有奖发票奖金所得超过 800 元的,应全额按照个人所得税法规定的“偶然所得”税目征收个人所得税。税务机关或其指定的有奖发票兑奖机构,是有奖发票资金所得个人所得税的扣缴义务人。

个人取得拍卖收入征收个人所得税。个人通过拍卖市场拍卖个人财产,对其取得所得按以下规定征税:①根据《国家税务总局关于印发〈征收个人所得税若干问题的规定〉的通知》(国税发〔1994〕089 号),作者将自己的文字作品手稿原件或复印件拍卖取得的所得,应以其转让收入额减除 800 元(转让收入额 4000 元以下)或者 20%(转让收入额 4000 元以上)后的余额为应纳税所得额,按照“特许权使用费”所得项目适用 20%税率缴纳个人所得税。②个人拍卖除文字作品手稿原件及复印件外的其他财产,应以其转让收入额减除财产原值和合理费用后的余额为应纳税所得额,按照“财产转让所得”项目适用 20%税率缴纳个人所得税。

对个人财产拍卖所得征收个人所得税时,以该项财产最终拍卖成交价格为其转让收入额。

个人财产拍卖所得适用“财产转让所得”项目计算应纳税所得额时,纳税人凭合法有效凭证(税务机关监制的正式发票、相关境外交易单据或海关报关单据、完税证明等),从其转让收入额中减除相应的财产原值、拍卖财产过程中缴纳的税金及有关合理费用。

纳税人如不能提供合法、完整、准确的财产原值凭证,不能正确计算财产原值的,按转让收入额的 3%征收率计算缴纳个人所得税;拍卖品为经文物部门认定是海外回流文物的,按转让收入额的 2%征收率计算缴纳个人所得税。

对职工个人以股份形式取得的量化资产仅作为分红依据,不拥有所有权的企业量化资产,不征收个人所得税。

本章小结

本章分两部分对税收知识进行了较为全面的介绍。第一部分讲述了税收的基础知识，包括税收的概念与特征，税收法律关系，税收制度的构成要素，税收征管；并分别介绍所得税类，流转税类，资源、财产税类，目的、行为税类和关税的基本知识，对我国的税制进行大致的了解。第二部分讲述了与个人或家庭理财有关的税收政策，包括金融投资的税收政策，住房投资的税收政策，退休养老的税收政策以及其他相关的税收政策。本章内容难度不大，但由于知识点繁多，且在理财规划中具有重要意义，因此需要多加重视。

复习思考题

一、单项选择题

1. 政府征税后，税款即成为财政收入，反映的是税收的(　　)。

A. 强制性　　B. 无偿性　　C. 固定性　　D. 政策性

2. 税收法律关系不包括(　　)。

A. 税收制度　　B. 法律关系内容

C. 权利主体　　D. 权利客体

3. 区别不同类型税种的主要标志为(　　)。

A. 纳税义务人　　B. 征税对象　　C. 税目　　D. 税率

4. 对企事业单位的承包经营、承租经营所得，以(　　)为应纳税所得额。

A. 每一纳税年度的收入总额

B. 每一纳税年度的利润总额

C. 每一纳税年度的收入总额减除必要的费用后的余额

D. 每一纳税年度的收入总额减除所有的费用后的余额

5. 烟丝的消费税税率是(　　)。

A. 25%　　B. 30%　　C. 35%　　D. 20%

6. 国务院决定自 2007 年 1 月 1 日起，大城市城镇土地使用税每平方米年税额为(　　)元。

A. 1.2～24　　B. 1.5～30　　C. 0.6～12　　D. 0.8～15

7. 房地产开发企业建造的商品房，在出售前(　　)征收房产税。

A. 按规定　　B. 不　　C. 按规定差额　　D. 减免部分

8. 印花税的税率适用 0.5‰的税率为(　　)。

A. 购销合同　　B. 建筑安装工程承包合同

C. 建筑工程勘察设计合同　　D. 仓储保管合同

9. 城市维护建设税按纳税人所在地的不同，设置了三档地区差别比例税率，其税率不包括(　　)。

A. 1%　　B. 5%　　C. 7%　　D. 9%

10. 契税是以所有权发生转移变动的(　　)为征税对象。

A. 动产　　B. 不动产　　C. 资产　　D. 财产

11. 对个人转让自用(　　)年以上,并且是家庭唯一生活用房取得的所得,免征个人所得税。

A. 3　　B. 5　　C. 6　　D. 7

12. 土地增值税的税率采用超率累进税率,"超率"中的"率"是指(　　)的比率。

A. 纳税人转让房地产取得的全部收入与扣除项目金额

B. 增值额与扣除项目金额

C. 增值额与纳税人转让房地产取得的全部收入

D. 扣除项目金额与纳税人转让房地产取得的全部收入

13. 国家对基本养老保险计划的缴费和养老金发放都是给予(　　)待遇的。

A. 免征　　B. 减半征收　　C. 全额征收　　D. 优惠征收

二、多项选择题

1. 纳税义务人的权利主要有(　　)。

A. 多缴税款申请退还权　　B. 延期纳税权　　C. 依法申请减免税权

D. 申请复议　　E. 提起诉讼权

2. 定额税率又称固定税额,是按征税对象的计量单位直接规定应缴纳税额的税率形式。目前,采用该种税率的是(　　)。

A. 资源税　　B. 城镇土地使用税　　C. 车船使用税

D. 个人所得税　　E. 增值税

3. 目前,我国的所得税类包括(　　)。

A. 个人所得税　　B. 企业所得税　　C. 社会保险税

D. 工薪税　　E. 财产税

4. 根据《城镇土地使用税暂行条例》的规定,城镇土地使用税的纳税义务人是指在城市、县城、建制镇、工矿区范围内使用土地的单位和个人,具体包括(　　)。

A. 拥有土地使用权的单位和个人

B. 拥有土地使用权的单位和个人不在土地所在地的,其土地的实际使用人或代管人为纳税人

C. 土地使用权未确定或权属纠纷未解决的,以实际使用人为纳税人

D. 土地使用权共有的,共有各方合并纳税

E. 土地使用权共有的,共有各方都是纳税人

5. 印花税的纳税义务人不包括(　　)。

A. 担保人　　B. 立据人　　C. 立账簿人

D. 领受人　　E. 证人、签订人

6. 免征车船税的有(　　)。

A. 拖拉机　　B. 警用车船　　C. 电车

D. 养殖渔船　　E. 按照有关规定已经缴纳船舶吨税的船舶

7. 个人进行金融投资主要面临两种税收，即（　　）。

A. 消费税　　B. 增值税　　C. 契税

D. 个人所得税　　E. 印花税

三、判断题

1. 权利主体即税收法律关系中享有权利的当事人。（　　）

2. 对在中国境内设立机构、场所的非居民企业从居民企业取得与该机构、场所有实际联系的股息、红利等权益性投资收益免收企业所得税。（　　）

3. 消费税实行单一环节征收，一般在应税消费品的生产、委托加工、进口和批发环节缴纳，以后的零售等环节中不再缴纳消费税。（　　）

4. 按现行税法，金银首饰、木制一次性筷子和实木地板适用的消费税税率均为5%。（　　）

四、计算题

1. 假定某居民个人纳税人为独生子女，2019年缴完社保和住房公积金后共取得税前工资收入20万元、劳务报酬1万元、稿酬1万元。该纳税人有两个小孩且均由其扣除子女教育专项附加，纳税人的父母健在且均已年满60周岁。计算其当年应缴纳的个人所得税税额。

2. 某作家（非居民个人）的一篇小说在一家晚报上连载，3个月的稿酬收入分别是3000元、4000元和5000元。计算该作家3个月所获得的稿酬应缴纳的个人所得税税额。

3. 假定某在外商投资企业中工作的美国专家，2019年2月取得由该企业发放的含税工资收入10400元人民币。请计算当月其应纳个人所得税税额。

4. 刘某于2019年1月将其自有的面积为150平方米的公寓按市场价出租给张某居住。刘某每月取得租金收入4500元。2月因下水道堵塞找人修理，发生修理费用1000元，有维修部门的正式收据。分别计算刘某1月、2月和3月应缴纳的个人所得税税额。

5. 郑某2019年3月在某公司举行的有奖销售活动中获得奖金15000元，领奖时发生交通费600元、食宿费400元（均由郑某承担）。计算郑某应缴纳的个人所得税税额。

五、案例题

“黑名单”令违法者“悬崖勒马”

“不在规定的时限内接受处罚，缴纳税款、滞纳金和罚款，企业将被列入税收违法‘黑名单’，接受多部门的联合惩戒。以后，你不仅贷不了款，还会被限制乘坐高铁、飞机，高消费和出境，连出国旅游都不行。你自己掂量掂量，划不划得来？”在安徽省，国家税务总局宣城市税务局稽查局办案人员在查处一起隐瞒销售收入逃避缴纳税款案件时约谈了被执行人老陆，向他宣讲上了税收违法“黑名单”的严重后果。

“想不到逾期不缴纳税款会上‘黑名单’，而且后果这么严重。做生意最重要的是信誉，为了逃避欠缴税款，企业信用被影响，实在不划算。”本想以公司经营困难为借口缓缴税款的老陆在税务人员的提醒后，思前想后觉得承受不起被列入“黑名单”并被联合惩戒的后果，多方筹款，在规定的期限内将欠缴的700余万元税款、滞纳金和罚款缴纳入库。

之所以出现上面的情境，还要从对老陆公司的检查说起。税务局稽查局的执法人员在对老陆公司进行检查时发现，该公司涉及多起关于买卖合同纠纷的民事诉讼案件，而这些交易信息在企业提供的财务资料中均未体现。检查人员敏锐地意识到，其中必有问题。按照这条线索，检查人员顺藤摸瓜，通过外调收集相关资料，形成完整的证据链，查实了老陆的涉税违法事实。在如铁的证据面前，老陆承认他的公司在2013—2017年采取隐瞒销售收入的方式逃避缴纳税款，涉案金额高达2100余万元。

2018年10月，宣城市税务局稽查局依法对老陆的企业下达了《税务处理决定书》和《税务处罚决定书》，做出补缴税款、滞纳金、罚款合计700余万元的决定。

接到处罚决定后，心存侥幸心理的老陆本想以公司经营困难为借口继续与执法人员“拖延”，试图逃避缴纳税款，但在税务人员宣讲被列入税收违法“黑名单”的严重后果后，老陆幡然醒悟，悬崖勒马，通过各种方式筹集资金补缴700余万元税款、滞纳金和罚款，企业免予因税收违法被曝光及联合惩戒。老陆表示，经过这次惨痛的教训，以后不会再犯糊涂，只有诚实经营、依法纳税，方可持续经营、基业长青。

问题讨论：

1. 什么是税收违法“黑名单”？
2. 什么样的涉税违法行为会被列入税收违法“黑名单”？
3. 此案例给你什么启示？

第六章

法律基础

学习目标

本章主要涉及以下三部分的法律基础知识，即民事法律基础、商事法律基础以及民事诉讼、仲裁基础。通过这三部分知识的学习，理财规划师应当了解我国基本的法律准则，熟悉相关的法律条款，能够在相关法律、法规的框架下制订出合法、合理的理财规划方案。

引导案例

林先生和老伴生前一直住在单位分配的位于真武庙的公租房内。1999 年，老伴去世。2000 年，这套房子实行房改私，林先生和单位签订《房改售房协议》，并缴纳了全部购房款项。2003 年，房屋产权登记至林先生个人名下，房本载明为单独所有。同年 9 月，林先生前往北京市第二公证处立下公证遗嘱，将真武庙的遗产房屋作为其个人财产留给大儿子继承。2013 年，林先生去世后，大儿子前往公证处和房管部门办理手续时被告知需要其他法定继承人配合，其他几个子女听说父亲留下公证遗嘱后，均表示涉案房屋购买的手续虽然都是在母亲去世后办理的，但该房屋购买时折算了母亲工龄 42 年、父亲工龄 50 年，故涉案房屋应当属于父母的夫妻共同财产，父亲不能以个人遗嘱处分夫妻共同财产。大儿子起诉至法院，要求按照公证遗嘱取得涉案房屋完全所有权。

资料来源：搜狐网站，https://www.sohu.com/a/192571617_805917.

第一节　民事法律基础

一、民法概述

（一）民法的概念

民法是指调整平等主体之间人身关系和财产关系的法律规范体系的总称，其中平等主体包括自然人、法人和其他组织等。《民法通则》是我国现行的民事基本法律依据。

（二）民法的调整对象

依据《民法通则》第二条，中华人民共和国民法调整平等主体的公民之间、法人之间、公民和法人之间的财产关系与人身关系。即我国民法的调整对象为平等主体之间人身关系和一定范围的财产关系。

这里的人身关系是指人们在社会生活中形成的与主体的人身不可分离、不直接体现经济利益而以特定的精神利益为内容的社会关系。人身关系包括人格关系和身份关系。其中,前者是基于主体人格利益为内容的人身关系;后者是基于主体一定身份而发生的以身份利益为内容的人身关系。

财产关系即经济关系,是指人们在社会财富的生产、分配、交换和消费过程中形成的以经济利益为内容的社会关系。这里的一定范围是指民法只调整发生于交换和消费环节中的部分财产关系。财产关系主要包括民事主体之间的财产归属关系、利用关系和流转关系。

(三) 民法的基本原则

民法的基本原则是指由民事基本法律明文规定并贯穿于各项民事法律制度的,对民事立法、司法、民事活动及各具体民事法律规范具有普遍指导意义和拘束力的根本准则。我国民法的基本原则主要包括以下七个方面:平等、自愿、公平、诚实信用、等价有偿、禁止权利滥用和保护民事主体合法权益。

(四) 民事法律关系

民事法律关系是由民事法律规范调整的,在主体间形成以民事权利义务为内容的社会关系。当这种生活层面的社会关系经民法调整,赋予民事权利义务内容后,就转化为民事法律关系。

任何民事法律关系的形成都必须具备下列缺一不可的三个构成要素。

1. 民事法律关系的主体

民事法律关系的主体简称主体或民事主体,是指参与民事法律关系,在其中享有民事权利、承担民事义务的人。这里的“人”包括个体的人和集合体的人,前者在法律上被称为自然人,即因出生而获得生命的人类个体,包括我国公民、外国公民和无国籍人;后者包括法人、其他社会组织以及在特定情形(如发行国债)下的国家。民事主体中享有权利的主体为权利主体,即为权利人;负有义务的主体为义务主体,即为义务人。理财规划服务关系中,法律关系的主体分别是理财规划师所在机构与客户,双方是平等主体之间的关系,应受民事法律规范的调整。

2. 民事法律关系的内容

民事法律关系的内容是指主体在民事法律关系中享有的民事权利和应承担的民事义务。民事权利是主体享有的利益范围或者为某种行为的可能性。根据不同的标准,民事权利可以分为:①财产权和人身权;②支配权、请求权、形成权和抗辩权;③绝对权和相对权;④专属权和非专属权;⑤主权利和从权利;⑥原权利和救济权利。民事权利可以放弃,民事义务不可抛弃。民事法律关系的内容是民法所调整的社会关系的内容在法律上的反映。民事权利与义务,有些是民事法律规范直接规定的,有些是在法定范围内由民事主体平等协商约定的，不同的民事法律关系有不同的内容。

3. 民事法律关系的客体

民事法律关系的客体是指主体间权利义务所指向的对象，是主体相互交往结成彼此间民事权利义务的基石或利益所在。民事法律关系的客体主要有：①物，即可满足人的需要并能为人所支配或控制的物质实体或自然力，在民法意义上，它需具有存在性、可支配性、效用性及合法性的特点。②行为，即主体所实施的行为，如提供劳务、完成工作等。能成为民法意义上客体的行为需具有给付性和合法性的特点。③智力成果，即经主体脑力劳动所创造的精神财富，是知识产权的客体，主要包括科学发现、技术发明、文学艺术作品、商标等。能成为民法意义上客体的智力成果需具有合法性，即形成合法、交易合法和使用合法。④人身利益。

民事法律关系的具体内容如表 6-1 所示。

表 6-1　民事法律关系

<table>
<tr><th>民事法律关系的构成要素</th><th colspan="3">内　容</th></tr>
<tr><td rowspan="10">民事法律关系的主体</td><td colspan="3">公民（自然人）</td></tr>
<tr><td rowspan="4">法人</td><td colspan="2">企业法人</td></tr>
<tr><td rowspan="3">非企业法人</td><td>机关</td></tr>
<tr><td>事业单位</td></tr>
<tr><td>社会团体</td></tr>
<tr><td colspan="3">个体工商户</td></tr>
<tr><td colspan="3">农村承包经营户</td></tr>
<tr><td colspan="3">个人合伙</td></tr>
<tr><td colspan="3">其他社会组织</td></tr>
<tr><td colspan="3">国家</td></tr>
<tr><td rowspan="4">民事法律关系的客体</td><td colspan="3">物</td></tr>
<tr><td colspan="3">行为</td></tr>
<tr><td colspan="3">智力成果</td></tr>
<tr><td colspan="3">人身利益</td></tr>
<tr><td rowspan="5">民事法律关系的内容</td><td rowspan="4">民事权利</td><td colspan="2">所有权</td></tr>
<tr><td colspan="2">债权</td></tr>
<tr><td colspan="2">知识产权</td></tr>
<tr><td colspan="2">人身权</td></tr>
<tr><td colspan="3">民事义务</td></tr>
</table>

（五）民事法律事实

任何民事法律关系的形成，除应具有民事法律规范、主体等静态要素外，还需具有一个必不可少的动态因素——民事法律事实。它是指符合民事法律规范，能引起民事法律关系产生、变更或消灭的客观现象。法律事实是形成主体间民事权利义务的关键因素，正是由于它的介入，才可能产生、变更或消灭主体间的民事法律关系。

1. 民事法律事实的分类

(1) 行为。行为是指人有意识的活动，即当事人的意识行为。以是否合法为标准，可以将行为分为合法行为和不合法行为。前者如依法订立合同、设立遗嘱；后者如侵权行为。以行为所反映意思的内容为标准，可将行为划分为表示行为和非表示行为，前者是指行为人通过意思表示，目的在于设立、变更、消灭民事法律行为的行为；后者是指行为人主观上没有产生民事法律关系的意思，但依据法律的规定，客观上产生了法律效果的行为，如发现埋藏物等。

(2) 非行为事实。非行为事实又称自然事实，是指与人的意志无关、能够引起民事法律关系产生、变更或者消灭的事实，又可分为事件和状态。事件是指某种客观现象的产生，如人的出生、死亡、发生自然灾害等。状态是指某种客观现象的持续，如时间的经过、战争状态、生死不明等。

2. 民事法律事实的构成

民事法律事实的构成是指能引起民事法律关系产生、变更或者消灭的两个以上的民事法律事实的总和。一般情况下，一个法律事实可以成为某个民事法律关系产生、变更或消灭的原因；但有的情况则需要几个法律事实同时具备，才能使某种民事法律关系产生、变更和消灭，如遗嘱继承关系的产生，需要被继承人留有有效遗嘱、被继承人死亡和遗嘱继承人接受继承三个法律事实。

二、民事主体

民事主体即民事法律关系的主体，是参与民事法律关系，在其中享有民事权利、承担民事义务的人，其种类主要包括自然人、法人和其他社会组织(包括个体工商户与农村承包经营户、个人合伙和非法人组织)。

(一) 自然人

自然人是依自然规律出生，并据此依其国籍法直接取得民事主体资格的人类个体。对某一具体国度而言，其最主要的形式为本国公民。而一个公民要成为民事主体，去享有民事权利、承担民事义务，在法律上需具备一个前提——具有民事权利能力和民事行为能力。对我国境内的外国自然人，我国法律实行国民待遇原则和对等原则。

(二) 法人

在民法上，法人是指依法成立，具有民事权利能力和民事行为能力，能以自己的名义享有民事权利并独立承担民事义务的社会组织。依据其功能、设立方式可分为企业法人、机关法人、事业单位法人和社会团体法人。

（三）个体工商户与农村承包经营户

个体工商户是指经工商行政机关核准登记，专门从事工商业经营的个体劳动者。

农村承包经营户是指承包农村集体经济组织土地或其他资源，专门从事种植、养殖等农业生产经营活动的成员或其家庭。

以个人名义申请登记的个体工商户和承包的农村承包经营户，其经营收益归经营者个人所有；所欠债务也由其个人承担无限偿还责任。在夫妻关系存续期间，一方以个人名义从事个体工商经营或农村承包经营的，其收入为夫妻共同财产；所欠债务也以夫妻共同财产承担无限偿还责任。家庭成员共同出资、共同经营或收益的主要部分供家庭成员消费的，其收益归家庭成员共有；其债务则以该家庭共有财产承担无限偿还责任。

（四）个人合伙

个人合伙是指两个以上自然人依据所订立的协议，共同出资，为了共同的经济目的，合伙经营其共同事业的经营体，它是我国独立的民事法律关系的主体。若该经营体依法注册为合伙企业的，则同时适用我国《合伙企业法》的规定。

（五）其他社会组织

其他社会组织又称非法人组织，是指不具有法人资格但依法可以自己的名义进行民事活动的社会组织，包括个人独资企业、私营企业、合伙企业、不具有法人资格的企业、企业的分支机构、居（村）委会、街道办事处、地区行政公署、县属区公所、公安派出所等。

三、民事法律行为

（一）民事行为概述

民事行为是指民事主体基于意思表示做出的以确立、变更、终止民事权利义务关系为内容的行为。民事行为包括民事法律行为、可撤销或变更的民事行为、效力待定的民事行为、无效民事行为。民事行为是民事法律行为的上位概念。

1. 民事行为的成立

民事行为的成立要件是指按照法律规定成立民事行为所必不可少的要素。民事行为的成立要件可分为一般成立要件和特别成立要件。

（1）一般成立要件。一般成立要件是指一切民事行为依法成立所必不可少的共同要件，包括当事人、意思表示和标的。

（2）特别成立要件。某些特别类型的民事行为的成立，除了具备一般成立要件外，还需具备特别成立要件，如当事人约定合同必须进行公证才成立的，则采用公证形式为特别成立要件。

2. 民事行为的生效

民事行为的生效是指已经成立的民事行为因符合法定有效要件而取得法律认可的效

力。民事行为的生效是以民事行为成立为前提和基础的。通常,民事行为成立时即具有法律效力。但在特殊情况下也会有民事行为于成立之时尚不具备法律效力的情形,如遗嘱行为,成立且具备有效要件后,并不马上生效,只有在遗嘱人死亡后,该遗嘱行为才发生法律效力。民事行为的有效要件包括一般有效要件和特别有效要件。

1) 一般有效要件

一般有效要件是指民事行为发生效力均需具备的要件。

(1) 行为人具有相应的民事行为能力。完全民事行为能力人可以独立实施法律行为;限制民事行为能力人可以进行与其年龄、智力相当的法律行为;无民事行为能力人不能实施民事法律行为,应由他们的法定代理人代理民事行为。但在实际生活中,限制民事行为能力人和无民事行为能力人实施的下列行为合法有效:纯获利的行为,即接受奖励、赠予、报酬等民事法律行为;日常必需品的购买行为;其他与其年龄、智力相适应的法律行为。

法人的民事行为能力是由法人核准登记的经营范围决定的,法人只应在核准登记的经营范围内活动。原则上法人仅在法律和章程规定的特定范围内有行为能力,但现实中,法人的行为不违反法律的强制性规定以及章程中有关行为做出的相应程序性要求即为合法。

(2) 行为人的意思表示要真实。意思表示真实是指行为人在意志自由,能认识到该意思表示的法律效果的前提下,内心意思与表示行为相一致的状态。

(3) 不违反法律、行政法规或社会公共利益。民事行为要取得法律效力,必须符合法律的规定,否则只能成为无效的或可撤销的民事行为。这里的合法是指不能违反法律、法规的强制性和禁止性规范,但对于法律、法规的任意性规范,当事人可以通过约定排除适用,并不违法。

2) 特别有效要件

在特殊情况下,法律行为除具备一般有效要件外,还需具备法定的特别有效要件,才能产生法律效力,如附生效条件或附生效期限的合同。

(二) 民事法律行为概述

民事法律行为简称法律行为,是自然人、法人和其他组织设立、变更或终止民事权利和义务的合法行为。

法律行为的成立,需同时具备以下要件:① 主体需具有相应的民事行为能力;②行为人的意思表示需真实;③行为的内容、实施方式及后果需合法;④标的需确定且可能。此外,法律对某些法律行为有特别要求的,还需满足该特别要求。

按意思表示或行为表现形式的不同,法律行为可分为:①口头形式,在日常生活中最为普遍。其特点是简便快捷,但发生争议时难以查证;②书面形式,合同书、信件、电报、电传、传真、电子邮件和电子数据交换等均属此类。其特点是更有利于意思表示内容的确定,发生争议时有证可查;③默示形式,即行为人以不作为的形式表达其意思。该形式只有在法律有明文特别规定或当事人间事先有特别约定的情形下才有效;④推定形式,即行为人用行动而不用语言的形式表达其意思,如投币乘公交车、举牌应标等。

（三）瑕疵民事行为

民事法律行为以行为人的意思表示为核心要件，若行为人的意思表示有瑕疵，则必然影响该行为的效力，基于这种有瑕疵的意思表示而为的以及违反法律或公共利益的行为，即瑕疵民事行为。根据法律对行为后果认定标准的不同，它可分为无效民事行为、可撤销或变更的民事行为和效力待定的民事行为。

1. 无效民事行为

无效民事行为是指欠缺法律行为的根本生效要件，自始、确定和当然不发生行为人意思的预期效力的民事行为。其含义为该行为：①自始无效；②绝对无效；③意思无效。

依据我国现行民事法律的规定，下列民事行为无效：①无民事行为能力者实施的；②一方以欺诈、胁迫的手段损害国家利益的；③恶意串通损害第三方利益的；④违反法律、行政法规强制性规定的；⑤违反公共利益的；⑥以合法形式掩盖非法目的的。

依据我国《合同法》，在双方合同中含有以下单方面免责的条款无效：①造成对方人身伤害的；②因故意或重大过错造成对方财产损失的。

民事行为部分无效的，不影响其他部分的效力。

民事行为被认定无效后，发生以下法律后果：①不得履行；已履行的，中止履行；②双方返还财产；不能或没必要返还的，应予适当补偿；③过错方应赔偿对方所受损失；双方均有过错的，应各自承担相应的责任；④恶意串通损害第三方利益的，所得利益应收归国有或返还集体、第三人。

2. 可撤销或变更的民事行为

可撤销或变更的民事行为简称可撤销民事行为，是指其意思表示有瑕疵，当事人可申请人民法院或仲裁机构予以撤销或变更的民事行为。

依据我国现行民事法律，下列民事行为可撤销或变更：①对行为的性质、对方当事人以及标的的品种、质量、规格和数量等有重大误解的；②显失公平的，即一方利用优势或对方无经验，致使双方的权利义务明显违反公平、等价有偿原则的；③一方以欺诈、胁迫的手段或乘人之危，使对方在违背真实意思情形下所为的。有上述情形之一的，受害方可于知道或应当知道该撤销事由之日起一年内向人民法院或仲裁机构行使撤销权；当事人请求变更的，人民法院或仲裁机构不得撤销而只能变更。民事行为被撤销后，该行为自始无效，并发生与无效民事行为相同的法律后果。

【例 6-1】 李某的父亲生前是一个集邮爱好者，去世时留有几本邮票。李某对邮票不感兴趣，李某觉得这些邮票不好处理。一日，李某的朋友刘某发现了这几本邮票，刘某也是一个集邮爱好者，他随即表示愿意全部购买，最后以 5000 元的价格将邮票全部买走，李某对这一价格也比较满意。事过不久，李某从父亲生前的一个朋友处得知，他父亲所留的邮票中有 5 张相当珍贵，可能每张都价值 5000 元；同时另一个同事告诉他，刘某正在寻找买主。李某立即找到刘某，要求退还刘某的 5000 元钱，取回邮票，但刘某坚决不同意。双方协商不成，李某诉至法院，要求撤销合同，返还邮票。

问题：（1）李某与刘某之间买卖邮票是什么性质的行为？

（2）李某怎样行使撤销权？

解析：(1)《民法通则》第四条规定，民事活动应当遵循自愿、公平、等价有偿、诚实信用的原则。在这一交易过程中，虽然当事人双方是平等自愿的，但是因为李某缺乏对邮票相关知识以及市场行情的了解，导致他对买卖标的物的价值有严重的误解，而刘某应该知道此邮票的价值仍以较低价格换取，显然违背了我国《民法通则》的基本原则。《民法通则》第五十九条规定，下列民事行为，一方有权请求人民法院或者仲裁机构予以变更或者撤销：①行为人对行为内容有重大误解的；②显失公平的。因此，刘某与李某之间的买卖行为属可变更、可撤销的民事行为。

(2) 对于可撤销或可变更的民事行为，由享有撤销权或变更权的当事人决定是否撤销或变更。本案例中如果李某行使撤销权，该行为无效；如果李某不撤销也不变更，则该行为有效；如果李某要求变更价金条款，人民法院也应给予支持。因此，权利人李某要求撤销合同行为，返还邮票，人民法院应当支持。

3. 效力待定的民事行为

效力待定的民事行为是指行为的法律效力有待于第三人的意思表示，在其意思表示前即效力尚未处于确定状态的民事行为。在我国，此类行为主要有：①限制民事行为能力人实施的依法不能独立实施的双务行为；②行为人无代理权、超越代理权或代理权已终止后，仍以被代理人的名义所为的行为；③无处分权人以自己的名义对他人权利标的实施处分行为；④债务人将其所负担债务一部分或全部擅自转移给相对人承受的行为。这里的第三人分别为法定代理人、被代理人、权利人和债权人。对行为人的上述行为，第三人依法可追认，也可不予追认；而作为行为人对方当事人的相对人，依法也可行使催告权和撤销权。

【例 6-2】 农民王某 2010 年开始外出打工，2015 年，王某的父亲、母亲分别去世，留下一处房屋。王某仅有一个兄弟，2016 年王某兄弟在王某不知情的情况下，将父母留下的房屋赠予本村村民张某，并签订了赠予合同，当时未办理房产登记手续。2017 年 2 月，王某回老家时得知此事，便于 2017 年 6 月起诉要回该处房产。

问题：(1) 王某兄弟的行为是否是无权处分？

(2) 王某兄弟与张某的赠予合同是否有效？

解析：本案例中，王某的父母死亡后没有留下遗嘱，按照法定继承，王某和其兄弟应平分遗产，在没有分割的情况下，该处房屋属于双方共有。王某兄弟 2016 年赠予该房屋给张某，但是并未经登记机关登记过户，该房屋物权并未从王某和其兄弟处转移至张某。根据该赠予合同，张某只享有债权请求权，并不享有物权。王某兄弟的行为属于无处分权，他与张某之间的赠予合同效力待定。根据我国《合同法》第五十一条规定，无处分权的人处分他人财产，经权利人追认或者无处分权的人订立合同后取得处分权的，该合同有效。2016 年，王某兄弟未经王某同意将房屋赠予给张某的行为，属于效力待定的赠予合同，王某现主张不同意赠予合同，则该赠予合同无效。

四、民事权利

民事权利是民法所确认主体享有参与民事活动，主张、维护和实现其民事利益的基本权利。按照权利内容的性质划分，民事权利可分为人身权利、财产权利和综合性权利。其中，综合性权利是指兼具财产权利和人身权利内容的权利。这类权利一般有以下三种：知识产权（具有财产权利与人身权利双重性质）、继承权（其内容属财产权利，但通常基于身份关系而取得）、社员权（如公司股东的股东权、合作社的社员权等）。理财规划业务所涉及的主要是知识产权、物权、债权和继承权。本部分主要介绍人身权利和财产权利。

（一）人身权利

人身权利是指主体依法享有的，体现在其人格和身份关系上并与其自身不可分离的利益为内容的民事权利。人身权利包括人格权和身份权。

1. 人格权

人格权是指作为主体所必备的、以人格利益为客体并为法律所确认和保护的民事权利。按主体的不同，人格权可分为自然人人格权和社会组织人格权；按权利客体和保护方式的不同，人格权可分为精神性人格权和物质性人格权；按内容概括程度的不同，人格权可分为一般人格权和具体人格权。

2. 身份权

身份权是指主体基于某种特定的身份或能力而享有的民事权利，主要包括配偶权、亲权、亲属权、监护权、智力成果人身权、荣誉权。

（二）财产权利

财产权利与民法所调整的财产归属、利用和流转关系相对应。财产权利包括物权和债权。

1. 物权

物权是指物权人对特定物所享有的，以管理、收益、处分为内容的排他性财产权利。根据物权的权利主体是否是财产的所有人，可以把物权分为自物权和他物权。自物权也就是所有权，是指所有权人对自己所有的物依法进行占有、使用、收益和处分的全面支配的物权。他物权是指所有权人外的人根据法律的规定或所有人的意思，而对他人所有的物享有的进行有限的支配的物权。他物权主要包括用益物权和担保物权。

（1）所有权。所有权是指主体对其所有财产在法律许可范围内享有的占有、使用、收益和处分的权利。根据主体不同，所有权可分为国家所有权、集体所有权、自然人财产所有权、共有权、建筑物区分所有权。

（2）用益物权。用益物权是指主体对他人之物，在一定范围内依法享有占有、使用、收益及处分的权利。我国现行的几类重要用益物权为自然资源使用权、土地承包经营权、建设用地使用权、宅基地使用权、地役权。

（3）担保物权。担保物权是指在债务人或第三人所有或经营管理的特定财物或权利之上设定，以担保债务的清偿为目的的物权。担保物权主要有抵押权、质权和留置权。抵押权即债权人对债务人或第三人提供的不移转占有而作为债务担保的财产，于债务人到期不履行债务时，依法享有的就担保财产变价并优先受偿的权利。质权是指为了担保债务的履行，债务人或者第三人将其动产或者财产权利移交债权人占有，当债务人不履行债务或者发生当事人约定的实现质权的情形时，债权人有就其占有的财产优先受偿的权利。留置权是指债权人合法占有债务人的动产，在债务人逾期不履行债务时，有权留置该动产以迫使债务人履行债务，并在债务人仍不履行债务时就该动产优先受偿的权利。

2. 债权

债权是特定当事人间请求为一定给付的民事法律关系。在该关系中，一方所享有的请求对方为一定给付的权利为债权，该方当事人为债权人；另一方所负有向对方为一定给付的义务为债务，该方当事人为债务人。

债权的发生原因主要有四种：合同、侵权行为、不当得利和无因管理。

(1) 合同是指民事主体设立、变更和终止债权债务关系的合意。因合同而产生的债，称为合同之债。理财规划师代表所在机构与客户签订理财规划服务合同，则所在机构与客户之间即产生了合同之债。

(2) 侵权行为是指不法侵害他人非合同权利或者受法律保护的利益，因而行为人需就所产生损害承担责任的行为。因侵权行为而产生的债，称为侵权之债。

(3) 不当得利是指没有合法依据的一方取得利益，使另一方受到损害的行为。一方利益应当减少而未减少的，也属于不当得利。取得不当得利的一方依法负有返还的义务，这个义务就是取得不当得利一方的债务，该债务称为不当得利之债。

(4) 无因管理是指没有法律规定或合同约定的义务，为避免他人利益受损失，自愿管理他人事务或为他人提供服务的行为。因无因管理行为而在管理人与本人之间产生的债权债务关系，就是无因管理之债。其主要内容是管理人享有请求本人偿还因管理事务而支出的必要费用的债权，本人负有偿还该项费用的债务。

在理财规划业务中，可能涉及的债权债务关系主要是合同之债和侵权之债。理财规划师所在机构与客户之间是合同关系，如果理财规划师不依据合同约定履行，则所在机构将承担违约责任。理财规划师如果侵占客户的财产或其他利益，构成了侵权行为，则所在机构将被追究侵权责任。

五、民事义务与民事责任

(一) 民事义务

民事义务是指义务主体为满足权利人的利益需要，在权利限定范围内需为一定行为或不为民事义务的约束。

民事义务是由民事法律规范规定的，或者是在不违反法律规定的前提下，由当事人协商决定的。义务人必须按照法律规定或约定，从事一定行为或不行为，以满足权利人的利益需要。义务人不履行或不完全履行义务，权利人有权直接向义务人请求履行，也可以提起诉讼，请求人民法院强制义务人履行，由义务人承担相应的民事责任。

依据不同标准，民事义务可做以下划分。

(1) 约定义务与法定义务。前者是指按当事人意思确定的义务，它以不违反法律的强制性规定为限；后者为依据法律规定直接产生的义务，如对未成年子女的抚育义务、对物权的不作为义务等。

（2）积极义务与消极义务。前者是指义务主体以一定行为为内容义务，又称作为义务，如给付财物、完成工作、提供劳务；后者则要求义务主体需对权利主体的权益予以容忍，又称不作为义务，如不披露他人的隐私、不干涉他人的婚姻自由、不侵害他人的物权、人身权的义务等。

（3）专属义务与非专属义务。前者是指义务主体不得将其移转给他人负担的义务，如特邀演员的演出；后者则为可移转给他人负担的义务，如偿还欠款等。

（4）基本义务与附随义务。前者为依据约定已对义务主体明确确定的义务；后者则是约定以外、依合同法诚实信用原则，根据情势变化而派生的义务，如遇不可抗力而及时通知对方义务、遇乘客发病而派生的先行救助义务等。

（二）民事责任

民事责任是指主体因违反约定或法定的民事义务依法须承受的对己不利的民事法律后果。

依据不同标准，民事责任可做以下划分。

（1）合同责任。合同责任是指因违反合同约定的义务或违反《合同法》规定的义务而产生的责任。合同责任不仅仅是指违约责任，还包括依据《合同法》的规定产生的其他不属于侵权责任的民事责任，如缔约过失责任、后合同责任等。

（2）违约责任、侵权责任与其他责任。违约责任是指违反合同约定的义务依法应承担的责任；侵权责任是指因实施了侵犯他人合法人身或财产权利的行为依法应承担的责任；不履行因不当得利、无因管理而产生的义务所应依法承担的则是其他责任。其中，违约责任和侵权责任是最基本的民事责任。

（3）财产责任与非财产责任。前者是指直接以一定的财产为承担内容的民事责任，如返还财物、赔偿损失等；后者是指不直接具有财产内容的民事责任，如赔礼道歉、恢复名誉等。

（4）无限责任与有限责任。前者即债务人以其全部财产和能力用于承担偿还债务，并对余债或超越其负担能力的债务继续承担偿还责任；后者则是债务人仅以依法先行确定的财产作为偿还其所负债务的责任限制，当该财产不足以满足债权时，可不以其他财产继续清偿。

（5）单独责任与共同责任。前者是指依法应由一个主体单独承担的责任；后者是指依法应由两个以上主体共同承担的责任，依据不同的标准，它又可分为混合责任、按份责任和连带责任。

六、民事诉讼时效

（一）民事诉讼时效的定义

民事诉讼时效是指权利人若怠于行使其实体权利到法定程序期限届满，其获得公力救济权归于消灭的法律制度。或者是指权利人在法定期间内不行使权利即丧失请求人民法院依法保护其民事权利的法律制度。

（二）民事诉讼时效的种类

根据我国《民法通则》的规定，诉讼时效分为普通诉讼时效、特殊诉讼时效和最长诉讼时效。

1. 普通诉讼时效

普通诉讼时效又称一般诉讼时效，是指民法上统一规定适用于法律无特别规定的各种民事法律关系的诉讼时效期间。依据我国民法，主体向人民法院请求保护民事权利的诉讼时效期间为两年，法律另有规定的除外。

2. 特殊诉讼时效

特殊诉讼时效是指由民法或单行法律特别规定的仅适用于某些特定民事法律关系的诉讼时效期间。特殊诉讼时效包括短期诉讼时效和长期诉讼时效。

根据我国现行法律，诉讼时效期间在两年以下的为短期诉讼时效。《民法通则》第一百三十六条规定，下列民事法律关系的诉讼时效期间为一年：①身体受到伤害要求赔偿的；②出售质量不合格的商品未声明的；③延付或者拒付租金的；④寄存财物被丢失或者损毁的。

诉讼时效期间长于两年的为长期诉讼时效。依据我国《产品质量法》第四十五条规定，因产品存在缺陷造成损害要求赔偿的诉讼时效期间为两年；依据我国《合同法》第一百二十九条规定，因国际货物买卖合同和技术进出口合同争议提起诉讼或者申请仲裁的诉讼时效期间为四年；依据我国《环境保护法》第六十六条规定，提起环境损害赔偿的诉讼时效期间为三年。

3. 最长诉讼时效

最长诉讼时效是指权利的最长保护期限。《民法通则》第一百三十七条规定，诉讼时效期间从知道或者应当知道权利被侵害时起计算。但是，从权利被侵害之日起超过 20 年的，人民法院不予保护。有特殊情况的，人民法院可以延长诉讼时效期间。诉讼时效期间届满，权利人请求司法保护的，胜诉权消灭。但其实体权利依然存在，义务人自愿履行的，不受其限；义务人自愿履行义务后，不得以诉讼时效期间届满为由要求返还。

（三）民事诉讼时效的中止、中断和延长

民事诉讼时效的中止是指在诉讼时效期间的最后 6 个月内，因发生法定事由使权利人不能行使请求权的，暂停计算诉讼时效期间，待中止事由消除后，再继续计算诉讼时效期间的法律制度。诉讼时效中止，原诉讼时效依然有效；中止事由消除后，诉讼时效继续进行。

民事诉讼时效的中断是指在诉讼时效进行中，因发生法定事由致使已经过的诉讼时效期间归于无效，待中断事由消除后，重新开始计算诉讼时效期间的法律制度。诉讼时效期间自中断起，重新开始计算。

民事诉讼时效的延长是指法院对权利人在诉讼时效期间届满后提起的诉讼请求，经

审查确认其确有特殊情况未能及时行使权利的而延长其诉讼时效期间的法律制度。依据我国民法，确有特殊情况而超过诉讼时效期间的，法院可延长诉讼时效期间。

【例 6-3】 北京市民张三常年在深圳工作，其父在北京独自居住。2016 年 12 月 1 日，邻居从张三父亲处借走了 2 万元，约定在 2016 年 12 月 31 日归还并写了借条。但张三父亲于 2016 年 12 月 25 日不幸去世。张三回京奔丧，没有发现借条，邻居也未告知张三借钱之事。

问题：(1) 假如张三一直不知道此事，那么张三收回借款的诉讼时效期间如何确定？

(2) 假如到了 2017 年 4 月 5 日清明节，张三回北京祭奠其父，此时发现这张借条，诉讼时效期间如何确定？

(3) 假如张三回到深圳后 20 年都未回京，第 20 年的 12 月 25 日才回来，此时发现借条，诉讼时效期间如何确定？

解析：(1) 假如张三一直不知情，从 2017 年 1 月 1 日开始，张三的合法权益就受到侵犯，只起算 20 年的诉讼时效，2 年的诉讼时效则不起算。

(2) 假如到了 2017 年 4 月 5 日清明节，张三得知此事，这时就从 2017 年 4 月 5 日开始起算 2 年的诉讼时效。

(3) 假如第 20 年的 12 月 25 日张三得知此事，但距离 20 年时效只剩下 6 天的时间，那么张三剩余的时间就是 6 天。

七、代理

(一) 代理的概念

代理是指代理人在代理权限范围内，以被代理人（本人）的名义与第三方（相对人）实施行为，其后果由被代理人承受的民事法律行为。

(二) 代理的适用范围

根据我国《民法通则》的规定，除依照法律规定或者双方当事人约定，应当由本人亲自进行的民事法律行为外，民事法律行为均可以适用代理，如买卖、承揽、租赁、债务履行、接受继承等；还有一些法律行为以外的行为也适用代理，如申报行为、申请行为、诉讼行为等。

不得通过代理人进行的法律行为，主要是具有人身性质的行为和当事人约定应当由特定人亲自为之的行为。前者主要是指立遗嘱、婚姻登记、收养子女等行为；后者主要是指有严格人身性质的债务，如受约演出，即不得代为出演。

(三) 委托代理、法定代理和指定代理

(1) 委托代理又称授权代理、意定代理，是指基于被代理人的委托而产生的代理。其特点为委托人需有完全民事行为能力；受托人需按委托人意思行使代理权。委托代理按照被代理人的委托行使代理权，民事法律行为的委托代理可以用书面形式，也可以用口头

形式。

(2) 法定代理是指基于法律规定而直接产生的代理。其特点为被代理人无民事行为能力或限制民事行为能力;代理人直接依据法律规定行使代理权。《民法通则》第十四条规定,无民事行为能力人、限制民事行为能力人的监护人是他的法定代理人;《民法通则》第十六条规定,未成年人的父母是未成年人的监护人。

(3) 指定代理是指由人民法院或有关机关的裁定或决定而产生的代理,指定代理人按照人民法院或者指定单位的指定行使代理权。有关机关是指依法对被代理人的合法权益负有保护义务的组织,如未成年人住所地的居民委员会、村民委员会等。在没有法定代理人和委托代理人的情况下,人民法院或者有关机关可以依法为不能亲自处理自己事务的人指定代理人。在指定代理中,依法被指定为代理人的,如无特殊原因不得拒绝担任。

(四) 代理权的行使

代理权的行使就是代理人的义务的履行。通过履行自己的义务,代理人就实现了被代理人设立代理的目的。

(1) 代理人的义务:①为被代理人的利益实施代理行为的义务;②亲自代理的义务;③报告义务;④保密义务。

(2) 代理权的限制:①自己代理的禁止;②双方代理的禁止又称为同时代理,是指一个代理人同时代理双方当事人从事民事活动的情况;③代理人的懈怠行为与诈害行为的禁止。

(五) 无权代理

1. 无权代理的概念

无权代理是指不具有代理权的行为人所实施的代理行为。在无权代理的情形下,行为人所实施的法律行为符合代理行为的表面特征,但是实际上行为人对所实施的代理行为不具有代理权。无权代理包括以下三种情况。

(1) 根本未经授权的代理,即代理人实施代理行为,根本未获得被代理人的授权。

(2) 超越代理权的代理,即代理人虽然获得了被代理人的授权,但他实施的代理行为不在被代理人的授权范围之内。就其超越代理权限所实施的代理行为,成立无权代理。

(3) 代理权终止后的代理,即代理人获得了被代理人的授权,但在代理证书所规定的期限届满后,代理人继续实施代理行为,就其超过代理权存续期限所实施的代理行为,成立无权代理。

2. 无权代理的后果

无权代理基于被代理人行使追认权情形,可以发生与有权代理同样的法律效果。通过被代理人行使追认权,可使无权代理行为中所欠缺的代理权得到补足,转化为有权代理,发生与有权代理同样的法律效果。

(1) 追认方式。被代理人追认权的行使,有明示和默示两种方式。所谓明示的方式,是指被代理人以明确的意思表示对无权代理行为予以承认。所谓默示的方式,是指被代理人虽没有明确表示承认无权代理行为对自己的效力，但以特定的行为，如以履行义务的行为对无权代理行为予以承认。一经做出追认，无权代理行为即获得如同有权代理行为同样的法律效力，因为追认的表示具有溯及力，无权代理行为自始有效，被代理人应接受因无权代理行为发生的法律效果。

（2）催告权和撤销权。被代理人追认权的行使，受到了交易相对人催告权的限制。所谓交易相对人催告权，是指交易相对人在被代理人行使追认权之前，必须向被代理人发出催告，要求其在相当期限内做出是否追认表示的权利。交易相对人催告被代理人在一定期间内行使追认权的，被代理人应及时行使，不及时行使的，视为拒绝追认。《合同法》第四十八条第二款规定，相对人可以催告被代理人在1个月内予以追认。被代理人未作表示的，视为拒绝追认。一旦本人拒绝追认，无权代理行为就确定地转化为无效民事行为，由各方当事人按照过错程度承担法律责任。

为平衡当事人之间的利益，善意的交易相对人享有撤销权，即善意的交易相对人确定无权代理为无效行为的权利。此处的善意是指交易相对人不知道且不应该知道行为人为无权代理。该善意的交易相对人一旦行使撤销权，基于无权代理所为的民事行为就确定成为不生效的行为。

【例 6-4】 2017年10月，某书画装裱店与著名书法家赵某签订了一份委托书法作品创作合同。双方约定，赵某在2018年2月以前交付装裱店20副对联作品，装裱店支付赵某8000元报酬。2017年12月，赵某因不慎跌倒致使右臂受伤，不能创作，于是他委托自己的儿子代为书写了全部对联，以此交付装裱店，装裱店支付了全部报酬。不久，装裱店感到作品风格与赵某不同，遂请专家进行鉴定，结果发现属他人作品。

问题：赵某能否委托他的儿子代理其创作？赵某儿子的行为是否属于无权代理？

解析：赵某不能委托他的儿子代理其创作。《民法通则》第六十三条规定，依照法律规定或者按照双方当事人约定，应当由本人实施的民事法律行为，不得代理。本案中合同既约定由赵某创作全部20副对联，同时书法创作具有很强的人身属性，必须由本人亲自实施，是不得代理的行为，赵某无权委托他人代为履行。赵某儿子的行为不属于无权代理。无权代理是指没有代理权而以他人的名义进行代理活动的民事行为，它包括没有代理权、超越代理权或代理权终止后的代理行为。无权代理经被代理人追认可以产生代理效果。但是不得代理的法律行为是不能由他人代理的行为，即使有合法的委托也不行。这些行为主要是具有人身属性的行为、违法行为或法律规定及合同约定的不得代理的行为。

（六）表见代理

1. 表见代理的概念

表见代理是指无权代理人的代理行为客观上存在使相对人相信其有代理权的情况，且相对人主观上为善意，因此可以向被代理人主张代理的效力。表见代理为广义无权代理的一种，此时，该无权代理可发生与有权代理同样的法律效果。我国《合同法》第四十九条表见代理规定，行为人没有代理权、超越代理权或者代理权终止后以被代理人名义订立合同，相对人有理由相信行为人有代理权的，该代理行为有效。法律确认表见代理制度，意在保护动态的交易安全。

2. 表见代理制度的构成要件

1）行为人无代理权

行为人无代理权，即行为人在以代理人的身份进行民事行为时，并无代理权。所谓无代理权，仅指行为人对于正在实施的民事行为无代理权，包括根本未取得过代理权、超越代理权以及曾经取得的代理权已归于消灭。

2）交易相对人有理由相信行为人拥有代理权

这一要件要求交易相对人需为善意且无过失。此时，交易相对人应承担举证责任，举证证明自己的确有理由相信行为人拥有代理权。通常情况下，交易相对人需要通过证明有以下情形存在，来证明自身为善意。

(1) 被代理人以明示或默示的方式向第三人表示以他人为自己的代理人，而事实上他并未对该他人进行授权，交易相对人信赖被代理人的表示而与该他人为交易。

(2) 被代理人与代理人之间的委托合同不成立、无效或被撤销，但尚未收回代理证书，交易相对人基于对代理证书的信赖，与行为人进行交易。

(3) 代理关系终止后被代理人未采取必要措施，公示代理关系终止的事实并收回代理人持有的代理证书，造成第三人不知代理关系终止而仍与代理人为交易。

(4) 行为人持有被代理人的介绍信、盖有合同专用章或盖有印章的空白合同书，但被代理人能够证明行为人持有的介绍信或空白合同书系“盗用”的，不发生表见代理制度的适用。

3）交易相对人主观上为善意

基于对行为人拥有代理权的信赖，与行为人进行民事行为。

4）交易相对人基于这个客观情形而与无权代理人成立民事行为

无权代理人与第三人所为的民事行为，合于法律行为的一般有效要件和代理行为的表面特征。

3. 表见代理的效力

符合构成要件的表见代理，被代理人承担表见代理的法律后果，如果因此受到损失，有权向无权代理人请求赔偿。如果损失因双方的过错发生，按双方过错的性质和程度分担损失。

如果善意的交易相对人不愿意该无权代理发生与有权代理同样的法律效果，也可经由撤销权的行使，使其归于无效。依据民法关于无权代理的规定追究无权代理人的责任。

【例 6-5】 张某为甲商贸公司员工，曾长期代表甲商贸公司作为采购员与乙家电生产厂家（以下简称乙厂）进行购销家电行为。2018 年 3 月，张某因严重违反公司章程被甲商贸公司开除。但甲商贸公司未收回给张某开出的有效介绍信和授权委托书。张某凭此介绍信以甲商贸公司名义与乙厂签订了 50 万元的家电购买合同，并约定交货 1 个月内付款。乙厂向张某交货 1 个月后，张某未付 50 万元的货款且张某下落不明，乙厂要求甲商贸公司付款，双方产生争议。

问题：甲商贸公司是否应付货款？

解析：甲商贸公司应承担支付货款的责任。因为张某的行为属于表见代理。《合同法》第四十九条规定，行为人没有代理权、超越代理权或者代理权终止后以被代理人名义订立合同，相对人有理由相信行为人有代理权的，该代理行为有效。本案例中，张某被甲商贸公司开除后，实际上代理权已经终止，但甲商贸公司却并未收回介绍信和授权委托书，也未通知乙厂。乙厂在善意、无过失的情况下与张某签订了合同，符合表见代理的构成要件，属于表见代理。依据《合同法》的有关规定，表见代理订立的合同有效，在本人与相对人间产生法律效力，本人应受合同效力的约束。因此，甲商贸公司应承担向乙厂支付 50 万元货款的责任。

八、合同

（一）合同概述

1. 合同的概念

合同是指当事人之间设立、变更、终止民事权利义务关系的协议。合同的概念有广义和狭义之分。广义的合同泛指关于一切权利义务的协议。狭义的合同专指涉及民事权利义务的民事合同。我国《合同法》所称的合同是狭义的合同，即平等主体的自然人、法人、其他社会组织之间设立、变更、终止民事权利义务关系的协议。

2. 合同的种类

（1）按合同所反映交易关系的性质，合同可分为买卖合同，供用电、水、气、热力合同，赠予合同，借款合同，租赁合同，融资租赁合同，承揽合同，建设工程合同，运输合同，技术合同，保管合同，仓储合同，委托合同，行纪合同，居间合同以及合伙合同，担保合同，保险合同等。我国《合同法》就采取这样的分类标准。前 15 种由《合同法》规定，其他合同由《合伙企业法》《担保法》《保险法》等法律规定。

（2）按合同当事人双方权利义务的分担方式，合同可分为双务合同和单务合同。双务合同是指合同双方当事人既享有权利又承担义务的合同。大多数合同都为双务合同。单务合同是指合同一方当事人只享有权利而不承担义务；另一方当事人则只承担义务而不享有权利的合同。

（3）按合同当事人之间取得权利是否互相偿付代价为标准，合同可分为有偿合同和无偿合同。有偿合同是指当事人取得利益需偿付相应代价的合同，如买卖合同。无偿合同是指当事人一方只享有权利而无须偿付代价的合同，如赠予合同。

（4）按合同成立是否要以标的物交付为要件，合同可分为诺成合同和实践合同。诺成合同是指只需合同双方当事人意思表示一致即成立的合同。大多数合同为诺成合同。实践合同是指除合同双方当事人意思表示一致外，还要交付合同标的物才能成立的合同，如保管合同、自然人之间的借款合同等。

（5）按合同成立是否必须采用一定的形式或程序，合同可分为要式合同和非要式合同。要式合同是指订立合同时必须采用法律规定的特定形式或程序才能成立或生效的合同。非要式合同是指订立合同不需要按特定形式或程序就可成立或生效的合同。要式合同是法律对特殊内容为交易的在形式上采取强制性规范的结果，旨在维护交易安全，如不动产。《合同法》规定的合同大多数是非要式合同。

(6) 按合同之间是否存在从属关系,合同可分为主合同和从合同。主合同是指凡是不以他种合同存在为前提而能独立存在的合同。从合同是指必须以他种合同的存在为前提,自身不能独立存在的合同,如担保合同。

(7) 按合同订约人为自己还是为合同第三人利益订立合同,合同可分为为本人利益订立的合同和为第三人利益订立的合同。为本人利益订立的合同是指合同双方订约人都是为了本人利益订立的合同,也可称为束己合同。为第三人利益订立的合同又称涉他合同,是指合同订约人并非为自己而是为第三人利益订立的合同,如指定第三人为受益人的人身保险合同。

(8) 按法律上有无规定合同的名称和规则,合同可分为有名合同和无名合同。有名合同是指法律赋予某种合同一定名称并特别做出规则的合同,如《合同法》分则部分规定的 15 种合同,《担保法》《合伙企业法》《保险法》等规定的担保合同、合伙合同、保险合同等。无名合同是指法律没有规定其名称,不违反法律强制性规定和社会公众利益的合同。法律没有规定的合同在实际生活中是大量存在的,只要不违反法律强制性规定和社会公众利益的涉及民事权利义务的协议都是无名合同。

(二) 合同的订立

1. 合同主体资格

订立合同必须具有订约主体资格。《合同法》规定订立合同的当事人主体资格相当宽泛。一般来说,订约主体资格不仅包括具有民事权利能力和行为能力的自然人与法人,还包括其他社会组织,如合伙组织、法人分支机构等并不具有独立承担民事责任的主体。

2. 合同的形式

合同的形式是指合同当事人达成协议的外在表现形式,也就是双方当事人在订立合同时意思表示一致的表现形式。合同的形式主要有口头形式和书面形式。

口头形式是当事人以口头的意思表示达成的协议。口头形式的优点是简便易行、迅速及时;缺点是一旦发生争议,口说无凭,取证困难,难以分清是非和责任。

书面形式是当事人以文字的意思表示达成的协议。书面形式虽不如口头形式便捷,但优点是有据可查,便于履行,便于管理,一旦发生争议,便于查明是非,分清责任。合同标的较大、合同内容较为复杂的,一般应采用书面合同。书面形式包括合同书、信件图表和数据电文(包括电报、电传、传真、电子数据交换和电子邮件)等可以有形地表现所载内容的形式。

订立合同还可以采取其他形式,目前主要是指推定形式和默示形式。推定形式是指当事人并不直接用书面或者口头形式进行意思表示,而是通过实施某种行为进行意思表示;默示形式是指当事人采用沉默的方式进行意思表示。

3. 合同的内容

(1) 合同的条款。合同的内容就是合同的条款。根据契约自由原则,合同的条款只要是在法律允许的范围内,应由当事人自主协商进行约定,法律一般不予干预。《合同法》规定,合同的内容由当事人约定,一般包括以下条款:①当事人的名称或者姓名和住所;②标的;③数量;④质量;⑤价款或者报酬;⑥履行的期限、地点和方式;⑦违约责任;

⑧解决争议的方法。当事人可以参照各类合同的示范文本订立合同。

上述①～③项条款直接涉及合同当事人的权利义务是否已经确定，是构成合同的必备条款，如果合同缺少这些条款，就可能直接导致合同不成立。④～⑧项条款是否约定，仅仅涉及合同双方的利益问题，并不必然导致合同不成立。

(2) 合同示范文本。合同示范文本一般是由政府业务主管部门总结长期实践的经验，根据有关法律和政策的规定，在广泛听取各方面的意见，尤其是消费者的意见之后，按照一定的程序拟制的某一种或某一类合同文本的统一样式。

但是，从合同自由原则来说，合同示范文本仍是指导性、提示性的，仅供当事人参照，并不具有法律约束力。

(3) 格式条款。格式条款是指一方当事人为了重复使用预先拟制的并在订立合同时未与对方当事人协商，也不允许对方做更改的条款，又称标准条款或定型条款。

目前，社会上采用格式条款订立合同的现象相当普遍，尤其是在公用事业(供水、供电供气、通信等方面)、金融业、保险业以及交通运输业、旅游业、房屋租赁和买卖等方面的合同中广泛采用。

4. 合同订立的程序

任何合同的订立都要经过要约和承诺两个基本阶段。

1) 要约

(1) 要约的概念。要约又称订约提议，是指一方当事人(要约人)向另一方当事人(受约人)提出订立合同的意思表示，在市场交易中也称开盘、发盘或报价。

(2) 要约的有效期限及约束力。要约有效期限一般是从要约达到受约人时生效，至要约答复期限届满时失效。要约如没有规定答复期限的，应当以合理期限为准。

要约人在要约的有效期限内受到自己发出的要约的约束，即一旦受约人接受要约，要约人就有与受约人订立合同的义务。

要约可以撤回。要约撤回是指要约人在要约发出以后，以撤回要约的通知先于或者与发出的要约同时到达受约人的行为，使尚未发生效力的要约不再发生效力。

《合同法》还规定了要约可以撤销。要约撤销是指要约人在要约通知已到达受约人，受约人还没有做出承诺前，要约人以撤销要约的通知行为消灭已生效要约的效力。

(3) 要约的失效。有下列情形之一的，要约失效：①受约人拒绝要约；②要约人依法撤销要约；③承诺期限届满，受约人未做出承诺；④受约人对要约的内容做出实质性变更。

(4) 要约邀请。要约邀请又称要约引诱，是指当事人向他人表示订约愿望和介绍有关情况，并希望他人向自己发出要约的意思表示。市场交易中也称询盘，如商品价目表、拍卖公告、招股说明书及一般的商业广告等。要约邀请是虚盘，对发出邀请的人不具有法律约束力。

【例 6-6】 因市场上西瓜脱销，某果品公司向新疆某农场发出一份传真："因我市市场西瓜脱销，不知贵方能否供应。如有充足货源，我公司欲购十个冷冻火车皮。望能及时回电与我公司联系协商相关事宜。"农场因西瓜丰收，正愁没有销路，接到传真后，喜出望外，立即组织十个冷冻火车皮货物给果品公司发去，并随即回电："十个冷冻火车皮的货已发出,请注意查收。"在果品公司发出传真后,农场回电前,外地西瓜大量涌入,价格骤然下跌。接到农场回电后,果品公司立即复电:"因市场发生变化,贵方发来的货,我公司不能接收,望能通知承运方立即停发。"但因货物已经起运,农场不能改卖他人。为此,果品公司拒收,农场指责果品公司违约,并向法院起诉。

问题:果品公司是否违约?是否要承担赔偿责任?

解析:果品公司不存在违约,因为此案双方发生纠纷的原因是农场没有理解要约和要约邀请的区别,其法律依据是《合同法》第十五条。《合同法》第十五条要约邀请规定,要约邀请是希望他人向自己发出要约的意思表示。寄送的价目表、拍卖公告、招标公告、招股说明书、商业广告等为要约邀请。果品公司给农场的传真是询问农场是否有货源,虽然该公司在给农场的传真中提出了具体数量和品种,但同时希望农场回电通报情况。因此,果品公司的传真具有要约邀请的特点。农场没有按果品公司的传真要求通报情况,在直接向果品公司发货后,才向果品公司回电的行为,因没有要约而不具有承诺性质,相反倒具有要约的性质。在此情况下如果果品公司接收这批货,这一行为就具有承诺性质,合同就成立。但由于果品公司拒绝接收货物,故此买卖没有承诺,合同不成立。因此,果品公司不承担赔偿责任。

2)承诺

(1)承诺的概念。承诺又称接受提议,是指受约人同意要约的意思表示。在市场交易中,承诺也称收盘或接盘。

(2)承诺期限和承诺生效的时间。承诺期限是指受约人做出有效承诺的期限。承诺应当在要约确定的期限内到达要约人,要约没有确定具体的承诺期限的,应当在合理期限内到达要约人。

承诺生效的时间是指承诺的具体生效时间。《合同法》明确规定,承诺应当在要约确定的期限内到达要约人。承诺通知到达要约人时生效。受约人超过承诺期限发出的承诺通知,除要约人及时通知受约人该承诺有效以外,就不算承诺,而是新的要约。承诺不需要通知的,根据交易习惯或者要约的要求做出承诺的行为时生效。

(3)承诺的撤回。承诺撤回是指受约人发出承诺通知之后,又要撤回其承诺。《合同法》规定,承诺可以撤回。撤回承诺的通知应当在承诺通知到达要约人之前或者与承诺通知同时到达要约人。

订立合同都必须经过要约和承诺两个基本阶段,而在通常情况下,订立合同往往是当事人之间要经过要约,新的要约(又称反要约),直到一方最后表示承诺的反复协商过程。要约一经承诺,合同即告成立。当事人如果采用书面形式订立合同,在承诺时,一般双方当事人都应在合同上签字或盖章。

(三)合同的效力

合同的效力又称合同的法律效力,是指成立的合同将对合同当事人乃至第三人产生的法律约束力。合同是当事人关于民事权利义务协商一致的结果,但是,当事人协商一致的结果至少不得违反国家法律的强制性规定和社会公共利益,才能产生法律效果,达到当事人预期的法律后果。

1. **有效合同和无效合同**

1）有效合同

有效合同是指法律予以认可和保护、在法律上具有约束力的合同。一般情况下，只要合同主体资格合格，合同内容和形式合法，各当事人真实意思表示达成一致的，就是有效合同。

合同生效的时间涉及合同从什么时间开始生效的标志，《合同法》对合同生效时间做了一般生效时间和特殊生效时间两类规定。

（1）一般生效时间。在一般情况下，大多数合同只要是符合法律规定条件所订立的合同，从合同成立时起，就具有法律约束力。

（2）特殊生效时间。有些合同不一定一成立就生效，还必须具备法律规定或当事人约定的某些条件和程序才能生效：①法律、行政法规规定应当办理批准、登记等手续的，自批准、登记时才能生效；②当事人对合同的效力可以约定附条件或者附期限。附生效条件的合同，自条件成就时生效。附生效期限的合同，自期限届至时生效。

合同生效后，对合同双方当事人都具有法律约束力，即当事人应当按合同的约定履行各自的义务，任何一方不得擅自变更或者解除合同。如有不履行合同义务或不适当履行合同义务的，应当承担违约责任。

2）无效合同

无效合同是指当事人之间已经成立的合同由于违反法律规定而导致法律不予认可或不予保护的合同。

《合同法》规定，有下列情形之一的，合同无效：①一方以欺诈、胁迫的手段订立合同，损害国家利益；②恶意串通，损害国家、集体或第三人利益；③以合法形式掩盖非法目的；④损害社会公共利益；⑤违反法律、行政法规的强制性规定。

【例 6-7】 某山区农民赵某家中有一个花瓶，是赵某的祖父留下来的。李某通过他人得知赵某家有一清朝花瓶，遂上门索购。赵某不知该花瓶的真实价值，李某用 1.5 万元买下。随后，李某将该花瓶送至某拍卖行进行拍卖，卖得价款 11 万元。赵某在 1 个月后得知此事，认为李某欺骗了自己，通过许多渠道找到李某，要求李某退回花瓶。李某以买卖花瓶是双方自愿，不存在欺骗为由，拒绝赵某的请求。经人指点，赵某到李某所在地人民法院提起诉讼，请求撤销合同，并请求李某返还该花瓶。

问题：赵某和李某的买卖合同是否有效？为什么？

解析：合同无效。因为李某与赵某之间的合同属于显失公平的买卖合同，且显失公平是由于赵某欠缺交易经验所致，因此赵某有权依据《合同法》第五十四条的规定，请求人民法院撤销合同。买卖合同一旦被撤销，合同即自始没有法律约束力，依据《合同法》第五十八条的规定，赵某有权请求李某返还财产。

2. **可变更和可撤销合同**

1）可变更和可撤销合同的概述

可变更和可撤销合同是指合同成立后，当存在法律规定的事由时，人民法院或者仲裁机构根据当事人的申请，经过审理，允许变更或撤销合同或有关合同内容的合同。

《合同法》规定，下列合同，当事人一方有权请求人民法院或者仲裁机构变更或者撤销：①因重大误解而订立的；②在订立合同时显失公平的；③一方以欺诈、胁迫的手段或乘人之危，使对方在违背真实意思的情况下订立的合同。

可变更和可撤销合同的变更或撤销，由当事人选择确定。当事人请求变更的，人民法院或仲裁机构不得撤销。当事人请求撤销的，人民法院或仲裁机构不得变更。撤销权的行使有一定期限，即具有撤销权的当事人自知道或者应当知道撤销事由之日起1年内没有行使撤销权的，撤销权归于消灭。

2）无效合同和被撤销合同的效力及法律后果

（1）无效合同和被撤销合同的效力。无效合同或者被撤销的合同自始没有法律约束力。合同部分无效，不影响其他部分效力的，其他部分仍然有效。无效合同或者被撤销的，不影响合同中独立存在的有关解决合同争议方法的条款的效力。

（2）无效合同和被撤销合同的法律后果。无效合同或者被撤销后，因该合同取得的财产，应当予以返还；不能返还或者没有必要返还的，应当折价补偿。有过错一方应当赔偿对方因此所受到的损失；双方都有过错的，应当各自承担相应的责任；当事人恶意串通，损害国家、集体或者第三人利益的，因此取得的财产收归国家所有或者返还集体、第三人。

【例 6-8】 某商场新进一种CD机，价格定为2598元。柜台组长在制作价签时，误将2598元写为598元。赵某在浏览该柜台时发现该CD机物美价廉，于是用信用卡支付1196元购买了两台CD机。在商场盘点时，发现少了4000元，经查是柜台组长标错价签所致。由于赵某用信用卡结算，所以商店查出是赵某少付了CD机货款，于是找到赵某，提出或补交4000元或退回CD机，并退还其已支付的1196元。赵某认为彼此的买卖关系已经成立并交易完毕，商店不能反悔，遂拒绝商店的要求。商店无奈只得向人民法院起诉，要求赵某返还4000元或CD机。

问题：商店和赵某之间的合同属于什么性质？应如何处理？

解析：商店和赵某之间的合同属于重大误解可撤销的合同。《合同法》第五十四条规定，因重大误解订立的合同，当事人一方有权请求人民法院或者仲裁机构变更或撤销合同；《合同法》第五十八条规定，合同被撤销后，因该合同取得的财产，应当予以返还。基于上述理由，商店的诉讼请求有法律依据。本案中，当事人因对标的物的价格的认知错误而实施商品买卖行为。这一错误不是出卖人的故意造成，而是因疏忽标错价签造成，这一误解对出卖人造成较大的经济损失。所以，根据本案的情况，符合重大误解的构成要件，应依法认定为属于重大误解的民事行为。赵某应将CD机返还给商店，由柜台组长对由此造成赵某的损失承担责任。

3. 效力待定的合同

效力待定的合同是指有些合同成立后，存在某些不符合合同生效要件的规定，其效力能否发生尚未确定的合同。效力待定的合同内容是否产生法律效果尚未确定，法律允许相对人采取合同补救措施，促使合同生效。效力待定的合同主要有以下几种情况。

（1）主体不合格。如限制民事行为能力人订立的合同，相对人可以催告其法定代理人在1个月以内予以追认。如果法定代理人追认了，该合同就有效；否则合同就无效。法定代理人未做表示的，视为拒绝追认。但纯获利益的合同或者与其年龄、智力、精神健康状况相适应而订立的合同，不必经法定代理人追认。

(2) 无权代理。行为人没有代理权、超越代理权或者代理权终止后以被代理人名义订立的合同,相对人可以催告被代理人在1个月内予以追认。被代理人追认了,该合同有效;否则合同就无效。被代理人未做表示的,视为拒绝追认。合同被追认之前,善意的交易相对人有撤销的权利,撤销应当以通知的方式做出。

(3) 推定有效的代理。行为人没有代理权、超越代理权或者代理权终止后以被代理人名义订立的合同,而相对人有充分的、正当的理由相信行为人有代理权的,该代理行为应视为有效,或推定为有效。

(四) 合同的履行

合同的履行是指双方当事人按照合同约定的条款,全面地完成各自承担的义务的行为。合同当事人通过订立合同确定双方的权利和义务,最终要通过合同的履行才能实现。合同的履行是整个合同关系中最核心的阶段。

合同履行的原则是指合同当事人在履行合同过程中应遵循的基本活动准则。合同履行应遵循以下基本原则。

(1) 适当履行原则。适当履行原则又称全面履行原则、正确履行原则,是指当事人按照合同规定的标的及其质量、数量,由适当的主体在适当的履行期限、履行地点以适当的履行方式,全面完成合同义务的履行原则。对以上几个方面的任何一个方面的违反,都违反了适当履行原则,从而构成违约行为。

(2) 诚信原则。诚信原则又称协作履行原则,是指当事人不仅适当履行自己的主合同债务,而且应基于诚信原则协助对方当事人履行其债务。其具体内容如下:①债务人履行合同债务,债权人应适当受领给付;②债务人履行债务,可以要求债权人创造必要的条件,提供方便;③债务人应根据合同的性质、目的和交易习惯履行通知、协助、保密等附随义务;④因故不能履行或不能完全履行债务的,应积极采取措施避免或减少损失,否则要就扩大的损失负责。

【例6-9】 某粮油公司(以下简称甲方)引进一套生产食用色拉油的设备,在还未开工时,2018年11月20日,某工厂(以下简称乙方)因年终要给职工分发一些福利用品,找到甲方购买色拉油。因该公司要1个月以后才能正式生产,所以与乙方签订的合同明确规定在1个月后生效;而乙方也向甲方提出在12月30日前必须交货。到了12月30日,乙方未收到甲方的色拉油,便打电话询问,要求甲方最迟在2019年1月1日必须交货,否则解除合同。甲方答复到时保证送货。但1月3日,甲方才将乙方需要的色拉油送到。乙方拒收,甲方认为乙方违约,向法院起诉,要求乙方收货并支付货款。

问题:甲方是否可以推迟交货?乙方是否违约?

解析:甲方不能推迟交货,应该按照约定履行合同。此案涉及附期展的合同,当事人之间的合同于合同签订后1个月生效,其法律依据是《合同法》第四十六条。合同约定的甲方交货期限是2018年12月30日,甲方未按时交货,构成迟延履行。并且在乙方确定的宽限期到来时仍未交货,乙方有权解除合同,拒收货物。所以乙方不构成违约。

（五）合同的变更、转让和终止

1. 合同的变更

合同变更有广义和狭义之分。广义的合同变更包括合同内容的变更和合同主体的变更。狭义的合同变更是指合同有效成立后，尚未履行或完全履行以前，当事人就合同的内容达成修改和补充的协议。根据法律事实的性质不同，合同变更可以分为合同的合意变更和合同的法定变更。

2. 合同的转让

合同转让属于广义的合同变更，又称合同主体变更，是指合同有效成立后，合同尚未履行或完全履行前，在不改变合同内容的情况下，变动合同的当事人。合同转让按转让的内容可分为合同权利的转让、合同义务的转移和合同权利义务的转让。合同转让按转让合同内容的范围又可分为全部转让和部分转让。

3. 合同的终止

合同终止是指由于它的法律事实的发生，使合同所设定的权利义务在客观上已不再存在，合同关系归于消灭。合同终止的法定情形有：①合同履行；②合同解除（按解除发生的原因分为协议解除和法定解除）；③债务相互抵消；④债务人依法将标的物提存；⑤债权人免除债务；⑥债权债务同归于一人；⑦法律规定或者当事人约定终止的其他情形。

【例 6-10】 2018 年 3 月 15 日，某纺织厂与某服装厂签订一份布料买卖合同，双方约定：由纺织厂于 2018 年 4 月 15 日前提供真丝双绉面料 1000 米，服装厂于 5 月 20 日将 8 万元货款一次性全部支付。2018 年 4 月 15 日，服装厂通知纺织厂按合同约定的时间交货，纺织厂回函称因设备老化，按时交付有一定困难，请求暂缓履行，服装厂因为要抢在夏季到来之前上市销售该批真丝服装，所以没有同意纺织厂迟延履行的要求。2018 年 4 月 25 日，因纺织厂没有履行合同，服装厂致函纺织厂，要求纺织厂最迟在 5 月 10 日前履行合同，否则解除合同。2018 年 5 月 20 日，纺织厂仍未履行合同，服装厂只好从别的渠道用每米 90 元的价格购买了真丝双绉面料 1000 米，总价款 9 万元，同时通知纺织厂解除合同，要求返还 8 万元货款及利息，并要求纺织厂赔偿误工损失及购买布料多支付的 1 万元价款。2018 年 8 月 10 日，纺织厂要求履行合同，称服装厂解除合同没有征得纺织厂的同意，因此合同没有解除，服装厂应当接受货物，在遭到拒绝后起诉至法院。

问题：(1) 服装厂是否有权解除合同？

(2) 法院会不会支持纺织厂的主张？

(3) 服装厂能否要求损害赔偿？

解析：(1) 服装厂有权解除合同。依照《合同法》第九十四条规定，当事人一方迟延履行主要债务，经催告后在合理期限内仍未履行的，当事人可以解除合同。本案例中，纺织厂迟延履行主要债务，在服装厂做出催告并提供了延长的履行期限内仍未履行，因此服装厂有权解除合同。

(2) 法院不会支持纺织厂的主张。这涉及法定解除权应当如何行使的问题。依照《合同法》第九十六条的规定，当事人一方依照《合同法》相关条款主张解除合同的，应当通知对方，合同自通知到达对方时解除。本案例中，服装厂在解除合同时通知了纺织厂，纺织厂对此没有提出异议，依照法律的规定，合同自解除的通知到达纺织厂时就已经生效，不需要纺织厂的同意。因此纺织厂的主张，法院不能支持。

(3) 服装厂可以要求损害赔偿。依据法律有关规定，解除合同与损害赔偿可以并存，当事人解除合同后如果有其他损失的仍可以要求赔偿损失。

(六) 合同变更或解除的法律后果

1. 合同变更的法律后果

合同的变更原则上对将来发生效力，但不影响未变更部分以及已经履行的债务的效力，也不影响当事人要求赔偿损失的权利。

2. 合同解除的法律后果

合同解除后，尚未履行的，终止履行；已经履行的，根据履行情况和合同性质，可请求恢复原状或其他补救。合同解除效力溯及于合同成立之时，但除另有约定外，不溯及已履行部分，也不影响合同中结算和清理、争议解决条款的效力，不影响当事人请求损害赔偿的权利。

(七) 合同责任

1. 缔约过失责任

(1) 缔约过失责任的概念。缔约过失责任又称先合同责任，是指当事人在合同订立过程中，因过错违背基于诚实信用原则而产生的法定义务导致合同不成立时，使对方遭受损害而应承担的一种民事责任。缔约过失责任是一种合同成立前的责任，它不同于违约责任，而是一种独立的合同责任。

(2) 缔约过失责任的具体形式：①假借订立合同，恶意进行磋商；②故意隐瞒与订立合同有关的主要事实或者提供虚假情况；③其他违反诚实信用原则的行为，如违反商业保密义务，泄露在谈判磋商中获取的对方的商业信息。

2. 违约责任

1) 违约责任的概念

违约责任是指合同当事人不履行合同义务或者不适当履行合同义务时所应承担的民事法律责任。违约责任以合同义务的存在为前提，而且是因当事人不履行或者不适当履行合同义务而发生的。违约责任的承担还必须以合同的有效成立为前提，无效合同不产生合同义务，因而也就谈不上违约责任。

2) 承担违约责任的方式

承担违约责任的方式是指违约当事人依照法律规定或者合同约定，承担违约责任的行为方式。

《合同法》规定的承担违约责任的方式主要有以下几种。

(1) 继续履行。继续履行也称强制实际履行，是指违约方根据对方当事人的请求继续履行合同规定的义务的合同责任形式。继续履行的适用，因债务性质不同而不同：对于金钱债务，无条件适用继续履行。金钱债务只存在迟延履行，不存在履行不能，应无条件适用继续履行的责任形式。对于非金钱债务，有条件适用继续履行，即原则上可以请求继续履行，但下列情形除外：①法律上或者事实上不能履行（履行不能）；②债务的标的不适用强制履行或者强制履行费用过高；③债权人在合理期限内未请求履行（如季节性物品的供应）。

【例 6-11】 甲油料厂与某供销社订立了一份农副产品供销合同，双方约定由供销社在 1 个月内向甲油料厂供应黄豆 30 吨，每吨单价 1000 元。在合同履行期间，乙公司找到供销社表示愿意以每吨 1500 元的单价购买 20 吨黄豆，供销社见其出价高，就将 20 吨本来准备运给甲油料厂的黄豆卖给了乙公司，只将剩余的 10 吨黄豆供给了甲油料厂。甲油料厂要求供销社按照合同约定供应剩余的 20 吨黄豆，供销社表示无法按照原合同的条件供货，并要求解除合同。甲油料厂不同意，坚持要求供销社履行合同。

问题：① 甲油料厂的要求是否有法律依据？

② 供销社能否只赔偿损失或者只支付违约金而不继续履行合同？

解析：① 甲油料厂要求供销社继续供货是有法律依据的。因为，双方合同约定由供销社供应甲油料厂黄豆 30 吨，现黄豆只供应了 10 吨，所以甲油料厂有权要求继续供货。

② 订立合同的目的就在于通过履行合同获取预定的利益，合同生效后当事人不履行合同义务，对方就无法实现权利。如果违约方有履行合同的能力，对方（受损害方）认为实现合同权利对自己是必要的，有权要求违约方继续履行合同。违约方不得以承担了对方的损失为由拒绝继续履行合同，受损害方在此情况下，可以请求人民法院或者仲裁机构强制违约方继续履行合同。所以供销社不能只赔偿损失或者只支付违约金而不继续履行合同。

(2) 采取补救措施。采取补救措施作为一种独立的合同责任形式，是指矫正合同不适当履行，使履行缺陷得以消除的具体措施。关于采取补救措施的具体方式，《合同法》第一百一十一条规定为修理、更换、重做、退货、减少价款或者报酬等。

(3) 赔偿损失。赔偿损失在《合同法》中指违约损害赔偿，是指违约方以支付金钱的方式赔偿受害方因违约行为所损失的财产或利益的责任形式。

(4) 定金担保。定金是指当事人一方在合同未履行之前，在应履行给付数额内预先支付另一方一定数额金钱的担保形式。定金是在合同履行之前的一种给付。债务人履行债务后，定金应当抵作价放或者收回。给付定金一方不履行债务的，无权要求返还定金；接受定金一方不履行债务的，应当双倍返还定金。定金具有预交违约金的性质；当事人既约定违约金，又交付定金的，违约时应依照公平原则由被违约人择一请求。被违约人可以选择对自己有利的责任形式。

【例 6-12】 某市朝阳玻璃制品厂（以下简称甲方）与某市天然气供应公司（以下简称乙方）签订了常年供气合同。合同规定，乙方每天向甲方供应生产用气 4000 立方米，如减少或停止供应需提前五天通知甲方做好准备。甲方按月结清天然气款。双方约定，甲方向乙方交付定金 5 万元。

合同签订后不久，随着用气单位的增多，天然气供应日趋紧张，有些用气单位向乙方许诺可以购买高价气。乙方为追求本单位的经济效益，要求甲方减少用气 2000 立方米，甲方不同意。乙方在未提前通知的情况下，单方突然停止向甲方供气，致使甲方生产设备受损，造成损失约4万元。甲方派人前去与乙方交涉，要求其保证供气，并双倍返还其已交付的定金，乙方不同意。甲方遂向某市人民法院起诉，要求乙方继续履行合同，双倍返还其已交付的定金，赔偿其他损失。

问题：甲方的诉讼请求有无法律依据？本案应如何处理？

解析：甲方的诉讼请求有法律依据。其法律依据是《合同法》第一百一十五条。在甲方支付定金、合同有效成立的前提下，乙方单方擅自要求减少供气，当甲方不同意时，又在不通知的情况下停止供气，造成甲方的设备损害，这是乙方违约，甲方有权要求乙方双倍返还定金，并继续履行合同。

(5) 支付违约金。违约金是指合同所约定的，于一方违约时应向另一方支付的一定数额的赔偿金。违约金本质是约定的赔偿金。违约金是在违约发生之后的偿付，它是当事人在违约事实发生以前确定的（一般在订立合同时确定）。当事人没有约定违约金时，才适用赔偿金。约定的违约金与违约所致损失在数额上有差异的，当事人可以请求人民法院或者仲裁机构进行调整。同时，违约金不得超过法律规定的限额。

【例 6-13】 甲公司与乙袜厂于某年4月6日签订了一份丝袜供应合同。合同规定：乙袜厂向甲公司供应丝袜2万双，总价款人民币4万元，同年4月20日交货，货到付款，合同有效期至同年4月30日止，双方若有违约应支付违约金。5月9日，乙袜厂送来2万双丝袜。甲公司以交货已过合同有效期限为由拒收货物。经乙袜厂再三请求，甲公司同意接收2万双丝袜。次日，甲公司销售人员将丝袜售出5000双，其余入库存放。6月底，乙袜厂电话催付货款，甲公司原签约人称，丝袜已卖出5000双，其余存在库中。同年10月8日，乙袜厂派人来收取货款，甲公司认为此批货系暂时代为保管，除已代售的5000双丝袜货款如数支付外，其余丝袜应由乙袜厂取回。但乙袜厂要求给付全部货款。

问题：① 乙袜厂在履约过程中应承担什么违约责任？

② 甲公司在履行合同中是否应该承担违约责任？

解析：① 乙袜厂逾期交货，又未在发货前与甲公司协商，应认定乙袜厂违约。按照我国《合同法》的有关规定，甲公司起初拒收货物是有法律依据的。乙袜厂逾期交货，应按照合同的约定，向甲公司偿付逾期交货违约金。

② 后甲公司同意接收乙袜厂迟延交付的货物并将部分货物出售，因此乙袜厂有权要求甲公司给付全部货款。甲公司逾期付款，应比照银行有关延期付款的规定向乙袜厂偿付逾期付款违约金。

3）预期违约和不可抗力

(1) 预期违约。预期违约又称先期违约，是指在合同订立之后履行期限届满之前，当事人一方明确表示或者以自己的行为表明不履行合同义务的行为。针对一方的预期违约，另一方可以在履行期限届满之前要求违约方承担违约责任。

(2) 不可抗力。不可抗力是指不能预见、不能避免并不能克服的客观情况。不可抗力通常可分为自然现象和社会现象，如地震、战争等。

九、知识产权

（一）知识产权概述

1. 知识产权的概念

知识产权是指人们对智力劳动成果依法享有的专有权利。世界贸易组织中的《与贸易有关的知识产权协定》(以下简称 TRIPS 协定)明确规定：知识产权属于私权。中国《民法通则》也将知识产权作为一种特殊的民事权利予以规定。知识产权具有以下特征。

(1) 无形性。知识产权的客体是不具有物质形态的智力成果。智力成果是指人们通过智力劳动创造的精神财富或精神产品，本身凝结了人类的一般劳动，具有财产价值，可以成为权利标的。

(2) 双重性。知识产权具有人身权利和财产权利的双重特性。

(3) 专有性。知识产权的权利主体依法享有独占使用智力成果的权利，他人不得侵犯。

(4) 地域性。知识产权只在产生的特定国家或地区的地域范围内有效，不具有域外效力。

(5) 时间性。依法产生的知识产权一般只在法律规定的期限内有效。超出知识产权的法定保护期后，该知识产权权利消灭，有关智力成果进入公有领域，人们可以自由使用。

2. 知识产权的范围

根据 TRIPS 协定、《成立世界知识产权组织公约》等国际公约和中国《民法通则》《反不正当竞争法》等国内立法，知识产权的范围主要包括以下内容。

(1) 著作权和邻接权。著作权又称版权，是指文学、艺术和科学作品的作者及其相关主体依法对作品所享有的人身权利和财产权利。邻接权在《著作权法》中被称为“与著作权有关的权益”。

(2) 专利权。即自然人、法人或其他社会组织依法对发明、实用新型和外观设计在一定期限内享有的独占实施权。

(3) 商标权。即商标注册人或权利继受人在法定期限内对注册商标依法享有的各种权利。

(4) 商业秘密权。即民事主体对商业秘密依法享有的专有权利。

(5) 植物新品种权。即完成育种的单位或个人对其授权的品种依法享有的排他使用权。

(6) 集成电路布图设计权。即自然人、法人或其他社会组织依法对集成电路布图设计享有的专有权。

(7) 商号权。即商事主体对商号在一定地域范围内依法享有的独占使用权。

其他如科技成果奖励权、地理标志权、域名权、反不正当竞争权、数据库特别权利、商品化权等能否成为独立的知识产权，目前在理论界尚存在一定的分歧。

（二）著作权

1. 著作权的客体

著作权的客体是作品。《著作权法》上称的作品是指文学、艺术和科学领域内具有独创性并能以某种有形形式复制的智力成果，包括创作的文学、艺术和自然科学社会科学、工程技术等作品。

（1）文字作品是指小说、诗词、散文、论文等以文字形式表现的作品。

（2）口述作品是指即兴的演说、授课、法庭辩论等以口头语言形式表现的作品。

（3）音乐、戏剧、曲艺、舞蹈、杂技艺术作品。音乐作品是指歌曲、交响乐等能够演唱或者演奏的带词或者不带词的作品；戏剧作品是指话剧、歌剧、地方戏等供舞台演出的作品；曲艺作品是指相声、快书、大鼓、评书等以说唱为主要形式表演的作品；舞蹈作品是指通过连续的动作、姿势、表情等表现思想情感的作品；杂技艺术作品是指杂技、魔术、马戏等通过形体动作和技巧表现的作品。

（4）美术、建筑作品。美术作品是指绘画、书法、雕塑等以线条、色彩或者其他方式构成的有审美意义的平面或者立体的造型艺术作品；建筑作品是指以建筑物或者构筑物形式表现的有审美意义的作品。

（5）摄影作品是指借助器械在感光材料或者其他介质上记录客观物体形象的艺术作品。

（6）电影作品和以类似摄制电影的方法创作的作品是指摄制在一定介质上，由一系列有伴音或者无伴音的画面组成，并且借助适当装置放映或者以其他方式传播的作品。

（7）工程设计图、产品设计图、地图、示意图等图形作品和模型作品。图形作品是指为施工、生产绘制的工程设计图、产品设计图，以及反映地理现象、说明事物原理或者结构的地图、示意图等作品；模型作品是指为展示、实验或者观测等用途，根据物体的形状和结构，按照一定比例制成的立体作品。

（8）计算机软件是指计算机程序及其有关文档。

（9）法律、行政法规规定的其他作品。

并不是所有作品都受《著作权法》保护，不予保护的对象主要如下。

（1）依法禁止出版、传播的作品。

（2）法律、法规，国家机关的决议决定、命令和其他具有立法、行政、司法性质的文件，及其官方正式译文。

（3）时事新闻是指通过报纸、期刊、广播电台、电视台等媒体报道的单纯事实消息。

（4）各种科学定律和公式、已公开的数据、技术指标和技术规范。

（5）日历、表格、账簿、银行支票。

（6）标语口号。

（7）著作权保护期届满后的作品。

（8）违反国家法律、政策及社会公共利益的作品。

2. 著作权人及其权利

（1）著作权人。著作权人分为以下几种：①一般意义上的著作权人（如作者，其他依照《著作权法》享有著作权的公民、法人或者其他组织)；②演绎作品的著作权人；③合作作品的著作权人；④汇编作品的著作权人；⑤影视作品的著作权人；⑥职务作品的著作权人；⑦委托作品的著作权人；⑧原件所有权转移的作品著作权归属；⑨作者身份不明的作品著作权归属。

(2) 著作权人的权利。著作权人享有的权利包括人身权利和财产权利两类。

人身权利是指著作权人基于作品的创作依法享有的以人格利益为内容的权利,它只能由作者行使,不得许可他人行使,也不可转让或继承。《著作权法》中的人身权利始于作品的创作完成之日,并随作品的存在而永久性存在。其具体内容包括：①发表权,②署名权,③修改权,④保护作品完整权,⑤复制权,⑥发行权,⑦出租权,⑧展览权,⑨表演权,⑩放映权,⑪广播权,⑫信息网络传播权,⑬摄制权,⑭改编权,⑮翻译权,⑯汇编权,⑰应当由著作权人享有的其他权利。

3. 著作权的利用和限制

(1) 著作权的利用。著作权人对其作品享有的著作财产权利可以依法许可他人使用,也可以依法部分或者全部转让,并获取报酬。

(2) 著作权的限制。著作人身权利中的署名权、修改权、保护作品完整权的保护期不受限制,但是发表权的保护受到一定的限制。

公民的作品的发表权、著作财产权利的保护期为作者终生及其死亡后 50 年,截至作者死亡后第 50 年的 12 月 31 日;如果是合作作品,截至最后死亡的作者死亡后第 50 年的 12 月 31 日。

法人或者其他组织的作品、著作权(署名权除外)由法人或者其他社会组织享有的职务作品,其发表权、著作财产权利的保护期为 50 年,截至作品首次发表后第 50 年的 12 月 31 日,但作品自创作完成后 50 年内未发表的,不再保护。

电影作品和以类似摄制电影的方法创作的作品、摄影作品,其发表权、著作财产权利的保护期为 50 年,截至作品首次发表后第 50 年的 12 月 31 日,但作品自创作完成后 50 年内未发表的,不再保护。

作者身份不明的作品,其著作财产权利的保护期截至作品首次发表后第 50 年的 12 月 31 日。

(三) 专利权

1. 专利权的客体

专利权的客体是指依法应授予专利的发明创造。《专利法》第二条规定,本法所称的发明创造是指发明、实用新型和外观设计。

(1) 发明。《专利法》所称发明是指对产品、方法或者其改进所提出的新的技术方案。产品发明是指人们通过智力劳动创造出来的各种产品,这种产品是自然界和人类社会从未有过的,并且具有实际应用价值。方法发明是指为解决某特定技术问题而采用的手段和步骤的发明,通常包括制造方法、化学方法、生物方法及其他方法的发明。改进发明是指对已有的产品发明或方法发明所做出的实质性的革新的技术方案。

(2) 实用新型。《专利法》所称实用新型是指对产品的形状、构造或者其结合所提出的适于实用的新的技术方案。实用新型专利只保护产品,即具有一定的固定形状、占据一定的空间的实体。

(3) 外观设计。《专利法》所称外观设计是指对产品的形状、图案或者其结合以及色彩与形状、图案的结合所做出的富有美感并适于工业应用的新设计。外观设计的载体必须是产品。

我国《专利法》第二十五条规定,对下列各项,不授予专利权:①科学发现;②智力活动的规则和方法;③疾病的诊断和治疗方法;④动物和植物品种;⑤用原子核变换方法获得的物质;⑥对平面印刷品的图案、色彩或者二者的结合做出的主要起标识作用的设计。

2. 专利权人及其权利

(1) 专利申请人和专利权人。提出专利申请的人是专利申请人。专利申请经专利管理部门批准后,专利申请人成为专利权人。专利权人就是依法享有专利权并承担相应义务的人。在专利申请未获得批准前,专利申请人不享有专利权。两个以上的申请人分别就同样的发明创造申请专利的,专利权授予最先申请的人。

专利权人包括下列几种:①发明人或设计人,②发明人或设计人的单位,③受让人。

(2) 专利权人的权利与义务。①专利权人的权利:独占权,许可权,转让权,标记权。②专利权人的义务:积极实施的义务,缴纳各种专利费用的义务。

3. 专利权的保护期限和保护范围

发明专利权的期限为 20 年,实用新型专利权和外观设计专利权的期限均为 10 年,均自申请日起计算。专利权期限届满后,专利权终止。专利权期限届满前,专利权人可以书面放弃专利权。

发明或者实用新型专利权的保护范围以其权利要求的内容为准,说明书及附图可以用于解释权利要求。外观设计专利权的保护范围以表示在图片或者照片中的该外观设计专利产品为准。

(四) 商标权

1. 商标、商标权

1) 商标

(1) 商标的概念。商标是经营者在商品或者服务项目上使用的,将自己经营的商品或服务与其他经营者经营的商品或服务区别开来的一种商业专用识别标记。文字、图形、字母、数字、三维标志和颜色组合均可以作为商标申请注册。

(2) 商标的种类。根据不同的标准,可以将商标分为以下几种:①根据商标的结构,可分为平面商标和立体商标。②根据商标的用途,可分为商品商标和服务商标。③两种特殊的商标:集体商标和证明商标。

2) 商标权

(1) 商标权的概念。商标权是指注册商标所有人在法定期限内对其注册商标所依法享有的权利。

(2) 商标权的主体。商标权的主体即商标权人,是指可以申请商标注册并享有商标权的人。在我国，商标注册申请者必须是依法登记并能独立承担经济责任的企业、个体工商业者、具有法人资格的事业单位以及符合规定的外国人或者外国企业。

（3）商标权的客体。商标权的客体是指注册商标，包括商标使用的文字、图形或者其组合。《商标法》第三条规定，经商标局核准注册的商标为注册商标，包括商品商标、服务商标和集体商标、证明商标；商标注册人享有商标专用权，受法律保护。使用注册商标应当标明“注册商标”或者注册标记。我国实行自愿注册原则，未注册商标可以使用但不受法律保护。我国对与国计民生休戚相关的少数商品商标实行强制注册，未经核准注册的不得在市场销售。根据有关规定，目前人用药品和烟草制品必须使用注册商标。

（4）商标权的内容。从内容上看，商标权包括以下几项权利：①专用权；②续展权；③转让权；④许可权；⑤标示权；⑥禁止权。

2. 商标注册

自然人、法人或者其他社会组织对其生产、制造、加工、拣选或者经销的商品，需要取得商标专用权的，应当向商标局申请商品商标注册。自然人、法人或者其他社会组织对其提供的服务项目，需要取得商标专用权的，应当向商标局申请服务商标注册。商标注册是取得商标专用权的原始途径。商标要获准注册，必须具备法定的构成要件。

《商标法》第十条规定，下列标志不得作为商标使用：①同中华人民共和国的国家名称、国旗、国徽、国歌、军旗、军徽、军歌、勋章等相同或者近似的，以及同中央国家机关的名称、标志、所在地特定地点的名称或者标志性建筑物的名称、图形相同的；②同外国的国家名称、国旗、国徽、军旗等相同或者近似的，但经该国政府同意的除外；③同政府间国际组织的名称、旗帜、徽记等相同或者近似的，但经该组织同意或者不易误导公众的除外；④与表明实施控制、予以保证的官方标志、检验印记相同或者近似的，但经授权的除外；⑤同“红十字”“红新月”的名称、标志相同或者近似的；⑥带有民族歧视性的；⑦带有欺骗性，容易使公众对商品的质量等特点或者产地产生误认的；⑧有害于社会主义道德风尚或者有其他不良影响的。县级以上行政区划的地名或者公众知晓的外国地名，不得作为商标。但是，地名具有其他含义或者作为集体商标、证明商标组成部分的除外；已经注册的使用地名的商标继续有效。

《商标法》第十一条规定，下列标志不得作为商标注册：①仅有本商品的通用名称、图形、型号的；②仅直接表示商品的质量、主要原料、功能、用途、重量、数量及其他特点的；③其他缺乏显著特征的。前款所列标志经过使用取得显著特征，并便于识别的，可以作为商标注册。

《商标法》第十二条规定，以三维标志申请注册商标的，仅由商品自身的性质产生的形状、为获得技术效果而需有的商品形状或者使商品具有实质性价值的形状，不得注册。

《商标法》第十三条规定，为相关公众所熟知的商标，持有人认为其权利受到侵害时，可以依照本法规定请求驰名商标保护。就相同或者类似商品申请注册的商标是复制、模仿或者翻译他人未在中国注册的驰名商标，容易导致混淆的，不予注册并禁止使用。就不相同或者不相类似商品申请注册的商标是复制、模仿或者翻译他人已经在中国注册的驰名商标，误导公众，致使该驰名商标注册人的利益可能受到损害的，不予注册并禁止使用。

十、婚姻

（一）婚姻的成立

婚姻的成立又称结婚，是指男女双方依据法定条件和程序确立夫妻关系的法律行为。

依据我国《婚姻法》，结婚的法定条件包含积极条件和消极条件两个方面。前者为缺一不可的必备要件，包括：①需男女双方完全自愿，禁止任何一方对另一方进行强迫或第三方对双方的干涉；②双方需均达到法定婚龄，即男方不得早于22周岁，女方不得早于20周岁；③需符合一夫一妻制。后者为有一不可的禁止条件，包括：①直系血亲和三代以内旁系血亲禁止结婚。②患有医学上认为不应结婚的疾病（主要含精神分裂症、躁狂抑郁型及其他重型精神病；危及对方安全与健康的烈性指定传染病；因先天因素极易再现后代全部或部分丧失生活自理能力的严重遗传性疾病等）未经治愈的当事人禁止结婚。

在我国，结婚的法定程序是男女双方当事人需共同亲自前往一方常住户口所在地的婚姻登记机关办理结婚登记手续。办理登记时双方应出具以下证明材料：①本人的户籍证明；②本人的身份证明，其中港、澳、台居民为本人有效的身份证、通行证；华侨为本人的有效护照；外国公民为本人的有效护照或国际旅行证件；③本人无配偶及与对方无直系血亲和三代以内旁系血亲关系的签字声明等。婚姻登记机关对该证明材料经审查并询问双方结婚意愿等相关情况后，认为符合法定结婚条件的，应当场予以登记，发给结婚证。双方当事人取得结婚证时，即确立夫妻关系。有下列情形之一的，婚姻登记机关不予登记：①未到法定婚龄的；②非双方自愿的；③一方或双方已有配偶的；④属于直系血亲和三代以内旁系血亲的；⑤患有医学上认为不应结婚的疾病未经治愈的。

男女双方虽经登记但不符合法定实质条件的婚姻为无效婚姻，主要包括：①重婚的；②有禁止结婚的亲属关系的；③婚前患有医学上认为不应结婚的疾病，婚后尚未治愈的；④未到法定婚龄的。有上述情形之一的，该婚姻的当事人及其近亲属可向人民法院申请宣告其无效。因胁迫结婚的，受胁迫方可于结婚登记之日起一年内携带本人身份证、结婚证和能证明受胁迫结婚的证明材料向婚姻登记机关或人民法院请求撤销该婚姻。婚姻被宣告无效或被撤销的，自始无效。同居期间所得的财产（按共同共有处理，但有证据证明为一方所有的除外），由当事人协议处理；协议不成时，由人民法院依据照顾无过错方的原则判决。对重婚导致的婚姻无效的财产处理，不得侵害合法婚姻当事人的财产权益。

（二）家庭关系

1. 夫妻关系

男女平等原则意味着夫妻在人身关系和财产关系上均为平等。

在人身关系上体现为：①夫妻在家庭中地位平等、独立；②夫妻双方均有使用自己姓名的权利；③登记结婚后，依双方约定，女方可成为男方家庭成员，男方也可成为女方家庭成员；④夫妻双方均有参加生产、工作、学习和社会活动的自由，一方不得对他方加以限制或干涉；⑤夫妻双方应当相互忠诚、尊重；⑥夫妻双方均有实行计划生育的义务。

在财产关系上体现为：①夫妻对共同所有的财产，有平等的处理权；②夫妻有互相扶养的义务，一方不履行扶养义务时，需扶养的一方有要求对方付给扶养费的权利；③夫妻双方有互相继承遗产的权利。这里的共同财产是指夫妻关系存续期间双方或一方所获得的全部财产。夫妻在婚姻关系存续期间的共同财产主要包括工资、奖金，生产、经营的收益，知识产权的收益，继承或赠予所得的财产（遗嘱或赠予合同中确定只归丈夫或妻子一方的财产除外），其他应归共同所有的财产。

《婚姻法》第十八条夫妻一方的财产规定，有下列情形之一的，为夫妻一方的财产：①一方的婚前财产；②一方因身体受到伤害获得的医疗费、残疾人生活补助费等费用；③遗嘱或赠予合同中确定只归丈夫或妻子一方的财产；④一方专用的生活用品；⑤其他应当归一方的财产。上述一方所有的财产不因婚姻关系的延续而转化为夫妻共同财产。

《婚姻法》第十九条夫妻财产约定规定，夫妻可以约定婚姻关系存续期间所得的财产以及婚前财产归各自所有、共同所有或部分各自所有、部分共同所有。约定应当采用书面形式。夫妻对婚姻关系存续期间所得的财产以及婚前财产的约定，对双方具有约束力。夫妻对婚姻关系存续期间所得的财产约定归各自所有的，丈夫或妻子一方对外所负的债务，第三人知道该约定的，以丈夫或妻子一方所有的财产清偿。

2. 父母子女关系

这里的父母子女关系包括自然血亲和拟制血亲所形成的父母子女关系。其中，前者又分为婚生父母子女关系和非婚生父母子女关系，自然血亲的父母子女关系基于血缘而形成，在我国该关系不得人为解除；后者则含因合法收养行为而形成的养父母子女关系和基于父亲或母亲的再婚并在事实上存有抚养关系而形成的继父母子女关系。

《婚姻法》第二十一条父母与子女规定，父母对子女有抚养教育的义务；子女对父母有赡养扶助的义务。父母不履行抚养义务时，未成年的或不能独立生活的子女，有要求父母付给抚养费的权利。子女不履行赡养义务时，无劳动能力的或生活困难的父母，有要求子女付给赡养费的权利。禁止溺婴、弃婴和其他残害婴儿的行为。

《婚姻法》第二十二条子女的姓规定，子女可以随父亲姓，也可以随母亲姓。

《婚姻法》第二十三条父母对子女的保护和教育规定，父母有保护和教育未成年子女的权利和义务。在未成年子女对国家、集体或他人造成损害时，父母有承担民事责任的义务。

《婚姻法》第二十四条继承遗产规定，父母和子女有相互继承遗产的权利。

《婚姻法》第三十条尊重父母婚姻规定，子女应当尊重父母的婚姻权利，不得干涉父母再婚以及婚后的生活。子女对父母的赡养义务，不因父母的婚姻关系变化而终止。

《婚姻法》第二十五条非婚生子女规定，非婚生子女享有与婚生子女同等的权利，任何人不得加以危害和歧视。不直接抚养非婚生子女的生父或生母，应当负担子女的生活费和教育费，直至子女能独立生活为止。

《婚姻法》第二十六条收养关系规定，国家保护合法的收养关系。养父母和养子女之间的权利与义务，适用本法对父母子女关系的有关规定。养子女和生父母间的权利与义务，因收养关系的成立而消除。

《婚姻法》第二十七条继父母与继子女规定，继父母与继子女之间，不得虐待或歧视。

继父或继母和受其抚养教育的继子女之间的权利和义务，适用本法对父母子女关系的有关规定。

3. 其他近亲属间的关系

《婚姻法》第二十八条祖与孙规定，有负担能力的祖父母、外祖父母，对于父母已经死亡或父母无力抚养的未成年的孙子女、外孙子女，有抚养的义务。有负担能力的孙子女、外孙子女，对于子女已经死亡或子女无力赡养的祖父母、外祖父母，有赡养的义务。

《婚姻法》第二十九条兄姐与弟妹规定，有负担能力的兄姐，对于父母已经死亡或父母无力抚养的未成年的弟妹，有抚养的义务。由兄姐抚养长大的有负担能力的弟妹，对于缺乏劳动能力又缺乏生活来源的兄姐，有抚养的义务。

（三）婚姻的解除及其后果

婚姻可基于不同的法律事实解除，配偶一方于婚姻关系存续期间死亡（含被宣告死亡）的，婚姻关系自然解除；夫妻双方也可依法人为地解除彼此间的婚姻关系，也即离婚。根据我国《婚姻法》，离婚在方式上可分为协议离婚与诉讼离婚。

1. 协议离婚

协议离婚又称登记离婚，是指夫妻双方经协商一致依法到婚姻登记机关自愿解除婚姻关系的法律行为。协议离婚需同时具备以下条件：①双方间存有合法婚姻关系；②双方均有完全的民事行为能力；③双方均有自愿离婚的真实意思表示；④双方对子女抚养、财产、居住及债务处理等事项均达成一致；⑤共同前往一方户籍所在地婚姻登记机关提出申请。

办理离婚登记的当事人应向婚姻登记机关提交以下证明和材料：①本人的户籍证明；②本人的身份证明；③双方的结婚证；④双方当事人共同签署的载明双方自愿离婚真实意思表示及对子女抚养、财产、居住及债务处理等事项均达成一致的协议书。婚姻登记机关在对离婚当事人提交的证明和材料进行审查并询问相关情况后，确认当事人确属自愿离婚并已对子女抚养、财产、居住及债务处理等问题达成一致的，应当场予以登记，发给离婚证。离婚协议中关于财产分割条款或当事人因离婚财产分割达成的协议对双方具有拘束力，当事人因履行上述财产分割协议发生的纠纷或协议离婚后一年内就财产分割问题反悔请求变更或撤销该财产分割协议而向法院起诉的，法院应予受理；法院受理后未发现该协议订立时存有欺诈、胁迫等情形的，应驳回其诉讼请求。

离婚当事人有下列情形之一的，婚姻登记机关不予受理：①未达成离婚协议的；②系无民事行为能力或限制民事行为能力人的；③其结婚登记不是在中国内地办理的；④双方未经结婚登记的。

2. 诉讼离婚

诉讼离婚即由人民法院用国家审判权依法解除离婚当事人之间的婚姻关系的方式。《婚姻法》第三十二条离婚诉讼规定，男女一方要求离婚的，可由有关部门进行调解或直接向人民法院提起离婚诉讼。但法律另有规定的除外，该规定主要包括：①现役军人的配偶要求离婚，需得到军人同意，但军人一方有重大过错的除外；②女方在怀孕期间、分娩后一年内或中止妊娠后六个月内，男方不得提出离婚。女方提出离婚的，或人民法院认为确有必要受理男方离婚请求的，不在此限。

《婚姻法》第三十二条离婚诉讼规定，人民法院审理离婚案件，应当进行调解；如感情确已破裂，调解无效，应准予离婚。有下列情形之一，调解无效的，应准予离婚：①重婚或有配偶者与他人同居的；②实施家庭暴力或虐待、遗弃家庭成员的；③有赌博、吸毒等恶习屡教不改的；④因感情不和分居满两年的；⑤其他导致夫妻感情破裂的情形。一方被宣告失踪，另一方提出离婚诉讼的，应准予离婚。其中，依最高人民法院司法解释，其他情形主要包括：一方有生理缺陷或其他原因不能履行夫妻同居义务且难以治愈的；婚前缺乏了解而草率结婚，婚后未建立起夫妻感情而难以共同生活的；婚前隐瞒精神病史婚后又久治不愈的；婚前知道对方患有精神疾病而与之结婚或一方在夫妻共同生活期间患精神病，久治不愈的；双方在登记结婚后未同居生活，无和好可能的；在法院判决不准离婚后仍因感情不和分居满一年，互不履行夫妻义务的；一方与其他异性通奸或非法同居经教育仍无悔改表现，无过错方诉请离婚的；过错方诉请离婚而对方不同意离婚，经批评教育、处分及法院判决不准离婚后，过错方又诉请离婚而无和好可能的；一方被依法判处长期徒刑或其他违法犯罪严重伤害夫妻感情的。

3. 离婚的法律后果

《婚姻法》第三十九条夫妻共同财产的离婚处理规定，离婚时，夫妻的共同财产由双方协议处理；协议不成的，由人民法院根据财产具体情况，依照下列原则进行判决：①照顾子女和女方的合法权益；②照顾无过错方；③不损害财产的价值或使用价值；④不侵害他人合法财产权利。依照该原则进行以下具体处理：①对夫妻共同财产原则上作均等分割；②一方将夫妻共同财产以个人名义投资入股与他人合伙经营，经双方及其他股东、合伙人合意的，该投资入股或合伙经营的财产可分给双方中的任何一方；③无法分割的属于夫妻共同财产的生产资料一般分给有经营条件和能力的一方；④双方对无法分割的属于夫妻共同财产的生产资料均主张经营权的，在双方竞价基础上由取得方给予另一方相当于该财产一半价值的补偿；⑤对夫妻共同经营的当年无收益的种植（养殖）业离婚时应从有利于发展生产经营考虑进行合理分割或折价处理；⑥离婚时一方尚未取得经济利益的知识产权可归该方所有。离婚时夫妻共同财产未从家庭共有财产中析出而一方要求析产的，可先就离婚和已查清的财产问题进行处理；一时难以查清的，告知当事人另案处理或中止离婚诉讼而待析产案件审结后再恢复离婚诉讼。《婚姻法》第四十七条隐藏、转移共同财产等规定，离婚时，一方隐藏、转移、变卖、毁损夫妻共同财产，或伪造债务企图侵占另一方财产的，分割夫妻共同财产时，对隐藏、转移、变卖、毁损夫妻共同财产或伪造债务的一方，可以少分或不分。离婚后，另一方发现对方有上述行为的，可自发现之日起两年内向人民法院提起诉讼，请求再次分割夫妻共同财产。

《婚姻法》第四十一条共同债务规定，离婚时，原为夫妻共同生活所负的债务，应当共同偿还。共同财产不足清偿的，或财产归各自所有的，由双方协议清偿；协议不成的，由人民法院判决。债权人就婚姻关系存续期间夫妻一方以个人名义所负债务主张权利的，应按夫妻共同债务处理；当事人的离婚协议或法院的裁判书已对夫妻财产做出处理的，债权人仍有权就夫妻共同债务向男女双方主张权利。丈夫或妻子一方死亡的，生存一方应对婚姻关系存续期间的共同债务负连带清偿责任。依据我国《婚姻法》，丈夫或妻子一方个人债务由本人偿还。该个人债务主要包含：夫妻双方约定由个人承担的债务；擅自资助无抚养关系的亲友所负的债务；一方未经对方同意，独自筹资经营且其收入未用于共同生活所负的债务及其他债务。

《最高人民法院关于审理涉及夫妻债务纠纷案件适用法律有关问题的解释》自2018年1月18日起施行。该司法解释进一步细化和完善了夫妻共同债务认定标准，合理分配举证证明责任，引导民事商事主体规范交易行为，加强事前风险防范，平衡保护各方当事人的合法权益。司法解释共四条，其中明确，“夫妻双方共同签字或者夫妻一方事后追认等共同意思表示所负的债务，应当认定为夫妻共同债务”。这就是说，从夫妻共同债务的形成角度，明确和强调了夫妻双方共同签字或者夫妻一方事后追认以及其他共同意思表示形式（如电话、短信、微信、邮件等）所负的债务，应认定为夫妻共同债务的基本原则。根据司法解释，夫妻一方在婚姻关系存续期间以个人名义为家庭日常生活需要所负的债务，债权人以属于夫妻共同债务为由主张权利的，人民法院应予支持。夫妻一方在婚姻关系存续期间以个人名义超出家庭日常生活需要所负的债务，债权人以属于夫妻共同债务为由主张权利的，人民法院不予支持，但债权人能够证明该债务用于夫妻共同生活、共同生产经营或者基于夫妻双方共同意思表示的除外。

《婚姻法》第四十条补偿规定，夫妻书面约定婚姻关系存续期间所得的财产归各自所有，一方因抚养子女、照顾老人、协助另一方工作等付出较多义务的，离婚时有权向另一方请求补偿，另一方应予以补偿。《婚姻法》第四十二条适当帮助规定，离婚时，如一方生活困难，另一方应从其住房等个人财产中给予适当帮助。具体办法由双方协议；协议不成时，由人民法院判决。

《婚姻法》第三十六条离婚与子女规定，父母与子女之间的关系，不因父母的离婚而消除。离婚后，子女无论由父亲或母亲直接抚养，仍是父母双方的子女。离婚后，父母对于子女仍有抚养和教育的权利与义务。离婚后，哺乳期内的子女，以随哺乳的母亲抚养为原则；哺乳期后的子女，如双方因抚养问题发生争执不能达成协议时，由人民法院根据子女的权益和双方的具体情况判决。《婚姻法》第三十七条离婚后的子女抚养规定，离婚后，一方抚养的子女，另一方应负担必要的生活费和教育费的一部分或全部，负担费用的多少和期限的长短，由双方协议；协议不成时，由人民法院判决。关于子女生活费和教育费的协议或判决，不妨碍子女在必要时向父母任何一方提出超过协议或判决原定数额的合理要求。《婚姻法》第三十八条离婚后的子女探望规定，离婚后，不直接抚养子女的父亲或母亲，有探望子女的权利，另一方有协助的义务。行使探望权利的方式、时间由当事人协议；协议不成时，由人民法院判决。父亲或母亲探望子女，不利于子女身心健康的，由人民法院依法中止探望的权利；中止的事由消失后，人民法院应依据当事人的申请恢复其探望的权利。

依据我国《婚姻法》，因一方过错行为导致离婚的，无过错方可于离婚时或办理离婚登记手续后一年内要求对方承担损害赔偿。该损害赔偿需以离婚为前提，有下列情形之一的，法院不予受理或支持：①当事人不起诉离婚而单独诉请该赔偿的；②法院判决不准离婚而当事人诉请该赔偿的；③当事人在协议离婚时已明示放弃该请求的；④办理离婚登记手续一年后提出该请求的。

实施家庭暴力或虐待家庭成员，受害人提出请求的，居(村)民委员会及所在单位应予劝阻、调解或公安机关依法予以行政处罚；对正在实施家庭暴力，经受害人请求，居(村)民委员会应予劝阻，公安机关应予制止。被遗弃家庭成员提出请求的，居(村)民委员会及所在单位应予劝阻、调解；人民法院受理的，应及时依法判令给付扶(抚、赡)养费。对重婚、实施家庭暴力、虐待或遗弃家庭成员构成犯罪的，可由受害人提起刑事自诉或由司法机关依照公诉程序，依法追究刑事责任。

十一、继承

(一) 继承概述

继承是指自然人死亡后，其死亡时遗留的个人合法财产依法移转给由法律确定一定范围内的人所有的法律制度。被继承人死亡时遗留的个人合法财产即为遗产。

依不同标准，继承主要可分为：①法定继承与遗嘱继承；②共同继承(继承人为两个以上)与单独继承(继承人仅有一个)；③本位继承(继承人基于自己的地位，依照自有的继承顺序继承被继承人的遗产)与代位继承(被继承人子女先于被继承人死亡的，由其晚辈直系血亲代替其位继承该被继承人的遗产)。

(二) 法定继承

法定继承又称非遗嘱继承，是指继承人的范围、继承的顺序、遗产分配的原则和继承的份额均依照法律直接规定进行的继承制度。

《继承法》第二十七条规定，法定继承适用于：①遗嘱继承人放弃继承或者受遗赠人放弃受遗赠的；②遗嘱继承人丧失继承权的；③遗嘱继承人、受遗赠人先于遗嘱人死亡的；④遗嘱无效部分所涉及的遗产；⑤遗嘱未处分的遗产。

按照《继承法》规定，继承人包括被继承人的配偶、子女、父母、对公婆或岳父母生前尽主要赡养义务的丧偶媳婿、兄弟姐妹、孙子女或外孙子女、祖父母、外祖父母。其中，配偶、子女、父母、对公婆或岳父母生前尽主要赡养义务的丧偶媳婿，为法定第一顺序继承人；兄弟姐妹、孙子女或外孙子女、祖父母、外祖父母，为法定第二顺序继承人。继承开始后，由第一顺序继承人继承，第二顺序继承人不继承；没有第一顺序继承人继承的，由第二顺序继承人继承。其中，子女包括婚生子女、非婚生子女、养子女和与被继承人有抚养关系的继子女；父母包括生父母、养父母和与被继承人有抚养关系的继父母；兄弟姐妹包括同父母的兄弟姐妹、同父异母或者同母异父的兄弟姐妹、养兄弟姐妹、与被继承人有抚养关系的继兄弟姐妹。而养子女、养父母、养兄弟姐妹、养孙子女或养外孙子女、养祖父母或养外祖父母能否依法继承遗产则以收养关系的存续为前提；而继兄弟姐妹、继孙子女或继外孙子女、继祖父母或继外祖父母能否作为第二顺序继承人继承遗产，也需以被继承人与其继子女(或父母)间是否存有抚养关系为前提。只有在法定第一顺序继承人全部放弃或丧失继承权或没有法定第一顺序继承人时，法定第二顺序继承人方可继承被继承人的遗产。

法定继承的遗产分配原则：①同序同份，即同一顺序继承人的应得份额应当均等；

②法定或特殊情形下可不均等。它主要体现为：各继承人协商一致的可不均分；生活困难或缺乏劳动能力的继承人在遗产分配时应予照顾；对被继承人生前照顾较多或与之共同生活的继承人在遗产分配时可多分；有能力或条件而对被继承人不尽赡（扶）养义务的继承人在遗产分配时可少分或不分等。

代位继承和转继承是法定继承的重要内容。代位继承是指被继承人的子女先于被继承人死亡时，本应由该死亡子女继承的遗产由其晚辈直系血亲代替其位继承该遗产的制度。转继承又称再继承，是指继承人在继承开始后获得遗产前死亡，其应得部分的遗产由该继承人的继承人承受的制度。

（三）遗嘱继承和遗赠

1. 遗嘱继承

遗嘱继承又称指定继承，是指继承开始后继承人依据被继承人合法有效的遗嘱取得被继承人遗产的法律制度。其适用条件：被继承人立有遗嘱且合法有效；无遗赠扶养协议存在（遗赠扶养协议是指受扶养人（公民）和扶养人之间订立的关于扶养人承担受扶养人的生养死葬义务，受扶养人将自己所有的财产遗赠给扶养人的协议。遗赠扶养协议有公民与公民签订的遗赠扶养协议和公民与集体经济组织签订的遗赠扶养协议两种。）被指定继承人未放弃或被剥夺继承权。

遗嘱是指自然人生前处分自己的财产或安排相关事务并于死后生效的法律行为。公民可以立遗嘱将个人财产指定由法定继承人的一人或者数人继承。我国《继承法》规定的遗嘱形式如下。

（1）公证遗嘱，由遗嘱人经公证机关办理。公证机关以国家的名义制作并证明该遗嘱的真实性和有效性，其效力高于其他形式的遗嘱。

（2）自书遗嘱，由遗嘱人亲笔书写，签名，注明年、月、日。

（3）代书遗嘱，由他人依照遗嘱人口述内容代笔书写，应当有两个以上见证人在场见证（由其中一人代书），注明年、月、日，并由代书人、其他见证人和遗嘱人签名。

（4）录音遗嘱，对遗嘱人口述内容的完整录制，需有两个以上见证人在场见证。

（5）口头遗嘱，唯有遗嘱人在危急情况下且无法采用其他方式时适用，且需有两个以上见证人在场见证；危急情况解除后，遗嘱人能够用书面或者录音形式立遗嘱的，所立的口头遗嘱无效。其中，下列人员不能作为遗嘱见证人：①无行为能力人、限制行为能力人；②继承人、受遗赠人；③与继承人、受遗赠人有利害关系的人。

遗嘱有效需具备以下条件：①遗嘱人立遗嘱时需有完全民事行为能力；②需是遗嘱人真实的意思表示，受胁迫或欺骗所立的遗嘱、被伪造或篡改的遗嘱均无效；③内容需合法，处分他人财产、剥夺缺乏劳动能力又无生活来源继承人的必要份额、含有违法条件的遗嘱无效或部分无效；④形式需合法。

遗嘱于遗嘱人死后方生效，故遗嘱人生前可随时变更或撤销其所立的遗嘱。遗嘱人变更或撤销遗嘱的，需符合遗嘱有效的诸条件并符合变更或撤销的法定要求，其中对公证遗嘱的变更或撤销需采用公证形式。遗嘱人立有数份遗嘱而内容相抵触的，以最后的遗嘱为准；遗嘱人生前行为与遗嘱（含遗赠扶养协议内容的除外）内容相抵触的，视为对该遗嘱的变更或撤销。

在我国，遗嘱人可指定遗嘱执行人。未指定遗嘱执行人或遗嘱执行人不能执行遗嘱的，其法定继承人为遗嘱执行人；法定继承人为数人的，可推举代表或采用表决制决定相关事务。既无指定执行人又无法定执行人的，依法由基层社会组织作为遗嘱执行人。遗嘱执行人有下列职责：通知继承关系人；办理死亡证明、户口注销等事务；确认、清理、保管被继承人的遗产并依法或依被继承人意愿划定遗产范围；依法追偿债权、偿还债务；召集继承人、受遗赠人及相关当事人，宣读遗嘱并就遗产情况做报告说明；依遗嘱要求分配遗产；对妨害继承的行为提起诉讼；审查、监督附义务的遗嘱的继承人、受遗赠人对遗嘱所定义务的履行；接受继承人、受遗赠人对自己执行行为的监督和审查；对因自己所致的损失承担相应的赔偿责任。

2. 遗赠

依据《继承法》规定，公民可立遗嘱将个人财产的一部分或全部赠予国家、集体或继承人以外的人，此种法律行为即为遗赠。遗赠的有效条件：①遗赠人需有遗嘱能力；②需为遗赠人的真实意思表示；③遗赠意思表示的内容需合法；④该遗嘱的形式需合法；⑤受遗赠人需在该遗嘱生效时存活；⑥遗赠的财产需为遗产且在遗嘱生效后具有执行的可能性和合法性。《继承法》规定，受遗赠人应于知道受遗赠后两个月内，向遗嘱执行人做出接受遗赠的意思表示；而执行遗赠不得妨碍清偿遗赠人依法应当缴纳的税款及债务。

根据《继承法》第三十六条规定，公民可以与扶养人签订遗赠扶养协议。按照协议，扶养人承担该公民生养死葬的义务，享有受遗赠的权利。公民可以与集体所有制组织签订遗赠扶养协议。按照协议，集体所有制组织承担该公民生养死葬的义务，享有受遗赠的权利。双方协商一致的可以解除遗赠扶养协议，对此受扶养人应对扶养人予以合理的补偿；扶养人无正当理由拒不履行义务致协议解除的，无权请求返还其已支付的扶养费用和劳动报酬；因受扶养人行为致协议解除的，则应返还扶养人已支付的扶养费用和劳动报酬。

（四）遗产的处理

遗产是自然人死亡时遗留的个人合法财产，它需具有可流转性。《继承法》第三条规定，遗产包括：①公民的收入；②公民的房屋、储蓄和生活用品；③公民的林木、牲畜和家禽；④公民的文物、图书资料；⑤法律允许公民所有的生产资料；⑥公民的著作权、专利权中的财产权利；⑦公民的其他合法财产。

下列财产依法作如下确定。

(1) 夫妻共同财产，有约定的依该约定确定遗产；未约定的，一般确定该共同财产的一半为遗产。

(2) 共有财产，已确定份额的，依出资比例或协议约定确定遗产；未确定份额的，按共有人的人数确定遗产。

(3) 保险金，保险合同指定他人为受益人的，由该受益人取得保险金；保险合同指定被继承人自己为受益人或未指定受益人的，该保险金则为遗产。

(4) 抚恤金，职工或军人因公或事故死亡后，由其家属领取；职工或军人因公或事故伤残而丧失劳动能力的，由本人领取而为其个人财产，死后则为遗产。

(5) 承包、租赁经营权，该权本身不能作为遗产，但经发包方或出租方许可继承人可通过合同变更而传承该权利；而被继承人的承包经营所得则为遗产。

(6) 其他用益物权，如国有资源使用权及农村土地承包权、宅基地使用权等，该权本身不能作为遗产，但原权利人的继承人可依法通过与有关主管部门或农村集体组织变更合同而传承该权利。

依据我国《继承法》，继承自被继承人死亡（自然死亡或被宣告死亡）时开始。相互存有继承关系的数人在同一事件死亡而不能确定该各人确切死亡时间的，依我国司法实践做以下确定：①推定无继承人者先死亡；②有继承人而辈分不同的，推定长辈先死亡；③有继承人而辈分相同的，推定他们同时死亡，互不发生继承，由其各自的继承人分别继承。

《继承法》规定，继承开始后，知道被继承人死亡的继承人应当及时通知其他继承人和遗嘱执行人。继承人中无人知道被继承人死亡或者知道被继承人死亡而不能通知的，由被继承人生前所在单位或者住所地的居民委员会、村民委员会负责通知。继承开始后遗产分割前，存有遗产者，应妥善保管遗产；被继承人生前自己占有的，应由知道被继承人死亡的继承人或遗嘱执行人妥善保管；任何人不得侵占或争抢遗产。

继承开始后存有多个继承人的，应当分割遗产，依各继承人应得份额进行分配。遗产的分割应遵循以下原则：①分割时间自由确定，继承人可随时行使遗产分割请求权，其他人不得干涉；②保留胎儿应继承份额，该份遗产一般由其母亲代管；③互谅互让、协商分割；④物尽其用，有利于生产和生活。分割遗产一般可采取下列方法：①遗产为可分割物的，按各继承人应得份额进行实物分割；②遗产难以分割的，将该遗产变卖取得价金，由各继承人分取；③继承人取得某项遗产的价值超过其应得份额的，该继承人应将超过部分作价补偿给其他继承人；④某一遗产难以分割且经各继承人同意，也可不予分割，保留各继承人对该财产的共有权。

依据我国《继承法》，接受遗产的，应当清偿被继承人生前所欠的债务。这里的债务是指被继承人生前依法缴纳的税款、罚款（金）和应由其个人偿还的合法财产性债务。偿还该债务应遵循以下原则：①以接受遗产为偿债前提，放弃继承或受遗赠的，可不负偿债责任；②以所接受的遗产价值为限，超过该部分的，继承人可拒绝偿还，但自愿偿还的不在此限；③保留必留份额，继承人中存有缺乏劳动能力又无生活来源者，即使遗产不足以清偿债务，也应为其保留必要的遗产份额；④清偿债务优先于执行遗赠，执行遗赠不得妨碍清偿遗赠人依法缴纳的税款和债务。依照我国司法实践，继承开始后，继承人或遗产保管人于清点遗产完毕，应及时通知债权人声明债权，以便于继承人、受遗赠人清偿。偿还该债务依下列顺序进行：首先由法定继承人用其所得遗产清偿；不足部分由遗嘱继承人和受遗赠人按比例用所得遗产清偿。

我国《继承法》规定，无人继承又无人受遗赠的遗产，归国家所有；死者生前是集体组织成员的，归其所在集体组织所有。此类遗产发生于下列情形：没有遗嘱或法定继承人和受遗赠人；遗嘱或法定继承人全部放弃继承，且受遗赠人全部放弃接受遗赠；遗嘱或法定继承人全部丧失继承权，且受遗赠人全部放弃接受遗赠。对此类遗产依下列顺序处理：①酌情分给那些依靠被继承人扶养的缺乏劳动能力又无生活来源的继承人以外者或对被继承人生前照顾较多的继承人以外者适当的遗产；②清偿被继承人债务；③收归国家或集体组织所有。

第二节　商事法律基础

一、个人独资企业法律基础

（一）个人独资企业的概念

个人独资企业是指依照《中华人民共和国个人独资企业法》（以下简称《个人独资企业法》）在中国境内设立，由一个自然人投资，财产为投资人个人所有，投资人以其个人财产对企业债务承担无限责任的经营实体。

（二）个人独资企业的设立条件和设计程序

1. 个人独资企业的设立条件

根据《个人独资企业法》第八条的规定，设立个人独资企业应当具备下列条件。

（1）投资人为一个自然人。根据《个人独资企业法》第四十七条的规定，外商投资企业不适用本法，因此，个人投资企业的投资人只能是中国公民。

（2）有合法的企业名称。名称是企业的标志，企业必须有相应的名称，并应符合法律、法规的要求。个人独资企业的名称与其责任形式及从事的营业相符合，可以叫厂、店、部、中心、工作室等，名称中不得使用“有限”“有限责任”或者“公司”字样。

（3）有投资人申报的出资。投资人可以个人财产出资，也可以家庭共有财产作为个人出资。以家庭共有财产作为个人出资的，应当在设立申请书上予以注明。

（4）有固定的生产经营场所和必要的生产经营条件。生产经营场所包括企业的住所和与生产经营相适应的处所。住所是企业的主要办事机构所在地，是企业的法定地址。

（5）有必要的从业人员。要有与其生产经营范围、规模相适应的从业人员。

2. 个人独资企业的设立程序

申请设立个人独资企业，应当由投资人或者其委托的代理人向个人独资企业所在地的登记机关提交投资人签署的个人独资企业设立申请书、投资人身份证明、企业住所证明和生产经营场所使用证明以及国家工商行政管理局规定提交的其他文件。委托代理人申请设立登记的，应当提交投资人的委托书和代理人的身份证明或者资格证明。

登记机关应当在收到设立申请文件之日起 15 天内，对符合《个人独资企业法》规定条件的予以登记，发给营业执照；对不符合《个人独资企业法》规定条件的，不予登记，并发给企业登记驳回通知书。个人独资企业营业执照的签发日期，为个人独资企业成立日期。在领取个人独资企业营业执照前，投资人不得以个人独资企业名义从事经营活动。

（三）个人独资企业的投资人及事务管理

1. 个人独资企业的投资人

根据《个人独资企业法》的规定，个人独资企业的投资人为具有中国国籍的自然人，但法律、行政法规禁止从事营利性活动的人，不得作为投资人申请设立个人独资企业。国家公务员、党政机关领导干部、警官、法官、检察官、商业银行工作人员等人员，掌握着公共权力与公共资源，参与市场经营活动，难免会造成官商不分与权力腐败，破坏公平合理的市场经济秩序，根据我国有关法律、行政法规规定，这类人员不得作为投资人申请设立个人独资企业。

根据《个人独资企业法》的规定，个人独资企业投资人对本企业的财产依法享有所有权，其有关权利可以依法进行转让或继承。由于个人独资企业是一个投资人以其个人财产对企业债务承担无限责任的经营实体，因此，《个人独资企业法》规定，个人独资企业财产不足以清偿债务的，投资人应当以其个人的其他财产予以清偿。如果个人独资企业投资人在申请企业设立登记时明确以其家庭共有财产作为个人出资的，应当依法以家庭共有财产对企业债务承担无限责任。另外，根据《婚姻法》的规定，如果夫妻双方对财产未做各自所有的书面约定，夫妻一方取得的财产为夫妻双方的共同财产，对于夫妻一方在经营个人独资企业的过程中所形成的债务也应该以共有财产清偿。

【例 6-14】 王某，男，2017 年与孙某结婚，婚后与王某的母亲张某生活在一起。2018 年，王某开了一家小卖部，以其个人名义注册登记为个人独资企业。2018 年 8 月 1 日开张后，王某以小卖部的名义向批发商刘某赊购 1 万元货物。8 月 2 日，小卖部在一场大火中被全部烧毁，王某也在救火时不幸遇难，死亡时全家财产 1.6 万元。刘某向孙某要求还款，孙某说她一直不同意丈夫开店，开店的钱出自王某个人积蓄，因此只能用夫妻共同财产中属于王某的 7000 元还债，王某的母亲张某说其中还有她的财产，应先留出。刘某向人民法院起诉，经查明，张某个人财产为 2000 元，家庭共有财产 3000 元，其余 1.1 万元为夫妻共同财产。

问题：如何清偿刘某的债务？

解析：刘某的债务以家庭共有财产中的 2000 元和王某夫妻 1.1 万元的共同财产予以清偿。王某以个人名义登记注册个人独资企业，不能以家庭共有财产清偿企业所欠债务，因此，其母张某的个人财产 2000 元以及在家庭共同财产中 1000 元的份额不能用以清偿企业债务。根据《婚姻法》的规定，如果夫妻双方对财产未做各自所有的书面约定，夫妻一方取得的财产为夫妻双方的共同财产，对于夫妻一方在经营个人独资企业的过程中所形成的债务也应该以共有财产清偿。因此，王某夫妻 1.1 万元的共同财产可以用以清偿企业债务。

2. 个人独资企业的事务管理

(1) 个人独资企业事务管理的方式。《个人独资企业法》规定，个人独资企业投资人可以自行管理企业事务，也可以委托或者聘用其他具有民事行为能力人负责企业的事务管理。投资人委托或者聘用他人管理个人独资企业事务，应当与受托人或者被聘用的人签订书面合同。合同应订明委托的具体内容、授予的权利范围、受托人或者被聘用的人应履行的义务、报酬和责任等。受托人或者被聘用的人员应当履行诚信、勤勉义务，以诚实信用的态度对待投资人，对待企业，尽其所能依法保障企业利益，按照与投资人签订的合同负责个人独资企业的事务管理。

【例 6-15】 2017 年 12 月 25 日，胡某出资 8 万元设立甲个人独资企业。胡某聘请刘某管理企业事务，同时约定，凡刘某签订标的额超过 3 万元以上的合同，须经胡某同意。2018 年 3 月 25 日，刘某未经胡某同意，以甲企业名义向善意第三人张某购买价值 4 万元的货物。4 月 22 日，张某将货物发至甲企业，但胡某以刘某购买货物的行为超越其职权范围为由拒绝支付货款。双方协商未果。

问题：刘某购买货物的行为是否有效？为什么？

解析：刘某购买货物的行为有效。根据《个人独资企业法》的规定，投资人对被聘用的人员职权的限制，不得对抗善意第三人。在本案例中，尽管刘某向张某购买货物的行为超越职权，但张某为善意第三人，因此，刘某向张某购买货物的行为有效，胡某应同意向张某支付货款。

(2) 个人独资企业事务管理的内容。①个人独资企业应当依法设置会计账簿，进行会计核算。②个人独资企业招用职工的，应当依照劳动法及有关规定与职工签订劳动合同，保障职工的劳动安全，按时、足额发放职工工资，为职工缴纳养老保险、工伤保险、医疗保险、失业保险和企业职工生育保险等社会保险费。③个人独资企业应当依法纳税，个人独资企业在经营的过程中，应当依照法律、法规规定的税种、税率缴纳税款。④个人独资企业可以依法申请贷款，取得土地使用权，并享有法律、行政法规规定的其他权利。⑤任何单位和个人不得违反法律、行政法规的规定，以任何方式强制个人独资企业提供财力、物力、人力；对于违法强制提供财力、物力、人力的行为，个人独资企业有权拒绝。

(四) 个人独资企业的解散和清算

1. 个人独资企业的解散

个人独资企业的解散是指个人独资企业终止活动使其民事主体资格消灭的行为。

根据《个人独资企业法》第二十六条的规定，个人独资企业有下列情形之一的，应当解散：①投资人决定解散；②投资人死亡或者被宣告死亡，无继承人或者继承人决定放弃继承；③被依法吊销营业执照；④法律、行政法规规定的其他情形。

2. 个人独资企业的清算

个人独资企业解散的，应当进行清算。《个人独资企业法》对个人独资企业清算做了以下规定。

(1) 通知和公告债权人。《个人独资企业法》第二十七条规定，个人独资企业解散，由投资人自行清算或者由债权人申请人民法院指定清算人进行清算。投资人自行清算的，应当在清算前十五日内书面通知债权人，无法通知的，应当予以公告。债权人应当在接到通知之日起三十日内，未接到通知的应当在公告之日起六十日内，向投资人申报其债权。

(2) 财产清偿顺序。《个人独资企业法》第二十九条规定，个人独资企业解散的，财产应当按照下列顺序清偿：①所欠职工工资和社会保险费用；②所欠税款；③其他债务。个人独资企业财产不足以清偿债务的，投资人应当以其个人的其他财产予以清偿。

【例 6-16】 2017 年 8 月 8 日，胡某出资 8 万元设立甲个人独资企业，同时聘请温某管理企业事务。2018 年 8 月 31 日，甲企业严重亏损，不能清偿到期的张某的债务，胡某决定解散该企业。经清算，甲企业和胡某的资产及债权债务情况如下：①甲企业欠缴税款 5000 元，欠温某工资 5000 元，欠社会保险费用 2000 元，欠张某 6 万元；②甲企业的银行存款 2 万元，实物折价 4 万元；③胡某个人其他可执行的财产价值 1 万元。

问题：胡某应如何进行财产清偿？

解析：根据《个人独资企业法》的规定，甲企业的财产清偿顺序：①所欠职工工资和社会保险费用；②所欠税款；③其他债务。因此，首先，用甲企业的银行存款和实物折价共 6 万元清偿所欠温某的工资、社会保险费用、税款后，剩余 48000 元用于清偿所欠张某的债务；其次，企业剩余财产全部用于清偿后，仍欠张某 12000 元，可用胡某其他可执行的个人财产清偿。

(3) 清算期间对投资人的要求。《个人独资企业法》第三十条规定，清算期间，个人独资企业不得开展与清算目的无关的经营活动。在按《个人独资企业法》第二十九条规定清偿债务前，投资人不得转移、隐匿财产。

(4) 投资人的持续清偿责任。《个人独资企业法》第二十八条规定，个人独资企业解散后，原投资人对个人独资企业存续期间的债务仍应承担偿还责任，但债权人在五年内未向债务人提出偿债请求的，该责任消灭。

(5) 注销登记。《个人独资企业法》第三十二条规定，个人独资企业清算结束后，投资人或者人民法院指定的清算人应当编制清算报告，并于十五日内到登记机关办理注销登记。经登记机关注销登记，个人独资企业终止。个人独资企业办理注销登记时，应当交回营业执照。

二、合伙企业法律基础

(一) 合伙企业概述

1. 合伙企业的概念

合伙是指两个以上的人为着共同目的，相互约定共同出资、共同经营、共享收益、共担风险的自愿联合。

合伙企业是指自然人、法人和其他社会组织依照《中华人民共和国合伙企业法》(以下简称《合伙企业法》)在中国境内设立的由各合伙人订立合伙协议，共同出资、合伙经营、共享收益的普通合伙企业和有限合伙企业。

2. 合伙企业的分类

合伙企业分为普通合伙企业和有限合伙企业。

(二) 普通合伙企业

1. 普通合伙企业的概念

普通合伙企业是指由普通合伙人组成，普通合伙人对合伙企业债务依照《合伙企业法》规定承担无限连带责任的一种合伙企业。

2. 合伙企业的设立条件

根据《合伙企业法》第十四条的规定，设立合伙企业，应当具备下列条件。

（1）有两个以上合伙人。合伙人为自然人的，应当具有完全民事行为能力。对于合伙企业合伙人数的最高限额，我国《合伙企业法》未做规定。《合伙企业法》第三条规定，国有独资公司、国有企业、上市公司以及公益性的事业单位、社会团体不得成为普通合伙人。

（2）有书面合伙协议。合伙协议是指合伙人为设立合伙企业而达成的规定合伙人之间权利义务关系的协议。《合伙企业法》第四条规定，合伙协议依法由全体合伙人协商一致，以书面形式订立。《合伙企业法》第五条规定，订立合伙协议、设立合伙企业，应当遵循自愿、平等、公平、诚实信用原则。合伙协议经全体合伙人签名、盖章后生效。合伙人按照合伙协议享有权利，履行义务。修改或者补充合伙协议，应当经全体合伙人一致同意；但是，合伙协议另有约定的除外。合伙协议未约定或者约定不明确的事项，由合伙人协商决定；协商不成的，依照《合伙企业法》和其他有关法律、行政法规的规定处理。

（3）有合伙人认缴或者实际缴付的出资。合伙协议生效后，合伙人应当按照合伙协议的规定缴纳出资。《合伙企业法》第十六条规定，合伙人可以用货币、实物、知识产权、土地使用权或者其他财产权利出资，也可以用劳务出资。合伙人以实物、知识产权、土地使用权或者其他财产权利出资，需要评估作价的，可以由全体合伙人协商确定，也可以由全体合伙人委托法定评估机构评估。合伙人以劳务出资的，其评估办法由全体合伙人协商确定，并在合伙协议中载明。《合伙企业法》第十七条规定，合伙人以非货币财产出资的，依照法律、行政法规的规定；需要办理财产权转移手续的，应当依法办理。

（4）有合伙企业的名称和生产经营场所。《合伙企业法》第十五条规定，合伙企业名称中应当标明“普通合伙”字样。其中，特殊的普通合伙企业，应当在其名称中标明“特殊普通合伙”字样，合伙企业的名称必须和“合伙”联系起来，名称中必须有“合伙”二字。

（5）法律、行政法规规定的其他条件。

【例 6-17】 张某、王某、刘某拟设立一普通合伙企业，并订立了一份合伙协议，部分内容如下：①张某的出资为现金 5 万元和劳务作价 10 万元；②王某的出资为现金 6 万元，于合伙企业成立后半年内缴付；③刘某的出资为作价 10 万元的房屋一栋，不办理财产权转移手续，且刘某保留对该房屋的处分权。

问题： 该协议的上述几项内容是否符合《合伙企业法》的规定？

解析：（1）张某以现金和劳务出资，符合《合伙企业法》规定。根据《合伙企业法》规定，合伙人可以用货币、实物、知识产权、土地使用权或者其他财产权利出资，也可以用劳务出资。

（2）王某的出资于合伙企业成立后半年内缴付符合《合伙企业法》规定。根据《合伙企业法》规定，合伙企业的合伙人可以认缴或者实际缴付的出资，但“认缴”必须在合伙协议中约定，不能随意改变。

（3）刘某的出资不符合《合伙企业法》规定。根据《合伙企业法》规定，合伙人以非货币财产出资的，依照法律、行政法规的规定，需要办理财产权转移手续的，应当依法办理。

（三）有限合伙企业

有限合伙企业是指由普通合伙人和有限合伙人共同组成，普通合伙人对合伙企业债务承担无限连带责任，有限合伙人以其认缴的出资额为限对合伙企业债务承担责任的合伙组织。引入合伙人有限责任制度有利于调动各方的投资热情，实现投资者与创业者的最佳结合，尤其适用于风险投资。这种组织形式运用到风险投资中，可以由负责企业日常经营管理的普通合伙人承担无限连带责任，而资金投入者只承担有限责任。

在法律适用中，凡是《合伙企业法》中对有限合伙企业有特殊规定的，应当适用有关《合伙企业法》中对有限合伙企业的特殊规定。无特殊规定的，适用有关普通合伙企业及其合伙人的一般规定。

（四）合伙企业的解散和清算

1. 合伙企业的解散

合伙企业的解散是指各合伙人解除合伙协议，合伙企业终止活动。

根据《合伙企业法》第八十五条的规定，合伙企业有下列情形之一的，应当解散：①合伙期限届满，合伙人决定不再经营；②合伙协议约定的解散事由出现；③全体合伙人决定解散；④合伙人已不具备法定人数满30天；⑤合伙协议约定的合伙目的已经实现或者无法实现；⑥依法被吊销营业执照、责令关闭或者被撤销；⑦法律、行政法规规定的其他原因。

2. 合伙企业的清算

合伙企业解散的，应当进行清算。《合伙企业法》对合伙企业清算做了以下几方面的规定。

(1) 确定清算人。合伙企业解散，应当由清算人进行清算。清算人由全体合伙人担任；经全体合伙人过半数同意，可以自合伙企业解散事由出现后十五日内指定一个或者数个合伙人，或者委托第三人担任清算人。自合伙企业解散事由出现之日起十五日内未确定清算人的，合伙人或者其他利害关系人可以申请人民法院指定清算人。

(2) 清算人职责。清算人在清算期间执行下列事务：①清理合伙企业财产，分别编制资产负债表和财产清单；②处理与清算有关的合伙企业未了结事务；③清缴所欠税款；④清理债权、债务；⑤处理合伙企业清偿债务后的剩余财产；⑥代表合伙企业参加诉讼或者仲裁活动。

(3) 通知和公告债权人。清算人自被确定之日起十日内将合伙企业解散事项通知债权人，并于六十日内在报纸上公告。债权人应当自接到通知书之日起三十日内，未接到通知书的自公告之日起四十五日内，向清算人申报债权。清算期间，合伙企业存续，但不得开展与清算无关的经营活动。

(4) 财产清偿顺序。合伙企业财产在支付清算费用和职工工资、社会保险费用、法定补偿金以及缴纳所欠税款、清偿债务后的剩余财产，依照《合伙企业法》关于利润分配和亏损分担的规定进行分配。

(5) 注销登记。清算结束，清算人应当编制清算报告，经全体合伙人签名、盖章后，在十五日内向企业登记机关报送清算报告，申请办理合伙企业注销登记。

合伙企业注销后，原普通合伙人对合伙企业存续期间的债务仍应承担无限连带责任。

(6) 合伙企业不能清偿到期债务的处理。合伙企业不能清偿到期债务的，债权人可以依法向人民法院提出破产清算申请，也可以要求普通合伙人清偿。合伙企业依法被宣告破产的，普通合伙人对合伙企业债务仍应承担无限连带责任。

三、公司法律基础

（一）公司的概念

根据我国《公司法》的规定，公司是指股东依法以投资方式设立，以营利为目的，以其认缴的出资额或认购的股份为限对公司承担责任，公司以其全部独立法人财产对公司债务承担责任的企业法人。我国《公司法》将公司分为有限责任公司和股份有限公司两种形式。

（二）公司的特征

公司具有五个特征：社团性、营利性、法定性、人格性和永续性。其中，公司的永续性其实是公司人格性的延伸。

（三）公司的分类

依据公司的信用基础，可以将其区分为人合公司、资合公司和人资兼合公司；依据公司的国籍，可以将其区分为本国公司和外国公司；依据公司之间的投资与控制关系，可以将其区分为母公司和子公司；依据公司的内部管辖关系，可以将其区分为本公司和分公司。

（四）公司与其他企业的区别

1. 公司与个人独资企业的区别

(1) 法律地位不同。公司必须具备法人资格，而个人独资企业一般不具备法人资格。

(2) 财产拥有权和支配权不同。公司财产与股东财产在法律上是严格分开的。股东投资后，财产即属于公司，股东不再拥有支配权；而个人独资企业的财产归企业主一人所有，并对企业财产拥有直接的控制权和支配权。

(3) 债务承担责任不同。公司的债务责任一般是有限的，公司以全部现有财产向债权人承担清偿债务的责任，股东仅以其投资额对公司债务承担责任；而个人独资企业的财产不足以清偿债务时，还要用出资者的个人财产来清偿债务。

2. 公司与合伙企业的区别

(1) 成立基础不同。公司的成立是以公司章程为基础。公司章程成为共同的准则，具有法律约束力，同意章程即可投资加入公司；而合伙企业则是以合伙协议为基础，合伙协议的确立需要出资人协商一致方可生效。

(2) 法律地位不同。公司具有法人资格;而合伙企业一般不具有法人资格。

(3) 组织管理不同。公司设有专门的组织机构(如董事会)开展业务活动,股东只有决策权,一般不参与业务活动;而合伙企业的事务由合伙人共同管理,合伙人都有权参与企业的业务活动。

(4) 财产拥有权和支配权不同。公司财产与股东财产在法律上是严格分开的;而合伙企业的财产则是与合伙人连在一起的,由合伙人直接控制和支配。

(5) 承担债务的责任方式不同。公司只以公司资产承担责任,不能要求股东以其个人财产来偿还公司债务;而合伙企业除以企业资产清偿债务外,在出现资不抵债的情况时,合伙人还必须按照合伙协议的约定以个人财产承担企业的债务。

(五) 公司的解散和清算

1. 公司的解散

(1) 公司解散的概念。公司解散是指公司发生章程规定或法定的除破产以外的解散事由而停止业务活动,并进入清算程序的过程。

(2) 公司解散的原因。根据《公司法》的规定,公司解散的原因有以下五种情形:①公司章程规定的营业期限届满或者公司章程规定的其他解散事由出现;②股东会或者股东大会决议解散;③因公司合并或者分立需要解散;④依法被吊销营业执照、责令关闭或者被撤销;⑤人民法院依法予以解散。

2. 公司的清算

公司清算是指公司解散或被依法宣告破产后,依照一定的程序结束公司事务,收回债权,偿还债务,清理资产,并分配剩余财产,终止消灭公司的过程。公司被依法宣告破产的,依照有关企业破产的法律实施破产清算。

第三节 民事诉讼、仲裁基础

法律关系的主体在经济活动中产生争议时,处理这些争议的方式有当事人互相协商、第三方调解、提起诉讼或者提交仲裁机构裁决。在解决经济纠纷时,如果当事人无法通过协商或调解解决争议的,当事人解决争议的最主要的方式就是诉讼和仲裁。

一、民事诉讼

(一) 民事诉讼的概念

民事诉讼是指人民法院在当事人和其他诉讼参与人的参加下,以审理、判决、执行等方式解决民事纠纷的活动。诉讼活动由法院代表国家行使审判权,具有公权性;只要原告的起诉符合法律规定,无论被告是否愿意,诉讼均会发生,对于法院的裁决,当事人不自动履行,法院可以强制执行,具有强制性;法院还是当事人和其他诉讼参与人,都应当按照民事诉讼法设定的程序实施诉讼行为，具有程序性。

（二）当事人提起诉讼的条件

根据我国《民事诉讼法》的规定，当事人提起诉讼必须符合下列条件：①原告是与本案有直接利害关系的公民、法人和其他组织；②有明确的被告；③有具体的诉讼请求和事实、理由；④属于人民法院受理民事诉讼的范围和受诉人民法院管辖。

当事人还需具备以下条件：①当事人没有事先或事后约定由仲裁机构裁决的协议；②当事人没有就同一事实、同一诉讼标的再行向法院提起诉讼。

二、民事诉讼法

（一）民事诉讼法的概念

民事诉讼法是规范民事诉讼中法院与民事诉讼参与人的诉讼活动，规定诉讼主体的诉讼权利和诉讼义务，调整法院与诉讼参与人法律关系的法律规范的总和。

（二）民事诉讼法的任务

《民事诉讼法》第二条规定了四项基本任务：保护当事人行使诉讼权利；保证人民法院正确审理案件；确认民事权利义务关系，制裁民事违法行为，保护当事人的合法权益；教育公民自觉地遵守法律。

（三）两审终审制度

我国人民法院审理民事案件实行两审终审制度。所谓两审终审，是指一个民事案件经过两级人民法院审判后即告终结的制度。根据两审终审制度，当事人不服一审的判决、裁定，可以上诉至二审人民法院。二审为终审，从二审判决、裁定做出之日起，即发生法律效力。另外，对于两审终审制度，法律另外规定了再审制度予以补充。如果当事人对生效的判决、裁定仍不服的，可在两年内申请再审，但不影响判决、裁定的执行。但是，最高人民法院所做的一审判决、裁定，当事人不得上诉；适用特别程序、督促程序、公示催告程序和企业法人破产还债程序审理的案件，实行一审终审制度。

（四）管辖

民事诉讼的管辖是指在人民法院主管的范围内，确定上下级法院之间和同级法院之间受理第一审民事案件的分工和权限。我国《民事诉讼法》规定了级别管辖、地域管辖、协议管辖、专属管辖。

1. 级别管辖

级别管辖是指在人民法院组织系统内，根据案件的性质、影响的范围，划分上下级人民法院之间受理第一审民事案件的分工和权限。

(1) 一般第一审民事案件由基层人民法院管辖。

(2) 中级人民法院管辖的第一审民事案件包括重大涉外案件、在本辖区内有重大影响的案件、最高人民法院确定由中级人民法院管辖的案件。

(3) 高级人民法院管辖在本辖区内有重大影响的案件。

(4) 最高人民法院管辖在全国范围内有重大影响的案件，以及它认为应当由其进行一审的案件。

2. 地域管辖

地域管辖是指根据人民法院辖区与民事案件的关系，确定同级人民法院受理第一审民事案件的分工和权限。我国《民事诉讼法》规定的地域管辖包括一般地域管辖和特殊地域管辖。

3. 协议管辖

当事人可以在书面合同中约定，纠纷由被告住所地、合同履行地、合同签订地、原告住所地、合同标的物所在地人民法院管辖。协议管辖不得变更专属管辖和级别管辖。

4. 专属管辖

专属管辖是指法律确定某些具有特殊性的案件专属于特定的法院管辖，并具有强制性和排他性。我国适用专属管辖的案件有三种：①因不动产纠纷提起的诉讼，由不动产所在地人民法院管辖；②因港口作业中发生纠纷提起的诉讼，由港口所在地人民法院管辖；③因继承遗产纠纷提起的诉讼，由被继承人死亡时住所地或主要遗产所在地人民法院管辖。

三、仲裁

(一) 仲裁概述

仲裁是指发生争议的各方当事人依照事先约定或事后达成的书面仲裁协议，共同选定仲裁机构并由其对争议依法做出具有约束力裁决的一种活动。根据当事人等案件要素的不同，仲裁可以分为国内仲裁和涉外仲裁。

仲裁机构是由直辖市和省、自治区人民政府所在地的市以及其他设区的市的人民政府组织有关部门和商会统一组建的仲裁委员会。仲裁委员会独立于行政机关，与行政机关没有隶属关系，仲裁委员会之间也没有隶属关系。中国仲裁协会是社会团体法人，是仲裁委员会的自律性组织。

(二) 仲裁裁决的效力

仲裁机构不同于法院，裁决也不同于法院的判决，仲裁裁决一经做出即发生法律效力。仲裁机构没有隶属关系，所以仲裁实行“一裁终局”制度，不能上诉。仲裁裁决做出后，当事人必须按照仲裁协议的约定履行相应的义务，任何一方不履行的，另一方可以申请法院强制执行。

本章小结

本章对与理财规划活动相关的基本法律知识进行了阐述，内容的设计涵盖了实体法和程序法两大类法律制度。其中，实体法是程序法存在的前提，程序法又是实体法实施的保障。学习本章的主要目的是帮助理财规划师对其执业的法律背景有大致的了解，熟悉法律流程，在现行法律、法律允许的范围内开展业务，以防范法律风险，维护自身及客户的合法利益。

复习思考题

一、单项选择题

1. 自然人、企业、事业单位、社会团体、国家机关甚至地方政府与国家最高权力机关，在民事法律关系中是(　　)关系。

A. 隶属　　B. 平等　　C. 没有　　D. 交叉

2. 债务的原因不包括(　　)。

A. 合同　　B. 不当得利　　C. 动产的交付　　D. 无因管理

3. 合同责任不包括(　　)责任。

A. 违约　　B. 侵权　　C. 缔约过失　　D. 后合同

4. (　　)不能成为遗嘱继承人。

A. 堂兄弟　　B. 子女　　C. 外祖父母　　D. 父母

5. 权利人向法院起诉的行为会引起诉讼时效(　　)。

A. 中止　　B. 中断　　C. 延长　　D. 不变

6. 如因理财规划服务行为产生纠纷，客户提起诉讼，应以(　　)为被告。

A. 理财规划师　　B. 理财规划师所在机构

C. 理财规划师和其所在机构一起　　D. 理财规划师或其所在机构任选一

7. (　　)原则是公证活动应当遵循的核心原则。

A. 真实、合法　　B. 法定与自愿相结合

C. 回避　　D. 保密

8. 在理财规划业务中，理财规划师所在机构寄送的价目表、说明书等视为(　　)。

A. 要约　　B. 要约邀请　　C. 合同范本　　D. 合同协议

9. 信托是指委托人基于对受托人的信任，将其财产权委托给受托人，由受托人按委托人的意愿以自己的名义，为(　　)的利益或者特定目的，进行管理或者处分的行为。

A. 受托人　　B. 受益人

C. 受托人及受益人　　D. 受托人及父母子女

10. 知识产权是指民事主体对其创造性的(　　)所依法享有的专有权利。

A. 物　　B. 行为　　C. 智力成果　　D. 人身利益

11. 不受著作权保护的作品是(　　)。

A. 音乐　　B. 电影　　C. 计算机软件　　D. 科学定律

12. 个人独资企业具有的特征不包括(　　)。

A. 仅由一个自然人投资　　B. 企业的建立与解散程序简单

C. 经营管理灵活自由　　D. 双重课税

13. 中国法院审理案件实行(　　)终审制度。

A. 一审　　B. 两审　　C. 三审　　D. 四审

14. 仲裁实行“(　　)裁终局”制度。

A. 一　　B. 二　　C. 三　　D. 四

二、多项选择题

1. 下列属于他物权的有(　　)。

A. 国有土地使用权　　B. 抵押权　　C. 留置权

D. 采矿权　　E. 质权

2. 可变更、可撤销民事行为的类型有(　　)。

A. 因重大误解而实施的民事行为

B. 显失公平的民事行为

C. 乘人之危的民事行为

D. 受欺诈、胁迫而实施的民事行为

E. 行为人不具有行为能力的行为

3. 民事行为包括(　　)。

A. 民事法律行为　　B. 可变更可撤销的民事行为

C. 效力未定的民事行为　　D. 无效民事行为

E. 有效民事行为

4. 根据我国《民法通则》的规定，诉讼时效分为(　　)。

A. 普通诉讼时效　　B. 特殊诉讼时效　　C. 最长诉讼时效

D. 最短诉讼时效　　E. 中间诉讼时效

5. 不可抗力主要包括(　　)。

A. 自然灾害　　B. 政府行为　　C. 社会异常事件

D. 意外事件　　E. 家庭暴力

三、判断题

1. 诉讼时效届满，消灭起诉权。(　　)

2. 专利的专利权人就是专利的所有人。(　　)

3. 证明案件情况的一切事实，都是证据。(　　)

4. 个人独资企业由投资人自行管理企业事务。(　　)

5. 公证员对本人办理的公证事务有保守秘密的义务，但对本公证处其他公证员办理的公证事项没有此义务。 （ ）

四、案例题

夫妻共同财产处置

贺某(男)与路某(女)2015年12月登记结婚，婚后无子女。2016年4月，贺某全程办理购买商品房事宜，购买总价40万元的现房一处。当时的购房合同与产权证均登记为贺某名字。2016年6月，二人举行婚礼。2019年，二人因夫妻感情淡漠协议离婚，但是在该房屋的处理方面无法达成共识。贺某主张房屋所有权证书是确认房屋所有权的唯一依据，该房屋为自己一人所购买，而且当时二人只是领取了结婚证书，并未举办婚礼，因此产权证上只有自己的名字，此房屋属于个人财产，不同意与路某进行分割。路某认为房屋是领取结婚证后所购买的，自己应该有份。于是，2019年10月路某向法院起诉，要求解除与贺某的夫妻关系，同时依法分割该房屋。

问题讨论：

1. 当事人领取了结婚证书但没有举办婚礼，其婚姻关系是否成立？
2. 哪些财产属于个人财产？
3. 婚后购买的商品房登记在夫妻一方名下，是否属于夫妻共同财产？

第七章

理财规划的工作流程

学习目标

通过学习本章，掌握理财规划的基本工作流程及每一步骤具体的工作要求。

第一节　建立客户关系

一、与客户交谈与沟通

建立客户关系的方式多种多样，不局限于电话交谈、互联网沟通、书面交流和面对面会谈等。在这些方式中，与潜在客户进行会谈和沟通是理财规划师建立客户关系最重要、最常用的方式。理财规划师与客户进行会谈的目的，通常是为了掌握客户的基本情况，了解客户的理财目标、投资偏好及其他相关信息，寻求建立客户关系的可能性。因此，在很多情况下，理财规划师能否与客户建立业务关系，客户能否委托理财规划师所在机构为其提供理财服务，都直接受会谈效果影响。所以理财规划师必须掌握与客户交流的基本方法和技巧，并在实际工作中不断总结和提高自己的沟通能力。

（一）理财规划师的态度

在沟通过程中采取合适的态度是理财规划师赢得客户信任的第一步，理财规划师留给客户的第一印象至关重要。

1. 尊敬

有些理财规划师误认为交流中最重要的是让客户看到自己的工作能力，因此理财规划师应当高高在上，保持专家的形象，让客户肃然起敬。事实上，尊敬和喜欢别人有一种循环效应。当你重视客户时，你的好感就会传递给他们，增强他们的信心，让他们觉得自己很重要，他们才会反过来尊敬你。理财规划师应该无条件地尊敬客户，也就是重视客户，把每个客户都当成独一无二的人来欣赏。

2. 真诚

真诚是指理财规划师应该以真面目示人，而不应当戴着面具，或者像演戏一样去装扮出所谓的专业理财规划师的形象。虽然理财规划师也是普通人，也有自己坚强和脆弱之处，但真诚的人总是值得信赖的。只要理财规划师能以开诚布公的态度来和客户沟通，他就能拉近双方的心理距离，被客户当成忠实可靠的人，愿意向他倾诉自己的问题。好的理财规划师总是发自内心地愿意帮助客户。这需要理财规划师清楚自己的感觉和思想，而且敢于坦诚地表达自己的想法，不怕表现出自己的弱点，对所有客户一视同仁，不故意在不同的客户面前展示自己不同的形象，而是保持自己的本性，说真话，尽职尽责，努力接近客户的内心。

3. 理解和包容

理解是指理财规划师准确地把握客户心理世界，让客户觉得理财规划师一直在倾听，跟着他的思路走，懂得他的感受。理财规划师必须站在客户的角度来看问题，而不受自己过去经历和思想的影响。要学会倾听的技巧，不仅要听清字面的意思，还要听出字里行间的微妙感受——有些感受是客户不自觉地流露出来的，他可能自己都没有意识到。

客户需要理财规划是因为他需要帮助，他的生活并不完美。当客户谈自己的困惑和难题时，理财规划师应当怀着一颗包容的心，而且要让客户能感觉到他的包容。只有这样客户才能感到身心自由，因为他觉得他的倾诉不会遭到理财规划师的批评和否定，而且他会感到最终设定什么计划、制定什么目标和采取哪些行动都将由他自己决定，而不是由理财规划师来决定。

只有当理财规划师发自内心地尊重每个客户的独特性，并且真心愿意帮助他，才可能真正理解和包容客户。当然，要理解和包容他人，说起来容易做起来难，尤其是要接受那些同我们社会地位、价值观明显不同的人。但这是理财规划师必须做到的，因为如果客户感到没有被理财规划师所接受，那么这两者之间就永远不会成为一种平等的合作关系。

4. 自知

理财规划师很有必要清晰地认知自己，尤其是要认清自己的观点和态度。这种素质非常重要，因为理财规划师要根据客户自身的价值观而并非理财规划师的价值观来帮助客户做出决策。理财规划师对自己了解得越多，他们就越能理解和评价自己的行为，进而学会控制自己，避免将自己的价值判断强加给客户。

（二）交流的开始

首先，理财规划师应该选择一个合适的交流环境。好的环境能让双方心情舒畅，轻松自如。理财规划师应该选择较清静的环境来约见客户，避免噪声、电话的干扰，也不要同时跟多个客户谈不同的内容。会谈中会涉及客户的很多个人信息，尤其是财务方面的信息，客户不愿随便透露，而清静的环境能给客户一种安全感，减少戒备心理。

任何一种有计划和有目的的交流都需要事先安排好结构与流程，并且让双方都明白这个流程。理财规划中涉及的会谈往往都是比较正式的。在交流一开始，理财规划师应该先向客户说明双方交流的目的和流程，这样能让客户有心理准备，更好地配合，提高交流的效率。开场白一般都是理财规划师先进行自我介绍；然后说明接下来的工作流程、使用什么样的讨论方式、将要占用多长时间，再客气地谈谈双方的合作关系；最后告诉客户通过交流可以期望得到什么结果。这个过程不必太长，最好是以一个清晰、直白的形式出现。

刚开始时，客户有可能不清楚该如何开始他们的谈话。理财规划师应该根据实际情况引导他。例如，如果客户感到有些不安和紧张，理财规划师就得想想用什么方式开始谈话比较恰当。不论客户出现什么样的情绪反应，理财规划师都要仔细地捕捉这些反应，绝不能忽略它们，这一点很重要。例如，一位客户可能对他的现状非常伤感，因为他马上要离婚了，理财规划师就要花些时间来讨论他的这些感受。如果这些感受没有得到释放，那么进一步的会谈将是没有意义的。

（三）交流的手段

交流是指把某条信息通过语言或者非语言形式传递给他人以引起他人的注意。语言和行为是交流的两种手段。

1. 语言

1）常用的语言交流形式

在与客户交谈和沟通中，理财规划师经常会用到以下几种语言方式。

（1）解释。解释是站在客观的立场上来说明问题的实际情况。有时客户被理财规划师的各种名词搞糊涂了，就会要求理财规划师做出解释。这时理财规划师的解释应当简洁、明了、易懂，注意不要长篇大论、空洞地解释，不要用居高临下的口气，也不要书生气十足地背诵书上的概念，应该平等、谦逊地对待对方，用通俗易懂的语言进行解释。

（2）安慰。安慰有助于打消客户的顾虑，振奋他的精神。比如，理财规划师可以说："我会一直支持你，你什么时候需要帮助，我都会尽全力的。"但是安慰只是一种暂时的策略，就像是别人在哭时你递上去的纸巾，可以擦眼泪，但并不能解决实际问题。理财规划师要根据情况采用合适的语气，不要让客户觉得自己很可怜。

（3）建议。很多客户会在交流中积极地向理财规划师寻求建议，希望理财规划师能替他们做出决定，解决他们的问题。在建立客户关系阶段，理财规划师必然也会给出一些建议，然而最好的建议就是客户"自我建议"。理财规划师应该少提建议，多引导客户自己想办法，并且让客户相信，如果双方建立了客户关系，理财规划师所在的金融咨询机构将会对客户信息进行系统的分析研究，给出全面、合理的建议。无论是何种建议，都只有客户才有权决定是否执行。理财规划师不能剥夺客户制订和执行计划的自由与权利。

理财规划师提出建议时还应该选择恰当的时机。如果过早地给出建议，可能会因为客户的知识和能力有限，而使理财规划师的建议效果大打折扣。在给出建议之前最好先了解客户的处境和需求，然后告诉他除了建议所给出的解决办法之外，还可以采用哪些别的办法。

（4）提问。理财规划师在提问时，问题不应该太多，只有那些为收集必要的信息而设计的问题，并且客户能答得上来的，才是该问的问题。理财规划师还应该选择合适的提问方式。首先，理财规划师提出的问题应当是开放式的问题，而不应该问封闭式的问题。封闭式的问题会限制客户的选择范围，仅用"是"或"不是"就能答完，而开放式的问题则可以引导客户想到相关的经历，引出他的观点、思想、判断和感受，更有利于建立良好的关系。其次，最好不要问原因式的问题。比如，"为什么您打算在60岁退休?"这样的问题显得理财规划师不同意客户的计划，客户就要为自己的行为和思想辩解，而且容易使他产生戒备心理。另外，不要一连串地提问。同时提出两个、三个或者更多的问题会使客户来不及反应，客户往往只能答出其中的一个问题。因此，如果理财规划师要提问多个问题时，最好的办法是一个一个地问，在得到问题的圆满答复之后再问下一个问题。

(5) 总结。在交谈快结束时，理财规划师很有必要来个总结，这样能把谈到的一系列零散的观点归纳起来，使客户确定理财规划师已经理解他的意思，也可以帮助理财规划师再次检验自己的理解。如果是客户来总结，效果会更好，但这时客户应当对传递的信息和由此得到的结论负责。

2) 语言交流中需注意的问题

语言交流是人际交往中使用最多的手段，也是理财规划师获取客户信息的主要途径。好的语言能使双方很快地建立信任，建立客户关系，甚至成为长期的朋友；而一句不适当的话可能就会使理财规划师永远地失去一位客户。下面列出语言交流中需要注意的一些问题。

(1) 理财规划师要注意词语的特定意思。一个词语有多种意思，不同的人对同一个词语会有不同的理解。尤其是一些时髦的词语，在特定的时间和人群中，意思可能会发生变化。理财规划师在与客户交流时，应该考虑对方的理解能力，根据客户的教育背景、工作和生活环境来选择合适的词语，以免客户误解。

(2) 注意语速和长度。大量的信息会让客户应接不暇，使得交流达不到预期效果。理财规划师不要长篇大论，应该给客户一些时间去理解，并注意客户的反应。

(3) 避免主观臆断。人们总认为自己的话表达得很清楚了，对方也听明白了，交流完全没问题了，其实对方可能根本没懂。当理财规划师表述不清、意思模棱两可时，自己一般都没意识到，客户就只能用自己的想象去填补空白，得到的可能是错误的信息。

(4) 理财规划师亲切的话语有助于促进交流，巩固客户关系。亲切的语言要使用第一人称的代词：我、我们、我们的。比如，“我很理解您对经济状况的担心”，显示了对客户的关心，让双方关系更加亲密。在提到理财规划师所在机构时，理财规划师应多使用“我们”，因为他是代表所在机构与客户打交道，用“我们”会让客户感到理财规划师背后还有一支实力强大的团队。

(5) 不要使用“保证”“肯定”“必然”或其他具有承诺性质的措辞。这些措辞在法律上具有约束力。如果客户将来因投资而产生损失，或未达到理财规划师所承诺的收益，而客户又有证据证明理财规划师曾经使用了这些措辞，则理财规划师所在机构可能会被追究法律责任，信誉也会因此受到影响。所在机构承担责任后，可以追究理财规划师的责任。所以，理财规划师在与客户会谈或给客户提出理财建议时，应根据情况使用“估计”“可能”和“一般情况下”等相对留有余地的措辞。

(6) 在介绍所在机构的业务能力和业务优势时，不得有直接或间接地贬损其他机构或理财规划师的语言。即使需要自己所在机构与其他机构的过往业绩、专业人员数量和市场知名度进行对比时，也一定要使用客观的数据或有明确依据的事实，对于其他机构或理财规划师不如自己所在机构或个人之处，尽量少用评价性的语言，以免给客户留下贬损其他机构或理财规划师的印象。

(7) 避免使用命令语气。在谈到对客户的要求时，一定不要用生硬的口气，不能让客户有一种被命令的感觉。比如，“把您的保险单拿来”“您必须向我们提供真实信息”等，会让客户感到不舒服。可以改为“我们需要看一看您的保险单”“我们制订的理财规划方案是否适合您的实际情况，关键取决于我们掌握您的信息是否准确，所以您的真实信息对我们至关重要”。

2. 行为

客户的恐惧、焦虑、真诚、迷惑、愤怒、高兴、敌对、兴趣、关注等一系列的动作能反映出他们的感受和态度，同样，理财规划师的行为也能反映自己的内心。在理财规划过程中，行为是指除了所有语言以外的交流方式。人们有时试图掩盖自己的真实想法，不愿意说出来，或者犹豫不决，而肢体语言仍然可以传达心里的感受。理财规划师掌握行为交流的技巧，不但可以更好地理解客户，而且可以运用这些技巧表达自己的感情，使双方关系更加融洽。

行为主要有两种：身体和嗓音，具体包括身体位置、身体运动、手势、面部表情、眼神、音量和音调。肢体语言比口头语言更单纯，更能反映人的真实感受。但是理财规划师要注意，客户的行为所表达的含义都应当在他的其他行为或语言中得到验证，理财规划师不能单纯地凭其中一个指标就急于下结论。

1）身体

要提高对客户行为的观察能力，理财规划师必须先明白身体究竟是怎么表达感情的，即客户身体的位置和动作传递的信息是什么。

(1) 理财规划师应当首先注意客户整个身体的位置。舒适地直坐着通常表示客户是放松的；稍微向前倾，表明客户很感兴趣并且融入了话题中。如果表现得懒散并且远离理财规划师，可能是客户对话题不感兴趣或者不信任理财规划师，或者已经有些厌烦。

(2) 理财规划师还应当注意客户胳膊或腿的位置和变化。如果客户的腿没有交叉并且胳膊放得很舒服，通常说明客户是放松的并且愿意继续交谈；如果双臂紧抱，则说明他们不信任理财规划师。年轻的女客户边说话边不停地摸头发，很可能是因为她紧张。

(3) 客户的面部表情也值得注意，绝大多数人的表情是丰富的。如果客户的表情僵硬则表明他们紧张、害怕、愤怒，这些情绪将不利于双方建立客户关系。

(4) 眼睛是心灵的窗户。如果客户的眼神游移不定，不敢接触理财规划师的目光，可能是由于害羞、紧张或者害怕。如果客户不断地瞪着理财规划师，则意味着愤怒和敌对情绪。如果客户在谈话时环顾整个房间，或者在填表时不断地看墙和天花板，则表明他感到谈话索然无味。

2）嗓音

嗓音包括音量和音调等方面。从音量和音调能看出说话人的感受，这种感受经常同他实际所说的话不同。

（四）交流的技巧

在交流过程正式开始之后，理财规划师就会用到具体的交流技巧了，下面从关注客户、倾听客户诉说、对客户做出反应这三个方面来阐述。

1. 关注客户

与客户交流时，首先要做到保持注意力集中，这是出于尊敬客户的要求，也是理财规划师了解客户的前提。只有关注客户,才能赢得客户的尊重和信任。不论理财规划师的其他沟通技巧有多好,如果他不能够时时刻刻关注客户的各种语言或者非语言信息,那么他可能在一开始时就失去了这位客户。

(1) 保持适当的距离。比起打电话、发邮件,与客户面对面地交流效果要好得多。因为动作可以传递出很多意思,如表示你一直陪着对方,关心他,支持他,鼓励他说下去。而身体离得越远,这种交流也就越少了。

(2) 采取一种开放的姿势。张开臂膀、面带微笑地与客户交流,意味着接受客户,而手臂和双腿交叉则表示排斥对方。开放式的姿势能提高双方交流的质量,减少客户的戒备心理。

(3) 向客户倾斜。说话时,理财规划师最好能身体稍微前倾。这样表示对客户的尊重和关注。而如果远离客户,身体向后,则会给人以居高临下的感觉,使客户紧张或者反感,不愿意说出自己的真实情况。

(4) 保持眼神的交流。保持眼神的交流是指谈话时应该注视着对方。有些理财规划师在交谈时很少看着客户,或者当客户看着他时,他会将目光移走,甚至"愣神"。这样,客户会觉得自己不受重视,甚至认为这位理财规划师不够专业,不愿意与他建立长期的关系。眼神的交流应该是自然的,盯着客户看显然也是不合适的。

(5) 放松地去交流。关注客户的同时要注意放松。如果理财规划师紧张或者动作生硬,客户会觉得他缺乏经验,不值得信任;而如果理财规划师说话自然流畅、手势恰当,就能把握好交流的整个过程,赢得客户。理财规划师可以利用多种方式进行交流,如手势、姿势、眼神等。身体可能会传递本不想传递的内容,理财规划师应该努力让身体为自己代言,为更好地与客户沟通并最终建立客户服务关系。

2. 倾听客户诉说

一个人的情感的流露有时是直接的,有时则是隐晦的。理财规划师必须注意客户的声音、姿势、手势、面部表情、语言等各方面的线索,抓住对方情感的细节。倾听与简单地听对方说话有很大的不同。倾听意味着领会到了说话人的意思,不但听懂了他的话,而且理解了他身体、表情和嗓音等肢体语言传递出的感受。倾听别人和对别人做出恰当的反应,可以使理财规划师通过客户的言谈举止来洞察对方的内心世界,对于建立客户关系起着至关重要的作用。理财规划师不能忽视倾听的交流方式,而应该把它当成一种重要的交流技巧来认真学习。

很多人在别人说话时要么分心,要么总是在评判别人,对方还没说完,他们就早已得出了结论,因此会丢失后面的重要信息。倾听客户的诉说,需要理财规划师集中精力,密切关注。有时,理财规划师可以把客户的意思用自己的语言再说一遍,这样能确定自己准确地理解了客户的话。必须注意,倾听不是要原封不动地重复对方的话,而是要设身处地地融入对方的内心世界,话里要包含自己的思想。

即使再融洽的客户关系也有可能出现抵触的情况,而倾听能帮助理财规划师发现客户的抵触情绪。客户的不满可以通过显性的或者隐性的形式表现出来。显性的抵触比较容易看出来,也好控制。在客户出现明显的激动情绪时,理财规划师应当使他慢慢平静下来,等他平静下来再继续正题的讨论。而隐性的抵触不太明显,客户没有把他们的怒气表现在脸上，而且可能也没意识到自己在发脾气。怀着不满情绪的客户可能失约、迟到、讽刺、高傲、心不在焉等。不论客户是为什么产生抵触情绪，理财规划师最好不要把客户的行为理解成敌对情绪，而应该就事论事，或者让客户自己分析和解释。

3. 对客户做出反应

在关注和倾听的过程中，理财规划师需要稍微做出些反应。既可以顺着客户的口气来引导客户说下去，也可以说出理财规划师自己的看法，使客户参与到问题的讨论当中。交流应该始终是双向的。这样，客户才会觉得理财规划师准确理解了自己的意思，才会愿意把个人面临的种种问题说出来。

倾听中的反应有很多种，下面是几种典型的形式。

(1) 最简单的反应方式是理财规划师无须语言，只要微笑或者点头就可以表示理解和赞同，客气地鼓励客户继续说下去。

(2) 转述也可以增进交流。转述是用自己的语言把对方所说的话重新表达出来。理财规划师要摆脱自己的思维方式，完全站在客户的角度进行判断。比如，客户会这样说："我是一个理财盲，对如何避税、如何理财、如何对付通货膨胀都一窍不通，我真不知道怎么才能把这个月的钱留到下个月。"理财规划师可以这样说："理财对您而言真是件难事，看起来您有点儿入不敷出。"客户听到这样的反应时，会感觉理财规划师真正明白了他的意思，并且有兴趣将这个话题深入下去。

(3) 客户说不清楚时，理财规划师可以问他一些问题，让他换一种说法，帮助厘清思路，顺畅地表达出来。当然也有可能是理财规划师没听懂，因此可以这样问客户："不好意思，我不太明白您的话，您能详细解释一下吗？"

(4) 理财规划师也可以谈自己对问题的看法，不完全顺着客户的意思。这一点可以通过前文提到的几种语言交流的方式来进行，包括解释、建议、提问等。但是要注意，理财规划师的想法与客户的想法不同，客户不一定能接受。理财规划师一定要考虑客户的理解能力和当时的情绪。如果在谈看法之前，理财规划师一直是关注着客户的，了解他的情况，顺应他的情绪，双方已经建立良好的关系，那么这时理财规划师用恰当的方式说出自己的想法，就不会让客户感到措手不及了。

二、确定客户关系

通过与客户的交谈和沟通，理财规划师在确认客户有真实的理财需求且客户建立了对理财规划师的信任并有意委托该理财规划师所在机构帮助其理财的情况下，就可以与客户签订理财规划服务合同。

(一) 签订理财规划服务合同

1. 理财规划服务合同的签订程序

(1) 理财规划师应准备好合同文本。

(2) 将合同交给客户，提醒客户认真阅读合同所有条款，并对客户理解有误或不理解的条款向客户做出详细解释，尽量避免日后因对合同条款理解上的分歧而产生法律纠纷。

(3) 审查客户的身份,确认客户具有签订合同的行为能力。

(4) 如客户对合同内容无异议,同意签订合同,则要求客户当面在相应的位置签字。如合同为多页,则要求客户在每一页上都要签字。签字完毕后,将合同收回盖章,然后将一份交给客户,并开具交费通知单,通知客户到收款部门交费,并告知客户在交费完毕后将其中一联交回。

2. 签订理财规划服务合同时应注意的问题

(1) 签订合同应以所在机构的名义,而不能以个人的名义。

(2) 理财规划师在向客户解释合同条款时,如果发现合同某一条款确实存在理解上的歧义,应提请所在机构的相关部门进行修改。

(3) 不得向客户做出收益保证或承诺,也不得向客户提供任何虚假性或误导性信息。

(4) 合同签订完毕后,理财规划师应将原件送到所在机构档案管理部门存档,自己留存复印件,以免原件不慎丢失。

(二) 理财规划服务合同的形式和主要条款

1. 理财规划服务合同的形式

理财规划服务合同作为合同的一种,应符合《合同法》关于合同的一般规定。理财规划服务合同宜采用书面形式,而不宜采用默示形式和口头形式。通常,理财规划师提供理财规划服务均不是个人行为,而是代表理财规划师所在机构的行为,所以理财规划师所在机构都会备置格式合同,在确定客户的理财意向后,理财规划师都要代表所在机构与客户签订书面合同。

2. 理财规划服务合同的主要条款

根据理财规划服务的内容和理财规划服务合同的性质,理财规划服务合同主要包括以下内容。

(1) 当事人条款。当事人条款主要是列明合同的当事人各方的自然情况。在理财规划服务合同中,合同的当事人主要是客户和理财规划师所在机构。其中,客户主要是个人(自然人),也包括一些中小企业。在客户为个人的情况下,合同中应写明客户的姓名、地址、邮政编码、联系电话、传真和电子邮箱等内容;在客户为中小企业的情况下,合同应写明企业名称、代表人、地址、邮政编码、联系电话、传真和电子邮箱等。理财规划师所在机构一般是公司或合伙机构。如果是公司,应写明公司的名称、代表人、地址、邮政编码、联系电话、传真和电子邮箱等;如果是合伙机构,除地址、邮政编码、联系电话、传真和电子邮箱等内容外,还应写明代表合伙人(负责人)的姓名。

(2) 鉴于条款。鉴于条款并不是合同的必备条款,但是合同中设鉴于条款有利于清楚地表明双方的签约目的,在发生纠纷时,鉴于条款还可用于探究当事人的真实意思表示。当然,鉴于条款和当事人条款都不是合同主文中的内容,如鉴于条款与主文的内容相抵触,则以主文的内容为准。

(3) 委托事项条款。委托事项条款是合同的核心内容,是约定客户委托理财规划师所在机构所办理事项的具体内容。通常,在理财规划服务合同中,委托事项条款都约定客户委托理财规划师所在机构根据客户提供的情况和客户的目标为客户制订理财规划方案，并协助客户执行理财规划方案。在委托事项条款中，一般还要约定具体承办委托事项的理财规划师，因为有时客户是基于对理财规划师个人的信任才委托其所在机构提供理财服务，所以如果理财规划服务合同中未约定具体承办的理财规划师，而有些客户又提出这个要求的，在这种情况下，在理财规划服务合同中仍要约定具体承办的理财规划师。

(4) 理财服务费用条款。理财规划师代表所在机构为客户提供理财规划服务，向客户收取相应的费用是毫无疑问的，理财服务费用条款就是约定客户如何向理财规划师所在机构支付服务费用的条款。该条款的内容包括理财服务费用的金额、支付方式、支付步骤以及接收账户。在对服务收费有国家规定的情况下，服务费用的金额不得超过物价管理部门规定的幅度。支付方式是指以现金支付、支票或汇票支付、信用卡支付。支付步骤是指在分阶段支付理财服务费用的情况下，客户支付每一笔理财服务费用的时间和前提条件。接收账户是指理财规划师所在机构指定的接收理财费用的账户。在理财服务费用金额比较小的情况下，可以用现金支付，理财规划师可以根据所在机构的规定直接收取，不必要求客户向指定的账户汇款。

(5) 陈述与保证条款。理财规划师能否为客户制订合适的理财规划方案，很大程度上取决于客户提供的信息是否真实。此外，理财规划师向客户所做的介绍和自己的执业资格必须是真实的，不能误导客户。所以，理财规划服务合同中有必要设置陈述与保证条款，规定客户承诺向理财规划师如实陈述事实，如因隐瞒真实情况、提供虚假或错误信息而造成损失，理财规划师所在机构及理财规划师本人均不承担任何责任；理财规划师所在机构及理财规划师本人也承诺向客户提供真实信息，如因误导客户或提供虚假信息造成客户的损失，理财规划师所在机构及理财规划师本人应承担赔偿责任。

(6) 当事人权利与义务。合同是约定当事人权利与义务的法律文件，因此合同中通常都要明确规定合同各方的权利与义务。客户的权利与义务主要包括客户有依据合同约定得到理财规划服务的权利、有要求理财规划师所在机构提供书面理财规划方案的权利、有要求理财规划师跟踪和指导理财规划方案执行的权利、有要求理财规划师及所在机构保密的权利；客户有义务提供真实信息、有义务配合理财规划师制订和执行理财规划方案、有义务依据合同约定缴纳理财服务费用。

理财规划服务合同是双务合同。通常，一方的权利就是另一方的义务。相应地，理财规划师所在机构的权利主要是收取理财服务费用；理财规划师所在机构的义务主要是提供理财服务、提供书面理财规划方案、跟踪和监督理财规划方案的执行、严守客户秘密。

(7) 违约责任。理财规划师所在机构如未履行或未全面履行合同约定的保密、提供理财规划服务、跟踪和指导理财规划服务的义务，则客户可以要求全部或部分退还已经缴纳的理财服务费用，且有权要求赔偿；对客户而言，如未提供真实信息，未依据合同约定缴纳相应的理财服务费用，则理财规划师所在机构可以拒绝提供或拒绝继续提供理财规划服务，并不退还已经缴纳的费用。

(8) 争议解决。理财规划师所在机构与客户有时会发生争议，这是难以完全避免的。所以，理财规划服务合同中应设置争议解决条款，约定在发生争议时通过什么方式解决。争议解决方式主要包括协商、诉讼或仲裁。如果通过协商能够解决，则可使双方均减少麻烦。如果通过协商仍不能解决，则要通过诉讼或仲裁的方式解决。诉讼和仲裁不能同时选择,如果选择了通过诉讼的方式解决争议,就不能在发生争议时提交仲裁机构解决;如果选择了仲裁,原则上不能再通过诉讼的方式解决争议,除非仲裁条款无效,或者在发生争议时一方向法院起诉,另一方不提异议且应诉答辩。

(9) 特别声明条款。理财规划师所在机构在与客户签订理财规划服务合同时,通常是采用预先印制的或预先准备的合同,这种合同容易被认定为格式合同,格式合同在发生争议时通常会做出对格式合同提出人不利的解释。为最大限度防止格式合同的嫌疑,从而避免导致不利后果,理财规划服务合同中通常约定特别声明条款,由客户声明已经清楚阅读并全部理解合同条款,双方确认该合同不是格式合同。

3. 保密合同的签署

通常,客户最大的顾虑来自对其私人基本情况和财务情况信息是否可以得到严格保密的担心。所以,在理财规划服务机构和客户签订理财规划服务合同的同时,一般还要单独再签订一份保密合同,保密合同的条款通常包括当事人条款、鉴于条款、保密信息定义条款、双方权利与义务条款、违约责任以及争议解决条款。

第二节 收集客户信息

理财规划师为客户制订的理财规划方案是否适合客户的实际情况,关键取决于理财规划师是否对客户的财务信息、与理财相关的非财务信息和客户的期望目标有充分的了解。而客户理财目标的形成,需在充分掌握客户财务信息和非财务信息的基础上,由理财规划师和客户经过充分的沟通共同确定。

可见,收集、整理和分析客户的财务信息及与理财有关的非财务信息,是制订理财规划方案的关键一步。如果无法收集到准确的财务数据,理财规划师就无法准确了解客户的财务状况和理财目标,也就不可能针对不同客户提出切实可行的理财规划方案。所以各国的理财规划师协会或理财规划师职业资格认证机构在制定职业资格标准时,都将收集客户信息作为理财规划的基础,并将其视为理财规划的必要程序之一。

一、客户财务信息的收集和整理

财务信息是指客户目前的收支情况、资产与负债情况和其他财务安排以及这些信息的未来变化状况。

(一) 客户的收支情况

1. 客户收入

一般而言,客户收入主要由经常性收入和非经常性收入构成,这又可细分为工资薪金、自雇收入、奖金和佣金、养老金和年金、投资收入和其他收入等。显然,收入的高低和变动幅度将影响客户的风险承受能力。相对而言,工资收入、养老金、年金收入比较稳定,而投资收入则有一定的波动性。投资收入来自客户的投资,客户投资可分为实业投资、金融投资、不动产投资和艺术品投资几个方面。其中,银行大额存单、本币或外币保底理财等金融投资收入相对稳定。奖金和佣金与客户就职的单位绩效和自身表现有很大关系。自雇收入来自如客户的稿费或其他非薪金收入,这种收入大多是非经常性的,但如果这些收入的数量较大,也会对客户的财务状况产生影响。客户在提供这类信息时,不仅要提供已经实现的收入,还要计算已经承诺但尚未实际取得的收入。

需要说明的是,客户实际拿到手的收入一般都已经由支付单位代扣代缴了相应的税款,且客户只能对已经纳税后的收入有支配权,应当缴纳的税款客户迟早要缴纳。所以此处所指客户收入均为纳税后的收入。如果客户子女已经财务独立,则可不将子女的收入纳入统计之列。

2. 客户支出

客户支出主要包括客户经常性支出和非经常性支出。经常性支出主要是指生活中按期要支付的费用,如客户的住房贷款按揭偿还。而非经常性支出主要是指客户的日常生活中不定期出现的费用支出,而且其金额也没有明确的标准,如客户为起诉某一侵权人而支付的律师代理费用、去某地旅游所支付的旅游费用。当然,如果客户重视法律问题,一直聘请常年法律顾问,或者客户是个旅游爱好者,每年都有出游的计划,则这些法律服务费用和旅游费用就应列为经常性支出。

(二)资产与负债情况

客户的资产与负债情况是理财规划师衡量客户财务状况是否稳健的重要指标,因此在理财规划业务中,理财规划师必须清楚地了解客户的资产与负债情况,并且掌握资产负债未来可能发生的变化。

1. 资产

资产包括金融资产、实物资产和其他个人资产。其中,金融资产可分为现金与现金等价物和其他金融资产两类。现金与现金等价物是指客户拥有的以现金形式或高流动性资产形式存在的资产。所谓高流动性资产,主要是指各类银行存款货币市场基金。其中,货币市场基金因为具有良好的流动性且投资成本很低,成为非常重要的现金等价物和现金规划工具。所谓的流动性要从产品的易变现性和变现后价值损失程度两方面来界定。其他金融资产是指客户由于投资行为而形成的资产,如各类股票和债券等。这类资产通常具有高收益伴随高风险的特点。实物资产不仅主要包括客户拥有的动产、不动产,还包括家庭的大件物品或其他价值较高的物品,如家电、家具、金银首饰等。实物资产通常是客户资产的主要组成部分。

2. 负债

负债可分为个人负债和企业负债两部分。个人负债主要是指客户作为债务人的各种贷款负债。贷款负债可以分为信用卡透支、消费贷款、创业贷款、汽车贷款、住房贷款等。信用卡透支无须抵押或其他物的担保,和信用贷款在本质上是一致的,由于银行承担了较大的风险,所以利率一般较高。住房抵押贷款因有房产做抵押,利率较低。

企业负债是指客户负有连带偿还义务的贷款负债。与个人有关的企业负债主要包括客户作为合伙人的合伙企业负债和客户作为担保人的企业债务。根据法律规定,合伙人对合伙企业的债务承担无限连带责任,所以如客户作为合伙人的合伙企业不能清偿到期债务，客户本人要承担连带清偿责任。同样，客户如果为某企业借债提供担保，在该企业不清偿或不能清偿债务时，客户则负有代为清偿或连带清偿责任。

在客户作为合伙人对合伙债务承担连带责任的情况下，客户可以就超过自己应承担的部分向其他合伙人追偿；而客户作为担保人的情况下，如果客户履行了保证责任，则客户可以向债务人追偿。所以在统计客户的企业负债时，理财规划师应注意客户是否可能向其他人追偿。客户负债的具体情况，可以由客户填写的债务数据调查表获得。

（三）社会保障信息

社会保障信息主要是指政府实行的社会保障计划和企业实行的补充养老保险计划。政府实行的社会保障计划包括养老保险、失业保险、基本医疗保险、工伤保险、生育保险和社会救济、社会福利计划。企业实行的补充养老保险计划，主要就是企业年金。

如果是尚未退休的客户，理财规划师应当明确以下信息。

(1) 客户退休后根据养老社会保险计划可以获得的退休金金额。

(2) 客户根据企业年金计划可以享受的养老金金额。

(3) 客户目前每年因养老社会保险计划而支出的金额。

(4) 客户开始支付养老社会保险费的时间。

(5) 客户以往每年支出的养老社会保险费金额。

(6) 客户将来每年可能用于养老社会保险的支出金额。

(7) 客户目前每年因企业年金计划而支出的金额。

(8) 客户以往每年支出的用于企业年金计划的支出金额。

(9) 客户将来每年因企业年金计划可能需支出的金额。

很多客户并不完全了解自己养老社会保险的支出情况，也不了解将来可能获得的金额。所以理财规划师可以告诉客户，请所在单位负责劳动工资的部门协助填写该金额，或者由客户出具授权委托书，向相关劳动和社会保障部门提取。

（四）风险管理信息

客户风险管理信息主要是指客户保险保障的情况。此处所称风险，主要是指可保风险，而风险管理主要就是针对这一类风险而采取的一定程度的安全保障措施。这些风险属于可保风险，因此可通过购买保险予以防范或转移。

在理财规划业务中，主要涉及的保险种类有人身保险、财产保险和责任保险。在理财规划师收集风险管理信息时，需要客户详细地说明所购买保险的名称、投保人、被保险人、保险公司、保单编号、投保金额和保险费，以帮助理财规划师做进一步的分析和进行理财规划。为慎重起见，理财规划师应要求客户提供保单复印件，在客户填写完毕后进行核对，或由理财规划师根据保单复印件自己填写，最后再要求客户确认。

理财规划师通过客户填写风险管理信息，并核对客户所填写的财产数据调查表和客户个人非财产信息，查明客户的财产是否已经有充分的保险覆盖，或虽无保险覆盖，但其财产有其他保障措施，风险已经得到了控制或转移；或者根据客户的个人情况，衡量客户所购买保险是否充分，是否有需要改进之处；或者根据客户的职业特点，了解客户是否存在职业责任等风险而尚未得到保险的有效覆盖。通过核对这些问题，理财规划师才有可能为客户制订正确的保险计划。

（五）遗产管理信息

人们在青壮年时期努力奋斗，其目的除在有生之年得以衣食无忧外，在去世后为子女留下相当的遗产也是考虑因素之一。因此，如何以适当的方式将财产交予后代或由后代享受其利益，往往与投资和保险等规划同样重要。正因为如此，在国外，遗产规划也是理财规划不可或缺的重要内容之一。在国内，由于避讳死亡、没有开征遗产税、没有财产委托管理的历史传统，遗产问题往往并不是被继承人关心的主要问题，所以遗产规划和遗产管理在理财规划中常常显得无足轻重。

但是，随着中国开征遗产税的脚步声越来越近，财产的存在形式越来越复杂，财产委托管理的观念逐渐形成，遗产规划逐渐引起了人们的重视，所以理财规划师有必要对遗产规划和遗产管理保持应有的重视。

结合中国目前的法律和实践，客户的遗产信息主要包括：①客户是否拟定了遗嘱；②遗嘱的形式和内容是否合法；③客户是否拟使用遗嘱信托的方式管理财产；④客户目前对遗产的分配安排有无疑问或要求。

二、客户非财务信息的收集和整理

非财务信息是指除财务信息以外与理财规划有关的信息，包括客户的社会地位、年龄、投资偏好、健康状况、风险承受能力和价值观等。非财务信息能够帮助理财规划师进一步了解客户，直接影响理财规划方案的制订。如果客户从事的是高危职业，则理财规划师在理财规划中就应当建议客户增加保险的购买；如果客户的工作状况不稳定，则理财规划师在制订理财规划方案时，应着重考虑客户现金准备的数量。所以在收集客户信息时，理财规划师应提醒客户认真填写非财务信息的内容，非财务信息和财务信息对于理财规划方案的制订同等重要，切不可认为非财务信息不如财务信息重要而忽视或不认真填写。

（一）客户个人基本非财务信息

个人非财务信息主要是指与理财规划有关的个人基本情况，此类信息内容虽然较为简单，但对于理财规划师制订理财规划方案却至关重要。通过这些信息，理财规划师可以从侧面了解客户的财务现状，以及客户未来财务状况变化的可能性和变化程度。个人信息主要包括以下方面。

1. 姓名和性别

客户的姓名和性别是客户基本信息中的基本信息，所以任何理财规划师收集客户信息时都会要求客户提供这些信息。理财规划师应该提醒客户，表格中填写的姓名必须与有效身份证件上的信息一致，而且填写名字时应清楚工整，不能用签字的方式填写姓名。客户的性别资料也很重要，不同性别的客户的退休年龄是不同的，所以客户所需要购买的保险、收入变动情况和社会保障状况等都因此而不同，这在我国尤为明显。

2. 职业和职称

客户的职业和职称信息可以帮助理财规划师了解客户的收入水平与收入稳定程度。客户从事比较稳定的职业，收入也比较稳定，而客户如具有一定的职称，则收入可能相对较高，而且一旦工作变动，短期内找到新的工作的可能性比较大。所以通过客户的职业和职称信息，理财规划师能够判断客户的收入水平、稳定程度和未来收入增长情况，从而为客户设计消费支出规划具有重要的参考意义。

3. 工作的安全程度

工作的安全程度主要是指客户所从事的工作对客户的生命和健康状况的影响。如果客户的工作危险性比较高，即使不容易造成死亡，也容易受伤，则理财规划师应重点关注客户的保险保障计划，建议客户在社会保障和劳动用工单位提供的保障之外，适当增加保险购买量。

4. 出生日期和地点

出生日期主要是衡量客户的年龄，而年龄对于帮助形成合理的理财目标，制订健全的社会保障计划和设计保险计划都有重要的意义。在实践中，女士可能不愿意透露自己的年龄，但是理财规划师应向客户说明年龄状况对于理财规划的重要意义，请客户如实提供年龄信息。

5. 健康状况

健康状况方面的信息一般包括客户本人、配偶、子女（主要是财务尚未独立的子女）和家庭中需要客户给予财务支持的其他人的健康状况，这些人的健康状况信息对于理财规划师为客户制订保险计划和现金准备计划具有重要的影响。比如，客户家庭中有经常生病的成员，需要现金或现金等价物等流动性强的资产的数量就应高于一般家庭。

6. 子女信息

子女信息主要包括子女的数量、年龄、受教育程度、健康状况和婚姻状况等，这些信息都会给客户的财务安排带来影响。通常，子女的数量越多且年龄越小，则教育规划在客户的理财规划中就相对重要，而如果子女健康状况较差，那么保险规划就显得相对重要。如果子女已经成年，且有相当高的收入，则客户不仅没有财务负担，可能在急需钱时还会得到子女的支持。如果子女尚未结婚，则客户可能要考虑子女结婚时要有一笔大的支出，尤其是在我国，理财规划师在为客户制订理财规划方案时，更有必要考虑这个问题。

7. 婚姻状况

婚姻状况信息一般包括未婚、已婚或再婚三种情况。了解婚姻状况信息的意义在于，婚姻状况对于理财规划师衡量客户的收入水平、收入变动情况和财务负担等有重要影响，理财规划师会根据不同的婚姻状况确定客户的现金准备、收入支出比例和理财目标。例如，对于有孩子而离异的客户，如果子女的归属和抚养义务由其承担，则对客户的财务状况产生一定的影响，理财规划师在设计理财规划时应考虑这一因素。对于未婚的青年来说，其理财目标之一就可能包括建立家庭，并为此置备房产和家居用品等。

8. 客户联系方式

理财规划师必须提醒客户认真、详细地填写联系方式，包括工作单位及所在地址、家庭住址、移动电话、固定电话和电子邮件，以及在因紧急情况无法联系到本人时，是否有替代联系人等，以便在需要时能够迅速与客户取得联系。

（二）客户心理和性格特征

分析受不同文化、风俗、地域和社会背景的影响，人和人之间往往表现出巨大的不同，这就决定了理财规划师在工作中总要和不同类型甚至风格迥异的客户打交道。客户类型不同，就意味着理财观念的不同，敢于承担风险的客户会偏向证券投资，保守型的客户则会倾向于储蓄。理财规划师通过与客户交流和沟通，必须掌握客户心理和性格的基本特征，并根据客户的心理和性格特征选择适合客户的理财策略与建议，这样才能真正体现“以人为本”的服务特点。所以，理财规划师有必要掌握客户心理和性格特征的一般分类与归纳方法，并将这些知识应用于理财规划业务中。

1. 客户的地域差异

在收集客户信息时，不同客户的地域差异同样不可忽略。不同国家、地区甚至同一国家不同地域的人的理财观念、要求也各有特色。在理财观念的形成过程中，民族文化传承、社会经济环境与生活模式都起着重要作用，这种特定环境下形成的理财观念反过来会体现在客户的理财需求当中。在我国，理财观念在地域差异上东西部差异往往不算大，南北方差异却比较明显。北方人性情多厚重、强悍、豪爽，生活上不拘小节，在理财观念上对“开源”更为重视，日常生活中更看重目前的生活质量；南方人性情多柔婉、细腻、精明，生活上处处精心，财务上显得谨慎，体现在理财上通常表现为理财观念强，生活上要求精益求精。北方人多豪爽，理财上如果充分信任某人通常愿意全权委托。理财规划师面对北方客户时，首先要帮助客户树立正确的理财观念，在具体规划中，不仅要表现出专业性，更要展现自己良好的职业道德和素养。南方人多精明，善于精打细算，理财规划师面对南方客户时，要尤其注意理财产品的选择、比较，与客户一同分析、选择更适宜的理财产品。当然，以上只是对南北方客户的差异进行的大致比较，并不能一概而论，我们一直强调理财规划方案是针对不同客户的个性化设计，虽然南北有别，但更要因人而异。理财规划师对不同客户要能够对症下药，设计适合客户的理财规划方案。

2. 客户个性偏好分析模型

按照客户个性偏好分析模型，可将客户分为四种类型：现实主义者、理想主义者、行动主义者和实用主义者。

3. 客户心理分析模型

客户心理分析模型主要是指荣氏模型以及 Keirsey 和 Bates 模型。荣氏模型是瑞士心理学家卡尔·荣格在 1920 年提出的，他将人的心理分为四种基本类型：外在感应型、直觉型、思想型和内在感应型。在此基础上，1984 年，David Keirsey 和 Marilyn Bates 根据不同的影响因素将荣氏模型的四种分类进一步细化，将客户的心理分为八种类型：外向型、内向型、感官型、直觉型、思考型、感觉型、理智型和感知型。

4. 客户风险偏好

通常,客户风险偏好分为五种类型:保守型、轻度保守型、中立型、轻度进取型和进取型。

三、客户的期望理财目标

理财目标是指客户通过理财规划所要实现的目标或满足的期望。客户在寻求理财规划师帮助的同时,通常心目中有自己设想的期望目标。当然,一个合理的理财目标,绝不是客户一厢情愿的结果,是理财规划师根据客户的财务状况,综合客户的投资偏好、风险偏好和其他信息形成的。可以说,理财规划师帮助客户形成合理的理财目标是制订合适的理财规划方案的关键步骤之一,所以要将制定、形成理财规划目标作为流程中单独的一个环节来对待。那么,在收集客户信息阶段,理财规划师要做的就是了解客户的期望理财目标情况。

比如,客户投资需求目标。投资需求目标是指客户对投资的收益要求以及通过投资取得收益后,将把收益用于什么目的。对客户投资需求的了解,有助于理财规划师为客户制订有效的、适合客户自身情况的投资计划,并帮助理财规划师协调投资计划和其他计划之间的资产分配。

第三节　财务分析和评价

一、编制客户财务报表

(一) 编制个人资产负债表

个人资产负债表反映的是客户个人资产和负债在某一时点上的基本情况。在理财规划活动中,由于客户情况千差万别,需要关注的重点也各不相同,所以一般不对个人资产负债表的格式做具体规定,理财规划师可根据客户的家庭情况和工作习惯进行具体的格式设计。在这一点上,个人理财规划与公司理财规划显然大不相同。在实际工作中,理财规划师依据客户数据调查表中与此相关的资料,并加以必要的分析调整,便可编制出该客户的个人资产负债表。

(二) 编制个人收入支出表

收入支出表同样是一个重要的财务分析工具,对于帮助理财规划师了解客户的现金流信息有意义。通过收入支出表的编制,理财规划师可以对客户在某一时期的收入和支出进行归纳汇总,为进一步的财务现状分析与理财目标设计提供基础资料。通常情况下,客户的个人收入支出表分为三栏:收入、支出和结余(或超支)。收入支出表一般以 12 个月为一个编制周期。理财规划师可以通过对数据调查表的相关资料进行分析调整进而编制收入支出表。

二、分析客户财务状况

（一）资产负债表分析

个人资产负债表反映的是客户总的资产与负债情况，通过对个人资产负债表的分析，理财规划师可以全面了解客户的资产负债状况，而且能够掌握客户实际拥有的财富量。此外，通过对客户历年个人资产负债表的时间序列分析，可以找出客户资产负债情况的发展趋势和特点。因此，对客户个人资产负债表进行全面、深入地分析，是理财规划师为客户制订理财规划方案的必要基础。

1. 资产情况分析

资产是指客户拥有所有权的各类财富。客户是否拥有所有权是判断一项财富是否属于客户资产的标准，有些物品虽然客户有权使用，但并不拥有其所有权，那么就不应被当成客户资产。例如，一个年轻客户租住的房屋就不能被认为是客户资产。

为真实地反映客户的资产情况，理财规划师必须为各类资产进行合理定价。与企业资产的定价模式不同，客户资产的价值应以当前市场的公允价值为定价依据。显然，很多个人资产的当前价值与资产获得当时的价值差别会很大。比如，三年前购置的电器到现在通常已经贬值大半，而多年前购置的收藏品则随时间的推移而增值。因此，只有按照当前市场公允价值对客户资产进行测算，理财规划师才能真实、客观地对客户资产进行把握。

客户的金融资产按照其流动性高低分为现金与现金等价物和其他金融资产。现金与现金等价物类金融资产的流动性很高，与之对应的是其收益性很低，一般可作为客户现金规划的工具。其他金融资产类各个项目的投资性特质较为明显，投资的本质特征在于风险、收益相伴而生，所以要根据客户的风险承受能力进行具体分析。

2. 负债情况分析

按负债流动性大小，负债可分为流动负债和非流动负债；按偿债时间长短，负债可分为短期负债（1 年以下）、中期负债（1～5 年）和长期负债（5 年以上）。其中，短期债务的大小是一个需要重视的问题，短期债务需要客户在一年内偿还，因此客户为避免到期无法偿付债务的情况出现，就必须保持足够的支付能力，这就对客户资产的流动性提出了要求。如果短期债务较多，理财规划师就应建议客户提高其资产流动性；如果短期债务较少，客户资产只需保持适当流动性即可满足要求。

对客户负债的测算应本着谨慎的原则进行，对于尚未确定数额的债务，理财规划师应帮助客户进行评估测算，并尽量选取较大的数值填入资产负债表中。坚持负债测算的谨慎性原则有助于理财规划师真实、全面地了解客户的负债情况。

3. 净资产分析

净资产是客户总资产减去负债总额后的余额，是客户真正拥有的财富价值。尽可能地积聚财富是人们的普遍心理，所以净资产一般为正值。如果客户的净资产为负，而且资产流动性很弱，那么这个人实际上已经破产了。

净资产越大，说明个人拥有的财富越多，所以如何提高净资产规模通常是客户关注的重点问题。一般来说，扩大净资产规模的途径主要有工资、薪金增加或取得投资收益、接受馈赠或继承遗产、由于减税等原因使得部分债务得以免除等。

除了关注净资产规模外，理财规划师还应进行必要的结构比率分析，净资产数量大并不意味着客户的资产结构完全合理。如果某客户的净资产占其总资产的比例过大，就说明客户还没有充分利用财务杠杆去支配更多的资产，其财务结构仍有进一步优化的空间。而对于净资产占总资产的比例较低的客户来说，理财规划师应当建议他们采取扩大储蓄投资的方式提高净资产比例；对于那些净资产接近负值的客户来说，如何尽快提高资产流动性并偿还债务才是当务之急；而对于那些比例适当的客户来说，说明他们的财务结构较好，应帮助客户继续保持。当然，由于客户的自然情况各不相同，客户净资产规模的合理与否的判定应具体分析。

（二）收入支出表分析

收入支出表全面反映客户一定时期的收入与支出情况，客户资产负债情况的变化首先表现在现金流量的变化上。收入支出表从某种意义上看要比资产负债表重要得多，因此，理财规划师必须十分重视对收入支出表的分析。

1. 对客户的收入支出表进行分析的作用

(1) 收入支出表能够说明客户现金流入和流出的原因。例如，是因偿还债务还是购买物品导致现金流出，是因工资发放还是投资分红导致现金流入。

(2) 收入支出表可以深入反映客户的偿债能力。净资产占总资产的比例高只是在理论上反映客户的偿债能力，但并不代表客户拥有实际的现金支付能力。只有对客户收入进行深入分析，才能真实掌握客户的现金支付能力，从而了解其实际偿债能力。

(3) 收入支出表能够反映理财活动对财务状况的影响。资产负债表只能反映静态的财务状况，只有通过对现金流量的分析，才能了解各类理财活动引发的现金变动情况，并把握客户财务状况的变化趋势。

2. 对客户的收入支出表进行分析应注意的问题

(1) 理财规划师首先应该具体分析各收入支出项目的数额及其在总额中所占的比例。通过分项分析，理财规划师可以区分不同类型收支项目对客户财务状况的影响程度，由此充分了解客户现金流量的整体结构。此外，理财规划师还可以根据一般性数据对客户的收入支出项目是否异常做出经验判断并提出改进建议。如果某客户的现金流入水平仅为中等，家庭成员数较少，但日常费用却较高，就说明该客户的日常消费高于正常水平，存在改进空间，理财规划师应建议其对日常开支进行适当控制。

(2) 对客户财务状况影响较大的经常性项目应重点关注，这些项目可以通过对客户历年收入支出表的时间序列分析来发掘。如果分析表明金融投资对某客户影响巨大，那么理财规划师应根据宏观经济走势向客户做出针对性提示，经济不景气时应建议客户抛出金融投资工具，经济繁荣时则应当适度扩大投资。而对于非经常性项目，尽管有时可能数额较大，但由于未来发生的可能性很低，理财规划师应注意将其影响剔除。

(3) 任何客户都应该努力保持正的净现金流量。如果客户的净现金流量为负值，则说明客户的财务状况欠佳，需要变现资产或者举借债务才能维持其正常的开支，如果这种情况持续，该客户的净资产规模将日益缩减直至破产。因此，理财规划师应特别注意帮助客户保持正的净现金流量。改善收支状况无非是通过增收与节支两种基本方法，理财规划师应根据客户具体情况制订重在增收、偏向节支或两者并重的理财规划方案。

（三）客户财务状况比率分析

客户的个人资产负债表和个人收入支出表为理财规划师提供了丰富的数据，以这些数据为基础，理财规划师可以根据需要计算出很多不同意义的财务比率，并据此对客户的资产负债和现金流量情况进行深入分析，从而找出优化客户财务状况的措施，并最终实现客户的预期理财目标。

理财规划师在分析客户财务状况过程中经常运用的财务比率，通常可以利用客户资产负债表和收入支出表中相关数据计算得到。这些比率从不同方面反映了客户的财务状况及相关信息，理财规划时可以通过这些比率对客户的行为方式和心理特征进行分析，这对于保证理财规划方案的科学性和合理性具有十分重要的意义。常见的比率主要有结余比率、投资与净资产比率、清偿比率、负债比率、财务负担比率、流动性比率。

（四）预测客户财务发展趋势

1. 客户未来收入情况预测

通过收入支出表可知，客户的收入由经常性收入和非经常性收入共同构成。但出于谨慎的考虑，理财规划师应主要对经常性收入部分，即对客户工资薪金、奖金、利息和红利等项目的未来变化情况进行预测。

由于经常性收入项目多半有其固定的预测基础，而理财规划师的工作重点就是确定各种变化比率，如 GDP 增长率、通货膨胀率、投资收益率、利率和税率等。不同的收入项目所面临的变化比率通常并不相同，工资通常与工资增长率相关，而投资收益则可能与投资收益率、利率、经济增长率等多个变化比率共同相关。理财规划师应根据各个收入项目的具体情况分别进行预测，并一一测定。但对于某些不能单纯依靠历史数据就能判定预测基础的项目来说，理财规划师则应该从多个角度进行综合的审慎判定。而非经常性收入由于并不固定，通常难以预测，对于确有可能在未来一年出现的非经常性收入项目，理财规划师应对其实现的可能性进行充分分析，谨慎地将其纳入未来收入预测中。

2. 客户未来支出情况预测

客户的支出由经常性支出和非经常性支出共同构成。与收入预测不同，理财规划师不仅应对经常性支出部分进行合理预测，还应充分考虑各种非经常性支出的未来情况。

在对经常性支出进行预测时，应对原有支出项目和新增支出项目分别进行预测。对于原有支出项目，理财规划师应根据需要增长情况、经济增长水平、通货膨胀率等相关因素参照历史数据进行预算；对于新增支出项目则应充分了解相关的市场信息，在参照客户具体情况后进行测定。对于非经常性支出，理财规划师应本着谨慎的原则进行测算，对于明确要出现的临时支出项目自然要完全纳入预测数据中，而对于存在一定发生可能性的支出项目也应尽量进行预测。

3. 资产与负债情况预测

现金流入与流出的结果是使客户资产与负债情况发生变化的直接原因。在完成了客户未来收入和支出情况的预测后，理财规划师可以对客户的资产与负债情况进行预测。

(1) 规模预测。显然现金流入与资产增加相对应，现金流入必然表现为现金、银行存款或者股票债券投资收益的增加。但是负债同样也可能带来现金流入，因此单纯意义上的现金流入增加并不足以说明客户财务状况在向好的方向发展。在分析现金流入增加对客户资产与负债情况的影响时，应注意区分客户的负债收入。

现金流出对资产与负债情况的影响有两种：一种影响导致资产与负债发生结构性变化而总体规模不变；另一种影响导致资产与负债规模减小。现金流出并不意味着资产减少，因为购买性支出在发生现金流出的同时会带来实物资产的增加，所以客户只会发生资产结构上的变化。而客户发生偿债支出时，才意味着客户资产规模缩小，但同时也缩减了负债规模。

(2) 结构预测。理财规划师除应对客户资产与负债的规模变化进行预测外，还应进一步对资产与负债结构变化进行预测。资产与负债结构的变化主要取决于客户的收支结余情况、投资策略和偿债安排。

客户预计出现较高的净结余，意味着客户的总资产与净资产将同时得到提高，而负债相对缩小，客户的清偿比率提高，财务状况趋好；而如果客户预计出现超支，则意味着客户财务状况将趋于恶化。

客户的投资策略可以对客户的资产结构进行调整，如果将大量现金类资产转为其他金融资产，则意味着客户的收益能力得到提高。同时应注意到，客户的流动比率反而下降了，这意味着客户偿还短期债务的能力降低了。客户加大金融资产和不动产投资力度还可能带来一定的风险，对于保守稳健的客户来说，这尤其需要注意。

偿债安排同样会对客户的资产负债与情况产生影响。客户偿还债务必然会导致现金流出，资产减少。债务减轻后，客户的清偿比率相对提高，有助于提高客户财务状况。但是如果偿债安排不谨慎，使得客户需要面对突发的债务压力，在流动性不足的情况下，客户会被迫通过变现资产来偿债，这就意味着客户可能会发生额外的资产损失。因此，理财规划师在预测客户支出时，应结合客户的流动性状况进行合理的偿债安排，以避免不必要的损失。

第四节　制订理财规划方案

一、确定客户理财目标

（一）理财目标的内容和分类

1. 理财目标的内容

人的一生有各种各样的目标，不同的人有不同的目标，即使同一个人，在人生的不同阶段也会有不同的目标。理财目标也是人生目标的一种，对于不同的人和处于不同人生阶段的同一个人，其理财目标也会不同。尽管如此，从一般的角度而言，理财目标无论做何种分类，都可以归结为两个层次：实现财务安全和追求财务自由。

衡量个人财务安全标准要因人制宜、因地制宜和因时制宜，绝不能千篇一律，具体的安全标准要根据客户的实际情况决定。

一般来说，个人或家庭的收入来自两部分：一部分是工资、薪金和其他与社会工作角色相关的收入，如养老金、年金等；另一部分是个人或家庭进行金融投资或实业投资的投资所得。通常个人参加社会工作获得工资、薪金和其他相关收入除了实现自身价值之外也是维持正常生活所需，性质上往往带有一定的被动感受。同时，带来工资、薪金类收入的工作更多体现为给别人打工，心理上的成就感受到一定制约。另外，工资、薪金类收入的增长幅度和频率通常情况下都不会很大，所以通常仅能达到或争取达到财务安全的程度。而投资收入则完全具有主动争取更高收益的特质，投资带来的资金的积累效应如果得到实现，投资规模越做越大，投资水平越做越高，投资带给个人或家庭的收入也会越来越多，并逐步成为个人或家庭收入的主要来源。当投资收入可以完全覆盖个人或家庭发生的各项支出时，我们认为就达到了财务自由的层次，个人或家庭的生活目标相比财务安全层次有了更强大的经济保障。

2. 理财目标的分类

1）按照实现时间进行分类

理财目标按照实现时间进行分类，可以划分为短期目标、中期目标和长期目标。

(1) 短期目标。短期目标是指在短期内(一般在 1 年以内)就可以实现的目标。短期目标一般需要客户每年或每两年制定或修改。比如，将日常生活开支减少 15%、装修房屋、购买手提电脑等。

(2) 中期目标。中期目标是指一般需 1～10 年才可能实现的目标。中期目标在制定后，一般不进行频繁地修改，只在必要的情况下才进行调整。比如，大学毕业生计划购买房产，接近退休年龄的客户安排退休金的投资问题等。

(3) 长期目标。长期目标是指一般在 10 年以上的时间才能实现的目标。比如，30 岁的客户设定的退休保障目标。

需要说明的是，短期目标、中期目标和长期目标之间的界线并不是绝对的，特别是短期目标和中期目标之间，界线不是特别明显。此外，相同的理财目标对于不同的客户其分类可能也不相同。比如，购买汽车对于一个刚毕业的学生来说，可能是中期目标；而对于一个中年客户而言，可能就是短期目标。

2）按照重要性进行分类

理财目标按照重要性进行分类，可以划分为必须实现的理财目标和期望实现的理财目标。

必须实现的理财目标是指对于客户正常生活而言，必须完成的计划；期望实现的理财目标是指在保证客户正常生活水平的前提下，客户期望完成的计划。

一般情况下，客户必须实现的理财目标主要包括保证日常的衣、食、住、行等与客户生存密切相关的支出。因客户必须实现的理财目标与客户的生存息息相关，因此在制订理财规划方案时应优先考虑。客户期望实现的理财目标有很多，如环球旅游、购买豪华游艇等。期望实现的理财目标是在所有必须实现的目标都满足后，再考虑其具体实现途径和步骤。所以如果客户的财务实力还无法满足必须实现的理财目标，那么就需要对客户期望实现的理财目标进行调整。

（二）理财目标的确定

1. 理财目标确定的原则

理财目标是制订理财规划方案所要实现的愿望。但是，理财目标并不是客户一厢情愿的结果，也不是理财规划师随意确定的计划。理财目标的确定必须遵循一定的原则。

（1）理财目标必须具有现实性。

（2）以改善客户财务状况，使之更加合理为主旨。

（3）理财目标要具体明确。

（4）理财目标必须考虑客户的现金准备。

（5）理财目标要兼顾不同的期限和先后顺序。

2. 理财目标确定的步骤

（1）理财规划师应确保了解了客户的自然情况、财务状况，并且通过交流和沟通，已经了解了客户的风险偏好、投资需求和目标等主观判断信息。在确定客户的理财目标前，应先征询客户的期望目标。

（2）理财规划师根据对客户财务状况及期望目标的了解初步拟定客户的理财目标后，应再次征询客户的意见并取得客户的确认。如果客户明确表示反对，理财规划师应要求客户以书面形式提出自己的理财目标。

（3）如果在制订理财规划方案的过程中，理财规划师拟对已确定的理财目标有所改动，必须对客户说明，并征得客户同意，以避免双方在以后的合作中出现纠纷。

二、制订具体理财规划方案

（一）现金规划

现金规划是一项活动，是进行家庭或者个人日常的、日复一日的现金与现金等价物的管理。现金规划的核心是建立应急基金，保障个人和家庭生活质量与状态的持续性稳定。

（二）消费支出规划

消费支出规划主要是基于一定的财务资源下，对家庭消费水平和消费结构进行规划，以达到适度消费、稳步提高生活质量的目标。消费支出规划主要包括住房消费规划、汽车消费规划以及信用卡与个人信贷消费规划等。

（三）教育规划

教育规划在中国家庭中主要是准备子女接受高等教育的费用。近年来，随着高等教育学费的逐年提高和整个社会重视知识氛围的形成，子女教育规划已经成为家庭理财规划中非常重要的一部分。

（四）风险管理规划

风险管理是一个组织或个人用以降低风险的负面影响的决策过程。风险管理规划是指经济单位对风险进行识别、衡量和评价，并在此基础上选择与优化组合各种风险管理技术，对风险实施有效控制和妥善处理风险所致损失的后果，以尽量小的成本去争取最大的安全保障和经济利益的行为。人们需要对自己的家庭及个人进行风险管理规划，如购买保险来满足自己的安全需要。现代社会金融创新层出不穷，保险品种纷繁复杂。理财规划师进行风险管理规划的服务意在通过对客户经济状况和保障需求的深入分析，帮助客户选择最合适的风险管理措施规避风险。

（五）投资规划

为客户制订合适的投资规划是理财规划师个人水平的充分体现，并不是单纯的投资规划收益越高，理财规划师的水平就越高，合适的投资规划是为不同客户或同一客户不同时期的理财目标而设计的，不同的理财目标要借助于不同的投资产品来实现。

（六）税收筹划

税收筹划是帮助纳税人在法律允许的范围内，通过对经营、投资、理财等经济活动的事先筹划和安排，充分利用税法提供的优惠和差别待遇，以减轻税负，达到整体税后利润最大化的过程。

（七）退休养老规划

退休养老规划是为保证客户在将来有一个自立、尊严、高品质的退休生活，而从现在开始积极实施的规划方案。退休养老规划的核心在于进行退休需求的分析和退休养老规划工具的选择。退休养老规划工具具体来说包括社会养老保险、企业年金、商业养老保险以及其他储蓄和投资方式。

（八）财产分配与传承规划

财产分配规划是指为了使家庭财产及其所产生的收益在家庭成员之间实现合理的分配而做的财务规划。财产传承规划是为了保证家庭财产实现代际相传、安全让渡而设计的财务方案，也就是遗产规划，是当事人在其健在时通过选择遗产管理工具和制订遗产分配方案，将拥有或控制的各种资产或负债进行安排，确保在自己去世或丧失行为能力时能够实现既定的目标，是从财务的角度对个人一生财产进行的整体规划。

三、交付理财规划方案

（一）理财规划方案的首次交付

理财规划师在设计出理财规划方案之后，应向客户交付整套方案的文本文件。

1. 制作方案文本

理财规划师应当认真制作整套文本。为便于客户对方案的阅读和理解，理财规划师应当对方案文本进行认真检查，避免出现语言表述和文字编排错误。

2. 交付方案文本

文件文本制作完毕后，理财规划师应与客户联系确定交付方案的时间、地点。在整个会面过程中，理财规划师应注意以下几点。

（1）方案实施成本的重申。一般来说，在理财规划师与客户的沟通联系过程中，双方已就方案实施成本的有关问题进行了比较充分的沟通，但出于谨慎考虑，在正式的理财规划方案中，理财规划师还需要向客户重申与方案实施相关的各项成本费用。在理财规划方案中，理财规划师应将理财规划方案实施各阶段涉及的成本费用一一列明。在重申的过程中，理财规划师要指导客户首先阅读反映各项成本的文件，并做出必要解释。

（2）协助客户理解理财规划方案。理财规划方案是理财规划师根据客户财务状况和理财目标凭借其深厚的专业功底精心"创制"的一系列规划的集合。对于通常是非专业人士的客户来说，完全吃透整套理财规划方案是一项难度很大的工作，因此，理财规划师有义务协助客户理解理财规划方案。在将理财规划方案交付客户后，理财规划师应简明扼要地对方案进行总括性介绍。在帮助客户建立起对方案的整体印象后，理财规划师方可开始对理财规划方案进行具体的分项说明。在方案说明过程中，理财规划师应根据情况主动引导客户提出问题并做出回答。对于方案重点问题则应当详细阐述，并提请客户一一确认。

（3）客户自行理解。虽然在与客户的交流过程中，理财规划师已经尽量对理财规划方案进行了较详细的阐释，但对于客户来说，仅仅通过几个小时的介绍是不能完全弄懂整套方案的。因此，理财规划师在向客户交付方案后，应该让客户自行对方案进行深入理解。当然，理财规划师应与客户约定一个自行阅读时间，以便有计划地开展下一步工作。客户在完成对理财规划方案的理解后，既可能完全认可方案，也可能对方案部分内容提出不同意见。客户对方案提出异议的原因是多方面的，可能是由于其他专业人士提出了不同意见，或者是由于客户通过进一步分析、研究理财规划方案后，对方案的内容表示不满意，也可能是由于客户对理财目标做了修正，还可能是由于双方了解不充分造成的理解差异。在这种情况下，理财规划师便应根据具体情况对理财规划方案进行相应修改。

（二）理财规划方案的修改

客户对理财规划师最初制订的理财规划方案提出修改的要求，可能是出于理财规划师对客户的当前状况和理财目标有误解的原因，或者仅仅是客户对方案中的部分内容不满意。理财规划师要针对客户产生修改要求的不同原因，采取不同的措施对理财规划方案进行修订。

1. 根据其他专业人士的意见改进理财规划方案

理财规划方案涉及税收规划、遗嘱、保险规划等专业内容，尽管理财规划师已经对客户做出解释，客户可能仍难以理解，而就该部分专业内容求助于他的律师、会计师或者承保人等。这些专业人士可能会从各自的职业角度出发，对理财规划方案提出一些意见。理财规划师要在确保客户知情并同意的情况下，根据这些人士的意见改进理财规划方案。

2. 根据客户意见修改理财规划方案

当客户进一步研究理财规划方案后，可能对理财规划方案的某一方面或某些方面不太满意，因而会要求理财规划师对原理财规划方案进行修改。首先，理财规划师要向客户表明态度，这并非理财规划师的专业意见，需要客户以书面形式证明修改是按照客户要求进行的；其次，理财规划师要保留双方就修改内容所进行的讨论内容的详细记录；最后，理财规划师在收到客户签署书面证明后，对方案进行修改。之所以要求理财规划师按照上述复杂程序完成修改工作，其目的在于分清双方的责任，有助于理财规划师维护自身的利益。不难想象，某些客户对自身情况认知不清，并且对理财知识缺乏了解，却固执地坚持自己的投资策略，而出现损失后可能会将投资失败归咎于理财规划师，从而引起纠纷。因此，理财规划师对于这种情况下的方案修改应特别注意。

3. 因理解差异而修改理财规划方案

当理财规划师对客户的当前状况或者理财目标出现了理解偏差，这也会导致客户对理财规划方案的不满，从而引起客户的修改要求。在这种情况下，理财规划师首先应该加强与客户的沟通，消除误解，并根据客户的要求和实际情况提出修改建议。修改完成后，理财规划师还应就修改建议请客户再次进行书面确认。

（三）客户声明

当理财规划方案经过必要的修改最终交付客户后，客户相信自己已经完全理解整套方案，并且对方案内容表示满意，此时理财规划师可以要求客户签署客户声明。这是理财规划师提供理财服务的必要程序，有助于明确责任。

一般来说，客户声明应包括以下内容：①已经完整阅读该方案；②信息真实准确，没有重大遗漏；③理财规划师已就重要问题进行必要解释；④接受该方案。当然，由于客户的差异性，客户声明并不局限于这些内容，可以根据不同客户的具体情况适当进行必要的增补。

第五节　实施理财规划方案

一、取得客户授权

理财规划师按照客户提出的要求制订理财规划方案，并得到客户认可后，接下来要做的便是实施理财规划方案。理财规划方案的实施是整个理财规划中最具实质性的一个环节，执行的好坏决定着整个理财规划方案的效果。

理财规划方案的具体执行人可以是理财规划师或是客户指定的其他专业人士或是客户本人。究竟选择何人作为理财规划方案的执行人，关键要看理财规划服务合同中的相关规定，或者依据客户在理财规划方案制订完毕后是否就执行人选择问题进行了新的约定。通常情况下，客户会选择理财规划师作为理财规划方案的执行人，其原因在于：①理财规划师是整个方案的制订者，对客户的综合财务情况和理财规划方案最为了解；②方案在实施过程中可能会由于出现新情况而进行修改，所以直接选择理财规划师作为执行人对于客户来说无疑更为便捷。基于此，本书假定客户选择理财规划师为其理财规划方案执行人，如无特别注明，本章以下所提到的理财规划师即指方案执行人。取得客户授权是理财规划师开始实施理财规划方案的第一步。为明确理财规划师与客户之间的权利与义务，防止不必要的法律争端，理财规划师应取得客户关于执行理财规划方案的书面授权。客户授权应包括两方面的内容：代理授权与信息披露授权。

1. 代理授权

在理财规划方案的实施过程中可能会发生以下行为：股票债券投资、信托基金投资、不动产交易过户和保险买入与理赔等。在已经确定理财规划师的情况下，这些具体事务的完成就应交给理财规划师，客户没有必要事必躬亲。为此理财规划师必须取得客户关于相关事务的书面代理授权，对于某些非常重要的行为，还应取得特别代理授权。

取得客户代理授权的标志是获得代理证书。依据我国《中华人民共和国民法通则》相关条款的规定，代理证书应载明理财规划师（即代理人）的姓名、代理事项、代理的权限范围、代理权的有效期限，并由客户签名。在具体工作中，理财规划师在代理客户处理事务时，应出具代理证书以证明其代理行为的有效性。

在行使代理权时，理财规划师应注意以下两点。

（1）亲自行使代理权。客户之所以委托理财规划师为自己服务，是基于对理财规划师所具有的专业知识和信用的信赖，因此，理财规划师必须亲自处理相关事务才符合客户的意愿。

（2）忠实谨慎。理财规划师为客户代为处理相关事务，是为了实现客户的理财目标。因此，理财规划师在行使代理权时，必须从客户的利益出发，忠实谨慎地处理事务。如果理财规划师由于自己的疏忽导致客户的利益受损，根据《中华人民共和国民法通则》相关规定应当赔偿客户的损失。

2. 信息披露授权

隐私权是重要的人身权利之一，任何一个文明社会都十分注重对个人隐私与个人信息的保护，理财规划师对此应认真关注。在方案的实施过程中，理财规划师必然会与很多其他人士打交道，如与税务专家探讨纳税事宜以及保险专家会商险种选择等。在沟通过程中，又必然会涉及客户姓名、家庭、财产、工作背景等个人信息的披露。如果理财规划师未经客户许可擅自将客户的个人信息泄露，无疑会引起客户的不满，在某些情况下甚至会引起法律纠纷。

为避免此类不愉快事件的发生，理财规划师必须取得客户书面的信息披露授权书，授权书中应对理财规划师可以对外披露客户信息的条件、场合、披露程度等必要内容进行规定。只有在取得客户授权书后，理财规划师方可在具体工作过程中依照授权谨慎使用客户个人信息。

二、客户声明

客户在签署授权书后，还应同时出具一份关于方案实施的声明。与客户出具的关于理财规划方案制订的声明不同，这一份声明是针对理财规划师做出的，因此内容有所区别。

前一份声明重在强调客户理解并认可了理财规划方案，而此处的声明则重在强调客户同意由理财规划师执行方案，并且理财规划师没有承诺实施效果。基于此，这份客户声明主要应包括以下内容。

（1）关于理财规划师资质的声明。客户应当声明对理财规划师有必要的了解，对其执行方案所必须具备的专业技能、经验和信誉充分认可。

（2）关于客户许可的声明。客户应当声明，基于对理财规划师的了解，完全同意由理财规划师对理财规划方案进行具体实施。

（3）关于实施效果的说明。客户应当声明，理财规划师并未对客户理财规划方案的实施效果做出任何收益保证。

（4）其他双方认为应当声明的事项。

三、具体实施

在完成上述两个工作步骤后，理财规划师就可以开始具体实施理财规划方案，实施过程中要注意以下几方面的因素。

（一）时间因素

理财规划方案中的理财目标是一个复杂的集合体，既包括客户不同方向的理财目标（投资规划、保险规划、现金规划等），也包括客户的时间目标（短期目标、中期目标和长期目标）。为实现这些目标，通常又会有很多具体工作步骤，这就需要理财规划师对具体工作按照轻重缓急进行排序，即编制一个具体的时间计划，明确各项工作的前后次序。如此才能提高方案实施的效率，有利于节约客户的实施成本。

（二）人员因素

理财规划方案是一个复杂的整体方案，理财规划师虽然通常是理财专家，但也不可能做到面面俱到，因此单靠理财规划师自身难以完成全部方案的实施工作。因此，方案实施计划还必须确定人员安排，根据理财规划方案确定需要参加方案实施的人员。对于一个积极成长型方案，应当配备证券、信托、不动产等方面的投资专家；对于一个退休客户的方案，则可能需要配备保险专家或者税收专家；对于某些外部事务，可能还需要客户律师与会计师的参与配合。

（三）资金因素

理财即意味着通过投资规划、现金规划、风险管理与保险规划等子规划的实施对客户财务状况进行调整优化，这就必然涉及客户的资金运用。为提高资金运用效率进而增加方案实施效果，在考虑资金因素时应当注意以下两点。

(1) 资金时效。按照理财规划方案要求进行的理财活动是考虑各种因素后综合制订的，因此按照预定执行时间付诸实施是保证理财效果的必要条件。因此，资金运用一定要考虑时间因素，务必要及时到位。此外，资金是时间价值很明显的资产，在运用时还应注意避免对资金的不合理占用。比如，按照计划将购买一处房产，就必须对资金来源进行周密安排，首先明确是用银行存款还是证券变现资金，如果使用银行存款就应该预先对存款的期限结构进行调整，避免无谓的利差损失；如果使用金融资产变现收入，就应对变现时机进行必要预计，尽量在价格处于高位时卖出，而不能机械地等到付款义务发生时才匆匆变现。

(2) 资金充足。要提高投资收益，不仅要抓住时机，还必须保证资金足够。量变是质变的必要条件，如果在资金使用时不能做到资金充足，就会导致预先的规划措施无法得到彻底贯彻，那么相关的规划意图就无法充分实现。因此，理财规划师必须在深入分析整套方案的基础上进行周密安排，明确每一个行动步骤所需要的资金规模，并确定资金首选来源和备选来源，将由资金带来的执行风险降至最低。

四、文件存档管理

在理财规划方案的具体实施过程中，必然会产生大量的文件资料，如会议记录、财务分析报告、授权书、介绍信等。理财规划师应当对这些文件资料进行存档管理。一般来说，理财规划机构的内部操作规程也会做出这样的规定。

在实施过程中，保存客户的记录和相关文件是相当重要的。一方面，这些标明日期的资料记录了客户的要求和承诺、理财规划师或者所在机构向客户提供建议以及与整个业务过程相关的重要信息。如果以后发生了针对理财规划师或者所在机构的法律纠纷，这些资料就可以作为有力的证据，从而使理财规划师和所在机构免予承担不必要的法律责任。另一方面，这些信息是真实而详细的记录，很多内容可能将来还会反复使用，既可能用于方案实施之后给客户提供后续服务，也可以作为机构的经验加以总结和归纳，供以后的工作中研究学习。文件可以以书面形式保存，也可以以电子文档形式保存。特别重要的文件应该多保存一份，以防丢失。尤其是电子文档，在计算机故障或遭遇病毒时容易损坏。从事理财规划的机构一般都应当有专门的部门和人员来管理这些文件，以保证安全，方便查找。机构应将保存文件变成一种制度和程序，理财规划师也要养成保存资料的习惯。随着业务的扩大和客户的增多，这些文件逐渐积累成一个资料库，成为机构的一笔重要财富。

五、理财规划实施中的争端处理

在整个理财规划方案的执行过程中，理财规划师都需要与客户之间保持及时有效的沟通和协商。但是尽管理财规划师在提供理财规划服务的过程中尽心尽力，由于各种原因客户仍然有可能对理财规划服务产生意见或偶有抱怨，甚至产生争端。所以掌握解决与客户之间争端的原则和途径，对理财规划师正确处理与客户的关系，保护自己及其所在机构的权益，都具有重要的意义。

（一）理财规划师处理、解决与客户之间争端的原则

无论客户对理财规划师的抱怨或者争端引起的原因何在，这种纠纷最终都应该得到妥善、合理的解决。但是争端的处理与解决不是没有条件的，争端的解决应该遵循一定的原则。

（1）应该本着尊重客户的原则，诚恳耐心地听取客户意见。

（2）应该本着客观公正的原则，充分了解客户的观点和需求，当然这不表示必须接受其观点。

（3）应该遵循所在机构或者行业中已有的争端处理程序。

在遵循这些原则的基础上，理财规划师应该非常熟悉所在机构内部的投诉处理与争端解决机制，只有这样才能够使自己灵活而有效地解决与客户之间存在的问题与矛盾，不至于使自己或者所在机构的信用和声誉受到损害，并在这个过程中积累经验与教训，作为以后开展理财规划业务的前车之鉴。

（二）争端处理与解决的步骤

一般来说，在理财规划师与客户签订合同时，应该列出专门的免责条款。一旦发生争端，理财规划师可以根据这些条款免除自己的责任，维护自己的权益。此外，合同中还应该明确双方发生争端之后如何解决争端的条款。争端处理的步骤如下。

第一步：协商。争端发生后，理财规划师首先要做的事情就是与客户进行联系与沟通，明确而完整地了解客户产生抱怨的原因，以及客户提出的要求；其次耐心地解释客户的疑问或误解。无论争端的起因是否是因为理财规划师自身的失误或者疏忽，理财规划师都应该积极地与客户商讨，寻找解决问题的方法，或者针对客户的困难对理财规划方案进行调整。理财规划师应该尽量在这个阶段妥善解决争端，在双方权益都得到恰当而合理维护的基础上，使双方都能最大限度地减少由此而带来的成本和精力的耗费。

第二步：调解。调解是由第三方居中协调解决争议的方法，与协商的区别在于，协商是发生争议的当事方之间直接解决纠纷，调解是由第三方分别与双方进行沟通，设法使双方达成一致。如果理财规划师代表所在机构与客户通过协商无法解决争议，可以请第三方出面调解。当然，理财规划师代表所在机构对外提供理财规划服务，面对很多客户，所以一旦与某一客户之间发生争议，由第三方居中协调解决未必有效率，可能会影响理财规划师处理其他业务。

第三步：诉讼或仲裁。如果客户和理财规划师双方经过反复的探讨与协商之后，客户仍然对争端处理的方法与结果表示不满，那么就只有按照理财规划服务合同的约定通过诉讼或仲裁解决这一争议。如果理财合同约定的争议解决方式是诉讼，或在理财规划服务合同中没有约定具体的争议解决方式，则任何一方均可向有管辖权的法院提起诉讼，通过诉讼加以解决。在中国，诉讼实行"两审终审制度"，一审判决做出后，如果当事人不服，可以在收到判决后的15天内提起上诉。如果在收到判决之日起的15日内未提起上诉，则判决发生法律效力。二审法院做出的判决是终审判决，一经做出即发生法律效力。或者，如果理财规划服务合同中约定有效的仲裁条款，则当事方应将这一争端提交给理财合同约定的解决争议的仲裁机构仲裁。仲裁机构根据当事人的申请和事实陈述进行裁断，最终做出裁决。仲裁裁决具有"一裁终局"的效力，任何一方不得也不可能上诉。在诉讼或仲裁程序中，能否胜诉的关键在于当事人能否提供对自己有利的证据。因此，理财规划师在提供理财规划服务过程中所保存的所有记录可能会是对自己有利的证据，使理财规划师能够免除不应承担的责任，并使自身权益得到法律保障。

第六节　持续提供理财服务

理财服务不是一次性完成的，它除包括上面提到的建立客户关系、收集客户信息、分析客户财务状况、制订理财规划方案、实施理财规划方案之外，还包括交付方案之后对客户提供长期的服务。这是因为制订理财规划方案所依据的数据是建立在预测基础上的，对未来的预估不可能完全准确，这会导致方案的最终效果与当初的预定目标产生较大的差异。因此在完成方案后很长时期内，仍需要理财规划师根据新情况来不断地调整方案，帮助客户更好地适应环境，达到预定的理财目标。

理财规划师可以定期或不定期地为客户持续提供理财服务。

一、定期对理财规划方案进行评估

（一）适用情况

有很多相关因素是缓慢变化的，稍微一点变化对理财规划方案的整体效果不会产生太大的影响，但经过长时间的积累，细微的变化逐渐变大，会使原来的方案与现实情况严重脱节。这就需要理财规划师定期对理财规划方案的执行和实施情况进行监控与评估，了解阶段性的理财规划方案实施结果，以便及时与客户沟通，并对方案进行及时调整。定期评估是理财服务协议的要求，是理财规划师应尽的责任。

（二）评估频率

定期评估的频率可以在签订理财规划服务协议时由双方约定。一般来说，理财规划师每年需要对客户的理财规划方案评估两次，也可以是每季度一次或每年一次。评估频率主要取决于以下因素。

(1) 客户的资本规模。客户的资本规模越大，就越是需要经常对其理财规划方案进行监测和评估，因为资本规模较大，一旦决策建议错误，损失也大。对资本规模较小的客户可以适当降低评估频率。

(2) 客户个人财务状况变化幅度。如果客户正处在事业的黄金时期收入增长很快，或者正面临退休，就需要理财规划师经常评估和修改理财规划方案。反之，财务状况比较稳定的客户就可以相应减少评估次数。

(3) 客户的投资风格。有些客户偏爱高风险、高收益的投资产品，投资风格积极主动；而有些客户属于风险厌恶型的投资者，投资风格谨慎、稳健，注重长期投资。那么前者比后者更需要经常性的理财规划方案评估。显然，频率越高对客户越有利，也有助于建立理财规划师所在机构和理财规划师个人的信誉与形象。但同时也增大了理财规划师的工作量，增加了理财规划方案的评估成本。

(三) 评估步骤

对理财规划方案的评估实际上是对整个理财规划过程所有主要步骤的重新分析，所以对理财规划方案的评估过程与之前的方案制作过程有很多相似的地方。

(1) 回顾客户的目标与需求。考察客户原来的理财目标，看看哪些目标有变化，各个目标的重要性和紧迫性有什么变化。

(2) 评估当前方案的效果。根据原来的专项方案，分析到评估之日应该达到的理财目标。再评估当前实际达到的水平，看看与预定目标相比有多大差距，找出产生差距的原因。理财规划师应该实事求是，客观地评价原来理财规划方案的效果，切不可一味地肯定自己的成绩，掩盖不足之处，否则容易引起客户的反感。

(3) 研究环境的变化。分析自从上次评估以来，或者自从完成原来理财规划方案以来，哪些宏微观因素发生了变化，发生多大的变化，将来是否会继续变化，如何变化。研究这些变化对理财规划方案有什么影响，如何调整策略以应对这些变化和影响。

(4) 考察在新情况下，原有的理财规划方案是否可以达到最终目标。如果达不到预定目标，则考虑如何修改方案，适应新情况。

(5) 向客户解释新方案。与客户沟通，征求客户的意见。

(6) 实施新方案。实施并预测这个新方案在下次评估时能达到的阶段性目标。

二、不定期的信息服务和方案调整

不定期的信息服务发生在出现某些突发情况时，主要包括以下情况。

(1) 宏观经济的重要参数发生变化。比如，政府公布预测的经济数据明显异于理财规划方案中的估计值，政府决定对某个金融领域进行大的改革或整顿，法律、法规的修订，利率、汇率政策的突然调整等。

(2) 金融市场中的重大变化。比如，市场出现了适合客户的新的投资机会或者风险因素。

(3) 客户自身情况的突然变动。比如，客户可能因家中失窃导致原有资产数量大量减少、家庭主要收入来源者失业、家庭成员发生意外事故导致了大额的支出、客户改变买房买车的计划等。

其中,前两种为外部因素的变化,第三种为客户自身因素的变化。

对于外部因素,理财规划师由于职业的优势,往往能更早发现这些变化,也更能意识到这些变化会给客户带来什么影响。因此理财规划师应该主动联系客户,尽快通知、提醒客户采取正确的应对措施。对于客户自身情况的变化,一般是客户主动与理财规划师联系,寻求建议。这时理财规划师应该明白,客户主动询问是基于对理财规划师的信任,理财规划师应该耐心地对待客户,如果是客户家中发生了不幸的事情还应该注意说话的语气,表现出对客户的关心和理解。这对于理财规划师的信誉和理财规划师所在机构的形象有着十分重要的意义。外部因素发生变化导致理财规划方案需要调整的情况比较多。理财规划师在经过审慎分析后判断外部环境因素的变化对理财目标的实现并无实质性影响,而只是对具体资金运用产生时间性影响或较小的数额影响。在这种情况下,理财规划师一般只需对执行计划进行调整修改即可。但在修改前,理财规划师应与客户进行必要的沟通。计划调整完毕后,理财规划师还应及时对人员安排和资金运用计划做出相应调整。如果理财规划师在经过审慎分析后判断外部环境因素的变化对理财目标的实现将产生重大影响,就有必要对整个方案进行修改。例如,中国人民银行决定提高利率,这就意味着投资成本增加,消费意愿降低,证券价格将趋于下降。此时如果理财规划方案建议客户积极进行股票投资,则客户的潜在收益就可能大受影响,因此就有必要对投资策略进行修改。

对方案进行调整应按照以下的程序进行。

(1) 情况说明。理财规划师应该向客户出具书面意见,说明理财规划方案原先的设计依据发生了变化,新情况有可能导致客户预定理财目标无法顺利实现,因此完全有必要对理财策略和建议乃至理财目标进行修订。

(2) 会谈记录。理财规划师要详细记录双方就方案修改所进行的讨论内容。

(3) 客户声明。客户应当出具书面声明,同意理财规划师根据新情况对理财规划方案进行修改。

(4) 方案确认。理财规划师在方案修改完毕后,应及时与客户进行讨论沟通并取得客户签署的确认函。同时,理财规划师应该书面通知所属部门。

(5) 修订执行计划。方案修改完毕后,理财规划师应根据修改内容对执行计划进行相应的调整。

本章小结

本章主要阐述了理财规划师的工作流程,包括建立客户关系、收集客户信息、财务分析和评价、制订理财规划方案、实施理财规划方案、持续提供理财服务。本章的内容需要理财规划师通过以后的实践工作不断地学习和加深理解。

复习思考题

一、单项选择题

1. 理财规划服务合同宜采用(   )形式。

A. 书面　　B. 默示　　C. 见证　　D. 口头

2. (   )是理财规划师建立客户关系最重要、最常用的方式,也是理财规划师工作的重要组成部分。

A. 保持与老客户的沟通和交流巩固现有的客户

B. 与潜在客户进行会谈和沟通

C. 对潜在客户进行调查

D. 扩大客户的范围

3. 如果客户双臂紧抱,说明他们(   )。

A. 放松　　B. 紧张

C. 不信任理财规划师　　D. 愿意继续交谈

4. 按理财目标的重要性划分,理财目标可划分为必须实现的理财目标和(   )实现的理财目标。

A. 不必　　B. 期望　　C. 正常　　D. 意外

5. 荣氏模型将人的心理分为四种基本类型,其中不包括(   )。

A. 外在感应型　　B. 内在感应型　　C. 感官型　　D. 直觉型

6. 政府举办的社会保障计划不包括(   )。

A. 失业保险　　B. 养老保险　　C. 社会救济　　D. 企业年金

7. 企业举办的补充养老保险计划,主要就是(   )。

A. 工伤保险　　B. 基本医疗保险　　C. 失业保险　　D. 企业年金

8. 通常情况下,理财规划方案的执行人是(   )。

A. 客户本人

B. 理财规划师

C. 客户指定的除理财规划师外的其他专业人士

D. 理财规划师所在机构

二、多项选择题

1. 签订理财规划服务合同的同时应注意(   )。

A. 签订合同应以所在机构的名义,而不能以个人的名义

B. 理财规划师在向客户解释合同条款时,如果发现合同某一条款确实存在理解上的歧义,则应提请所在机构的相关部门进行修改

C. 不得向客户做出收益保证或承诺

D. 合同签订完毕后,理财规划师应自己留存原件

E. 不得向客户提供任何虚假或误导性信息

2. 以下属于财务信息的有(　　)。

A. 客户的收支情况　　B. 资产与负债情况　　C. 投资偏好

D. 价值观　　E. 社会保障信息

3. 客户的经常性支出包括(　　)。

A. 住房贷款按揭偿还

B. 为起诉某一侵权人而支付的律师代理费用

C. 客户重视法律问题,常年聘请法律顾问的支出

D. 客户去某地旅游而支付的旅游费用

E. 水、电、气等费用

4. 在理财规划业务中,主要涉及的保险种类有(　　)。

A. 财产保险　　B. 人身保险　　C. 工伤保险

D. 责任保险　　E. 失业保险

5. 理财目标确定的原则有(　　)。

A. 理财目标不需要考虑客户的现金准备

B. 以改善客户财务状况,使之更加合理为主旨

C. 理财目标要具体明确

D. 理财目标必须具有现实性

E. 理财目标要兼顾不同的期限和先后顺序

6. 客户和理财规划师的争端处理与解决方式有(　　)。

A. 协商　　B. 调解　　C. 诉讼

D. 仲裁　　E. 僵持

三、判断题

1. 客户在提供收入信息时,要提供已经实现的收入,已经承诺但尚未实际取得的收入不用提供。(　　)

2. 保密合同中一般规定保密义务不因合同及合同事项的中止、终止而解除。(　　)

3. 在收集客户信息时,非财务信息因不如财务信息重要而可以有选择地填写。(　　)

参考文献

[1] 中国就业培训技术指导中心. 理财规划师基础知识[M]. 5 版. 北京：中国财政经济出版社，2013.

[2] 中国就业培训技术指导中心. 理财规划师专业能力[M]. 5 版. 北京：中国财政经济出版社，2013.

[3] 李坚，吴云勇，王春花. 宏观经济学原理与应用[M]. 北京：经济科学出版社，2016.

[4]《西方经济学》编写组. 西方经济学(下册)[M]. 北京：高等教育出版社，人民出版社，2012.

[5] 高鸿业. 西方经济学(宏观部分)[M]. 6 版. 北京：中国人民大学出版社，2014.

[6] 注册会计师全国统一考试研究中心.会计[M]. 北京：人民邮电出版社，2018.

[7] 注册会计师全国统一考试研究中心.财务成本管理[M]. 北京：人民邮电出版社，2018.

[8] 李健，马亚. 金融学[M]. 2 版. 北京：中国人民大学出版社，2017.

[9] 注册会计师全国统一考试研究中心.税法[M]. 北京：人民邮电出版社，2018.

[10] 中国注册会计师协会.税法[M]. 北京：中国财经出版传媒集团，中国财政经济出版社，2019.

[11] 梁文涛. 税法[M]. 4 版. 北京：中国人民大学出版社，2019.

[12] 会计从业资格无纸化考试辅导教材组. 财经法规与会计职业道德[M]. 大连：东北财经大学出版社，2016.

[13]《经济法学》编写组. 经济法学[M]. 北京：高等教育出版社，2017.

[14] 张光杰. 中国法律概论[M]. 上海：复旦大学出版社，2014.

[15] 罗春秋. 从零开始学理财[M]. 北京：中国铁道出版社，2017.